도서출판 대장간은
쇠를 달구어 연장을 만들듯이
생각을 다듬어 기독교 가치관을
바르게 세우는 곳입니다.

대장간이란 이름에는
사라져가는 복음의 능력을 되살리고,
낡은 것을 새롭게 풀무질하며, 잘못된 것을
바로 세우겠다는 의지가 담겨져 있습니다.

www.daejanggan.org

Copyright ⓒ Jacques Ellul

Original published in France under the title ;
Changer de révolution- *L'inéluctable prolétariat*
Copyright ⓒ Éditions du Seuil, 1982

Used and translated by the permission of Éditions du Seuil.
Korean Edition Copyright ⓒ 2012 Daejanggan Publisher. in Daejeon, South Korea.

인간을 위한 혁명

지은이	자끄 엘륄 Jacques Ellul
옮긴이	하태환
초판발행	2012년 03월 02일
펴낸이	배용하
책임편집	박민서
등록	제364-2008-000013호
펴낸곳	도서출판 대장간
	www.daejanggan.org
	대전광역시 동구 삼성동 285-16
	전화 (042) 673-7424 전송 (042) 623-1424
ISBN	978-89-7071-250-5

이 책의 한국어판 저작권은 Éditions du Seuil과 독점 계약한 대장간에 있습니다.
기록된 형태의 허락 없이는 무단 전재와 복제를 금합니다.

  값 13,000원

인간을 위한 혁명
불가피한 프롤레타리아 계급의 생산 과정

자끄 엘륄 지음
하 태 환 옮김

CHANGER DE RÉVOLUTION
L'inéluctable prolétariat

Jacques Ellul

인간을 위한 혁명

차 례,

1장. 태초에 자본이 있었다.
  1. 하나의 도식 • 9
  2. 자본 축적, 기술과 프롤레타리아 계급 • 26
  3. 이탈들 • 42

2장. 소련URSS의 프롤레타리아 계급에 대한 독재 • 59
  1. 기원들 • 63
  2. 두 프롤레타리아 계급 • 75
  3. 프롤레타리아 계급의 종식과 분석의 일반화 • 104

3장. 중국적 새로운 길의 종말
  1. 새로운 길 • 117
  2. 중국적 전환 • 131
  3. 프롤레타리아 계급 • 154
  4. 왜 • 162

4장. 제3세계 프롤레타리아 계급 속으로 좌초 • 171
  1. 진보와 프롤레타리아 계급 • 181
  2. 자발적으로 제도화된 프롤레타리아 계급 • 211

5장. 새로운 프롤레타리아 계급 • 225

6장. 프롤레타리아 계급의 종식을 향해 • 253
  1. 최초의 접근들 • 260
  2. 기술의 논리 • 273
  3. 미시 기술과 혁명적 사회주의 • 280
  4. 기회와 전략 • 301

내용 요약 • 329
엘륄의 저서-연대기순 • 334

1장. 태초에 자본이 있었다…

1. 하나의 도식

나는 현대 세계의 기원을 이해하기 위해, 마르크스Marx의 그룬트리세Grundrisse: 마르크스의 초기작인 정치경제학 비판 요강에서 발췌한 간단한 도식을 언급할 것이다. 여기서 마르크스는 프롤레타리아 계급의 탄생과 발전 과정을 보여준다. 그는 근세의 경제적 현실을 밝히기 위해, 혁명의 필연성을 주장하는 어떤 일반적이고 초월적인 철학에서 출발하지는 않았다. 반대로 그는 프롤레타리아 계급의 비극적 현실을 목도하고 거기서부터 고찰을 시작했던 것 같다. 이어서 그는 프롤레타리아 계급을 생산한 경제적 과정을 거슬러 올라가고, 또 인간과 역사의 철학으로 거슬러 올라간다. 그 도식은 다음과 같다. 일차적 현실은 자본의 탄생인데, 프롤레타리아 계급을 생산한 것은 바로 자본 그 자체의 생성 과정이다. 그렇다면, 이 자본은 어떻게 생겨났는가? 진실로 상당히 신비로운 초창기, 즉 원시 자본화의 시기가 있었다. 어떻게 해서 자본이 없던 시기, 즉 각자가 자신의 생필품을 구하고, 각 가정이 생존에 필요한 노역 전체를 담당하던 시기를 지나, 자본과 생필품, 연장을 비축하고, 얼마간의 토지 소유자와, 가진 것이라곤 노동력밖에 없는 자가 분리되게 되었는가?

마르크스가 보기에, 이 초기에 폭력, 독점, 절도 – "원시적 축적, 다시 말해 노동자들의 강제수용"이 있었다. 이것에 대한 설명은 썩 쉽지는 않고, 현재의 인류학자나 인종학자들이 말하는 것과 꼭 일치하지도 않는다. 그러나 그건 별로 중요하지 않다. 중요한 것은, 역사의 한 순간에 이러한 "원시적 축적"이 있었고, 이 축적은 토지의 구획, 사적 점유와 결합한다는 사실이다. 그러면서 실제로 어떤 자들이 종속적 상황에 놓이게 된다. 이것은 단순히 가진 자와 덜 가진 자 사이의 분할이 아니다. 여기에는 실제로 더 심각한 조건적 단절이 있다. 원시적 축적 덕택에, 혼자 쓰고 남을 만큼의 재산을 소유한 사람들이 생겨난다. 그들은 이 재산을 굴리려고 다른 사람들에게 의존하게 된다. 한 부부가 경작하기에는 너무 많은 토지, 한 사냥꾼이 사용하기에는 너무 많은 무기… 그런데 가난해져서, 이러한 실체적 수단들, 충분한 토지, 충분한 도구를 갖지 못한 자들도 생겨난다. 이런 자들은 첫 번째 사람들을 위해 일을 할 것이다. 이것은 물론 너무 단순화하였다. 그렇지만, 틀린 것도 아니다. 그에 대해서는 엥겔스Engels의 분석을 좀 더 자세히 보는 것이 좋겠지만, 그것은 우리의 의도에서 상당히 벗어난다. 아무튼, 일단 원시적 축적이 시작되자, 자본의 구성적 움직임이 만들어지고, 이 자본은 성장과 더불어 불가피하게 더 많은 자의 배제를 불러온다.

생성된 초기 자본은 다른 노동자들을 고용하게 해주고, 이 노동자들은 그들 노동력 구매 비용보다 더 많은 경제적 가치를 생산할 것이다. 따라서 더 많은 가치를 생산해 준다고 하는 마르크스의 추론을, "초과노동" 같은 용어들로 (자본가가 노동자에게 의무 시간 이상을 일하게 한다…. 그러나 무슨 명목으로 자본가가 그것을 강요할 수 있을까?), 또는 자본가가 생산된 가치 일부를 노동자로부터 훔친다고 (어떤 근거로 그런 절도가 행해질 수 있을까?), 또는 고용주가 급여는 지급하지만, 생산물 일부는 자기 몫으로 남긴다고 해석하는 것은 오류이다…. 반대로 마르크스는 이 모든 계약거래는 항상 절대로 합법적이며, 자본가는 아무것도 훔치지 않았고,

다만 구조 자체가 그렇게 되어 있다고 힘주어 강조한다. 그리고 계약은 합법적이고, 구조가 문제가 있다는 그의 주장은 자본가는 날강도, 억압자이고, 노동자는 부당하게 착취당한다고 주장하는 자들의 자비로운 격분보다 훨씬 더 명백하다. 사실 자본가와 노동자 사이의 관계가 정말 부당하다면, 우리는 정의, 정직과 같은 도덕의 문제를 다뤄야 할 것이다. 말하자면, 선하고 정의로우며 공평한 고용주는 노동자들로부터 훔치지 못할 것이고, 이용해먹지 못할 것이며, 초과노동을 강요하지도 못할 것이다. 그는 생산된 가치에 상응하는 임금으로 노동자를 부릴 것이다. 그런데 마르크스가 배제하려고 한 것은 정확히 이러한 도덕적 가정이다. 고용주의 도덕적 가치는 아무 관계가 없다. 이익을 창출하고, 잉여가치를 일으킨 것은 바로 객관적 메커니즘이다. 잉여가치는 시스템의 필연적 결과이다. (물론 나는 자본주의 체제 안에 머무르며, 노예제와 봉건 시기의 자본 생산은 다루지 않는다. 그런 것은 우리의 목적에는 불필요하게 일만 복잡하게 만들 것이다.)

그러면 이 시스템은 어떻게 그렇게 기적적으로 기능을 하는가? 그 설명이 바로 가치 이론이다. 오늘날 "가치-노동"의 개념에 대해 모르는 사람은 없다. 즉, 한 대상의 가치의 척도는 그것을 생산하기 위한 노동의 양이다. 여기서도 나는 세부적인 문제, 즉 가치의 본질과 척도 사이의 차이, 노동의 질 등은 다루지 않는다. 나는 일반적인 개념에만 머무르고자 한다. 그런데 마르크스의 발견 중의 하나는, 자본주의 체제 속에서 노동은 하나의 상품이라는 사실이다. 여기서 우리는 설명의 핵심에 와 있다. 노동은 더 이상 도덕과 관계된 것, 인간 행위의 자유로운 표현, 인간의 특수성이 아니다. 자본주의 체제에서 노동은 시장 가격으로 구입할 수 있는 하나의 상품이다. 이 가격은 그 가치와 상응한다. 그런데 노동의 상품 가치, 또는 교환 가치는 무엇인가? 그 가치는, 정확히 모든 상품과 마찬가지로, 그것을 생산하는 데 필요했던 노동의 양에 따라 측정되어야 한다. 그런데 이러한 노동의 양은 무엇인가? 그것은 노동자의 노동력을 재생할 수 있게 해주는 것이다. 다시 말해, 노동자의 식량, 그리고 생활을 영위하는 데 필요한 모든 것(주거, 난방, 옷), 다음날 아침 노동자가 다시 일하려면 필요한 모든 것이다. 그렇지만, 또 그것은 또 장기적인 관점에서 노동력의 재생이기도 하다. 다시 말해 인간도 기계처럼 마모되는 순간이 있고, 그러면 그를 더 젊은 사람, 즉 그의 아들로 교체해야 한다. 따라서 생산된 가치 일부는 아버지를 대신할 자식의 양육에 할당해야 한다. 이러한 작업은 사용과 함께 마모되는 기계를 대체하기 위해 자본가가 일정액을 예치하는 것과 같다. 기계의 감가상각이 있듯이, 노동자의 감가상각이 있다.

게다가 그 용어, 감가상각amortissement의 아름다움을 주목해보자. ─ 'a~에-mort죽음-issement명사형' 이것은 죽음에 의해 만들어진 공허를 채우는 문제이다. 따라서 노동력의 가치를 객관적으로 결정하는 것은 이 세 인자이다. 가치 이론에 따라 결정된 노동력의 경제적 가치가 그러하다면, 자본가는 그 가치에 상응하는 가격으로 노동력을 구입하고, 그 이상은 지불하지 않을 것은 자명하다. 우리가 하나의 대상을 상응하는 가격에 따라 사듯이, 여기서도 마찬가지다. 자본가가 더 많이 지불할 아무런 이유가 없다. 물건을 사러 온 사람이 파는 사람에게 다음과 같이 말한다는 것은 생각할 수 없다. "아니요, 그 가격은 너무 낮아요. 그것이 가치에 맞는 가격인지는 모르겠지만, 나는 더 내겠소!" 사람은 물건을 그 가치에 따라 산다. 그것이 전부다. 노동자의 노동도 마찬가지다. 고용주는 노동을 다른 상품들처럼 정해진 가치에 따라 지불하는 것이지, 절도하는 것이 아니다. 고용주는 마음씨가 선량하고, 노동자에게 호감이 있다 해도, 다른 가격을 지급할 수 없다. 그런데 (그리고 이것은 마르크스의 두 번째 천재적인 발견인데), 고용주는 실제로는 무엇을 사는가? 사람들은 통상 노동자의 노동이라고 한다. 그런데 그것은 거짓이다. 고용주는 노동자의 노동력을 산다. 이것은 가치 개념 자체 속에 포함되어 있다. 노동자가 먹는 것, 그가 난방을 위해 지급한 것 등은 무엇을 재생하는가 – 노동이 아니라, 이 노동자의 노동력, 일할 힘, 근육과 신경이다. 따라서 고용주가 이런 가치에 상응하는 가격을 지급할 때, 그가 산 것은 노동력이지, 노동자의 제한된 노동 시간이 아니다. 이러한 오해는 터무니없는 주장들을 일으켰다. 고용주는 노동자에게 8시간만 지급하고, 10시간을 일하게 한다…. 여기서도 사람들은 고용주가 제멋대로 하고, 근거 없는 압력을 가한다고 주장하면서 구조의 분석에서 멀어져 버린다! 노동력을 샀던 고용주는 이 노동력이 일할 수 있는 시간만큼 일하게 한다. 내가 기계를 샀다면, 다음과 같이 할 아무런 이유가 없다. '이 기계는 24시간 일할 수 있다. 그렇지만, 나는 6시간이나 8시간만 가동할 것이다….' 그건 터무니없을 것이다. 노동자의 노동력은 10, 또는 12, 또는 14시간 행사될 수 있다. 그것을 넘어서면, 이 힘은 고갈되고, "재생해야" 한다. 따라서 고용주가 노동자의 노동력이 기능하는 시간만큼 일하게 하는 것은 전적으로 합법적이다.

    그런데 이 노동력을 재생하는 데 필요한 비용은 훨씬 적은 노동 시간으로 보충될 수 있다. 그래서 여기에 마르크스의 세 번째 천재적인 발견이 있다. 인간 노동력은 증기 기관의 노동력보다 더 우수하다. 증기 기관은 생산한 것보다 더 많은 에너지를 사용한다. 그러나 인간 기계는 더 우수하다. 인간 기계는 소비한 것보다 더 많은 에너지를 생산한다. 다시 말해, 인간 기계는 자신이 생산되기 위해 흡수해야 할 것보다 더 많은 경제적 가치를 생산한다. 즉, 노동자가 자유로웠고, 자신의 노동력을 재생하기 위해 일한다면, 그는 하루에 6시간 또는 7시간만 일해도 될 것이다. 그 정도면 자신과 식구들의 빵과 의복을 생산하기에 충분할 것이다. 그런데 보시다시피 그는 자신의 노동력을 팔았고, 고용주는 이 노동력이 기능 할 수 있는 만큼 일하게 한다. 그래서 6, 7, 8시간의 노동 시간 동안, 노동자는 자기의 노동력 가격으로 지급된 급여에 상응하는 가치를 제공한다(이 노동력 가격은 그의 노동의 척도와 상응하기 때문에, 부당하지 않다). 재생되었던 것은 바로 이 노동력의 교환 가치이다. 그러나 여기서 중요한 점은, 자본가의 이익을 위해, 사용 가치의 소외가 있었다. 그리고 이 순간부터 노동력은 정상적으로 고용주에게 돌아가는, 그렇지만 고용주가 지급할 의무가 없었던 어떤 가치를 계속 생산하게 될 것이다. 노동력을 재생산하는 데 필요한 노동에 비해, 초과–노동이 있고, 어떤 점에서도 고용주의 절도나, 강압, 또는 속임수의 결과가 아닌 부차적인 가치잉여가치의 생산이 있다. 이것은 가치 이론과 시장의 법칙 사이의 결합이다. 결국, 필연적으로 이 부차적인 가치는 고용주의 수중에 남게 되는데, 이 가치는 여러 다양한 위치들에서 분배될 것이고, 최종적으로 돈으로 되돌아오는 것이 이윤이다. 그런데 이 이윤은 노동이 상품으로 매매되는 그런 시스템이 존속하는 한 제거될 수 없다. 따라서 자본의 불가피한 성장이 있다. 이 자본은 제2차 "회전"에서 새로이 더 많은 양의 노동력을 구매하게 해준다. 그리고 이 새 노동력은 다시 불가피하게 보조적인 잉여가치를 생산할 것이다. 달리 말하면, 이용 가능 노동력만 있다면, 자본은 이론적으로 무한히 성장한다. 그리고 자본가의 역할은 반드시, 생산에 투입할 새로운 노동력의 끝없는 발견일 것이다. 여기서 우리는 노동자의 상황은 이미 비극적임을 보게 된다. 즉, 일을 하면 할수록, 그는 더욱더 많은 잉여가치를 생산한다. 다시 말해 노동자는 자신을 착취하고 벗겨 내는 그 적대적 힘을 증가시키고, 동시에 그 힘에게 더 많은 노동력을 투입하게 해준다.

그리고 이것은 프롤레타리아 계급의 비극적 상황의 한 특징이다. 즉, 한편으로 그의 노동은 자신의 적자본을 더욱 강하게 할 것이고, 다른 한편 정당한 가격으로 지급된 그의 노동은 그가 프롤레타리아 상황에서 빠져 나오게 절대 허락하지 않을 것이다. 그는 노동력을 무한 반복해서 가동하도록 자본가에게 사정없이 잡혀 있다. 그리고 자신과 자식들을 위한 어떠한 미래도 없다. 자전거나 보일러에게 미래가 있을 수 있겠는가? 따라서 모든 것은 노동의 상품화와 연결되어 있다. 오늘날 이런 간단한 개념은 이미 잘 알려져 있다. 그러나 "불행한 프롤레타리아 계급"에 관한 연구를 하자면, 여기서부터 모든 것이 설명되었어야 하기에, 이런 기초적인 개념을 언급했다.

여기서 착각하지 말아야 한다. 자본화는 모든 진보의 조건이다. 자본화는 프롤레타리아 계급을 만들기에 해로운 것이지만, 다른 한편, 자본의 축적 없이는 인간은 사회 속에서 아무것도 할 수 없다. 인간은 이렇게 처음에는 원시적인 축적, 이어서 점차 자본적인 축적을 하지 않으면, 그 동물적인, 포식자적이고 기생적인 조건에서 결코 벗어날 수 없을 것이다. 자본가, 부르주아는 나쁜 사람이 아니다. 그는 자신에게 주어진 역사적 역할을 하며, 그 덕분에 "진보"가 일어날 수 있다. 진보는 어떤 여유가 있어야 가능하다. 예컨대 여분의 식량이 있어야, 일용할 양식 구하기 아닌 다른 일을 할 수 있다. 진보는 다소간 긴 사이클 속에서 수익성 있는 사업에 투자할 비축 자본이 있음을 가정한다. 마지막으로 진보는 새로운 기술 연구를 위한 자본을 가정한다. 따라서 수용, 소외, 착취 위에 기반을 둔 자본의 축적은 모든 인류의 발전과, 뒤이은 모든 부를 위한 조건이다. 후자는 전자 없이는 불가능하다. 자본의 축적은 산업화와 자연 수탈과 함께 결정적으로 성장하고, 이것은 극히 절망적인 피착취자의 상황과 동시에 다수의 욕구 만족을 위한 생산의 증가로 이른다. 달리 말하면, 마르크스의 눈에 인류는, 3중으로 특징되는, 역사의 최종 단계에 도달한다. – 한계에 이른 자본의 집중과 축적 / 거의 무한정의 재화 생산 / 피착취자들의 절대적 소외. 여기 이상 갈 수는 없다. 따라서 결국에는, 프롤레타리아 계급이 자신의 인간성을 회복하고, 다른 한편으로 생산 수단이 만인의 것이 되려면 착취하는 자들을 착취해버리면 충분하다. 이러한 자본주의의 제거는 역사의 필연이다. 즉, 한편으로 프롤레타리아 계급은 그의 절대적인 비인간성에 도달하면, 더는 참을 수 없다. 다른 한편 자본주의는 자체의 모순에 의해 사라지게 되어 있다. 스스로 발전하면서, 생산의 기구를 작동하면서, "진보"를 전진하게 하면서, 자본주의는 자체의 전반적인 모순인 프롤레타리아 계급을 발전시킴과 동시에, 자신을 파멸로 이끈다.

우선 프롤레타리아 계급에 관한 본질적인 것을 언급해보자.[1] 마르크스가 우리에게 이 계급에 대해 말한 것을 상기해야 한다. 우선 프롤레타리아는 가난한 자가 아니다. 나는 사람들이 그렇게 잘못 생각한다고 여

---

[1] 카스토리아디스Castoridiadis는 그의 뛰어난 저서 『사회주의의 내용』UGE, "10/18", 1979 속에서 '프롤레타리아 계급' 개념 자체를 비평한다. 이 개념은 그것이 혁명의 주체로서 대량적이고 뚜렷한 사회적 실체를 가진 한 집단, 즉 오로지 집행 작업에 종속된 육체노동자들을 지적할 때에는 하나의 내용을 지닌다. 그렇지만, 오늘날에는 이러한 "순수한 집행자들"은 소수자가 되어 있다. 우리는 더는 "거대한 다수의 독재"에 대해 말할 수 없게 되었고, 모든 사람은 급여를 받는다. 그러니까 누가 프롤레타리아인가? 거기에 대답하기 위해, 나는 순수하게 경제적인 정의에 따르지 않고(잉여가치를 생산하는 착취당하는 노동자), 마르크스가 이러한 경제적인 상황에서 제공했던 훨씬 광범위한 이미지에 따른다. 그런데 나는 프롤레타리아 계급의 조건이 항상 존재한다고, 그 경제적 조건이 사라져버렸을 때조차도 존재한다고 확인한다. 그래서 나는 이 단어를 간직한다. 똑같이 모호한, 소외라는 단어도 마찬가지다. 카스토리아디스가 다음과 같이 쓸 때, 그는 아주 정확한 관점을 제시한다. "인간 활동의 산물들은, 인간 앞에서, 독

번 지적하였다. 예를 들어 나의 저서 『기독교와 마르크스주의』에서 마르크스는 그냥 그대로의 가난한 자들에 대해 관심이 없었고, 사회 분석을 부자와 가난한 자 사이의 대립 위에 기초하지 않았다. 그에게 프롤레타리아는 가난한 자와 등가가 아니다. 프롤레타리아는 자본의 증가에 의해 다른 모든 생존 수단을 박탈당하고, 남은 생존 수단이라곤 자본가에게 팔 노동력밖에 없는 사람이다. 그러나 자본주의가 사회의 생존 조건 자체이기 때문에, 프롤레타리아는 이 사회의 부정적 특징을 통째로 품을 것이다. 자본주의는 기계를 사용하고, 산업 속에서 구현되기에, 프롤레타리아 계급은 기계에 종속되고, 철저하게 산업 노동자일 것이다. 자본주의는 노동을 집중시키고, 도시화를 가속하기에, 프롤레타리아 계급은 오로지 도시에서 사는 사람일 것이다. 마르크스에게는, 농촌의 프롤레타리아 계급은 존재하지 않는다. 자본주의는 노동력을 얻으려고 농부들을 토지로부터 떼어내서, 인위적 환경 속으로 이끌기 때문에, 프롤레타리아는 '뿌리 뽑힌' 사람일 것이고, 자신의 고향을 상실해버린 사람일 것이다. 이러한 사실로부터 프롤레타리아는 문화가 없는 사람이다. 왜냐하면, 그는 자신의 본래 환경에서 떼어졌고, 학교나 신문에 의해 유포된 부르주아 문화에 접근할 수 없기 때문이다. 프롤레타리아의 낮은 급여는 그가 진정으로 생활하도록 허용해주지 않는다. 그의 처, 자식들은 아주 어려서부터 산업 노동에 참여해야 한다. 마찬가지로 장시간 노동은 "정상적인" 가정생활을 못 누리게 하

립적인 사회적 존재를 갖는다. 그리고 인간에 의해 지배되는 대신에, 인간을 지배한다(기술은 그 전형이다). 따라서 소외는 인간에 의해 창조된 세계 속에서 인간의 자유로운 창조성과 대립하는 것이다…. 그것은 그 저자인 인간이 자신의 활동에서 벗어나지 못하면서, 인간의 활동이 그 저자인 인간을 벗어나는 한에서, 인간 활동의 객관화이다…." 객관화는 그것이 더는 의식적으로 재포착되거나 제거되지 못하는 한에서 소외된다…. 이것이 바로 기술 시스템과 정보적인 것의 증가 속에서 일어나는 일이다. "자본주의 사회는 자기 자신의 창조물들에 의해 지배되면서, 그 변형이 인간들의 의지와 의식과는 독립해서 일어나면서 소외된 사회이다."

기 때문에, 프롤레타리아는 가정이 없는 사람이다. 고통스러울 뿐만 아니라 위험한 공장 노동은 프롤레타리아의 건강을 위협한다. 그는 건강도 없다…. 이렇게 프롤레타리아는 뿌리 뽑힌 사람이고, 착취당하며, 도시화되고, 고향이 없으며, 가정도, 문화도, 건강도 없이, "기계의 부속물"로 전락한다…. 여담으로, 마르크스가 가정과 고향을 신랄히 공격한 것은, 결코 "그 자체"로서가 아님을 알아야 한다. 고향과 가정이 나빠서가 아니라, 그것들이 부르주아적이 되었고, 하나의 특권이 되었기 때문이다. 프롤레타리아 계급이 가정과 고향을 갖지 못한 것은 불행이다. 그리고 가정과 고향이었던 것이 순수하게 부르주아화 됨에 따라, 그것들에 대해 투쟁해야 하고, "가정과 고향"이 아니라 자본주의 "부르주아"의 전형이기에 파괴해야 한다.

마지막으로 이 프롤레타리아는 자신의 개성마저 박탈당한다. 실제로, 그는 자신이 해야 하는 노동에서 전문화된다. 그리고 전문가로서, 그는 자신의 전문화가 다른 동료의 전문화에 의해 보충되는 전체 속에서만 가치를 갖는다. 독립적으로 취해져서는, 이 노동자는 전문화되어 있어서 아무런 가치도 없다. 그가 할 줄 아는 것 자체로는 아무것도 아니다. 그리고 하나의 생산 작업을 하는 데 필요한 전체 전문가들 속에서, 한 전문가가 부족하면, 다른 모든 전문가가 무無로 환원된다. 이제부터 각 프롤레타리아의 상황은 무한히 취약해진다. 이런 사회 속에서 인간에게 "가치"를 주었던 유일한 것을, 프롤레타리아는 이중으로 박탈당한다. 즉 그의 노동력은 팔려버렸고, 그의 노동 역량은 자체적으로는 의미가 없다! 따라서 프롤레타리아는 어떤 점에서도 인류의 모델이 아니다. 반대로 그는 인간의 부정이다. 그래서 다시 한 번, 마르크스가 관심을 두는 것은 프롤레타리아가 생각하는 것, 원하는 것, 목표하는 것이 아니다. 마르크스는 노동자가 "좋다"는 생각을 절대 하지 않는다. 프롤레타리아의 말을 경청할 필요도 없다. 프롤레타리아는 아무것도 모르고, 말할 것이 아무것도 없으며, 현대 세계의 조건에 대해 아무것도 밝히지 못한다. 중요한 것은 그가 그 자체로서 존재한다는 점이다.

사람들은 흔히 마르크스가 프롤레타리아의 자발성을 믿는다고 잘못 생각한다. 그러나 그는 프롤레타리아가 성찰이나 요구를 통해 만족스러운 경제 형태를 발명할 것이라고 말하지 않는다. 대신 프롤레타리아의 존재와 조건이 그에게 부여된 역사적 역할을 저절로 하게 한다고 말한다. 모든 소외를 겪음으로써, 인간적인 생활의 모든 부정으로 환원됨으로써, 프롤레타리아는 자기 고유의 조건을 부정할 수 있을 따름이고, 그에 따라서 자신의 역사적 역할을 할 수 있을 따름이다. 그 역사적 역할이란 자기 비인간성의 근원인 자본주의의 제거이다. 이렇게 역사적 움직임은 자본주의가 부당한 것이기에 부정이 아니라, 부정의 부정으로서, 프롤레타리아를 인간 부재로 만드는 것의 부정이다. 그렇게 함으로써, 그는 모든 인간을 그들 비인간성에서 해방한다. 다시 말해 자기 존재를 드러낸다는 것은 변증법적으로 적절한 부정적 요소이다. 마르크스는 "노동자의 생각"에 대해 아주 냉정하다. 그는 어떤 점에서도 "노동자주의"가 아니다. 프롤레타리아는 그의 조건이 내포한, 그리고 그 조건을 부정하는 역사적 역할밖에 할 수 없다. 자기 고유의 조건을 부정하고 파괴하려고 하면서, 그는 인간을 짓누르는 모든 소외를 강제적으로 파괴한다. 그 이유는 그가 자기 안에 모든 소외를 집약하고 있기 때문이다. 자신을 부정하면서(그리고 그는 다른 식으로는 할 수 없다. 왜냐하면, 그는 자기 속 모든 인간적인 것의 부정을 견딜 수 없기 때문이다), 프롤레타리아 계급은 모든 인간이 다소간 심각한 단계로 겪는 소외를 파괴한다. 우리는 모두 어떤 뿌리 뽑힘을 겪는다. 많은 사람에게 가정생활은 어렵고, 고향과의 끈은 갈수록 희미하고 불확실하며, 문화에의 접근은 불안정하다…. 그러나 프롤레타리아 아닌 그 누구도 모든 소외, 모든 억압을 뒤집어쓰지 못한다. 프롤레타리아는 이 모든 소외, 억압을 겪는, 유일자이다. 이 소외가 완화되고, 부분적으로 되며, 보상받는 순간, 더는 마르크스적 의미로 프롤레타리아 계급은 없다. 그래서 마르크스는 프롤레타리아 조건의 점진적 완화를 통한 개혁, 개량에 대해 적대적이었다. 그는 노동조합의 작업에 대해 적대적이었다. 왜냐하면, 소외의 척박함, 그 전체성을 완화하면서, 프롤레타리아 계급의 혁명 의지를 감소시키거나, 사회에 적응시키는 이상으로, 프롤레타리아 계급이 그 계급답지 않게 되고, 그 역사적 역할이 지워질 수 있기 때문이다. 프롤레타리아 계급은 시스템에 들어가고, 더는 시스템의 부정이 아니게 되어버린다.

프롤레타리아 계급에 관한 마르크스의 아주 아름다운 텍스트를 읽어보자. "절대적 사슬에 묶인 한 계급이 있어야 한다. 부르주아 사회의 한 계급이지만, 이 부르주아 사회에 '속하지는' 않고, 오히려 그 정확한 반대, 그 사회 모든 면의 부정인 계급이다. 자본주의 속에서 인간을 위한 보통의 사회적 이득, 모든 조건의 해체를 대변하는 계급. 자신의 보편적 고통 때문에 보편적 성격을 가지며, 사람들이 그에게 어떤 특별한 잘못이 아닌 절대적 잘못을 저질렀기에 그 어떤 특별한 권리도 주장할 수 없는 계급. 권력이나 권위에 맞는 역사적 칭호를 바라지는 않고, 다만 인간적 칭호만 요구하는 계급. 현대 사회의 결과가 아니라 원칙의 모순에 의한 계급. 모든 사회적, 정치적, 지적, 인간적 범주로부터 해방되지 않고서는, 동시에 그 '모든 범주를' 자기와 함께 해방하지 않고서는 해방될 수 없는 계급, 그런 계급이 '필연적으로' 있어야 한다. 인간의 완전한 상실이기에,

인간의 완전한 재탈환에 의해서만 자신을 탈환할 수 있는 계급이 있어야 한다." 마르크스에게는 바로 이것이 프롤레타리아 계급이다. 이 계급은 단순히 불행하거나 약간 착취당한, 또는 모든 사회적 이로움을 누리지 못하는 노동자 계급이 아니다. 그리고 혁명, 즉 자본주의의 전복이 있으려면, 이 조건이 극단까지 성숙해야 한다. 그래서 마르크스는 프롤레타리아 계급 조건의 악화만(빈곤화) "생각할" 것이고, 동시에 더 많은 자본 축적과 집중을 통해, 더욱 많은 사람이 박탈당하고 프롤레타리아 계급이 되며, 소외를 더 많이 겪음으로써 이러한 조건이 확대되기만 '고대할' 것이다. 그러나 다시 한 번 여기서 착각하지 말아야 한다. 즉, 자본가의 사악함이나 그 자체의 자본주의가 프롤레타리아 계급을 생산한 것은 아니다. 이것은 특히 강조되어야 한다. 노동력의 발전이 있으려면(예를 들어 기계화, 자본화가 있어야 한다. 그리고 자본화는 노동자들을 수용해야만 얻어질 수 있다. 자본가는 단지 "역사적 행위자"일 따름이다. 프롤레타리아 계급은 자본가의 탐욕이나 착취의 산물이 아니라, 생산력 발전을 위한 역사적 필연성의 산물이다. 아무튼, 프롤레타리아 계급을 극단으로 밀어붙이면 불가피하게 자본주의의 위기가 만들어진다.

그러나 자본주의의 위기는 동시에 자본주의의 내적 모순에서 촉발된다. 그 원칙을 간단히 살펴보자. 자본가들 사이의 경쟁은 중산층, 영세 수공업자들, 상인 중에서 무능한 자를 지속적으로 제거하여, 프롤레타리아 계급으로 떨어뜨린다. 결국, 어느 순간에 이르면, 모든 자본이 극소수에 집중되고, 대부분 사람은 프롤레타리아 계급이 될 것이다. 이 상태는 오래갈 수 없다. 마찬가지로, 자본주의는 수익률의 지속적인 감소를 부른다. 여기서 나는 자세한 증명은 하지 않을 것이다. 다시 말해 자본이 통합

될수록 결국에는 언제나 수익이 감소한다. 그리고 한계에 이르면 자본을 아무리 늘려도 이익이 거의 늘어나지 않는다. 그렇지만, 자본주의라는 기계를 멈출 수는 없다. 이 기계는 손실이 나도 계속 자본을 통합한다. 이것은 무모한 일이다. 마찬가지로 우리는 무한 증가의 문제를 만나게 된다 (우리는 이 문제를 다른 문맥에서 다시 보게 될 것이다). 즉, 우리가 기술했던 메커니즘은 결코 멈출 이유를 못 찾는다. 각각의 생산 회로는 불가피하게 현재의 자본에 (부분적으로) 재통합되는 잉여가치를 생산한다. 이러한 움직임이 멈출 논리적인 이유가 없다. 결국, 무엇이 자본주의가 그렇게 될 것이라고 말할 수 있을까?

그런데 몰락적인 모순을 나타내는 더 극단적인 두 가지 이유가 있다. 우선, 생산에 투입된 자본은 분명히 더 많은 상품을 생산하고, 이 상품은 시장에 투입되고, 구매되어야 한다. 그런데 동시에, 자본 집중의 유희는 더 많은 개인을 프롤레타리아 조건 속으로 집어넣는다. 그런데 이 개인들은 생존과 노동력 재생산을 위해 필요한 것을 살 수 있는 구매력 있는 사람들이었다. 이제부터 명백히 사회의 구매력 감소가 일어나고, 시장은 축소된다. 한 상인이 파산하고, 프롤레타리아 계급이 될 때,(내다 팔 노동력밖에 없으면) 구매력이 사라지는 것은 명백하다. 이렇게, 자본주의는 자본을 축적할수록, 상품을 더 많이 생산함과 동시에, 그 상품 구매자의 수를 더욱 줄인다. 여기서 우리는 파산적 자본주의의 내적 모순 앞에 있다.

과잉생산 또는 과소소비의 위기들

그러나 마르크스가 강하게 강조하는, 마찬가지로 중요한 자본주의의 다른 모순이 있다. 생산 영역과 소비 영역 사이의 모순. 생산에서, 공장은 조직되어 있다. 사업가의 재능은 집단적 작업이 언제나 더 효율적이도록 조직한다. 조직화 없이는 산업화도, 생산의 진보도 있을 수 없다. 그리고 이 조직화는 우선 노동력에 적용된다. 노동자들은 개인적으로 작업하는 것이 아니라, 각자 자기의 위치에서, 다른 노동자들의 작업과 엄밀히 결합한 작업을 한다. 이것이 바로 생산성의 조건이다. 각 노동자는 집단적 노동자의 일부이다. 달리 말하면, 생산의 영역에서는 질서, "프로그램", "사회화"가 있다. 사람들은 흩어진 수 천의 수공업자에 의한 개인적 생산 단계에서 나와 집단적 생산으로 들어간다. 생산은 "집단화 된다." 그리고 우선, 한 사람에게 속하는 사적 기업의 소유권과, 공장이 존재하게 하는 '현실인' 노동의 집단화 사이에 모순이 있다. 모순은 점점 더 커지고, 견딜 수 없게 될 것이다. 그런데 이 모순은 다른 모순에 의해 배가된다. 즉 분배의 영역은 완전히 무정부주의적이고, 일관적이지 않으며, 비조직적이다. 그것은 시장이다. 그리고 시장이 기발한 장점을 가지고 있다고 하는 고전 경제학자들의 주장은 경험적으로 완전히 거짓이다. 시장은 무질서, 비일관성 그리고 모순이다. 연속적 조정이 있고, 모든 것이 다시 균형을 잡는다는 말은 거짓이다. 시장은 분배의 위기와 부정을 생산한다. 그리고 실제로, 생산이 '사회적으로' 조직될수록, "분배-소비"는 더욱더 혼란스럽다. 이러한 모순은 분배-소비의 영역에서도 사회적 조직화를 해야 해결될 수 있을 것이다. 산업 자본가는 이러한 조직화를 개량함으로써 스스로 자신의 상실을 생산하는데, 이 조직화의 개량이란 사회주의로의 이동을 가정한다. 위에서 말한 것들이 바로, 전부는 아니지만, 산업 자본주의에서 사회주의로 끌고 가는 자본주의에 내재한 주요 모순들이다.

다음의 네 명제는 한데 묶어야 한다. 이것들은 그 해설자들의 장황함이나, 기교들에도 불구하고 여전히 본질적이다. 기계주의와 경제적 발전은 자본화를 통해서만 가능하다. 자본화는 불가피하게 프롤레타리아 계급을 생산한다(그 이유는 자본화는 노동자에게 지급되어야 할 것에서 어떤 예비금을 선취함으로써만 만들어질 수 있기 때문이다). 프롤레타리아 계급은 혁명, 자본주의의 파산, 그리고 사회주의로 이동을 유발한다. 사회주의는 발전한 경제와 풍부한 수준에서만 가능하다. 마르크스의 사상 속에서는 이런 도식에서 벗어날 수가 없다. 그리고 나는 마르크스의 분석이 정확하다고 굳게 믿는다. 그 양식이 무엇이건 모든 산업화, 모든 기계주의, 모든 기술은 우선 자본, 이어서 사용할 수 있는 뿌리 뽑힌 노동력을 강요한다. 모든 산업화는, 성장하면서, 더 많은 자본 축적과, 더 많은 프롤레타리아 계급을 강요한다. 이러한 과정을 가동시킨 자는 바로 부르주아 계급이고, 부르주아 계급은 역사적으로 이러한 기능을 맡았다. "중앙의 자동기계로부터 힘의 전달을 통해 움직임을 받는 자동 기계 시스템은 생산적 기계주의의 가장 발전한 형태이다. 독립된 기계는 종합 기계적인 괴물로 대체되었다. 이 기계 괴물은 그 거대한 사지를 가지고 건물 전체를 채운다. 그 악마적인 힘은, 우선 그 큰 사지들의 엄숙하고 리듬적인 움직임에 의해 가려지는데, 수없이 많은 기관의 발작적이고 어지러운 춤 속에서 파열한다."2)

역사 상 처음으로, 자본주의는 과학과 기술을 생산의 영역에 적용하였다. "근대 산업은 결코 현재의 어떤 과정을 끝난 것으로 생각하지 않는다. 그의 기본은 그러니까 혁명적이다. 반면 예전의 모든 생산 방식의 기본은 본질적으로 보수적이었다. 기계, 화학적 방식들 그리고 다른 방법들을 사용하여, 근대 산업은 생산의 기술적 기초, 노동자들의 기능, 노동의 사회적 결합을 전복한다. 근대 산업은, 막대한 양의 자본과 노동자들을 한 생산 분야에서 다른 분야 속으로 끝없이 투입하면서, 기존에 설립된 노동의

---

2) 칼 마르크스, 『자본론』, 플라마리옹, I권, XV장, p. 278.

분할을 계속 혁명한다."3) 부르주아 계급은 이러한 세계를 정복한 최초의 역사적 행위자이다. "처음으로, 인간 행위가 달성할 수 있던 장관을 보여주었던 자는 바로 부르주아 계급이다. 부르주아 계급은 이집트의 피라미드, 로마의 고가 수로, 고딕 성당과는 전혀 다른 경이들을 실현하였다. 부르주아 계급은 침략과 원정과는 전혀 다른 탐험들을 하였다."4) 그리고 이러한 풍부하게 넘치는 단계에 들어가야만 사회주의가 있을 수 있다.

---

3) 칼 마르크스, 앞의 책, p. 350.
4) 칼 마르크스, 『공산당 선언』, 코스트 출판, p. 61.

2. 자본 축적, 기술과 프롤레타리아 계급

위로부터 자본주의 붕괴와 프롤레타리아 계급 해방은 사실 경제적 유희 밖의 행위로부터 유래한다는 것을 내포한다. 마르크스가 기술한 대로의 자본주의의 팽창은 실제로는 그 붕괴를 내포하지 않는다. 마르크스가 예견하였듯이, 급여의 인상과 노동 시간의 축소가 있을 수 있다면, 더 잘 통합된 프롤레타리아들의 증가만 있을 것이고, 그것은 자본주의의 팽창과 프롤레타리아 계급화에 아무 영향도 미치지 못할 것이다. 실제로, 우리는 마르크스가 직면했던 주요 어려움 중의 하나와 마주하고 있음을 안다. 그는 자본의 흡수력, 그 팽창의 필연성, 자본주의 시스템의 기능 자체에 의한 팽창의 필연성, 그리고 이러한 기능을 목표로 한 팽창의 필연성을 증명하였다. 자본은 그 경제적 역할을 팽창한다는 조건에서만 수행할 수 있다. 이 팽창은 필연적으로 잉여가치를 자본으로 전환하면서 일어나는데, 자본의 구성에 어떤 변화를 부르고, 이어서 수익률의 지속적인 하락을 내포한다. 그렇다고 해서 우리는 자본 팽창이나 축적이 결코 한계에 봉착하거나 정지한다고 예상할 수 없다. 마르크스는 이러한 축적이 무한할 수 없음을 증명하려고 하였다. 그러나 그를 위해 그는 비경제적 인자들을 불러올 수밖에 없었다. 그 문제는 결국 해결되지 않고 남아 있었다. 그리고 사람들은 로자 룩셈부르크Rosa Luxemburg가 『자본의 축적』1912을 쓰면서 그 문제를 다시 다뤘음을 안다. "일반적인 자본주의가… 진보할 수 있을까를 아는 문제였고, 원칙론적 러시아 마르크스주의자들은 이런 적응력을 너무나 완벽히 증명해서, 이론적으로는 자본주의가 영원히 지속할 가능성마저 증명하였다. 사실 우리가 자본의 무한한 축적을 수락한다면, 또 그것의 무한한 생존가능성도 증명할 수 있다…. 자본주의 생산양식이 생산력, 경제적 진보의 무한 팽창을 보장한다면, 그렇다면 그것은 꺾을 수 없다."

실제로 제기된 문제는 이러하다. 자본은 증가하면서 기능 한다, 만약 증가가 무한하다면, 자본이 모든 노동력과 동시에 모든 기술적 진보를 적용할 수 있다면, 다양한 형태의 자본 로테이션이 어느 차원에서건 계속해서 같은 방식으로 수행된다면, 그렇다면 자본주의가 위기를 증폭시키고, 상황이 객관적으로 혁명적으로 되리라 생각할 어떠한 '경제적' 이유도 없다. 따라서 무장폭동에 의한 혁명적 해결밖에는 없을 것이다. 로자 룩셈부르크는 빈곤화 문제 속에서와 똑같은 통찰력을 가졌었다. 칼 마르크스의 잘못은 축적의 문제를 그 절대적 형태 속에서, 요컨대 추상적이고 이론적인 형태 속에서 제기했다는 것이다. 로자 룩셈부르크는 그 문제를 축적 조건들의 구체적이고 역사적인 질문으로 다시 데리고 온다. 그래서 자본의 증가가 수행되는 구체적 상황을 고려하자마자, 그 증가는 무제한 이뤄질 수 없음이 드러난다. 자본 축적을 경제학적으로 다룰 경제적 현상이 아니라, 전체 사회적 환경 속의 하나의 인자로, 전반적인 문맥 속에서 보아야 한다. 이 순간 축적은 변증법적으로 된다. "축적은 전체 자본주의 시스템의 변증법 속에서 발전한다"(루카치Lukacs). 이러한 무한한 축적의 불가능성을 이해하려면, 우선 자본주의가 위치한 국가적 틀을 고려해야 하고, 두 번째로는, 비 서구 민족들의 정복과 착취, 제국주의5)를 고려해야 한다. 외국의 정복과 착취는 자본주의의 파산을 연기하고, 얼마간의 생존을 허용해주지만, 그 가능성은 시장으로서도, 일차 원료의 공급자로서도 무한한 것은 아니다. 여기서 로자 룩셈부르크는 강하게 주장하지는 않지만, 실제로 "자연적" 성격의 한계들을 본다.

따라서 축적이 전체적인 상황 속으로 재도입되면서 그 한계들이 확실히 드러난다. 로자 룩셈부르크는 다음과 같이 기술한다. "마르크스에 따른 확대 재생산의 도식이 현실과 관련된 순간부터, 그것은 출구를, 축적의 역사적 한계를, 다시 말해 자본주의적 생산의 종말을 지적한다. 무한 축적의 불가능성은 자본주의적 차원에서 생산력의 차후 발전 불가능성을, 따라서 자본주의 쇠퇴의 객관적이고 역사적인 필연성을 의미한다. 그로부터 최종 단계, 제국주의적 단계, 자본의 역사적 도정 중 마지막 단계에서 모든 모순이 불거진다." 자본주의가 발전할수록, 축적은 더욱 어려워진다. 그러나 자본주의는 이러한 축적을 통해서, 그리고 그것만을 위해서 발전하며, 가만히 정체되어 있을 수 없다.(정체된다는 것은 더는 잉여가치, 즉 더는 자본주의는 없음을 의미한다!) 달리 말하면, 축적이 무한히 가능하고, 그럴 때 자본주의는 무한히 지속할 것이고, 사회주의로의 이동은 결코 없을 것이다. 또는 축적은 더욱더 곤란해져서, 자본주의에서는 극복할 수 없는 한계에 이르게 되고, 그렇게 되면 전쟁, 혁명, 위기 등이, 사회에서 쓸어버릴 사고가 아니라, 축적의 한계에 이른 자본주의의 가장 내밀한 표현이 된다. "이런 종말을 향한 자본주의의 객관적 경향은, 종말에 이르기 훨씬 전에, 사회적·정치적 모순을 극도로 악화시키고, 극히 견딜 수 없는 상황을 생산하여, 필연적으로 지배적 시스템의 종말을 준비

---

5) 레닌Lénine이 로자 룩셈부르크에 의해 강조되었던 제국주의적 개념의 발명자가 결코 아니라는 것을 환기할 필요가 있을까?

한다. 그렇지만, 사회적·정치적 모순은 궁극적으로는 자본주의 시스템의, '경제적으로' 견딜 수 없는 성격의 산물이고, 이 성격이 고통스러울수록 모순은 악화한다."로자 룩셈부르크 그리고 이 경제적으로 견딜 수 없는 성격은 바로 무한한 축적의 불가능성이다. 축적 한계의 문제는 이렇게 제기되었다.

그렇지만, 역사의 전개는 로자 룩셈부르크의 (정확한!) 성찰을 무산시켰다. 그녀는, 그렇게 말할 수 있다면, 충분히 깊이 파고들지 않았다. 즉, 축적이 전체적 상황 속에 놓여야 한다면, 실제로 이 상황이 무엇이었던가를 자문했어야 했다. 그리고 자본주의뿐만 아니라, 다른 모든 체제에도 해당하는가 자문했어야 했다. 그렇게 했다면, 축적 한계의 문제는 마찬가지로 사회주의 경제에 대해서도 제기되지 않았을까? 잉여가치에 의해 생산된 축적에서 출발했던 한에서는, 그 질문은 의미가 없었다. 그러나 축적을 경제 성장의 단순한 인자로 본 순간부터, "자연"의 모든 가능성을 가동하는 이 경제 성장은, 또 모든 성장에 한계의 문제로서 제기되었어야 했다. 마르크스주의자들이 자본주의 시스템 분석에 매달렸기 때문에, 그리고 그 분석 속에서는 모순이 해결되고 나면, 다른 경제 단계로 도달해야 했기 때문에, 그들은 이런 질문을 볼 수 없었다.

마르크스주의자들은 우리 사회의 문제를 흔히 정확하게 제기하고, 최초로 그 근본적 문제를 보았던 사람들이다. 그러나 그들은 그다음에는, 모든 분야에서, 경제 진화에서 자본주의와 사회주의 단계 사이에 큰 차이가 있다는 확신에 의해 꽉 막혀버렸다. 그런데 우리가 목도한 것은 예상치 못한 현상이다. 즉, 자본주의는 최근 20여 년 전부터 마르크스주의자들에 의해 분석되었던, 그리고 그들이 치명적이라고 믿었던 거의 모든 모순을 극복할 줄 알게 되었다. 자본주의는 마르크스주의자들이 보았던 거의 모든 경제적 문제를 해결하였다. 문제들 그 자체가 변하였다. 마르크스는 질적인 것에서 양적인 것으로의 변화에 대해 많은 말을 했었다. 그러나 그는 어떤 차원을 넘어서면, 어떤 차원의 자본 축적을 넘어서면, 문제는 그리고 모순은 질적으로 변한다는 것을 보지 못했다. 1900년에 절반 정도 발전한 자본주의에서 비극적 위기였을 것은 분명히 지금도 위기, 장애, 불편으로 남아 있다. 그러나 장기적 관점으로 이것들은 강하고 거대한 시스템 덕분에 "흡수할 수 있는 것"이다. 시스템은 실제로 그 구조에서만 변한 것이 아니라, 특히 그 차원을 변경하였다. 자본주의 시스템은 한계에 도달했고, 최종적 위기를 맞고 있으며, 붕괴할 즈음에 이르렀다는 주장은 극단적인 마술적 주술에 불과하다. 좋건 싫건, 자본주의는 (분명히 1900년의 자본주의에 비해 상당히 변했고, 어떤 점에서는 사회화되었다) 경제 시스템으로서 아직도 오랫동안 지속할 수 있다. 그리고 축적이 추구될수록, 자본주의는 더욱 강화된다. 따라서 자본주의가 두려운 것은 이런 한계가 아니다. 축적의 한계에 도달하기 전에, 우리는 다른 한계들 앞에 놓인다.

그것은 원자재의 소진 가능성, 오염과 공해, "내면화"되어야 하는 외적 비용들 그리고 전체 환경에 의해 유발된 한계이다. 모순은 이동했다. 주요 모순은 인구 증가에 의해 유발된다. 인구 증가는 경제 성장의 조건이기에 지속하여야 한다. 그러나 그 빠른 속도 탓에, 인구 증가는 더욱 해결하기 어려운 문제를 부른다. 그런데 이 한계와 모순들은 이제는 두 체제에 같은 방식으로 영향을 준다. 누군가 사회주의 시스템에서는 수익성 문제가 없어서, 환경 비용 처리에서 자본주의 체제보다 더 유리하다고 하지만, 자본주의도 정화, 오염 방지 기업들을 또 다른 자본주의적 활동 분야로 만들었다. 분명한 것은, 공해와 오염 방지가 가장 잘 된 국가는 미국으로, 미국이 이 분야에서 놀라운 성공을 거둔 유일한 나라인 점은 확실하다. 다른 편에서, 누가 환경 문제는 사회주의 국가에서는 그렇게 심각한 문제가 아니라고 한다면, 그것은 경제나 사회 체제 때문이 아니라, 이 나라들 대부분에서는 인구밀도가 낮기 때문이다. 물론 체코슬로바키아 등은 예외로 하고 또한, 남아프리카나, 호주에서는 환경 문제가 없다! 실제로 경제 성장을 위해 오늘날 예견할 수 있는 한계들, 제기된 문제들은 자본주의 체제나 사회주의 체제에서 똑같다. 그것은 확실하고, 나는 여기서 쏘비Sauvy와 의견을 같이할 것이다.6) 즉 성장의 한계에 도달했다면, 그것은 유례없는 위기의 시작을 의미할 것이다. 시스템이란 우리가 그저 단순히 멈추고 싶어 멈출 수 있는 그런 것이 아니다. 만약 우리가 멈춘다면, 무수히 비참한 결과들이 일어날 것이다.

따라서 축적의 정지는 극단적 위기임을 증명한 로자 룩셈부르크는 정확했다. 그러나 더는 단순히 축적의 문제만이 아니라, 경제 활동 그 자체의 문제이다. 그리고 혹시 있을 수 있는 위기는 자본주의 체제에만 관계된 것이 아니다. 경제 활동에 나타난 새로운 한계는 체제와 조직의 차이를 뛰어넘는다. 그런데 문제의 위기가 더는 사회주의로 이르게 될 자본주의 시스템의 위기가 아니고 모든 경제 활동의 위기라면, 더는 사회주의에 의한 자본주의의 필연적이고 돌이킬 수 없는 계승도 없다. 또는 더 정확하게는, 분명히 새로운 구조 속에서 자본주의는 더 사회주의화 될 것이고, 사회주의자들이 요구하던 개혁들은 "자본주의"에 의해 더 잘 될 것이다. 그러면서도 사람들은 혼합 체제에 여전히 자본주의라는 이름을 줄 수 있을 것이다. 이 체제는 더는 초창기의 명확한 자본주의가 아닐 것이고,

---

6) Cf. 알프레드 쏘비Alfred Sauvy, 『제로 성장』, 칼망-레비, 1973.

사회주의로 넘어가는 단계의 시스템은 더욱 아닐 것이다. 혼합이란 꼭 불안정, 잠정적인 것을 의미하지는 않는다.

자본주의는 마르크스에 의해 제기된 법칙에 더는 복종하지 않고, 그보다도 더 제도화된 사회주의는 어느 점에서도 처음의 희망에 부응하지 못한다. 그래서 중요한 것은 이러저러한 구조나 경제 메커니즘이 아니라 사회 전반에 대한 고려이다.(로자 룩셈부르크 이후에 루카치도 그것을 주장했는데, 그 이상까지는 보지 못했다!) 그런데 여기서 (과학적이고 기술적인) 변화는 마르크스 예견을 훨씬 뛰어넘어 무한하다. 분명히, 어떤 사회주의가 일어나서, 경제 문제에 대답해 줄 하나의 방식이 될 수 있을 것이다. 그러나 그 경제 문제는 이미 마르크스가 제기했던 그 문제 외 다른 것이 아니다. 대답은 정확하다, 그러나 문제는 지나가버렸다. 게다가 만약 우리가 지금 이 대답을 받아들이고, 자본주의가 사회주의 방향으로 가는 변화를 어느 정도 받아들이며, 나아가 자본주의가 가장 확실한 사회주의 체제들과 협력과 평화 공존의 길로 들어선다 해도, 이러한 대답을 부른 질문들은 더는 진실한 것들이 아니고, 시스템 그 자체에 영향을 줄 위험한 것들이 아니다. 이제부터, 현재의 경제 성장 한계는 더는, 자본 축적 한계로서, 사회주의로의 이동을 결정하지 못한다. 오늘날 성장의 한계에 대한 결정적 질문을 제기하는 것은 자본 축적의 한계를 극복할 수 있게 해주었던 바로 그것이다. 달리 말하면, 로자 룩셈부르크에 의해 분석된, 그리고 사회주의로의 위기를 불러야 했던 장애를 피할 줄 알게 되었기 때문에, 자본주의는 한편에서는 사회주의로의 이동을 가능하지만 해가 없게 만들었고, 다른 한편 예견치 못했던 어려움이 솟아나게 하였다. 이 어려움이 이제는 진정한 한계를 구성하고, 두 경제 체제에 똑같이 해당한다.

그럼에도, 검토해야 할 하나의 가정이 남는다. 즉 사회주의가 약화하고, 진정한 혁명적 의도를 포기했기 때문에, 공산주의가 옛 틀 (국가주의, 도덕주의, 수익성 또는 새로운 잉여가치적 시스템의 창조와 함께 경제주의, 국가주의, 관료주의 등) 속으로 되돌아가지 않았는가? 그 때문에 결국 우리가 아는 그런 상황이 되지 않았는가? 달리 말하면, 현재의 성장 한계는 언제나 자본주의적 구조의 기능이 아닌가? 공산주의는 사실상 모든 진보한 나라에서 국가적 자본주의가 되었고 말이다. 따라서 공산주의에서도 같은 한계를 발견하는 것은 정상이고, 그 한계는 결국 자본주의적 축적의 한계가 되고, 그 치료법은 마르크스적 공산주의의 혁명적 극단화일 것이다. 그러나 사람들은 첫 번째 어려움에 봉착한다. 즉, 이런 주장을 하는 모든 사람은 후진적 경제 상태에서 사회주의로 넘어간 나라들에 따른다. 자본주의적 축적의 한계가 중국이나 쿠바에서 나타나지 않는다는 것은 명백하다. 그러나 그것은 혁명적 극단화 때문이 아니고, 경제적 후진성 때문이다. 그렇다면, 한계 문제를 피하면서, 성장을 통해 후진 단계에서 진보 단계로 이동을 생각할 수 있을까? 그리고 물론 가정 상 결코 자본화가 없을 것이기 때문에 자본주의적 축적의 한계뿐만 아니라, 최근에 밝혀진 한계들도 피하면서이다.

　물론, 사람들은 이러한 주장을 정당화하기 위해, 마르크스가 도식적으로 분석한 아시아적 생산 양식에 호소한다(그리고 이 분석은 고들리에 Godelier 이래로 주목을 받았고 전면으로 부상했다). 여기서 마르크스는, 전체적이며 통합적인 국가를 통한 아시아적 생산 양식의 매개적 단계를 통해서, 원시 공동체 단계로부터 사회주의적 단계로 넘어갈 수 있었다고 증명했을 따름이다. 그와 그의 후계자들은 이 국가를 어떻게 제거할 수 있을지…. 궁극적으로는 누가 집단적인 자본가인지 설명할 수 없었다! 그러나 문제는 거기에 있지 않다. "아시아적" 생산의 샛길을 통해서 '현행의' 문제들을 피할 수 있을까? 사실 우리는 봉건주의나 부르주아 자본주의를 거치지 않고, 오로지 사회의 통합적 성장만을 통해서 어떻게 사회주의로 넘어갈 것인가를 이해할 수는 있다. 그러나 그렇다 해도, 명백히, 사회주의로 가게 해 줄 생산과 조직의 수준에 도달해야 한다.(사회주의는 고도의 생산 수준 없이는 생각될 수 없다!) 그런데 이것은 단순히 몇몇 기술적 변화가 아니라, 현행의 기술 시스템과는 다른 법칙에 따라 기능하고, 다른 기초 위에 세워진 기술 시스템 전체의 발명을 내포할 것이다. 그런데 우리는 이것이 의미하는 것을 상상도 할 수 없다. 과학-기술-경제의 결합에서 (비록 어떤 사람들은 과학은 이데올로기에 불과하다고 주장하지만), 이데올로기적 과학적 기초를 제거하지 않는다면, 우리의 것과 똑같은 시스템을 생산한다. 과학적 기초 제거는, 앞으로 보게 될 것이지만, 중국의 시도였다.

이렇게 우리는 프롤레타리아 계급이 자본주의와 동시에 발전해야 한다는 아주 획기적인 이론적 어려움 앞에 놓인다. 기술이 프롤레타리아 계급 해방의 힘이라면 (이것도 우리는 보게 될 것이다), 이 기술은 사회주의로 인도할까? 그렇지 않다. 전혀 새로운 체제로 이끈다. 자본주의의 소외적 유산을 비우려면, 그 너머에서는 축적이 더는 가능하지 않고, 동시에 프롤레타리아 계급이 그 모든 소외로부터 해방될 어떤 한계에 도달하려면, 금욕주의적이고, 기술적 힘의 거부와 박탈 위에 건설된 사회주의 세상을 상상해야 할 것이다. 그것은 상당히 내 마음에 들지만, 쿠바와 중국에서, 경제적 자극 대신 도덕심 고취의 실패 경험은, 이러한 금욕주의는 아마 혁명적인 소수 엘리트에게만 통할 수 있지, 서구적 소비와 어쩔 수 없이 접촉할 전체 국민에게는 받아들여질 수 없음을 보여준다. 달리 말해, 기술에 의해 야기된 현행의 문제를 해결한다고 주장할 어떤 혁명적인 극단주의는, 자율관리, 그리고 국가와 관료주의의 제거, "자연적 욕구" 해결을 위한 생산 쪽으로 향할 것인데, 그것은 모든 기구를 파괴해야 한다. 이것은 무조건 경제적 후퇴를 의미한다. 극단적인 공산주의는 로자 룩셈부르크가 생각했던 것과는 반대로 발전한 자본주의의 유산을 받아들일 능력이 전혀 없다. 즉, 기술은 이제 자기의 법을 강제하고, 누가 기술에서 벗어나고자 한다면, 그것은 힘, 효율성, 생산성 등을 축소한 대가로만 가능하다. 따라서 이것은 다른 방향으로 새 출발 하려고 산업혁명 초기와 비슷한 상태로 회귀함을 의미한다. 그것은 기술이 사용된 2백 년 세월을 지우고, 과학을 부르주아 이데올로기로부터 벗어내는 문제일 것이다. 그러나 이것은 나중에는 할 수 없다. 거기에 이르려면 처음부터 다시 시작해야 할 것이다. 현재 자본주의 시스템이 도달한 한계는 생산적 자산의 수용을 변경하며 뒤따를 사회주의에 의해서는 간단히 뛰어넘을 수 없다. 우리가 당면한 문제는 더는 그런 문제가 아니다, 왜냐하면, 우리의 한계는 더는 자본 계속 증가의 불가능성이 아니기 때문이다! 따라서 마르크스주의적 영감에 의한 혁명적 극단주의는 현실과 관계없는 이데올로기이며, 이 극단주의를 통해 우리는 "제로 성장"이 제기하는 문제에 다시 봉착한다. 이 "제로 성장"이 아무리 이데올로기적이라 해도, 현실과는 더 가깝게 남아 있다. 이런 황당한 목적을 달성하기 위한 것이 아니라면, 혁명적 변화를 일으키려고 하지 말아야 한다. 실제로 이런 혁명적 변화만이 내가 보기에는 거기에 이를 수 있는 유일한 길이다. 그러나 마르크스와 로자 룩셈부르크가 생각한 것과는 전혀 다른 모델의 혁명 문제이다.

    기술은 공산주의를 태어나게 해야 한다는 해묵은 주장이 존재한다. 이 전통은 물론 마르크스에게까지 올라간다. 우리는 삼중의 도식을 알고 있다. 첫 줄에, 생산력과 생산관계 사이에 갈등적 관계가 있다. 모든 사람은 노예제, 농노제, 자본주의, 사회주의로 이르는 그 진행과정을 알고 있다 (그 과정은 기계론적으로 너무 단순하다, 그리고 플레카노프Plekhanov 와 루카치Lukacs, 그리고 그들 이후에 알투저Althusser가 보여 주었듯이…. 그런 기계론적 과정은 마르크스의 생각과 상응하지 않는다). 그런데 여기서 우리에게 중요한 것은 다만 다음의 사실을 환기하는 것이다. 즉, 마르크스에게는, 한편으로는 기술은 생산력의 주요 요소이고, 끊이지 않고 진보하기 때문에, 안정을 추구하면서 곧 반동적으로 되는 생산관계들과 갈등을 일으킨다. 기술만이 진보주의적이고, 필연적으로 미래로 향해 있다. 따라서 (명확하게든 아니든) 공산주의를 세우려 하고, 프롤레타리아 계급의 종말을 목표하는 것은 바로 기술이다. 그렇지만, 위기를 일으키는 것도 또 기술이다. 당연히 자본주의 지배에 종지부를 찍는 것도 기술이다.

기술은 불가피하게 자본주의적 생산 양식의 파열을 부른다. 그것은 시장이 흡수할 수 없는 과잉생산을 부른다. 기술은 노동력의 절감을 부르고, 그러면 더 많은 노동자를 실업으로 내몬다. 그래서 사람들은 이중의 결과를 알고 있다. 한편으로, 언제나 새로운 시장을 찾아야 하는 자본주의는 제국주의적 단계로 넘어가는데, 이 단계는 자본주의의 해체 단계이다. 다른 한편, 실업자의 증가는 프롤레타리아 계급의 빈곤화를 가져온다 (당연히 마르크스 생각 속에서는, 빈곤화를 개인적 차원에서가 아니라, 전반적이고 계급적인 차원에서 평가해야 하는데, 결국 노동자 생활수준을 알려면 일하는 노동자의 수입과 실업자의 무소득 사이에 평균을 내야 한다.). 따라서 자본주의는 필연적으로 실업자 수에 의해 짓눌리게 되고, 폭동을 부르는 악성 빈곤화에 대처할 수 없게 된다. 게다가 자본주의는 이윤의 추구라는 하나의 목표만 가지고 있기 때문에, 잉여가치를 증가시켜줄 때만 기술을 사용할 수 있다. 이제부터 자본주의는 기술을 그 모든 차원에서 담당할 수 없는데, 특히 기술이 수익성 없는 투자를 강요하거나, 수익률을 축소할 때는 (그리고 기술은 반드시 그곳으로 이른다) 더욱 그러하다. 그러나 기술은 계속해서 자신을 생산하고, 발전한다. 따라서 기술은 사회-경제적 구조 위에 더욱더 강한 압력을 행사한다. 즉, 이 기술을 무한정 기다리게 하고, 결실을 보지 못하게 하기는 불가능하며, 잠재적 수단들의 축적은 필연적으로 자본주의적 대립의 빗장을 벗겨버리고, 또 이러한 샛길을 통해 위기를 촉발시킨다. 그러나 이 위기는 착취 계급에 대해 노동자들이 소지한 생산력과 자본가 사이의 갈등의 위기이다. 그래서 기술은 자본주의를 폭발하게 하면서 불가피하게 공산주의로 문을 열어젖힌다. 기술은 이 새로운 힘의 특권적인 벡터이다.

그 완전한 발전에 이르면, 기술은 생산관계의 변화를 부르고, 생산관계는 이 새로운 생산력, 다시 말해 기술의 새로운 상태에 따라 재편된다. 그런데 이 기술은 개인용일 수 없는 자원들과 방법들의 집단화를 강요한다. 더 나아가, 기술은 사회적 효율성에 복종하기 때문에, 더는 개인적 이해가 아닌 행위 동기를 가정한다. 이제부터 공산주의의 사회-경제 구조만이 기술적 성장에 의해 필요해지고, 동시에 모든 기술 발달을 점점 흡수할 수 있다. 이 기술은 외적 장애들에 의해 더는 방해받거나 막히지 않을 것이다. 이제부터 사회의 구조와 기술의 역량 사이에 완벽한 일치가 있을 것이다. 하나가 다른 것을 조건 지우고, 기술은 더는 장애를 만나지 않기 때문에, 새로운 구조들을 문제 삼지 않고서도 무한히 발전할 수 있을 것이다. 실제로 일치는 더 깊기까지 하다. 즉, 이것은 이중의 해방을 고려하게 한다. 한편에서는, 기술이 인간을 자연의 무게, 제약, 한계, 위험에서 해방하는 경향이 있고, 다른 한편에서는, 공산주의가 인간을 사회의, 특히 국가의 무게, 제약, 한계, 위험에서 해방한다. 따라서 공산주의는 기술이 준비한 것을 완수한다. 그 둘의 결합은 인간의 이중적 해방으로 이른다. 그래서 기술의 성장은 그 완성을 공산주의의 제도적 확립 속에서만 발견할 수 있다. 그로부터 마르크스에게서 기술에 대한 찬양이 나오고, 인간을 위한 진보일 수밖에 없는 기술 발전에 대한 전적으로 낙관적인 신뢰가 나온다.7) 기술은 인간과 동시에 공산주의를 위해 작용한다. 기술은 반대로 공산주의 속에서 사라질 수 없다.8) 공산주의 사회 속에서 권위는 기술적 유형이 된다. 그것은 더는 정치적이 아니다. 이 권위는 생–시몽Saint-Simon이 말한 사물들을 관리하는 인간들의 정부라는 유명한 구절과 상응한다. 권력은 관리적이 되고, 그 이상은 아니다. 그러나 관리를 말하는 사람은 반드시 기술을 말한다. 엥겔스가 잘 표현한 것과 같다. "종속과 위계가 있다. 그러나 선박 속에서처럼, 선박이 계속 항해할

---

7) 예를 들어 코스타스 악셀로스Kosts Axelos의 『마르크스, 기술의 사상가』, UGE, 10/18, 1961을 보기 바람. 사실은 그럼에도 예기치 않은 기술적 성장에서 나온 문제들은 차치하더라도, 이중적 문제가 남는다. 나는 마르크스주의의 고전적 문제의식 속에 머무른다. 첫 번째 질문은 칼 마르크스가 공산주의로의 이동은 자본주의 시스템이 제공할 수 있는 모든 것을 제공했을 때만 수행될 수 있다고 항상 주장했던 사실로부터 나온다. 따라서 이미 굉장히 발전한 기술과, 마찬가지로 상당한 경제적 성장의 기반 위에서이다. 즉 모든 "하부구조들"이 주어진 때이다. 기술을 정착시키고 경제 성장을 책임져야 할 가난한 공산주의를 정착시키는 것은 문제가 될 수 없었다. 우리는 바로 여기에 현재의 모든 공산주의 체제들의 치명적인 문제가 있음을 보게 될 것이다. 두 번째 문제는 구조와 인간 집단들 사이의 동일화로부터, 다시 말해 "생산력-프롤레타리아 계급", "생산관계-부르주아 계급"에서 나온다. 생산력이 기계주의와 산업화로 분석되는 한, 부르주아 계급과 노동자 세계 사이의 관계가 있을 수 있었다. 그러나 기술의 향상은 다른 유형이다. 즉 실제로, 기술자들이라는 다른 유형이 나타나는데, 그들은 노동자들도 아니고, 육체노동자들도 아니며, 프롤레타리아 계급들도 아니다. 그리고 고유하게 기술적인 생산력은 기술자들과 일치한다. 이것은 도식을 심각하게 변형하고, 공산주의자들이 무슨 대가를 치르더라도 기술자들을 프롤레타리아 계급으로 들어가게 하려 했던가를 설명한다.
8) 이 모든 것에 대해서는, L. 스페즈Sfez의 『지옥과 천국』, PUF, 1978을 보기 바람.

수 있도록 하기 위해서이다." "기계의 이용과 많은 사람의 방법론적 협력" 위에 기반을 둔 권력의 기술적 필연성. "내가 이러한 논증을 가장 격렬한 반-권위주의자들에 대해 내세우는 것은, 그들이 이런 유일한 대답을 방패로 삼기 때문이다. 아, 그건 사실이다, 그러나 여기서는 우리가 대표자들에게 부여할 그런 권위의 문제가 아니다. 우리는 그들에게 단지 어떤 임무만 맡긴다…. 이 사람들은 이름을 바꾸면서 사물을 바꿀 수 있다고 상상한다."스페즈Sfez에 의해 인용된 텍스트

외적으로는, 기술-권위 사이의 치환에 어려움이 없다. 언제나처럼 레닌을 따르면, 분명히 공산주의 사회 속에서는 더는 명령은 없고, 오로지 감시와 회계적 기능들만 있다.유명한 초소 모델 위에서! 이렇게 기술은 여전히 공산주의에 호의적인 인자이다. 즉, 기술은 권위, 예전 정치 대신에 수단적인 객관적 시스템을 대체하게 해준다. 이 객관적인 시스템은 객관적이고, 중립적이며 수학적으로 된 조직에서 모든 주관적이고 우발적이며 권위적인 성격을 제거한다. 인간은 더는 다른 인간보다 우월할 필요가 없다. 왜냐하면, 우월한 것은 바로 조직적 시스템이기 때문이다. 보조적인 진보로서, 생산의 기술이 공산주의로의 이동을 강요하고 허용했기 때문에, 이제는 관리의 기술이 정치권력의 해체와 함께 공산주의의 작동을 허용해준다. 그 이상으로, 앞의 일치의 반복으로, 기술은 그 작동을 허용하고 또 강요한다. 분명히 공산주의가 아닌 다른 모든 조직 속에서, 관리 기술은 결코 완전하게 적용될 수 없을 것이다. 즉, 관리 기술은 매번 개인적 이해들에 의해 가로막힐 것이다(그런데 잊지 말자. 이 개인적 이해들은 자본주의에서는 단지 허용만 된 것이 아니라, 그 시스템에 의해 생산된다. 반면 그것들은 공산주의 사회에서는 해체되고, 정확히 말해 대상이 없어진다). 그 이상으로, 기술은 이 관리를 더욱더 단순하게 만든다. 분명

히 문제들은 더 어렵고 복잡해진다. 그러나 기술적 방법들이 이 문제들을 점점 더 쉽게 해결해준다. 그래서 궁극적으로는 사람들은 글뤽스만 Glucksmann이 유행시킨 "요리사"에 관한 유명한 텍스트를 발견한다.9) 거기서는 경제와 사회의 모든 관리가 아무 요리사나 할 수 있는 것이 될 것이다. 기술의 새로운 기적으로서, 공산주의를 가능하고 동시에 필연적으로 만든다. 필연적인데, 그 이유는, 공산주의가 없다면, 요리사는 결코 한가하게 이런 관리에 참여할 상황에 있지 않을 것이므로 그리고 마지막으로, 일상적 관리는 민중 자신에 의해 통제될 것이다. 필요하다면 무장한 민중인데, 그것은 누구도 권력을 갈취하지 못하게 하기 위해서이고, 또 모든 것이 객관적으로 움직이도록 하기 위해서이다. "무장한 민중은, 현행의 사회에서일지라도, 보통의 교양인들이 싸움을 말리거나, 누가 여자를 학대하지 못하게 하는 것처럼 간단히, 쉽게 그런 일을 담당할 것이다." 따라서 전체 민중에 의한 기술자들, 다시 말해 권위를 행사할 사람들에 대한 항구적인 감시가 있을 것이다. "상황에 대한 전반적인 의식에 의해서만 명확해지는 지속적인 감시이다. 그래서 동시적인 전체성의 통제는 조합과 정치 사이, 수공업과 지식 사이, 도시와 농촌 사이, 행정과 정치 사이, 결정과 집행 사이의 구분을 제거한다. 공적 기능들은, 하고 엥겔스는 말할 것이다. 그 정치적 성격을 상실할 것이고, 사회의 이익을 감시할 단순한 행정 기능들로 변할 것이다. 명령으로서 권위의 문제는 더는 제기되지 않는다…." 스페즈는 이렇게 훌륭하게 증명한다. 그러나 이 모든 것은 다양한 기술들의 결합에 의해서만 가능하고, 따라서 공산주의 자체를 실현한다. 그래서 스페즈는, 두 줄로서, 거기에는 환상이 깃들어 있음을 보여준다. "권위는, 기술적이라 해도, 이중의 시간적 격차를 가정하지 않는가? 권위를 행사하는 사람

---

9) 앙드레 글뤽스만, 『요리사와 식인자』, 쇠이유, "전투" 총서, 1975.

에게 그 권위를 수여하는 사람의 일차적인 시간적 격차, 명령에 복종하는 사람들에게 그 권위를 행사하는 사람의 두 번째 격차?" 그럼에도, 엄격한 마르크스주의적 사유에서 기술은 언제나 프롤레타리아 계급의 해방자이다.

3. 이탈들

 우리가 간단히 언급한 마르크스의 분석에 비해, 모든 것을 혼란스럽게 만들 두 사건이 일어났다. 첫째 1917년 볼셰비키에 의한 혁명, 둘째 마르크스가 알고 있던 산업사회로부터, 사람들이 상상하던 것과는 다른 기술의 기술사회로 이동이다.

 마르크스의 사상을 조금이라도 아는 사람들은 평범하지만, 근본적인 이러한 어려움에 의해 어김없이 길이 막혔다. 즉, 마르크스가 말한 것과는 달리, 공산주의 혁명은 가장 산업화한 나라들, 프롤레타리아 계급이 가장 많은 나라가 아니라, 미미하게 산업화한 나라, 프롤레타리아 계급이 인구의 5%밖에 되지 않는 나라에서 터졌다! 레닌은 자신의 유명한 저서 "제국주의 최고 단계…" 속에서 이 모순을 정당화하려고 힘겹게 시도했다. 그러나 레닌이 마르크스에 따르면 19세기 말쯤에 폭발해야 했던 모순들 이후에도 자본주의가 살아남은 이유를 엄밀하게 분석했다 해도, 그의 분석은 여전히 러시아에서 혁명이 일어난 사실을 절대로 설명하지 못했다. 그리고 여기서 카우츠키Kautsky와 레닌 사이의 논쟁을 언급해야 한다. 카우츠키는 1910년경 마르크스 이론에서는 레닌보다 훨씬 예리한 것으로 여겨졌다. 그는 플레카노프Plekhanov와 매우 가까웠다. 1917년에 레닌에 의해 주장된 공산주의 혁명의 가능성 앞에서, 그리고 그 성공 앞에서, 그는 레닌이 이론적인 차원에서 틀렸음을, 그리고 이 오류에 의해 결국 그의 혁명이 공산주의 혁명이 아님을 증명한다. 사람들은 이러한 강경한 경고를 너무 망각하였다.

카우츠키에게는, 마르크스에 따른 '객관적인' 몇몇 경제적 조건이 실현되었을 때만 사회주의로의 이동이 있을 수 있다. 그는 높은 수준의 산업 생산에 이르러야 한다고 주장한다. 게다가, 일반적인 차원에서 마르크스에 의해 제기된 "법칙"으로 되돌아와야 한다고 언급한다. 즉, 하나의 경제 시스템은 그것이 생산할 수 있던 모든 것을 생산했을 때에만, 그것이 충분히 발전했고, 더는 진보할 수 없을 때에만, 다른 단계에 자리를 양보한다. 이것을 주장하면서도, 카우츠키는, 일반적 기대와는 반대로, 과격한 혁명의 필연성을 전혀 부정하지는 않는다. 혁명은 사회-민주적이지 않다. 그는 마르크스에 맞춰서, 혁명이란 언제고, 어떤 상황에서든 할 수 있는 것이 아니라고 확인하고 만다. 즉 혁명이 프롤레타리아 계급 혁명이 되려면 필연적이고 객관적인 조건들이 있다. 이 조건들이 결합하면, 당의 지도를 받는 프롤레타리아 계급이 혁명을 일으킬 수 있다. 그리고 그것을 해야 한다 그러나 이 객관적 조건들이 결합하지 않았다면, 공산 프롤레타리아 혁명을 시도할 수 없을 것이다. 이것은 이러한 시도가 실패해야 함을 의미하지는 않지만, 그것은 "블랑키스트blanquiste: 19세기 프랑스의 급진적 사회주의자 루이-오귀스트 블랑키Louis-Auguste Blanqui 추종자들—옮긴이주식의 모험", 무장폭동, 그리고 기껏해야 1789년 혁명과 비교할 수 있는 혁명, 다시 말해 결국엔 부르주아식의 시도에 불과할 것이다.

그런데 1917년의 러시아는 산업화하지 않았고, 축적된 자본을 가지고 있지 않았으며, 그곳의 부르주아 계급은 거의 중요성이 없었고, 러시아는 산업화 과정의 국가였다. 이런 시기에 공산 혁명은 가능하지 않다. 그것은 18세기 중반에 영국에서 공산 혁명을 한다고 주장하는 것이나 마찬가지일 것이다. 당장 혁명을 원하는 레닌에 반대한 두 번째 비판은 앞의 비판에서 나온다. 마르크스에게서, 사회주의로의 이동은 노동자들이 국민의 대다수이고, 자신들의 의지를 강제할 정도로 강력할 때만 가능하다. 프롤레타리아 계급 혁명을 위해서 그것은 필수불가결하다. 산업적 프롤레타리아 계급이 전체 인구에 비해 미미하다면, 그것은 자본주의의 발전 가능성이 상당히 크다는 의미이다. 즉, 인구 대다수가 극소수에 의해 착취당하는 단계에 도달해야 한다. 그런데 러시아는 그런 경우가 아니다. 국민 대다수는 농민으로서, 물론 착취당하지만, 봉건 시스템에 속해 있는 농민들은 프롤레타리아 계급은 아니다. 이어서 많은 공무원이 있다. 그들도 프롤레타리아 계급이 아니다. 극소수의 노동자는 마르크스가 보여준 혁명을 할 수 없다. 마르크스적 혁명에서는 억압되고 착취당한 다수가 상황을 뒤집고, 권력을 잡는 다수가 되어서, 과거의 부르주아와 소수 자본가를 억압한다. 게다가 1917년의 이 혁명이 산업 프롤레타리아 계급으로 이뤄진 것이 아니라, 레닌에게 이용당한, 패퇴하는 군인들에 의해 수행되었음은 아주 특징적이다. 그렇다면, 노동자 프롤레타리아 계급이 혁명을 하지 않았고, 권력 장악자가 다수 노동자가 아니라면, 권력은 프롤레타리아 계급 독재의 행사가 아닐 것이다. 프롤레타리아 계급은 러시아에서는 조직도 되지 않았다. 러시아에서는 진정한 프롤레타리아 당도, 강력한 노동조합도 없다. 권력을 행사하는 어떠한 프롤레타리아 조직도 없다. 이제부터 권력은 소수 집단의 손에 들어갈 수 있을 것이고, 이 집단은 프롤레타리아 계급의 이름으로 폭력적으로, 강압적으로 행사할 것이다. 다시 말해 무장폭동 유형의 권력이다. 아무 부르주아 집단이라도 이런 종류의 사이비 혁명에 성공할 수 있으며, 민중의 이름으로 통치한다고 주장할 수 있다. 그러나 이런 소수의 독재는 근본적으로 마르크스가 역사의 정상적인 진행 결과로 생각하던 것과는 근본적으로 반대이다.

우리는 레닌에 반대한 카우츠키의 세 번째 비판에 이른다. 즉 마르크스에게는 사회주의가 권력을 잡는 것은 역사의 정상적 진행이다. 정상적이라 함은, 변증법적이라는 말이다. 어떤 유형의 생산력에 따라 만들어진 생산관계 전체로 특징되는 한 시기의 최종 단계에 이르러야만, 다음의 역사적 단계로 넘어가는 혁명이 가능해지고, 그 이전에는 안 된다. 이제부터 레닌에 의한 볼셰비키 혁명은 역사의 흐름을 왜곡시키며, 어느 정도는 전 단계의 온전한 발전을 불가능하게 하고, 결국 계급투쟁을 완전히 뒤죽박죽으로 만든다고 말할 수 있다. 명백히, 혁명의 조건은 역사의 흐름과 프롤레타리아 다수라고 하는 카우츠키의 관점은 내가 보기에는 정확하다, 이중의 이탈을 가져올 수 있다. 즉 비 독재적 민주주의로부터 이탈(왜냐하면, 프롤레타리아 계급이 다수가 되기 때문에, 선거에서 다수를 획득하는 것으로 충분하며, 프롤레타리아 계급은 권력을 쥐게 되는데, 그것도 민주적 방식으로 이다), 그리고 역사적 메커니즘에서 이탈이다(역사의 흐름대로 내버려 두는 것으로 충분하다. 그러면 우리는 혁명적 개입 없이도 사회주의에 접근할 것이다). 물론 이것들은 카우츠키와의 갈등 속에서 레닌이 발전시킨 두 논증이었다. 마지막으로, 카우츠키가 1917년 혁명에 반대한 근본적인 마지막 비판은, 마르크스의 생각 속에서는 프롤레타리아 계급 혁명은 세계적이어야 한다는 것이다. 그는 번스타인Berstein의 "국가 사회주의"의 "이단"을 환기하였다. 단 한 나라에서 공산주의 혁명을 하기는 불가능하다. 후에 사람들이 말하듯이, 공산 혁명을 이룬 나라에 대한 여러 자본주의 국가의 공격 위험 때문이 아니라, 프롤레타리아 계급이 보편적이기 때문에, 프롤레타리아 계급은 국제적이다. "전 세계의 프롤레타리아들이여 단결하라."

마르크스의 관점에서는 단 한 나라 안에서, 국가적 틀 안에서, 부르주아 계급이 부여한 국경 안에서 프롤레타리아 혁명이 일어나는 것은 생각할 수 없다. 한 나라에서의 혁명을 정당화하기 위해 사람들이 항상 예로 드는 마르크스의 유명한 문장에도 불구하고, 그리고 그가 말한 바로는 각각의 프롤레타리아 계급은 우선 자기 국가의 부르주아 계급을 꺾어야 하는데, 마르크스의 생각 속에서는 프롤레타리아 계급이 국제적이기 때문에(나는 '본질적으로'라고 말할 것이다!), 국제적인 혁명밖에 할 수 없다는 점은 의심의 여지가 없다. 그런데 레닌의 시도는 한 국가적이다. 그리고 레닌은 그렇게 할 수밖에 없었다. 왜냐하면, 카우츠키가 강조하듯이, 프롤레타리아 계급의 발전이 (유럽) 국가들에 따라 천차만별이기 때문이다. 독일과 영국에서는 아주 중요하고, 프랑스에서는 약간 덜하며, 이탈리아와 스페인에서는 거의 존재하지 않고, 러시아에서는 아주 불충분하다. 거기에 각국의 프롤레타리아 계급 사이의 유대도 미미하다. 1914년 독일의 프롤레타리아 계급을 향한 프랑스 노동조합CGT의 실패가 그 증거이다. 각각의 프롤레타리아 계급은 이웃에게 혼자 해결하라고 한다. 각각의 나라에서, 의식화를 통해서, 자체로서 프롤레타리아 계급에서 자체를 위한 프롤레타리아 계급으로 이동해야 했던 것과 마찬가지로, 진정 마르크스주의적 공산주의 혁명은 단결의 의식화를 통해서만, 그리고 더 나아가서는 프롤레타리아 계급에 의한 프롤레타리아 계급의 국제적 단결의 의식화를 통해서만 일어날 수 있을 것이다. 이러한 일이 존재하지 않는 한, 인터내셔널Internationale이 어떤 점에서도 혁명을 수행할 준비가 되어 있지 않는 한, 마르크스가 바라던 것과 반대의 사회주의적 국가주의로 갈 것이다.

이상이 레닌이 주도권을 잡던 초기부터, 카우츠키가 레닌에게 가한 이론적 차원의 근본적인 네 가지 비판이다. 그리고 뒤이은 역사에서, 카우츠키의 이론적 분석이 정확했고, 레닌의 실수가 현실로 일어났음을 확인하지 않을 수 없다! 여기에 혁명 실천 상의 비판을 더해야 한다. 나는 이것을 아주 간결하게 기술할 것이다.

카우츠키는 레닌이 행한 맹목적인 재산압수를 비난한다. 그는 이것이 불가피하게 경제적 대재난을 가져올 것을 예고한다(부정의 축적과 동시에). 게다가 카우츠키는 마르크스에게서는 사회주의로 이동하는 방법이 두 가지나 있다고 하면서, 레닌의 배타주의를 거부한다. 그는 프롤레타리아 계급 독재가 중앙집권적인 권위적이고 절대주의적인 정부 형태가 되는 것을 거부한다. 마지막으로, 그는 레닌이 "테르미도르Thermidor: 프랑스 대혁명 때 잠깐 사용된 혁명력으로, 그 11번째 달인 Thermidor 열월 1일은 지금의 7월 19일-옮긴이주) 반동1794년 7월 프랑스 혁명 초기에 소수 온건파가 주류 강경파인 로베스피에르파를 제거한 테르미드르 반동을 언급하고 있음-옮긴이주을 피하고자," 점점 더 자신의 혁명적 프로그램을 바꾸지 않을 수 없었고, 결국 완전히 포기하지 않을 수 없었음을 증명한다. 즉, 1917년 레닌의 볼셰비키들은 보통선거의 옹호자였는데, 1918년에는 그것을 없애버렸다. 1917년에는 사형제 반대자들이었는데, 1918년에는 다시 부활하였다. 1918년에는 노동 계약 시스템을 폐기했는데, 1919년에 다시 회복하였다. 1918년에는 관료주의를 타파했는데, 1919-1920년에 더욱더 강력한 관료주의를 돌아왔다. 그들은 군대에서 계급과 위계를 없앴는데, 1919-1920년에 다시 부활시켰다. 그들은 사회 계급을 제거하고자 했지만, 프롤레타리아 계급보다 더 하위의 계급을 창조했고이것은 흥미롭다. 카우츠키는 그것을 1919년부터 지적한다!, 그리고 프롤레타리아 계급보다 상위의 새로운 계급을 만든다.관료주의, 10) 달리

1장 태초에 자본이 있었다··· 47

말하면, 레닌은 혁명이 정복한 모든 것을 제거해야 했다. 그는 구체적인 딜레마에 사로잡힌다. 혁명 초기에 발표한 프로그램에 여전히 충실하든가(그럴 때 혁명은 실패한다), 또는 무엇보다도 이 혁명이 성공하도록 해야 한다(그런데 단순히 권력을 잡고 보존하는 문제이다). 그러나 그러려면 프로그램 속에 들어 있던 모든 마르크스주의 요소를 포기해야 한다.

카우츠키는 레닌이 성공하려면 마르크스적 혁명이 실패해야 할 것이라고 주장한다. 그래서 네 개의 이론적 비판과 혁명 실천 비판을 종합해서, 다음과 같이 말할 수 있다. 혹은 레닌이 원했던 대로의 혁명은 진정 마르크스와 맞은 것이었지만, 어김없이 실패하게 되어 있었다. 혹은 레닌의 무장폭동은 성공할 것이지만, 그것은 어떤 점에서도 프롤레타리아 공산주의 혁명이 아니고, 어떤 점에서도 마르크스의 생각과 맞지 않는다. 물론 레닌은 이것을 조목조목 반박하려고 하였다. 그러나 레닌의 이론적 대작인 『제국주의, 자본주의의 최고 단계』는 결국 세상의 진화에 따른 해석 시도였고, 혁명의 늦어짐을 설명하고자 하는 시도였으며, 또 마르크스가 혁명의 필수 조건으로 제시한 여건들 포기의 변명이었다. 그래서 결과적으로 이 책 『제국주의』는 겉으로는 마르크스주의 방식으로, 원칙적으로 혁명이 준비되지 않았던 나라, 객관적 조건들이 없던 나라, 프롤레타리아 계급이 많지 않았던 나라에서 혁명 성공 가능성을 설명해 줄 것이다. 그런데 사람들은 실제로 다음의 질문, "어떻게 공산주의 혁명이 러시아에서 가능했는가"는 자주 제기했던 반면, 이론적으로도 중요하고, 역사적 결과에서는 훨씬 중요한 문제, 즉 레닌의 유명한 다음 공식, "공산주의, 그것은 소비에트 플러스 전기화이다"가 무엇을 의미하는지는 전혀 연구하지

---

10) 이 모든 것은 『테러리즘과 공산주의』 속에 들어 있다, 1919, 프랑스어 번역, N. 스찬파크Stchanpak, 자크 포폴로즈피Jaques Povolozfy, s.d.

않았다. 그런데 그건 정말 어리석은 일이다. 정확히 카우츠키적 비판의 연장에서, 전기화가 무엇을 의미하는가? 사실 그것은 중공업 발전에 관한 문제이다. 그것은 마르크스의 분석으로는, 부르주아 계급이 담당했던 일이었다. 그러나 공산주의 체제건 자본주의 체제건, 중공업은 자본화를 통해서만 수행될 수 있다. 그리고 그 과정을 바꿀 수 있는 것은 "상부구조" 변화가 아니다. 중공업을 이루는 과정은 자본주의나 공산주의에서 똑같다. 다시 말해, 두 경우에 산업의 형성은 자본의 축적을 통해서만 있을 수 있다. 그리고 자본의 축적은 노동자의 노동에 의해 생산된 가치 위에서 가치적 선취, 즉 초과 노동과 이윤이 있어야만 가능하다.(유일한 차이는, 공산주의 경우 모든 이윤은 프롤레타리아 계급이 아닌 국가에 되돌아가고, 자본주의 경우에는 이윤의 일정 부분이 사적 개인을 부자로 만든다.)

1935년부터, 예로서 잡지 「새로운 질서」속에서, 사람들은 소련URSS::소비에트 사회주의 연방를 국가적 자본주의라고 지적하였다.

1954년 나는 기술에 관한 책에서,11) 소련에서 이윤 메커니즘을 설명하였다. 그러나 1970년경에서야 국가 자본주의라는 개념이 받아들여지지만, 여전히 다음의 결론을 도출해내지 못한다. 즉, 자본이 있는 곳에서는, 불가피하게 프롤레타리아 계급의 창조가 있다. 달리 말하면, 소련은 세계적 프롤레타리아 계급 창조의 제2단계였다. 자본주의 체제에 의해 생산된 프롤레타리아 계급 이후에, 공산주의 체제에 의해 생산된 프롤레타리아 계급이 있었다. 나는 이 후자에 대해서도 마르크스에 의해 주어진 그 가장 강한 의미로, 프롤레타리아란 용어를 사용한다. 이 프롤레타리아 계급은 마르크스에 의해 설정된 도식에 비해, 레닌적 혁명의 결과이다.

---

11) 자끄 엘륄, 『기술 또는 세기의 쟁점』, 아르망 콜랭, 1954.

그러나 그 도식은 두 번째 사건, 기술화에 의해 뒤집혔다. 다시 말해, 마르크스가 분석한 산업사회로부터 후기산업사회라고 불리는 새로운 사회 유형으로 이동인데, 나는 이 새로운 사회를 기술적이고 기술화한 사회라고 부르기를 더 선호한다. 그런데 이것은 단순한 단어 싸움은 아니다. 이 두 유형은 정확히 전도된 성격들을 소유한다. 기술의 사회는 어느 발전 단계에 오른 산업사회가 아니다. 그 사회는 기계들의 무한한 발전이 아니라, 진정으로 다른, 기술적 방법들의 적용에 집착하는, 다른 것이다. 그러니까 산업사회는 (엄밀한 의미의) 기계들의 증가를 내포한다. 그 사회의 규칙은, 가장 중요한 기계가 가장 효율적이고, 기계들의 집합은 커질수록 수익성이 더 좋아지며(언제나 크면 클수록, 언제나 더욱 중공업이 된다), 생산하려면 언제나 더 많은 에너지를 소비해야 하고, 기계를 사용하려면 더 많은 노동력이 필요하며(기계화에 의한 노동력 절감에도 불구하고, 필연적으로 노동 세계의 성장이 있다), 마르크스가 말하고 증명했듯이 진정한 가치 생산력은 기계를 작동하는 수단인 인간의 노동이다.

그런데 이 모든 것이 더는 진실이 아니다. 어쨌듯 부분적으로는 기술의 향상은 완전히 새로운 현상을 생산한다. 사회와 경제 분야 사이의 관계와 끈은 이제는 정보이다. 모든 것은 정보적 네트워크 위에 세워지고, 더는 상품의 회전 위에 세워지지 않는다. 다른 한편 보조모터와 자동 제어 시스템처럼, 산업에 적용된 자동화와 정보화는 이제는 기계 전체가 인간의 개입과 조종 없이 작용할 수 있게 해준다. 이제는 상대적이 아니라 절대적인 노동력의 절감이 있다.[12] 그 거대한 결과로, 실제로 이 순간부터 가치의 창조자는 더는 인간의 노동력이 아니다. 마르크스의 모든 이론은 단

---

12) 쏘비Sauvy는 이러한 변화를 보지 못하고, 옛날에 진실이었고, 지금은 실수가 된 것을 추구한다. 예를 들어, 기계가 많을수록 더 많은 노동자가 필요하다고 한다.

순한 기술적 과정에 의해 뒤집힌다. 물론, 가치 창조 작업은 아직 존재한다. 그러나 전혀 다른 사실들에 적용되고, 극히 적은 양으로 존재하기에, 예전의 이론을 더는 지탱할 수 없다. 진정으로 가치의 창조자인 것은 기술 그 자체이며, 또는 리히타Richta가 말하듯이 "과학적이고 기술적인 혁명"13)이다. 자동으로 기능 하는 기계들 전체가 가치를 창조한다…. 그러나 그것이 전부가 아니다. 기술의 방향은 이제는 더 큰 쪽이 아니라, 더 작은 쪽으로 향한다. 다시 말해, 구체적이 아니라 추상적인 영역들로 효율성을 확장하고 나서, 이 기술적 방향은 효율성 추구와 동시에 부품들의 통합 속에서, 기기들의 (이제 더는 기계라고 부를 수도 없다) "미세화", 소형화 쪽으로 달려간다. 달리 말해, 정확히 경향의 뒤집기가 있다. 진보를 표현하는 것은 더는 거대함이 아니라, 가장 소형이면서 동시에 가장 은밀한 수단을 통해 얻어진 효율성이다.

물론, "작은 것이 아름답다"는 생태보호주의자들과 기술 사회 반대자들의 구호가 되었는데, 적절하고 아주 만족스러우나, 이러한 훌륭한 구호는 정확히 현대 첨단 기술의 '사실적' 경향과 상응한다는 것을 고려해야 한다. 그리고 더 심하게 말한다면, 그 구호는 소형화 현상 그 자체에 의해서만 빛을 볼 수 있었다고 말할 것이다. 그런데 이 현상은 또 에너지 소비의 축소를 내포한다. 물론 거대한 기계들과 함께 언제나 증가하는, 그리고 결국에는 기하급수적으로 증가하는 에너지 소비가 필요했다, 반대로, 가장 소형의 기계 속에서 효율성을 추구하면, 명백히 에너지를 최소로 소비한다. 과거의 경향은 이미 뒤집혔다. 우리는 최종적인 대비를 언급할 수 있다. 물론 다른 대비들도 있다… 즉, 산업적 성장 과정은 연속적인 선적이지만, 기술적 성장은 다 중심적이고 다 방향적이다. 산업은 언제나 똑같은

---

13) 라도반 리히타Radovan Richta, 『네거리의 문명』, 쇠이유, "정치 문제" 총서, 1974.

방향으로 가는 기계들의 첨가와 결합을 통해 발전한다. 거기서는 우리가 예견할 수 있는 도식에 따라 앞선 단계에 의한 다음 단계의 생산이 있다. 반대로, 현대 기술들은, 각각 수십 개의 다른 영역에 적용될 수 있고, 그것들은 여러 개의, 그리고 가장 흔히는 예견하지 못한 결과를 만들어 낸다. 이 기술들은 새로운 행위와 개입 영역들을 열어젖힌다. 기술적 효율성이 적용되는 방향들의 폭발이 있다. 그래서 일종의 별 모양의 성장이 있다고 할 수 있다. 이것은 물론 우리 사회가 비일관적이고 불확실하다는 감정을 준다.

마지막으로, 이 기술 사회는 상품보다는 서비스의 우위에 의해 특징된다. 이것은 2차 산업에 대한 3차 산업의 발전이다. 그러나 서비스의 우위는 현대의 추상적 기술의 확산 위에 세워진다. 이제부터 개인으로서는, 한편으로는 물리적 힘, 다른 한편으로는 자본주의적인 돈보다는 역량들을 갖추는 것이 문제가 된다. 그것이 이 기술 사회의 '경향적' 주요 특징들이다.

이렇게 우리는 전적으로 다른 단계로 이동한다. 프롤레타리아 계급은 거기서, 광적인 착취와 마찬가지로, 그 비극적 형태 속에서, 점점 덜 필요하다. 그리고 생활수준은 육체노동의 기계에 의한 흡수 외에 다른 수단들과 함께 향상될 수 있다. 그러나 잘 알다시피, 이렇게 요약적으로 두 사회를 대비시키고, 1945년이라는 시대를 확정시킬 때, 나는 더는 산업사회가 없다고, 두 사회가 뚜렷하고 범주적인 방식으로 단절되었다고, 하나의 단계가 다른 반대의 단계를 계승한다고 말하는 것이 아니다. 물론 더는 공장이나 기계, 프롤레타리아 계급이 없다고 말하는 것도 아니다! 그건 터무니없을 것이고, 역사적 현상들이란 결코 급격한 단절을 제시하는 극단적인 현상들이 아니다.

실제로, 산업사회가 자리 잡고 지배적으로 되었을 때에도, 19세기 내내 다수의 농부 세계와 농업 경제가 있었다. 그것들은 점차로 주변화 되었고, 그 실체와 인구를 비웠다. 그러나 그 과정은 한 세기 반이 걸렸다. 오늘날에도 마찬가지다. 기술적 성장은 산업사회를 한 번이 아니라 서서히 비울 것이다. 경향은 뒤집혔지만, 두 사회는 상호 침투하며, 잠정적으로는 여전히 기계들의 축적, 에너지의 소비, 인간 노동력의 흡수 등이 있다. 그것은 더는 미래가 없다. 그러나 그 현상들이 어제는 원칙이었기에 어떤 사람들은 강박적으로 거기에 매달리고, 그 현상들 역시 존속한다.

그러나 둘 사이의 관계는 또 역사적 계승과 진보적 조건의 관계이다. 다시 말해, 기술의 진보, 기술 사회의 구성은 산업적 조직으로부터만, 그리고 그 기반 위에서만 가능하다. 우리는 마르크스가 그 단계를 뛰어넘는 것이 불가능하다고 말한 역사적 계승의 경우들 앞에 있다. 후속 단계로 넘어가려면, 전 단계를 충분히 관통해야 한다. 그리고 우리는 여기서 마르크스의 공식을 전적으로 적용할 수 있는데, 그가 말한 바로는 한 새로운 역사적 단계는 앞선 단계가 줄 수 있던 모든 것을 주었을 때에만 일어날 수 있다. 더 정확하게는, 어떤 유형의 생산력에 따른 예전 생산관계가 가능한 모든 것을 이 생산력에 허용했을 때라야 생산관계의 변형이 있을 수 있다(게다가 이것은 한 단계에서 다른 단계로 필연적으로 "진보"가 있음을 의미한다). 예전 시스템이 그 최대를 내주지 않는 한, 새로운 생산관계를 설정하려고 하는 것은 헛된 일이다. 달리 말해, 그 무수히 다양한 영역 속에서 기술의 설립, (산업사회와 반대의 특징들을 가진) 기술 사회의 진보적인 세공은 산업사회가 그 '모든' 열매를 맺었을 때라만 가능하다.

새로운 시스템이 과거 시스템을 제거한다고 생각해서는 안 된다. 산업이 농업을 지배했을 때에도, 사람들은 여전히 농업 생산물을 소비했다!

그런 사실로부터 농업 활동은 여전히 계속되었다. 그러나 우리는 한편으로는 어느 정도나 농업 활동이 그 종사자들을 비워버렸으며, 다른 한편 산업적 침투에 의해 전적으로 "변했는가"를 안다. 산업적 농업, 농업-영양적 시스템 등 마찬가지로 산업 생산물, 자동차, 인조 직물 등을 계속 소비할 것이다. 그러나 산업은 다른 생산 양식 속에 포함될 것이고, 그 역시도 성격을 바꿀 것이다. 그러나 이것은 산업이 제공할 수 있던 것을 모두 주었을 때라야(그리고 지금 사람들은 거기에 도달했고, 나아가 그 정점을 지나쳤다!) 일어날 수 있다. 여기서 우리와 관계되는 문제에 대해, 우리는 다음의 이중적인 결론을 끌어낸다. 즉, 우선 기술 사회로의 이동은 산업적 프롤레타리아 계급의 점진적인 비우기를 허용해준다. 불행히도 이것은 지배관계의 종말이나, 소외의 제거를 의미하지 않는다…. 그러나 그것들은 다른 유형이 될 것이다. 그것은 노동자의 소외가 농노의 소외와 전혀 다른 것과 같다. 두 번째로는 기술 단계 진입은 산업 단계를 통해서만, 다시 말해 프롤레타리아 계급의 창조를 통해서만 가능하다. 프롤레타리아 계급은 기술적인 새로운 도약을 위해 필수불가결한 기본이었다. 어떤 해방을 위해 지옥의 통과…. 그러나 모든 경우에 프롤레타리아 계급의 점진적 제거는 의식이나 인권 향상 등의 열매, 또는 노동자 계급의 승리를 위한 투쟁 결과는 결코 아니다. 그것은 사물들의 힘으로부터, 생산력의 유형이 다른 유형으로 이동하기에 일어난다.

따라서 자동화와 정보화로의 이러한 변화는 1차와 2차 생산 분야를 전혀 대체하지 않는다. 비록 이 변화가 이 분야들의 성격과 과정을 완전히 변하게 하지만 말이다. 아무튼, 우리는 모든 분야에서 기술 향상은 절대적으로 광적인 자본 소비를 내포한다고 말했다. 모든 우주 산업, 모든 통신 산업은 어마어마한 자본을 먹어치운다. 19세기 산업화를 위해 소비했던 것은 아무것도 아니다. 철도의 개발이나 거대한 제철소의 건설조차,

산업을 포함한 모든 활동의 정보화-자동화가 강요하는 비용에 비하면 어린애 장난이었다. 그런데 이러한 새로운 자본의 축적은 어디서 올 수 있을까? 마르크스의 대답은 이제는 실천적으로 무효가 되었다. 실제로 2차 분야를 침범한, 그리고 천천히 1차 분야를 차지하는 이 거대한 정보화-자동화 과정은 그 첫 결과로서 노동의 감소를 가져온다.14) 노동 시간의 감축이 있다. 그것은 이러한 변화의 주요한 효과이다. 이제부터 사람들은 노동 시간의 구매에 기초한 잉여가치로부터 자본화 이론을 적용할 수 없다. 노동자의 노동은 우리 사회 속에서 무시무시한 자본 성장의 근원이 더는 아니다. 물론 노동자의 노동은 정보화-자동화가 아직 완전히 적용되지 않고, 어떤 분야에서는 100년 전과 비슷한 공장들과 기업들이 (예를 들어 건설) 아직 존재하기에 부분적으로는 이윤의 근원으로 남아 있다. 그러나 그것은 미미한 존속에 불과하다. 미래는 이러한 기업들에 있지 않다. 따라서 새로운 가치의 창조는, 특히 우리가 보는 어마어마한 규모로는, 노동자의 노동에서 오지 않는다. 실제 가치 창조자는 과학을 기술에 적용하기, 기술을 직접 경제 활동에 적용하기임을 인정해야 한다. 현재의 자동화되고 정보화된 공장에는, 몇 십 명의 기술자들과, 그만한 수의 특별 노동자들이 있는데, 대체로 이 사람들의 도움을 받지 않고 직접 상품을 생산하는 것은 인간의 노동이 아니라 기계 자체이다. 가치 생산은 오로지 자동 안내되고 자동 통제된 기계들의 활동이다. 그러나 이 가치의

---

14) 나는 여기서 지금으로서는 해결할 수 없는 문제인, 정보화-자동화가 노동을 절약하는가, 아니면 일자리를 창조하고 노동력을 흡수하는가를 아는 문제에 대해 암시만 하겠다. 히포크라트Hippocrate는 예라고, 갈리앵Galien은 아니라고 한다. 이 두 경향 사이에 팽팽한 균형이 잡혀 있고, 나는 수십 명의 이름이라도 들 수 있을 것이다! 내가 보기에 그들을 나누는 것은 실천이다. 그런데 실천은 자동화가 있는 어디나, 그 반대 급부로 전혀 일자리를 창조하지 않으면서 대량의 제거가 있음을 보여준다. 예를 들어, 일본의 자동화된 102개의 공장이 있다.

근원에 있는 것은, 과학적 연구이고 응용된 기술이다. 우리는 다른 근원과 함께 가치 생산의 다른 수준에 위치한다. 그렇다면, 이런 조건 속에서 프롤레타리아 계급의 제거가 있다고, 프롤레타리아 계급 없는 사회를 향해 가며, 문제는 해결되었다고 말해야 하는가? 프롤레타리아 계급은 사라질 기회가 있는가? 거기에 대답하려면, 역사적인 세 경험을 검토해야 한다.

먼저, 스스로 사회주의 혁명을 하였다고 하고, 자칭 공산주의라고 선언한 체제, 그로부터 프롤레타리아 계급이 배제되고, 제거되어야 했던 나라들의 경험이다. 분명히 거기서는 약간의 기간이라도, 프롤레타리아 계급 독재가 있어야 했고, 동시에 프롤레타리아 조건의 제거가 있어야 했다. 그런데 거기서 프롤레타리아 계급이 사라졌는가? 그것이 혁명 공약이었는데…. 우리는 예로서 소련을 들 것이다. 두 번째로는, 중국의 경험이다. 프롤레타리아 계급 존속의 문제, 자본 축적과 프롤레타리아 계급 사이의 관계, 거대한 기계주의와 프롤레타리아 조건 사이의 관계를 확실히 의식한 마오Mao는, 19세기 서구 자본주의의 대장정을 분명히 피하려 했다. 그는 다른 길을 취하고자 하였다. 따라서 이미 서구 산업화의 길을 채택했던 소련을 모방하기를 원치 않았다 그는 프롤레타리아 계급 제거에 성공했는가? 마지막으로, 제3세계 국가들과 그들의 현대화 경험이 있다. 우선, 이 나라들이 자본 축적을 통해 개발 과정으로 들어갈 것인가가 명확하지 않았다. 그들은 다른 개발의 길을 택하고, 결과적으로 프롤레타리아 계급 창조를 피할 수도 있었을 것이다. 그들이 거기서 성공했는가, 그리고 이 영역에서 그들의 미래는 무엇인가? 우리는 물론 제3세계 90여 국 전체를 다 볼 수는 없고, 몇몇 국가만 볼 것이다.

2장. 소련의 프롤레타리아 계급에 대한 독재

정말 당황이 되고 괴상한 문제이다. 프롤레타리아 계급에 의해 프롤레타리아 조건을 없애기 위한 혁명이 일어난 공산국가에서 어떻게 프롤레타리아 계급이 있을 수 있는가! 세 개의 공식이 당혹감을 유발한다! 우선 앞에서 언급된 레닌의 공식, "공산주의는 소비에트 플러스 전기화이다." 그것을 다시 언급하지는 않겠다!

둘째, 수용소가 수없이 늘던 순간에 스탈린Staline은 "인간은 가장 귀한 자산이다"하고 선언한다. 이 공식은 참 애매하다. 분명히 인간이 귀하다고 한다. 그런데, 인간으로서가 아니고, 자산으로서이다. 그러니까 인간은 하나의 자산으로 이용되어야 한다. 인간은 경제적 가치를 가지고 있고, 자본화되어야 하며, 열매를 생산해야 하고, 착취되어야 한다. 자산 공식이 의미하는 것은 정확히 그것이다. 그리고 거기서 어떤 휴머니즘을 느꼈던 사람이라면, 곧이어 환상이 깨진 씁쓸한 맛을 느끼지 않을 수 없다. 자산은 결코 그 자체로, 그것만으로 가치 있는 것이 아니고, 오로지 그 생산성에 의해, 생산 과정 속에 투입됨으로써만 가치를 갖기 때문이다! 그 이상으로, 이 공식은 자산인 자와 그것을 이용하는 자 사이의 극단적인 대립을 가정한다. 이 "인간-자산"은 실제로 이 자산의 운명을 잘 조직하는 적극적 주체의 대상물이다…. 따라서 이 공식으로부터 나온 결과를 보면 놀랄 것이 없다. 다시 한 번 스탈린은 극히 정직했다. 그는 자신의 글 속에서 자신이 앞으로 할 것, 전략, 작전을 명확히 밝혔다. 그는 자신의 공식을 문자 그대로 실행했지만, 그의 독자들, 공산주의자들은 모두가 이상주의자들로서, 그가 말했던 것을 믿을 수가 없었고, 그것을 우화나 은유로 해석하였다.

마지막으로 "프롤레타리아 계급 독재"의 공식이 있다. 그것이 무엇을 의미할 수 있을까.(나는 당의 역할에 대해 마르크스와 바쿠닌Bakounine 사이의 평범한 토론에 대해 말하는 것이 아니다.) 프롤레타리아 계급은 자본주의 경제 구조와 연결되어 있기에, 혁명 후에는 프롤레타리아 계급이 더는 없고, 있을 수 없기 때문이다. 이 구조가 청소되었고, 다른 구조에 의해 대체되었다 해도, 나는 여전히 계급들 간의 투쟁이 있음을 인정한다. 왜냐하면, 나는 부르주아 계급이란 단숨에 제거되지 않고, 저항이 있으며, 관습이 남아 있음을 인정하기 때문이다. 그러나 실제적 의미로 더는 프롤레타리아 계급은 있을 수 없다. 따라서 최선으로는, 과거에 프롤레타리아 계급이었던 자들의 독재, 또는 노동자 계급의 독재라고 말해야 할 것이다. 그러나 여기서 우리는 즉시 곤란을 느낀다. 그럼 농부는? 그럼 고용인들은? 따라서, 예전에 프롤레타리아 계급이었던, 그리고 지금 권력을 행사하는 자들을 말한다. 그렇지만, 이것은 정확히, 프롤레타리아 계급 독재라는 공식은 아니다. 그러니까 그것은 유지된 프롤레타리아 계급을 의미한다. 그건 정말 당황이 된다. 그런데 러시아를 보면, 또 다른 곤란이 있다. 즉, 러시아에서는 진정 중요한 프롤레타리아 계급은 없었다. 1억 4천만 인구 중에 3백만 명 미만의 노동자들이 있었고, 인구의 95%는 농부들이었다. 그리고 반드시 비참한 농부들은 아니었다. 아무튼, 우리가 보았듯이, 농부는 프롤레타리아 계급이 아니다. 그렇다면, 잘 알려진 기본적인 발전 과정은 무엇이 되는가? 즉 사회 전체가 프롤레타리아화 되고, 중간 계급들은 프롤레타리아 계급으로 전락하며, 뿌리 뽑힌 농부들은 도시로 가서 프롤레타리아 계급이 되고, 사회는 프롤레타리아들이 주요 다수를 차지하다가, 마지막에 소수 착취자를 수용하고 제거하는 것으로 충분하다. 그러나 러시아는 전혀 그렇지 않다. 프롤레타리아 계급 없이 어떻게 프롤레타리아 계급 독재를 할까? 그리고 물론 그 둘은 연결되어 있다.(가능한 최대로 발전한 산업화가 없다면, 더는 프롤레타리아 계급도 없다!)

글뤽스만Glucksmann은 1921년의 "프롤레타리아 계급은 사라졌다"고 하는 레닌의 말을 상기하면서, 이 핵심적인 문제를 아주 잘 보았다. 그리고 그는 한편에서 노동자 계급은 내전에 의해 피폐해졌고, 질적으로는 그 최선의 요소들이 근절되어버렸음을 강조한다…이어서 그는 프롤레타리아 계급 없는 프롤레타리아 계급 독재를 정당화할 두 가지 방식이 있다고 한다. 그것은 가난한 농민들을 이 범주 속에 넣거나(그러나 그것은 마오의 방식으로, 마르크스에게는 맞지 않는다. 그리고 볼셰비키들은 이 길로 들어가지 않을 것이다), 또는 이데올로기화하면서, 다시 말해 정신적으로 프롤레타리아 계급과 동화하면서이다! "사실로서 프롤레타리아 계급이 없더라도, 사상으로서 존재한다. 지도자들의 머릿속에 있는 마르크스주의의 숨결은 프롤레타리아 계급의 존재를 증명한다." 베텔하임Bettelheim이 말한 것은 근본적으로 이것이다.1) "볼셰비키는 실천을 통해 프롤레타리아 계급 독재를 증명하고, 혁명적 마르크스주의를 실현한다. 그는 사건 자체를 통해 인민 대중을 지도하고, 그 근본적 단절을 실현한다." 참 감탄할 만하다. 그러나 딱하지만 19세기 산업 프롤레타리아 계급도 사상이나, 애매한 추상, 은유의 영역에 속하지 않았었다…! 그렇기라도 했으면 사람들은 덜 고통스러웠을 것이다. 마지막으로 세 번째 방법이 있는데, 글뤽스만은 그것을 보지 못한다. 즉, 프롤레타리아 계급이 없다면, 좋다. 그것을 만드는 것으로 충분하다! 그것을 하나 창조하는 것으로 충분하다. 그러면 결국 충분히 일관성이 있게 된다. 중공업이 없다. 산업이 일반화되지 않았다. 지배적인 산업이 없다. 따라서 그것을 만들어야 한다. 그러면

---

1) 찰스 베텔하임Charles Bettelheim, 『마오쩌둥 사후의 중국에 관한 문제들』, 마스페로, 1978.

당연한 방식으로, 프롤레타리아 계급이 나타날 것이다. 그러면 즉각, 소련의 산업 노동자들은 프롤레타리아가 아니라는 항변이 나올 것이다. 좋다. 인정한다. 그러나 우리는 프롤레타리아 계급을 다른 곳에서 발견하게 될 것이다. 언제나 산업이 존재하는 순간부터, 결국 수많은 노동자 계급이 있게 되고, 노동자의 이름으로, 형식적으로만 대표제와 모호한 대의제를 통해서 (스페즈Sfez의 지옥과 천국!) 마침내 프롤레타리아 계급 독재의 이름 아래서 독재가 굳건하게 설정되고 출현할 수 있게 될 것이다. 그리고 실제로 노동자들이 프롤레타리아인 공장에서, 그리고 또 공장 밖에서, 사실로서 프롤레타리아 계급이 창조되었다!

1. 기원들

러시아에는 경제적 기초가 없었다. 그것을 창조해야 했다. 다시 말해, 원시적 축적 과정에 들어가는 것처럼 해야 했다. 그리고 실제로 자본 축적을 해야 한다는 사람들과 거기에 반대하는 사람들 사이에 1918년과 1924년 사이에 격렬한 이론적 논쟁이 일어났다. 어쨌든 산업을 일으키려면 자본을 확보해야 한다(소련에서 조차!). 그러면 이 자본을 어떻게 확보할 수 있을까? 축적해야 할 가치는 어디서 올까? 그것은 이제 더는 노동자의 노동으로부터 오지 않을 것인가? 아니다. 정말로 자본의 원시적 축적이 있어야 한다…. 그리고 그 파국적 드라마를 보았던 부하린Boukharine은 자본 축적을 거부한다. 그렇게 하면 결국 진짜 프롤레타리아 계급을 만들 것이고, 농촌을 식민지로, 노동력과 부의 조달 창고로 전락시킬 것이다. 그것은 산업 개발을 위해, 자본주의가 농촌을 다뤘던 것처럼 소련의 농촌을 다루는 것이다. 그리고 부하린은 이어 생겨날 조직이 결국엔 자본주의적 거대 기업 비슷한 것이 될까 두려워한다…. 산업 개발에 필수적인 원시적 축적은 자본주의와 사회주의에서 똑같다. 누가 이 축적이 다를 것이라고 보장해줄 것인가? 그리고 원시 축적의 드라마를 강하게 비난하고, 그것이 사회주의적으로 될 수 없다고 주장한 벌로, 부하린은 결국 숙청당하고 만다.

명백히 자본 축적은 성격을 바꿀 수 없었다. 자본 축적은 노동자의 수용과 착취로 만들어진다. 그것은 소련에서 명백히 드러났다. 그리고 축적의 불가피성, 그렇지만 사회주의적인 성격을 주장했던 사람들의 아주 빈약하고 이데올로기적인 대답은, 수용과 착취, 축적을 하는 주체가 다행스럽게 프롤레타리아 국가라는 것이다. 그러나 누구도 국가의 프롤레타리아적 성격이 무엇인지 알 수 없었다…. 프롤레타리아들은 어디에 있는가? 그리고 우선 그들은 누구인가? 대답은 앞서 말한 국가에 의해 수용되고 착취되는 사람들이다. 그들 스스로 자신들의 착취를 결정했다고 말해야 하는가…. 우리는 이런 식으로 길게 열거할 수 있다. 그리고 사이한 표현으로 실제를 가릴 수 없다. 이제는 자본을 축적하고 조직하는 자가 특별한 개인이 아니라 국가이기 때문에 사회주의적 축적이라고? 여기 마르크스의 정확한 판단이 있다. "생산력의 국유화는 (생산력의 사회적 성격과 사적 소유 사이의) 갈등 해결이 아니라, 형식적인 한 해결 수단이다." 이 말은 아주 간단히, 국유화가 경우에 따라서는 사회주의적 수단이 될 수 있지만, 그 보편적이거나 필연적인 수단은 아니라는 것을 의미한다.

마르크스적 성찰 속에서는, 모든 수단적인 것은 경험에 비춰 끊임없이 재평가되어야 한다. 그런데 한 세기 반 이래로, 자본주의나 파시스트 국가들이 온갖 방식으로 생산력을 국유화했는데도, 이러한 국유화는 전혀 사회주의로의 접근을 의미하지 않았다. 국유화와 사회주의 사이의 동일화는 현대 공산주의자들의 가장 큰 어리석음이고, 현대 서구의 모든 역사적 경험을 의도적으로 외면한 것이다. 그런 논리라면 (히틀러의) 국가사회주의가 순수한 사회주의로의 당당한 접근이었다고 왜 인정하지 않는가.2) 물론 사람들은 언제나 똑같은 주장을 되풀이한다. 즉, 맞다. 그러나 소비에트 국가는 다르고, 스탈린에 따르면 "국가소비에트는, 전체 국민"이다. 이것은 조잡한 왜곡에 불과하다. 돌아보건대, 이것은 자유주의자나 공화주의자의 공식과 무엇이 다른가. 왜냐하면, 그들도 1792년에, 또는 1850년에 당시의 이데올로기와 이론에 따라 똑같은 방식으로 자유주의 "국가는, 전체 국민"이라고 말할 수 있었기 때문이다. 애석하게도, 그 앞에 붙는 관형어가 무엇이든 국가는 국가로 남는다. 공화주의, 민주주의, 사회주의, 공산주의 등 모든 체제의 국가는 결국 관료주의적 기구, 통제 수단, 특수 목적 그리고 국민이나 프롤레타리아 계급의 허구적 주권을 통한 합법성 등으로 이뤄진 복합체이다. 그리고 국가는 항상 어떤 계급의 수중에 들어 있다. 참 안된 일이다. 현대 국가는 특수한 "계급", 즉 정치적인 계급과 관료주의적 계급의 수중에 들어 있다. 이 계급은 소련과 미국에서 정확히 똑같은 성격을 제시한다.

이런 상황에서, 국가소비에트가 자본주의적 축적과 다른 축적 주체라는 아무런 보장이 없다. 그런데 이것은 이미 마르크스 그 자신 속에 들어 있다. 그의 고타Gotha 프로그램 비판에 따르면, 공산주의 사회 속에서는, 생산 증가, 낡은 생산 수단 교체, 행정과 관리 비용 충당, 관리 계급과 일할 수 없는 사람들을 위해, 그리고 사회의 전반적 필요를 위해 적당량을 노동 생산물로부터 공제할 것이라고 한다…. 이제부터 공제된 양은 노동자들이 나눠 분담할 것이다. 그리고 레닌은 그것을 "국가와 혁명" 속에서 자세하게 분석한다.

30년 전에, 나는 소비에트의 재정 메커니즘에 대해 작은 연구를 했고,

---

2) 물론 나는 국가사회주의는 자본주의적 거대 기업들을 압수하지 않았고, 오히려 그들을 도와주기까지 했다는 항변을 안다. 그것은 전적으로 피상적인 관점이다. 왜냐하면, 히틀러적 국가의 정치적 무게는 독일의 자본주의적 거대 힘들을 진정한 노예상태로 축소했기 때문이다.

결국 거대한 '세금' 공제는 어디에서 이뤄질 것인가를 물었다. 그런데 오로지 노동자들에 의해 생산된 잉여가치에서밖에 없다. 달리 말하면, 변한 것은 전혀 아무것도 없었다. 생산된 가치는 온전히 생산자에게 지급되지 않았고, 여전히 잉여가치가 있었는데, 그것은 정확히 자본주의 시스템에서처럼 수많은 단계에서 분배되었다. 단 하나가 빠졌는데, 자본가에게 돌아가는, 엄밀한 의미의 '이윤' 이다. 다시 말해 5~6%의 차이가 났다…. 요컨대, 소련에서 실제로 행해진 것, 산업 개발을 위한 축적의 과정은 이론적으로 예견되었던 것의 적용이었다. 예외는 없었고, 처음부터 위선, 이데올로기적인 거짓 또는 이론적인 실수가 있었다. 그것이 사실이다.

산업 사회로 넘어가기 위한 준비적인 세 번째 카드는, 명백히 소련 사회에서 기술에 대한 홀림이다. 우선 사회주의는 풍부할 수밖에 없다는, 그리고 자본주의는 그 풍부의 수단을 산업 덕분에 발견했다는 선결적인 확신이 있었다. 따라서 이러한 산업을, 그리고 기본적인 중공업을 창조해야 했고, 서구와 정확히 같은 것을 생산해야 했다. 그러나 사람들은 그로부터 우선 생산 제일주의, 이어서 기술적 이데올로기로 넘어갔다. 소비에트 정부는 어떤 대지 위에 세워질 것인가. 정의, 자유, 평등, 투명한 인간관계의 재창조, 인간들 사이의 화해, 인간과 자연의, 그리고 마지막으로 인간 자신과의 화해의 대지, 인간이 희생자였던 모든 소외 제거의 대지, 사회적 관계와 노동관계 유연성의 대지, 그리고 마지막으로 모든 지배적 권위 제거의 대지이다. 그런데 이것은 국가와 법의 제거를 의미하는가? 아니다. 이것들이 더는 문제 되지 않은지 60년이 되었다. 결코 더는 문제 되지 않는다. 이제 무엇에 관심을 기울여야 하는가? 생산성, 기술적 진보, 집단적 부의 증가이다. 경제적 어휘들이다. 그리고 가장 위대한 기념물은 실제적 자유의 정복이 아니라, 최초로 위성을 쏘아 올린 일이었다…. 그리고 사람이 기술적 이데올로기에 사로잡히면, 그 결과를 보고 싶을 수밖에 없다!

　나는 사람들이 순진한 척하면서 말할 것을 잘 알고 있다. '먼저 강력한 산업적 시스템의 기초를 닦아야 하고, 그래야 다음 단계로 접근할 수 있지 않는가…' 그 공식이 얼마나 합리적이고 명백한가. 따라서 유일한 당연한 문제는 "산업적 시스템의 기초"가 어디까지냐 아는 것이다. 핵무기 개발, 우주 탐험? 소비의 공산주의를 설립하기 위한 필수적인 것들? 소비의 공산주의는 생산의 공산주의 이후에 와야 하는데, 그러나 잊지는 말자. 목표이다. 아무튼 어디서 멈출 것인가? 그러면 어디서도, 그리고 어떤 순간에도 멈춰서는 안된다고 대답해야 한다. 기술적 열병에 걸려서, 소련의 지도자들은 (정치인들, 행정가들, 학자들, 기술자들) 자본주의의 지도자들과 똑같은 법칙들에 복종한다. 즉, 언제나 더 효율적이고, 언제나 더 빠르며, 언제나 더 강력해야 한다. 기술 그 자체의 법칙이다. 자본주의 세계와 마찬가지로 장대하게, 그리고 곧 더 크게 만들고 싶어 한다. 바로 오로지 이 수준에 경쟁과 비교가 위치한다.

　소련에는 서구보다 자유가 없고 통제가 심하다고? 그러니까 누가 그따위 쓸데없는 것에 대해 말하는가? 바로 소련의 적들이 자유니 통제니 하고 떠든다. 그런 하찮은 것을 떠나서 심각한 고민을 하자. 즉, 수천 톤의 석탄, 강철, 밀, 경작들, 운송 수단들, 금의 생산…. 여기서 최선인 자가 경쟁에서 이기는 것이다. 소비에트 체제의 우수성에 대한 유일한 증거는 자본주의 체제보다 더 많이, 더 빨리 생산하는 역량이다. 1960년에 흐루시초프는 자기들이 미국의 생산 수준에 이를 것이고, 1980년에는 모든 분야에서 미국을 추월할 것이라고 약속한다…. 이 약속은 공산주의 체제의 유일한 목표였고, 유일한 정당화였다. 의심의 여지가 없고, 나는 그 메커니즘을 잘 안다. 즉, 다른 모든 나머지는 "이미 실현되어" 있다. 다시 말해, "자유나 정의에 대해 말해 무슨 소용인가. 우리는 이미 그것들을 가지고 있다. 그것들은 이미 제도화되었고, 사회 속에 통합되었다. 그것은 더는 도달 목표가 아니다."(물론, 국가의 소멸에 대해 주장하지 않는 것이 더 좋다) 그러나 우리는 역사적으로 이런 종류의 지우기를 알고 있다. 그것은 또 우리 혁명들이 하던 일이었다. 자유, 평등, 박애가 일단 선언되고 새겨지자, 이제 그 일은 이뤄진 것이었고, 사람들은 다른 일에 종사할 수 있었다! 그리고 실제로 전혀 다른 일에 종사했다! 소련에서 일어난 일도 똑같다. 그러나 "다른 일"은 아주 정상적으로, 서구에서처럼, 산업적 명령을 계승했던 기술적 현기증에 의해 유발되었다.

　가까스로 필수불가결한 기본적 축적을 달성했는데, 그것을 귀하게 사용하고, 완전하게 만들기를 어떻게 포기한단 말인가? 전국적으로 무한한 노력을 강요해서 얻어냈는데, 그것을 어떻게 뒤로 물러나게 할 수 있겠는가? 명백히 공산주의는 원시적 자본 축적을 하고, 그것을 이용해야 하는 필연성의 덫에 잡힌다. 분명히 이러한 자본의 이점들은 제3단계에서는 공산주의 사회 모델과는 전혀 다른 기술적 모델로 귀착했다. 내가 기술적 현기증이라고 불렀던 것, 다시 말해 기술이 허용해 줄 모든 것은 집단적 의식의 절대적인 명령이 되고, 반드시 그것을 해야만 했다. 다른 모든 목표는 기술에 대한 이 열정 앞에서 지워졌다. 그리고 물론, 모든 합리화가 뒤따른다! 무한 성장으로 들어가지 않으면 어떻게 모든 인간의 욕구를 만족시켜 줄 것이며, 첨단의 기술 진보를 이루지 않으면 어떻게 자본주의 국가들을 추월할 수 있겠는가? 그런데 이 추월은 두 가지 이유로 반드시 해야 한다. 우선 자본주의 국가들만 강해지고, 공산주의 국가가, 군사적인 면에서도, 동등한 수준에 이르지 못하면, 큰 위험에 빠질 것이다. 이어서 더 잘 그리고 더 많이 생산하는 역량을 통해, 공산주의 우월성을 증명해야 한다. 공산주의로의 이동은 불행 끝, 행복 시작이라고 국민에게 약속하지 않았던가?

이러한 사회 분위기 속에서 기술은 우월성의 척도가 된다. 즉, 한 체제의 우월성은 우수한 기술과 생산력으로 증명된다. 이것은 전형적으로 자유주의적 산업 자본주의의 기준이었다고 말할 수 있는데, 최선인 자가 승리한다! 나는 이런 주장의 완벽히 기술적인 성격, 즉 효율성 문제를 강조하고자 한다. 공산주의 체제는 더 효율적이기 때문에 우월하다. 그리고 나는 이러한 기술적 이데올로기에 종속을 처음부터 존재했던 구체적 양상들 속에서 재발견한다. 분명히 우리가 방금 밝힌 것은 소련에서 점차 형성되었다. 중공업이 점점 자리를 잡아감에 따라, 이어서 첨단 연구들이 발전해감에 따라, 기술적 이데올로기는 더욱 안정되었고, 더욱 확실해졌다. 그러나 그것은 처음부터 발견된다. 분명히 우리는, 소련에서 공산주의 체제의 탄생기에, 그리고 계속 뒤이어, 상호 보충적인 두 원칙을 발견한다.

우선 열광적인 노동의 이데올로기이다. 물론 이것은 마르크스 사상의 직계에 속한다. 마르크스는 노동을 동물에 대한 인간의 특수성으로 삼았다. 인간은 노동을 통해 인간이 되고, 현대 세계에서 노동은 유일한 가치 창조자이다. 글뤽스만이 다음과 같이 말할 때, 그의 진의는 제대로 전달되지 못했다. 그의 의도는 차후 공산주의의 실수에 대해, 그리고 특히 소비에트 정치에 대해 마르크스의 명예를 회복시켜 주는 것이었다 "마르크스는 동료가 노동을 가치와 부의 유일 생산자로 찬양할 때, '노동은 부의 모든 근원이 아니고, 부르주아가 노동에게 이러한 창조적인 초자연적 힘을 부여하는 다른 이유가 있다'고 하면서 그것을 완화하려고 하였다." 글뤽스만은 이 문장을 '고타

프로그램 비판'으로부터 빌려온다. 그러나 이것은 어느 점에서도 노동의 가치에 관한 근본 명제를 문제 삼지 않는다. 이 '비판' 속에서 노동은 공산주의 사회에서 치명적인 첫째 욕구라는 그 근본 명제는 그대로 남아 있다. 실제로, 마르크스는 자기 시대의 노동에 대한 이데올로기를 온전히 공유했다. 노동을 박애의 기초로 삼은 그의 낭만적이고 이상주의적인 문장을 어찌 잊겠는가. "역사는 노동에 의한 인간의 창조이다." "인간은, 자연을 변경할 목적으로 자연 위에 행사되는 노동에 의해 움직이면서, 동시에 자신의 고유한 천성을 변화한다."

마르크스에게 노동은 경제적 생산 인자 이상이다. 그에게는 인간적 박애를 기초하고, 역사를 탄생시켜 주는 진정한 노동의 신비가 있다. "당신이 내가 생산한 것을 사용하는 중에, 나는 나의 노동으로 인간의 욕구를 만족시켜주고, 인간의 본질을 객관화했으며, 당신을 위해 당신과 인류 사이의 중매자였고, 당신 존재의 보충자로서, 그리고 당신의 필수적인 한 부분으로서 당신에 의해 느껴지고 알려지며, 따라서 당신의 생각과 사랑 속에서 내가 확인되는 것을 알고, 내 생의 개인적인 표현 속에서 당신 생을 표현했으며, 따라서 나의 노동 속에서…. 나의 인간적 본질, 사회적 본질을 직접 확인하고 실현했고, 그 의식을 즐길 것이다."

노동에 대한 정열, 전체 인간을 거기에 종속시키는 의무는 레닌에게서 극단에 이른다. "독재적 전권을 부여받은 소비에트 지도자들의 명령에 노동자들의 절대 복종"을 정당화하기 위해, 레닌은 "완전히 무식하고, 멍청하며 훈련받지 못한 노동자 대중을 유산으로 남겨 놓은"3) 자본주의를 비난하였다.(레닌의 이런 판단은 그의 혁명이 프롤레타리아적 성격을 가졌을까 하는 근본적인 문제를 제기한다. 그 혁명은 자본주의가 만들어 놓은

---

3) 이 인용은 D. 로샤크Loschak의 법과 독재 제도, in 제도, PUF, 1981에서 발췌하였다.

프롤레타리아 계급의 일이었는가, 아니었는가? 이 프롤레타리아 계급 독재에 관한 문제였던가, 아니었던가?!) 그런데 절대 잊지 말아야 할 사실은, 레닌이 테일러Taylor를 무한히 존경했다는 것이다.(물론이다! 프랑스 무정부주의-조합주의자들이 가장 미워했던 악당인 테일러는 레닌에게는 모델이었다!)

따라서 레닌에게 이상적인 것은 모든 사회를 거대한 공장으로 바꾸는 것, "사회 전체를 단 하나의 사무실과 아틀리에로 만드는 것"이었다. 그 공장은 철저히 테일러의 방법론과 개념을 적용한 공장 모델 위에서 지어진 것이다. 결국 "혁명은 대중들이 예외 없이 노동 지도자들의 유일 의지에 복종하기를 강요하였다." "이러한 훈련 덕분에, 기업들은 시계처럼 정확히 기능 하였고, 지도자들의 권위는 오케스트라 지휘자의 섬세한 지휘를 생각나게 할 것이다…. 그렇게 지도자의 의지에 전적 복종의 결과인 조화가, 행정적 위계의 절대적 권위 효과인 경제적 효율성이, 훈련의 산물인 질서가 확보될 것이다." 그러나 우리가 보기에는 프롤레타리아 계급을 필연적으로 만든 것을 이보다 더 잘 기술할 수 없다! 그러나 이번에는 더는 자본의 자유로운 유희로부터 유래한 프롤레타리아 계급이 아니라, 전체주의적 유토피아를 완성하기 위해 의지적으로 설정된 프롤레타리아 계급이다. 그리고 이러한 이데올로기는 소련에서 적용되면서 레닌의 후계자들에 의해 철저히 반복되었다. 자본주의 체제와 경쟁은 생산뿐만 아니라, 노동의 질 차원으로도 옮겨졌다. 스탈린 – "왜 사회주의는 필연적으로 자본주의 경제 시스템을 이길 수 있고, 이겨야 하며, 이길 것인가? 그 이유는 사회주의는 우월한 노동의 모범을, 자본주의 시스템보다 더 높은 생산성을 제공할 수 있기 때문이다(레닌주의의 문제들). 그리고 여기에는 스타하노비즘stakhanovisme과 피아틸레트카Piatiletka가 상응한다.4)

그러나 그 반대도 마찬가지로 불가피하다. 다시 말해 노동이 절대 선이라면, 노동의 거부나 나태는 절대 악이다. 그리고 이것은 레닌에서부터 적용된다. 1918년 1월 레닌은, 집권 3개월 만에, 노동을 법으로 만들고, "러시아 땅에서 모든 해충을 청소하기 위해…." 다시 말해 충분히 일하지 않는 자들을 제거하기 위해 사회주의적 경쟁을 유발해야 한다고 선언한다. 연금 생활자들, 부르주아들이 아니다! "게으름피우는 노동자들", "구걸하는 기생충들", "지식인인 척하는 태업자들"…. 그리고 트로츠키 Trotsky도 아주 비슷하게 주장한다. 그 역시도 1919년 12월 24개의 원칙을 발표하면서, 수용소와 강제 노동을 창설할 것을 예고한다. 다음도 그 중 하나이다. "일하지 않는 자는 먹지 말아야 한다. 인간은 천성적으로 일을 피하려고 한다. 열성은 타고난 것이 아니다." 여기에 국가에 의한 노동 강제의 씨앗이 있다. 글뤽스만은 그것을 아주 훌륭하게 기술한다. "첫 번째 명제는 소비에트 국가의 원칙을 말한다. 두 번째는 이 국가에 부여된 주요 업무를 지적한다. 그림은 그려졌다. 나태한 노동자, 모리배 농부, 태업하는 직원이 국가를 포위하고 있다. 모든 덕을 갖춘 국가는 이 아름다운 세상을 일하게 하고, 모두를 위해 절약해야 한다."

그로부터 창조자인 노동과 생산력 상승에 대한 찬양, 적극적 노동자들의 서훈, 기술적 혁명의 열정이 줄기차게 일어날 수 있게 된다. 분명히 노동의 이데올로기는 기술 이데올로기에 예비적인, 그리고 일차적인 표현일 따름이다. 노동이 인간을 표현하고, 인간을 구하며, 완성한다고 믿기 시작해야, 이어서 기술들 전체를 수락하고, 또 기술 향상에 모든 것을 바치기 시작한다. 노동의 예비적인 이데올로기가 없으면, 기술은 지고의 심

---

4) 내가 이미 1950년 기술 또는 세기의 쟁점 속에서 기술화의 예로서 연구했던 운동들이다.

판으로서, 그리고 절대적 법으로서 받아들여질 수 없다. 우선 행동을 생각해야 하고, 이어서 생산적인 행동, 이어서 수익성 있는 행동, 이어서 효율적인 행동을 생각해야 한다. 모든 것이 결국에 그것으로 축소되도록 그것을 생각하고 믿어야 한다. 그렇다면, 무엇이 이 행동을 생산적이고 효율적으로 만들 수 있는가? 명백히 기술이다. 기술이 갑자기 닥쳐온다면 그 때문에 깜짝 놀랄 인간을 유혹하지 못할 것이다. 그러나 노동에 온통 반해버린 인간이, 해방처럼 다가온 이 기술을 어떻게 받아들이지 않겠는가? 그리고 모든 것이 노동에 의해 변할 것으로 확신하는 인간이 효율성을 보장해주는 이 기술의 유희 속으로 어떻게 기꺼이 감사하며 들어가지 않겠는가? 따라서 다른 나라들 후에, 그러나 그 나라들처럼, 소련에서, 모든 것은 노동의 이데올로기 위에 세워진다. 이 이데올로기는 강제노동수용소와 노동을 통한 재교육의 정당화가 된다. 우리는 그것을 다시 보게 될 것이다.

동시에 아주 일찍부터 다른 정열, 훗날 사람들이 관료주의라고 부를, 행정, 관리, 조직의 열성이 발전한다. 그리고 언제나처럼 모든 것은 필연성에 따라 진행된다. 어떻게 당신은 그것이 달리 되기를 바라는가? 이 광대한 나라가 거대한 조직 없이 공산주의로 전환될 수 있겠는가? 경제 계획 추진이 행정 없이 가능하겠는가? 이렇게 큰 인구를 공산주의 건설에 매진토록 하기가 전달 동력과 중개자 없이 이뤄지겠는가? 그리고 이러한 불가피한 필연성을 환기하자마자 (그리고 나는 레닌을 대신한 어떤 국가원수가 달리할 수 있을까에 대해 의문이다…), 즉각 기술이 나타난다. 분명히 가장 좋은 관리, 가장 효율적인 조직이 필요하다. 다시 말해, 기술이 필요한데, 왜냐하면 즉각 달성해야 할 목표들이 있기 때문이다. 불을 가지고 장난할 수는 없다. 실현해야 한다. 우선 기술이다. 곳곳에서 기술이다. 비법이란 없다. 우리는 그 효과들을 볼 것이다. 우선 산업화다. 이어서 산업화는 기술화로 향한다. 그러나 기술은 모든 것에 관계된다. 그리고 동시에 사법적 기술과 농업적 기술, 대중 조작 기술과 계획 경제의 기술이 있을 것이다. 이제 모든 기초는 되었다.

소비에트 사회는 마르크스가 아니라 유토피아로부터 나왔음을 결코 잊어서는 안 된다. 이 사회는 "따로 떨어진 소우주 속에서, 그리고 다른 나머지 사회로부터 안전한 곳에서" 결정적이며 객관적으로 정의로운 질서 설립을 주장한다. "전체주의 제도의 질서는 유토피아다. 진정 유토피아라면, 그것은 시스템의 승리이고, 자동적 세계, 사회생활의 대수학, 우연 없는 필연성이다. 거기에 도달하려면, 개인적 존재들의 전체주의적 통제에 호소해야 하고, 인간적 자발성을 부정하며, 미리 결정된, 조화로운, 그리고 완벽한 사물들의 질서를 강제해야 한다…. 자유주의가 규칙을 제시하는 곳에서, 전체주의는 모델을 강제한다…."[5] 이러한 논리 속에서 소련 민중의 전반적인 프롤레타리아화가 진행된다.

---

[5] Cf. D. 로샤크Loschak, 법과 전체주의 제도, 앞의 책.

2. 두 프롤레타리아 계급

러시아에는 다수의 프롤레타리아 계급이 없다는 문제가 있었다. 소비에트 체제로 넘어온 자유노동자들은 더는 프롤레타리아가 아니었다. 그러나 산업화, 원시적 축적은 프롤레타리아 계급이 있어야 했다. 이 법칙은 수용소들 덕분에 지켜지게 되었다. 소련은 수용소들과 강제 노동의 프롤레타리아 계급 덕분에 산업 사회로 이동할 수 있었다. 소련의 노동자는 두 종류가 있었다 – 고상하고 자유로운 노동자와 강제노동수용소Goulag의 진정한 프롤레타리아 계급. 그러나 이것은 전혀 놀라울 것이 없다. 즉, 1870년에도 서구 산업 세계에는 두 분야가 있었다. "의식적"이고 교양 있고 투사적인, 그리고 노동 운동하는 노동자와 굶주리고 비참하고 짓눌린 노동자가 있었다. 예를 들어, 영국의 노동조합Trade Unions은 부두의 굶주린 상놈들과는 전혀 관계없는 노동 귀족계급 조합들이었다. 오늘날 프랑스에도 여전히 두 종류가 있다. 실질적으로 더는 프롤레타리아 계급이 아닌 "우리" 국민인 노동자들과 하층의 이민 노동자들.

그러나 마르크스주의 관점에서는, 둘 다 프롤레타리아였다. 소련의 자유노동자들이 자본주의 프롤레타리아 계급의 모든 특징을 제시하는 프롤레타리아들이라고 말할 수 있을까? 나는 실제로 그렇다고 할 것이다. 혁명 후에 공장 노동자를 위해 실질적으로 무엇이 변했는가? 그는 소비에트 지방의회를 통해 권력에 참여하는가? 소비에트는 권력의 환상만을 대변한다. 대의원 선거는 근본적인 현실을 바꿨는가? 자신들이 죄수라는 점만 빼고 모든 조건을 토의할 수 있고, 대표를 선출할 수 있는 죄수들이 있다고 해보자. 그러면 이 대표 선출권이 그들의 실질적 조건을 변화시킬 것인가? 분명, 소련의 노동자는 더는 한 명의 고용주에 의해 착취되지 않는다. 그는 더는 한 자본가의 이익을 위해 일하지 않는다…. 그러나 그는 집단을 위해 일하는가? 전혀 그렇지 않다! 국가를 위해 일하고, 국가는 노동자 급여에서 40%를 공제하여 군대나 우주 개발에 투입하는데, 노동자는, 그런 것 없이도 잘 살 수 있다! 이 노동자들은 여전히 가진 거라곤 노동력밖에 없고, 모든 점에서 국가에 종속된다. 국가는 식량 배급, 무급 노동, 강제 노동, 전근 등을 가지고 노동자들을 마음대로 조인다. 이 노동자들은 아무런 보장도 없다(공산주의 사회, 프롤레타리아 계급 독재, 프롤레타리아 국가는 말잔치 외는 아무것도 없다). 노동조합들은 상부 명령의 전달자에 불과하다…. 러시아에는 프롤레타리아 계급이 없었다. 산업화하려면 그 계급이 필요했다. 따라서 사람들은 다수 농민을약 40% 프롤레타리아 노동자로 전환하면서 대량으로 도시화와 산업화를 단행했다.6)

따라서 공산주의 체제의 결과로서 프롤레타리아 계급의 확장이 있었고, 이 계급은 서구의 프롤레타리아 계급이 어렵사리 쟁취했던 "형식적인 자유"가 없었다. 소비에트 프롤레타리아들은 추상적으로 프롤레타리아 국가의 주인이지만, 실제로는 그들을 위해 아무것도 바뀐 것이 없었다. 게다가 결과는 똑같다. 즉, 이직률의 증가, 태업, 통계 조작, 원자재 빼돌리기, 알코올 중독, 결근….7) 이것들은 파업이 허용되지 않은 프롤레타리

---

6) 자유 프롤레타리아 계급 속에서 시민 사회를 위해 일하는 사람들과 군대를 위해 일하는 사람들을 다시 구분해야 할 것이다. 이 후자는 "밀폐된 공장들"에서 일하는데, 물질적으로는 아주 특권을 받지만, 극도의 통제를 받는다.

아 계급의 자기 방어 수단들이다. 그렇지만, 일은 그렇게 간단하지 않았다. 소련은 산업화하여야 했다. 소련은 이 프롤레타리아 계급을 창조했다. 그러나 약간의 생활수준 향상, 체제의 안정과 함께, 그리고 상위 단계인 기술 사회로 이동해야 하는 의무감과 함께, 소련은 1925년의 이 노동자 프롤레타리아 계급을 1850년의 영국 프롤레타리아 계급처럼 가장 낮은 수준으로 유지할 수는 없었다. 그들에게 상대적 독립성과 상대적 개선을 해줘야 했다. 바캉스, 노동 시간의 상대적인 축소, 덜 고된 노동. 마침내 소비에트 프롤레타리아 계급은 초죽음으로부터 빠져나왔다. 그렇다. 그렇지만 산업화는 아직 완성되지 않았다! 그와는 거리가 멀다! 그리고 대부분의 원자재들은 그대로 매장되어 있었다. 그렇지만, 그것들은 험한 지역에 있었다. 아마 1930년부터는, 아무튼 1938년 계획을 위해서는, "주권자인 자유 프롤레타리아 계급"을 이런 종류의 험한 작업에 투입할 수 없었다. 그렇지만, 전진해야 했다. 따라서 제2열의 프롤레타리아 계급, 마르크스가 기술했던 프롤레타리아 계급과 정확히 상응하는 계급을 증가시켰다. 이미 훨씬 전부터 가속화된 산업화를 수행하고, "대형 작업"을 했던, 집단 수용소 속에서 살게 될, 아무튼 거기서 우글거리게 될 프롤레타리아 계급이었다. 그러나 자유 프롤레타리아 계급의 상황은 역설적으로 좋아졌다.

　소비에트의 노동력 상황은 역설적이다. 전국적으로는 심각한 실업이 있다는데 누구나 동의한다. 그러나 수많은 지역에서는 노동력이 부족하다. 한편에서는 노동력 결핍앞으로 오게 될 10여 년 동안에 활동 인구가 감소할 것이기 때문에 이러한 결핍은 더욱 심각해질 것이다. 따라서 40시간의 의무 노동 시간을 축소할

---

7) 이 모든 사실은 논란의 여지가 없고, 잘 확인되기 시작한다. A. 브장송Besan on의 간단한 연구, 한 유령의 해부. 실제 사회주의의 정체적 경제, 칼망-레비, 1981를 보기 바람.

수는 없다. 다른 편에서는 실업.알마 아타Alma Ata에서는 1979년에 노동자당 연간 31일의 "노동 상실"이 있었다! 이런 모순을 어떻게 설명할까? 어떤 사람들은 허구적 실업, 또는 노동자들이 선택한 실업이라고 한다. 즉, 노동자들이 장려금과 함께, 또는 더 유리한 지역으로, 더 수익이 많은 일을 찾아 떠나기를 원한다.많은 기업의 전직 회전율이 11%에 달한다 그리고 젊은이들은 더욱더 까다롭다⋯. 그러나 사실은 소련이 더는 자신의 프롤레타리아 계급을 20년 전처럼 통제하지 못한다는 데 있다. 자의적 실업자는 언제나 제재를 당할 위험이 있다. ‒ 노동자 수첩에 기록, 기생자라는 낙인⋯. 결근에 대해서는 놀랍게도, 보고와 정보들이 각자 다르다. J.‒P. 뒤몽Dumont이 인용한 한 소비에트 기사에 따르면,8) 노동자들의 실제 평균 노동 시간은 법정 노동 시간의 50‒70% 사이를 오간다. 자발적인 시간 상실은 개인당 15‒20%에 달한다.연간 20일 그러나 어떤 조합의 지도자는 연간 1.5일이라고 보고한다. 다른 공장장은 4일, 다른 관리자는 9일이라고 한다.같은 지역과 같은 기업들에 대해서! 모든 프롤레타리아 계급 속에서처럼, 알코올 중독이 만연한다.9) 이제는 논란의 여지없는 현실이다⋯. 사회주의적 평등에도 프롤레타리아화의 신호들이다⋯.

소련뿐만 아니라, 많은 공산주의 국가에서 보게 되는 집단 수용소와 강제 노동은 어떤 가학성이나 교리, 전체주의적 의지, 또는 "외부 하층민 통치"글뤽스만 때문이 아니라, 아무 비용도 들이지 않고 마음대로 부릴 수 있는 노동력, 다시 말해 프롤레타리아 계급을 얻기 위한 경제적 필요 때문이다. 이것은 경제 건설을 위한 산업화와 생산의 가속화에 도달하기 위

---

8) J.‒P. 뒤몽Dumont의 앙케트, 「르 몽드」, 1979년 가을.
9) A. 브장송, 한 유령의 해부, 앞의 책.

한 조건이다.

집단 수용소는 정치적 외양을 띠지만, 경제적 현실을 지닌다. 스스로 산업적 기초를 축조해야 하는 공산주의 국가들은 생산 수단으로서 프롤레타리아 계급을 만들어야 했다. 거기에 피할 수 없는 필연성이 있다. 그리고 자본주의 국가들과 기술을 경쟁하면서 더욱 필수적으로 되었다. 수용소는 우선 정치적 색깔을 띠고 떠오른다. 르포르Leort는 솔제니친 Soljenitsyne을 인용하면서, 수용소가 생각보다 훨씬 빨리 생겼다고 한다. 1918년 5월 시행령은 "계급의 적들을 집단 수용소들에 격리하여 소비에트 공화국을 보호할" 것을 규정하였다. 따라서 그 생각과 형식 자체가 여기서 탄생한다. 그리고 그 발명자는 레닌이다. 그는 "의심스러운 자들을 집단 수용소에 가둬야!" 한다고 쓴다. 물론 이것은 대학살보다는 부드럽다. 그러나 목표된 자들은 반동으로 의심되는 자들이다…. 그것은 새 체제에 마음껏 범위 확대 가능성을 주는데, 이 확대는 억압이 아니라 예방이고, 정상적인 사법적 제재가 아니라 잠재적으로 위험스러운 요소를 분리하는 것이다.

이것은 하나의 사회적 범주를 만들어서, 잘라내고, 고립시키는 것이다. 그때부터는 당연히 "위험한 계급"이라는 개념이 만들어진다. 그리고 아주 흥미로운 것은 상황의 반복이다. 자본주의 체제에서는, 노동자들은 갇히고, 이어서 위험한 계급으로 제도화되었다. 여기서는 의미 깊게도, 반대 과정이다. 위험한 계급이 먼저 있고, 곧 갇힐 것이며, 노동자로 전환될 것이다…. 신속히 수용소가 일반화된다. 수용소들이 곳곳에 솟아나고, 거기서는 노동에 의한 재교육 개념이 적용된다. 초기의 수용소들은 1922년경에 대부분이 사라지지만, 더 조직적인 집단수용소를 위해서이다. 1921년에 "특수 목적의 북부 수용소들"이 나타난다. 이제는 도시로부터 격리하거나, 작은 단위들로 배치하는 단순한 문제가 아니라, 전체적 생산을 위해 한 장소에서 체계적으로 관리한다. 솔로프키(Solovki) 군도 드디어 강제 노동이 도입된다. 그러나 아직도 다듬을 것이 남아 있다. 즉, 전문화, 조직적 방식이 세공되지 않았다. 여전히 폭력과 잔인이 난무하는 서구의 도형장과 비슷한 것으로, 합리적 시스템이나 세세한 규정이 아직 없었다. 그럼에도 이미 현대적 양상이 나타난다. 즉 자동 통제, 수감자 상호 감시의 원칙과 이데올로기, "살기 좋은 사회"라는 목표가 있지만, 솔제니친의 『수용소군도』가 잘 폭로했던 "압박 시스템"은 아직은 없었다. 그러나 아주 일찍부터 단순하면서 극단적인 원칙, 즉, 집단 수용소는 무급 노동력을 제공해야 한다는 새로운 차원이 탄생한다. 이 노동력은 극히 최소한으로 연명해야 할 것이고, 최대한을 제공해야 할 것이다. 그리고 집단 수용소는 노동자가 일찍 사망하더라도 신속한 대체를 허용해준다. 우리는 정확히 프롤레타리아 계급을 정의하였다.

    동시에 자본주의적 정당화, 즉 교도 노동과 정확히 상응하는 도덕적 정당화, 노동을 통한 인간 재교육 이론이 나타난다. 앙드레 글뤽스만이 거칠게 해설하듯이, "노동이 인간의 본질이라면, 노동을 강제하는 것은 각자에게 자신의 인간성을 돌아보게 하는 것과 같다. 강제 노동은 인간을 인간과 화해시키는 것이 아닌가?" 그러나 곧 엄청난 방향 전환이 일어나는데, 솔제니친은 충분히 해석하지 않았지만, 글뤽스만은 명확히 기술하였다. 즉, 수용소는 노동력의 본질적인 보고, 우선 그리고 일차적으로 노동력의 제공자가 된다. 수용소는 이차적으로만 형벌적 억압 수단, 또는 사회 보호의 수단이다. 그에 따라 수용은 어떤 이유로도 가능해지고, 그 규모도 믿을 수 없을 정도로 증가한다. 더는 노동을 통해 징벌을 하거나 재교육하는 문제가 아니다. 혹시 저지를지도 모르는 범죄에 대한 징벌로 정당화된, 극히 저렴한 노동력을 얻는 문제이다. 정확히 부르주아 자본주의 속에서처럼, 노동자의 불행은 "보이지 않는 손"이 게으름, 부주의, 악에게 가하는 제재였다. 마르크스에 따르면, 역사적으로 중요한 혁명들은 "대중들의 전통적인 생산과 생존 수단을 박탈하고, 그들을 노동 시장으로 던지며, 불도 없고 누울 자리도 없는 프롤레타리아 계급으로 만드는 혁명들이었다. 이러한 진행의 기본은, 노동자들의 수용이다." 농부를 집단 수용된 노동자로 전환하고, 약탈하여 원시적 자본을 축적하기. 우리는 소련에서 자본주의의 근원에 있는 현상을 그대로 재발견한다.

그래서 수천만의 농민들 물결이 집단 수용소로 향할 것이다. 이것은 19세기 서구 산업화 과정 중에 무산자 농부들이 빨려들었던 수용소적 도시의 새로운 모습이다. "이것은 인민들의 진정한 이주였고, 민족적인 대재난이었다." 솔제니친 그리고 글뤽스만은 여전히 비꼰다. 당은 "다른 곳에서 수 세기나 걸렸던 문제를 몇 년 동안에 해결하기 위해 러시아적 혁명 열정과 미국적 실천 감각을 결합할 줄 알았다. 스탈린 부정적인 측면도 있었다. 아마도 천5백만 명이 사망했다. 기아, 수용소, 학살 긍정적인 측면도 있었다. (그들의 땅으로부터) 해방된 2천만 명의 농부들이 새로운 공장으로 몰려갔다. 그리고 1950년과 1960년 사이에, 농촌에서 해방된 새로운 2천만 명이 '도시'로 몰려갔다."

마르크스는 부르주아 영국은 농부들을 수용하면서, 불도 없고 누울 자리도 없는 프롤레타리아 계급의 고분고분한 일손을 도시의 산업에 넘겨주었다고 말했다…. 글뤽스만은 이렇게 말한다. "우리는 그럴듯한 이론을 빌려 농부들의 추방을 집단화라고 명명하였다. 도시로의 대탈출은 사회주의로의 행진이었고, 우리는 세상을 향해 프롤레타리아가 이 나라의 진정한 '독재자' 임을 증명하였다…. 우리는 마르크스가 기술했던 원시적 축적을 따라잡고 추월하였다. 그 이상으로 우리는 농부를 프롤레타리아로 전환할 줄 알았다. 이것은 우리 중앙 위원회의 견해가 확인해준다. 즉 우리나라에서는 모든 사람이 독재자이다…." 그리고 강제노동수용소에서는 가장 효율적인 노동 조직, 결정과 집행 사이의 분할, 노동의 계획적 관리, 분업, 무제한 작업 일정 등을 적용한다. 조직화의 원칙이 모든 행동 영역으로 침투한다. 그리고 기술의 원칙도 그러하다. 솔제니친은 수용소에 대해 "우리의 반세기가 그렇게 시종일관하게, 그리고 끝까지 자기 본성을 드러낸 영역은 거의 없다"라고 말한다. 프랑스 좌익이 스탈린과 소련을 비판할 수 없던 시대에, 그렇지만 몇몇 용기 있는 사람들 덕분에,D. 루세 Rousset와 그 팀, 마가단Magadan에 대해 아마 처음으로 말했던 B. 샤르보노 Charbonneau 소련의 강제노동수용소가 알려지기 시작할 때1946년, 우리는 끝없이 다음의 대답을 들었다. "히틀러의 강제수용소와 소비에트의 노동수용소가 같다고 해서는 안 된다. 첫 번째는 제거를 목적으로 했고, 두 번째는 재교육, 재적응을 목적으로 했다. 첫 번째는 인간의 추잡한 무시이고, 두 번째는 존경이며, 인간을 사회 속으로 건강하게 다시 들어가게 하려 했다."

물론 둘 사이에는 차이가 있다. 그러나 그 차이는 이런 종류가 아니다. 이 두 시스템은 기술에 의해 지배된다. 그러나 나찌 수용소에서 기술은 전적으로 피상적이다. 죽이고 고문하며 시신을 제거하는 기술…. 소비에트의 수용소에서, 기술은 반대로 훨씬 더 잘 다듬어져 있다. 노동을 세밀하게 조직하는 기술이고, 질서에 복종시키는 기술이다. 이 질서는 사납기는 하지만 그래도 하나의 질서이다. 솔제니친이 거기서 경제적 필연성의 효과를 보았을 때, 그는 전적으로 옳았다. 억압은 모든 힘을 어떤 국가적 생산 목표에 종속시키기 위한 프로젝트의 결과였다. 그 진단은 정확하다.

수용소는 저비용으로 생산할 필요와 수감의 이론적 정당화가 만나는 곳에 위치한다. "짧은 시간에 강하게 되고자 했고…. 외부에서 빌린 것을 전혀 사용하려 하지 않았던 국가는 인간 노동력이 필요했다.

   a) 가능한 한 가장 저렴하고, 이상이라면 무급인 노동력

   b) 양순하고 어느 곳이나 보낼 수 있으며, 가정적 유대 없는, 좋은 숙소나 학교, 의료시설을 요구하지 않고, 얼마 동안은 부엌, 목욕탕도 요구하지 않는 노동력.

이러한 노동력은 자기 국민을 탄압해야만 얻을 수 있었다."『수용소 군도』, Ⅱ, Ⅲ, 10) 물론 솔제니친은, 수용소는 또 다른 기능들이 있음을 보여준다. 그것은 비수감자들에 대한 테러 수단임과 동시에, 하나의 시스템으로서, 수많은 공무원과 감시자들을 먹여 살린다…. 그러나 이 모든 것은 경제적 필요에 비하면 이차적이다. 그리고 주목할 만한 경향은, 수용소의 전국적 확장이다. 근본적으로 19세기 서구에서 일어난 것과 비교할 만한 현상이 일어난다. 나는 훨씬 위에서 두 종류의 노동자, 즉 "엘리트 노동자"와 짓눌린 대중 노동자들이 있었다고 말했다. 그러나 마르크스는 엘리트 노동자도 반드시 프롤레타리아화 되어야 한다고 지적할 때, 정확히 보았다. 소련에서도 마찬가지다! 점차로 "억압적 노동" 개념이 전체로 확장된다. 다시 말해 수용소 체제는 너무나 이상적으로 나타나, 자유노동자 계급도 곧 비슷한 규정의 적용을 받게 된다.

따라서 1938년의 노동수첩은 나폴레옹Napoléon 수첩과 정확히 똑같은 것이다. 그것은 모든 구직 시에 제출되어야 하고, 예전 소속, 제재, 전근, 전근 이유를 기록한다. 수첩이 없으면 취직이 안된다. 이어서, 1940년에,

---

10) 알렉산드르 솔제니친Alexandre Soljenitsyne, 『수용소군도』, 쇠이유, t.1과 t.2, 1974, t.3, 1976.

전체 노동법이 제정된다. 무단으로 근무지를 떠난 사람은 노동수용소 처벌을 받고, 20분 이상 지각하면 결근과 상응하며, 첫 결근은 15%의 급여 삭감과 함께 "교도 노동" 처벌을 받는다. 이어서 멋대로 직장을 바꾸는 간 큰 노동자를 처벌하고, 월급쟁이를 본인 동의 없이 아무 데나 발령 내고, 직종조차 바꿀 수 있는 결정적 조치가 취해진다. 이것은 전 분야에서 노동력 문제에 대처하려는 조치이다. 노동자는 객관적 필요에 따라 옮겨질 수 있는, 그의 의지와는 상관없이, 물론 항의할 수 없이 어디나 충당될 수 있는 병졸이 된다. 달리 말하면, 자본주의 사회 속에서 일어났던 것과 똑같은 일이 일어났다. 유일한 차이는, 자본주의 사회에서는 노동자는 실업과 낮은 임금 때문에, 더 높은 임금을 주는 지역이나 생산 분야로 자리를 옮겼다. 소련에서 제약은 즉각적·행정적으로 되고, 어떠한 선택의 여지도 남기지 않는다. 달리 말하면, 똑같은 방법으로, 보통 노동자들을 프롤레타리아들로 전환하는 것이다. 그리고 이것은 마르크스가 분석했던 과정에 따라 이뤄진다 – 한곳에 집합, 권위, 위계, 전문화, 소집단화, 노동자들 사이의 분열, 감시, 제약, 제재와 위협.그런데 여기서 최고의 위협은 실업이 아니라 다른 곳으로 끌려가는 것이다 따라서 전반적으로 산업화하여가는 세계에서 중공업이 자리를 잡아감에 따라 모든 것이 똑같아진다.

그러나 우리는 이제 본질적인 문제를 만난다. 이 모든 것에 대한 상투적 변명은, 사회주의 사회가 되어, 프롤레타리아 계급이 명령하고 통제하면, 모든 것은 그 성격이 바뀐다는 것이다. 객관적으로 보아 똑같은 제도라도, 그것이 위치한 환경우리는 오늘날 시스템이라고 할 것이다에 따라 성격이 바뀐다. 따라서 자본주의 사회와 사회주의 사회에서 일어난 것을 일일이 비교하는 것은 부정확하다고 사람들은 말한다. 왜냐하면, 방향, 목적성, 목표가 다르고, 특히 사람이 복종하는 권위가 다르기 때문이다. 그 권위란 모든 사람 위에 군림하는 몇 사람의 의지가 아니라, 모두에 대한 모두의 의지이다. 목표에 대해 말하자면, 전혀 다르다는 것은 명백하다. 즉, 한 경우는 잉여가치의 무한한 재생산이고, 다른 경우는 사회주의의 건설이다. 게다가 이러한 주장은, 생산양식의 법칙이 한 시기와 다른 시기 사이에 비교될 수 없고, 이전될 수도 없다는 마르크스의 텍스트에 따른다. 예를 들면, 노예제 생산양식과 봉건제 생산양식은 겉으로 보기에는 똑같아 보여도 서로 다른 법칙을 따른다.

이러한 주장은 1950-1968년 동안에 분노를 불러 일으켰다. 그럼에도, 거기에 대답해야 하는데, 두 개의 답이 있다. 나는 첫 번째에 대해서는 오래전에 다른 책 속에서 전개했기에, 다시 말하지 않을 것이다.11) 간단하게는, 목적과 수단 사이에는 일관성이 있음을 지적했다. 다시 말해, 정의는 결코 부당한 수단으로 달성되지 않고, 자유는 (일시적이라 하더라도) 독재 수단으로 달성되지 않는다. 수단은 자체 속에 피할 수 없는 결과를 포함하고, 자체 속에 품은 목적으로 향한다. 거꾸로 목적은, 이미 수단 속에 포함되어 있다. 따라서 정의로운 수단은, 비록 정의가 궁극적 목표라 하더라도, 이미, 지금 당장, 정의가 지배하게 한다. 즉각적 관계들 속에 자유를 수립하는 수단은 자유를 수립한다. 목적과 수단 사이에는 모순이 있을 수 없다. 소비에트의 수단을 보면, 그 수단이 산업화와 잉여가치의 메커니즘을 포함하고 있음을 알 수 있다. 그리고 결코 어느 점에서도 사회주의의 수립이나, 사회주의로부터 공산주의로의 이동을 포함하고 있지 않다. 두 번째 비판 역시 근본적이다. 즉, 하나의 사회 시스템은, 전체가 모여 다른 것이 될 부분들로 구성되지 않는다. 다시 말해, 전체 시스템은 그 전체의 특징과 성격을, 그것을 구성한 인자들로부터 받는다. 우리는

---

11) Cf. 자끄 엘륄, 『새로운 공통의 고정관념 해석』, 칼망-레비, 1966.

소비에트 시스템에서 사회주의적이라고 할 수 있는, 특징들, 제도들, 행위들, 권위들, 조직들의 축적을 결코 볼 수 없다. 우리는 사회주의적이라고 할 수 있는 어떤 요소도 발견하지 못한다. 그렇다면, 어떻게 그 전체가 사회주의적이라고 할 수 있을까? 이것은 양이나 첨가의 문제가 아니라, 요소들 사이의 결합 문제이다. 경찰, 억압, 권위주의, 군대, 절대적인 제약, 잉여가치의 생산, 지도 계급의 양성…. 우리는 무한히 계속할 수 있을 것이다. 이 모든 것 너머에는 사회주의, 사회주의 건설 등에 관한 말잔치, 어휘, 근거 없는 주장들이 있는데, 이것들만 무한히 반복된다. 우리는 여기서, 아주 순수하고 간단한 이데올로기를 보게 되는데, 이 이데올로기는 그 고전적 역할, 즉 현실을 감추는 베일과 정당화의 역할을 잘 수행하고 있다. 그 부분들의 어떤 것도 사회주의적이지 않는데, 우리는 어떻게 해서 사회주의적인 전체 앞에 있다고 말할 수 있을까? 어떻게 해서 그 전체가, 말과 의도를 떠나서, 그 구성 요소 각각의 영향을 받지 않을 수 있겠는가? 주장하는 바와는 전혀 다른 그런 전체를 따라 어떻게 구성 요소들이 성격을 바꿀 수 있을까?

명백히, 그렇게 구성된 시스템은 사회주의도, 공산주의도 아니다. 수용소는 진정으로 똑같은 법칙에 복종하는, 다른 모든 수용소와 비교할 수 있는 강제노동수용소이다. 강제노동도 그렇고, 프롤레타리아 계급도 그러하다. 소비에트의 자동차가 자본주의 자동차와 다르게 움직이지 않는 것과 같다. 그 구성 요소들이 사회주의와는 반대인데, 그것들이 "기호를 바꾸기 위해서는" 어떤 사회가 자칭 공산주의라는 선언으로는 충분하지 않다. 그럼에도, 소비에트 국가의 주인이 프롤레타리아 계급이고, 국가는 노동자들의 수중에 들어 있다는 주장이 아직 버젓이 살아 있다. 이것은 아마도 수없이 토론되었던 문제이고, 사람들은 이제 그것이 순수한 허구임을 안다. 결국, 소비에트 노동 수용소는 프롤레타리아 계급의 의지에 복종하는 것이 아니라, 그 속에서 프롤레타리아 계급이 만들어지고 동시에 갇힌 강제노동수용소이다.

마르크스주의적 사고에서는, 각 노동자 그룹은 반드시 어떤 생산양식에 들어가게 된다. 그리고 이 생산양식에 따라 이 노동자 집합의 성격과 한계가 정해진다. 우리는 소비에트 시스템과 함께 하나의 프롤레타리아 계급에 이르렀다. 그러나 상당히 특수한 프롤레타리아 계급이다. 따라서 한편으로는 수용소와 강제 노동, 다른 한편으로는 행정적이고 이데올로기적인 상부구조를 가진 이 복합적 "억압 시스템"의 생산양식은 무엇인가? 생산양식은 일반적으로 전체 생산력여기서는 산업화과 생산관계로 특징된다. 생산관계는 "다양한 행위자들과 생산 수단들 사이의 관계들", 즉 생산자들 사이의 관계들, 계급들 사이의 관계들, 그리고 또 법적·기술적·행정적 수단들에 의한 관계들의 구조이다. 생산의 핵심에 있는 이러한 인간관계들은 사회적으로 결정되고 조직된다. 그리고 생산양식의 근본적 성격은 관계의 성격으로부터 온다. 그래서 봉건적 생산 시스템은 농노적 성격을 취한다. 그런데 생산관계에 관해서, 글뤽스만은, 우리가 잘 아는 그의 과도함과 함께, 진정한 발견을 한다. "누가 농부들을 땅으로부터 해방하고, 새로운 공업지대로 향하게 하며, 3중기술적·행정적·공안적의 통제 아래서 노동자를 기계에 묶었는가? 공포다. 이 공포를 생산관계의 고려 속에 넣어야 하지 않을까?"

이것은 전적으로 옳고, 마르크스의 생각과 근본적으로 일치한다. 마르크스는 노동자를 노동에 묶고, 제약하며, "강요하는" 것, 노동자를 생산력의 소외된 종으로 만드는 것에 따라 생산관계를 분석하였다. 노예제는 전적으로 인간을 비우는 법적 관계, 봉건주의는 우월성의 정치적 관계, 자본주의는 노동력 소외라는 경제적 관계, 그리고 이제는 공포 관계.

물론 마르크스는 벌써 제약의 역할을 보여 주었었다. 즉, 원시적 축적 속에서는 정치적 힘의 폭력, 자본주의 발전 속에서는 고용주의 폭력이 있었다. 그러나 이제 우리는 전혀 다른 것에 도달한다. 즉, 생산 수단의 완전하고 기술적인 국유화, 놀라운 기술적 방식으로 노동력의 철저한 이용, 그리고 언제든지 바라는 형태로 노동력의 조직화 등을 결합한다. 국가의 전능함과 기술 수단의 너른 적용이라는 이중적 인자가 공포라는 새로운 성격의 내부 관계를 통해 노동력을 이용한다. 글뤽스만은 소비에트적 생산양식을 다음의 네 공식으로 요약한다. "생산관계로서 공포 – 생산력으로서 수용소 – 집단의 '자연적' 욕구 만족보다는 중공업이나 군수, 우주 산업의 우선 – 사회주의와 자본주의 사이의 구별 기준인 공산당 중앙위원회의 결정." 그리고 상부구조 영역에서는, 정치 선전propagande이 공포적 생산관계와 결합한다.

그러나 경제적 관점에서 수용소의 중요성에 대해 반론도 있다. 즉, 수용소의 경제성은 실제로 신뢰성 없는 허풍이라는 것이다. 왜냐하면, 강제노동수용소는, 중요한 것은 아무것도 생산하지 못하고, 실제 경제적 기여는 없으며, 오히려 비용이 더 많이 들고, 노동의 수익성은 전혀 없기 때문이다. 그래서 수용소의 사회적 위치는 경제보다는 비극적 부조리의 영역이다. "강제노동수용소 시스템을 경제적 기능으로 축소하는 것은 여전히 마르크스주의 유산이 아닌가 자문할 수 있다."르포르Lefort 나찌의 살상용 수용소는 경제적 기능을 가지고 있었는데,(이차적인!) 그것은 원자재의 생산자였다. 지방, 뼈, 머리카락, 금니…! 그러나 수용소들의 노동 가치는 별것 없었다. 소비에트의 수용소는, 살상용도 아니고, 노동에서도 별 가치가 없다.

물론, (경제성을 높이려는) 여러 시도가 있었음을 인정한다. 지금은 수감자들이 경제 계획에 공헌한 작업들에 대한 많은 정보도 있다. 그리고 농노제와 산업적 조직화를 결합한 새로운 유형의 착취가 있었는데, 그래도 그런 것은 결국 큰 도움이 되지 못했다. 강제노동수용소들은 경제 계획에서 효율적이지 못했다. 물론 혹자는 계획 설계자들의 목표와 실제 결과를 구분해야 한다고 말할 수 있다…. 그러나 그 차이는 너무 크다! 수용소 시스템, "굴락Goulag 군도"는 결국 극도로 비용이 많이 들었다. "그것이 경제적으로 필수적이었다고, 또는 사업비용이 미미한 수준이었다고 어떻게 설명할 수 있을까?"르포르 그리고 수용소 경영진이 이러한 비효율성을 숨긴 사실은, 이 실패가 인지는 되었지만, 드러나지는 않아야 함을 의미한다. 이제부터 "수용소의 존재는 계획경제와 상관없는 하나의 필연성에 속한다." 이러한 르포르의 주장은, 수많은 텍스트와 솔제니친의 확인에 따른다. 예를 들어, 솔제니친은 수용소의 경제적 유용성은 오직 "스탈린의 대가리" 속에만 들어 있었다고 강조한다.(이것은 또 수용소의 경제적 프로젝트는 최고위급에서 나왔음을 의미한다.) 결국, 모든 것이 스탈린이 현실에 대해 품은 이미지 속에 들어 있다면, 경제가 아니라 경제적 환상에 대해, 필연성의 환상에 대해 말하는 것이 더 나을 것이다…. 게다가, 솔제니친은 수감자를 한 수용소에서 다른 수용소로, 한 작업장에서 다른 작업장으로 옮기는 어처구니없는 짓을 보고한다…. 그런 짓이 어떤 명확하고 숙고된 의지에 따랐다고 어떻게 믿을 수 있을까? 수용소는 다른 필연성과 상응한다. 마지막으로, 솔제니친은 또 다른 실패들을 보여주는데, 예를 들면 국가적 강제노동 프로그램을 처음 적용한, 유명한 "벨로모르 카날"Belomor Kanal 사업이다. 이것은 아무런 투자도 없고, 장비도 없이, 삽과 외바퀴 손수레만 가지고 작업을 하여, 수만 명의 수감자가 희생되었는데,(그렇지만, 그것이 목적이었던가?) 운하는 결국엔 수심이 낮아 사용할 수 없었다. 결국, 이 모든 동원의 목표는 운하가 아니었다! 그러나 더 깊은 차원에서는, 수용소의 경제적 성격을 잘 보여준다. 즉, 한편으로는 노예제적 형태는 완전히 지나갔음을 말해준다. 사람들은 노예 노동이 노동자 노동보다 수익성이 낮음을 잘 알고 있다. 마르크스를 읽었던 사람들이, 마르크스가 가한 근본적인 비판 이후에, 그리고 노동 기술들이 객관적으로 평가된 이후에, 어떻게 노예제적 형태로 되돌아올 수 있을까?

"굴락은 본전도 못했을 뿐만 아니라, 나라도 그것을 소유한 쾌감의 대가를 비싸게 치러야 했다"하고 솔제니친은 말한다. 수감자는 일을 잘하려고 하지 않고, 나아가서 낭비나 일삼으며, 도구는 전혀 아끼지 않는다. 노동의 결과는 언제나 저질이다. 게다가 이것은 옛날 노예보다 더하다. 즉, 노예제에서 노예는 자신의 상황을 전체 사회 내부에서 산다. 이 사회에서 노예제는 모두의 눈에, 그리고 노예 자신의 눈에도 합법적이다. 사람이 노예가 될 때,(예를 들어 전쟁 포로) 그는 포로 자신에 의해 미리 수락된, 정상적인 조건으로 들어간다. 사회 시스템의 후퇴는 전혀 없다. 그런데 강제 노동, 억압 시스템은, 18세기 이래로 서구에서 널리 퍼진 모든 이상적 사회 모델, 모든 믿음에 정면으로 배치된다. 수용소의 조건은 비정상적이기에, 자유주의와 사회주의에 똑같이 모순적이기에, 소외되었지만 자유롭거나 반은 자유로운 자본주의 노동자보다 후퇴이기에 그렇게 지긋지긋한 것이다. 따라서 수감자는 질 나쁜 노동을 제공할 것이고, 태업 등을 일삼을 것이다. 이것은 통제와 감시 비용을 통해, 분명히 생산비를 끌어 올리게 되어 있다. 각각의 노예 유지는 국가에… 가족이 딸린 감시자를 고용하게 한다! 게다가, 솔제니친이 말한 바로는, 수용소의 고위 관리자는, 이 노동력을 자기 사익을 위해 사용한다. 수용소 감독은 경제 계획 밖에서, 자기 자신의 경제를 조직한다. 이 공짜 노동력을 이용하여, 전반적인 규정 밖에서, 아주 놀라울 정도로 사적 경영을 구성한다. 따라서 전체적인 수준에서, 결산은 부정적이다.

그런데 나는 실제로 수용소의 비수익성에 대한 이 모든 토론이 극히 피상적이라고 생각한다. 우선 같은 단위로 측정해야 한다. 즉, 여기서 문제가 되는 프롤레타리아 계급은 자본주의 사회의 노동자 계급과 비교되어서는 안 되고, 또 수용소의 수익성은 진보한 나라들의 수익성과 비교되어서는 안 되며, 초기 자본주의의 수익성, 그리고 이때의 프롤레타리아 계급과 비교되어야 한다. 그러면 우리는 아주 똑같은 노동력의 낭비, 노동자 건강에 대한 무관심, 인간 수명에 대한 무관심, 그리고 생활 조건에 대한 똑같은 무시, 노동자의 수익성 계산 부재를 본다. 근본적으로, 우리가 훨씬 위에서 지적했듯이, 탄생 중의 자본주의 속에는 믿을 수 없는 인간 훼손, 그리고 오로지 목적 달성에만 관심이 있다.[12] 일단 경제적 목표를 정하고 나서, 노동력을 훼손하거나 인간들을 탈진하고 연약하게 만들어

---

[12] 끝없이 인간을 기계에 종속시키기는 놀라운 결과에 이르렀다. 즉 노동자들은 아주 젊어서 죽고, 주거는 말로 표현할 수 없으며, 영양은 불충분하다. 결핵은 신속하게 퍼지고, 그에 맞춰서 범죄도 만연한다. 노동 시간은 하루 당 약 14시간, 16시간으로 굳어진다. 이 노동 시간은 기계는 피곤해지지 않기 때문에 가능해지고, 또 기계는 반대로 가능한 한 빨리 감가상각을 시켜야 한다. 그리고 또 이 노동 시간은 화재 위험을 현저히 감소시킨 조명 덕분에 가능해진다. 아이들도 노동에 투입되는데, 부모들의 수입이 불충분해서 강요된 것이고, 또 기계에서 노동은 육체적인 힘을 덜 필요로 하기 때문에 가능하다. 이제부터, 6살 된 아이가 10시간의 노동을 위해 공장에 나타난다. 인간적 재료에 대한 무시무시한 훼손이 있다. 그런데 여기서 주목할 만한 것은, 우리가 반경제적인 태도 앞에 있다는 사실이다. 사람들이 항상 부르주아를 순수한 수익성 계산에 복종하는 것으로 그리는데, 그가 노동력을 사용할 때는, 그는 비합리적인 행위를 보인다. 사실 한편으로는, 어느 정도 시간이 흐르면 노동자의 노동은 덜 효율적이고, 덜 신

버리는 것은, 그들의 에너지가 그로 말미암아 망가질 위험이 있기에, 미친 짓으로 보일 수 있다. 그러나 자본주의는 바로 그 미친 짓을 했고, 사람들은 이것을 프롤레타리아 계급이라고 불렀다! 그리고 모든 요소를 고려한 진짜 수익성의 계산은 없었고, 오직 생산 가치의 축적에만 관심을 뒀다. 마르크스는 이런 평가는 전체 속에서 전반적으로 해야지, 노동자만 따로, 기업만 따로 해서는 안 된다고 강조할 때 무한히 옳았다. 이것은 강

속하며, 덜 정확하다는 것이 아주 일찍 증명되었다. 불량률, 사고, 서투름이 증가한다. 이어서 노동자가 너무 빠른 훼손은 교체를 강요했는데, 이것은 어떤 차이가 없이는 불가능하다. 초임자는 선임자의 효율성에 미치지 못하기 때문이다. 결국, 1840년부터는 너무 어린 아이들의 노동은 비효율적이고, 아이들의 병이 노동력의 정상적인 교체를 방해한다는 것이 밝혀졌다. 결과로서 명백하지는 않았지만, 그래도 아주 일찍 나타났는데, "위험한 계급"의 창조는 계산하지 않더라도 그러했다. 이 계급은 경제적으로 혼란, 무질서, 상실의 인자가 될 것인데, 그것은 쉽게 예견할 수 있었다. 달리 말하면, 경제적인 좋은 계산은 노동 시간의 제한을 함축하였다. 합리적이려면 노동자 노동의 최대 생산성의 수준을 정확히 찾아야 했을 것이다. 그러나 이것은 신속하게 파고들지 못했고, 우리는 아주 기묘한 현상 앞에 있게 된다. 즉, 자본의 수익성 계산에서, 자산의 사용 계산에서 그렇게 정확한 이 부르주아들이 노동력 사용에는 전적으로 비효율적임을 보여주었다. 거기에 이상한 점이 있는데, 그것은 아마 기계적인 것에 대한 매력에,(노동자는 오로지 기계의 부속품이라는 것이 자명하기라도 했던 것처럼) 그리고 아마 인간에 대한 어떤 증오, 지배하고 죽이는 어떤 감정에 기인한다. 이어서 아마 이러한 소유권적 반응 속에서이다. 즉, 나는 노동력을 샀다. 나는 그것을 내가 원하는 대로, 나의 사적인 소유물처럼 사용한다. 과도한 소비이다. 그런데 이러한 과도한 착취는 경제적 관점에서는 불필요했다. 잉여가치는 노동 시간과 직접적으로 연결되지 않고, 기계의 생산성과 연결되어 있었기 때문이다. 수익성은 더 적은 수의 인간을 착취하면 훨씬 더 좋을 것이다. 거기에 반인간적인 일종의 광기가 있는데, 이것은 아주 특이한 일이지만, 오늘날의 우리를 그렇게 놀라게 하지도 않는다. 부르주아들은 괴물들은 아니었다. 그리고 그 보조원들과 함께 굴락의 창조자들, 그리고 중국, 베트남, 캄보디아의 강제 노동 창조자들도 괴물이 아니다. 그러나 그들은 이중의 필연성에 복종하는데, 이 필연성은 꼭 경제적인 것은 아니다. 즉, 한편으로는 거대한 기초 설비를 구성하기 위해, 기계의 우월성을 전적으로 주장하는데, 이것은 모든 인간적 저항을 분쇄하는 것을 가정하였다. 다른 한편, 거대한 인간 대중을 자유롭게 처분하기로서, 이 대중들은 필요에 따라 마음대로 사용될 것이고, 아주 고분고분해야 했다. 계산이 경제적으로는 잘못이었을지라도, 기술적으로는 정확했다. 즉, 뿌리 뽑히고 소외된 사람만이 기계의 정확한 종이 될 수 있다. 그리고 결국 이러한 과도한 착취와 비인간성 속에서 겨냥된 것은 이것이다.

제 노동과 수용소에 대해서도 정확히 같은 문제이다.

마찬가지로 우리는 식민지 문제에서도 비슷한 관계가 있음을 발견한다. 우리는 오래전부터, 그리고 전체 국가적으로, 식민지가 수익성이 없음을 알고 있다. 식민지는 비용이 아주 많이 들었고, 그 결산은 일반적으로 손해였다. 그러나 한편으로 식민지는 힘과 잠재적인 부의 근원이었고, 다른 한편 당장에는 사람들이 경우에는 자본가들을 부유하게 하는데 공헌했다. 우리는 똑같은 사실을 수용소들과 함께 확인했다. 수용소들의 소련에 대한 관계는, 1920년에 식민지들이 프랑스에 대한 관계와 같다.(물론 낮은 가격의 착취된 노동력과 함께) 사람들은 또 수용소의 실수와 낭비에 대해서도 엄청나게 주장하는데, 자본주의 세계에서도 똑같은 일이 얼마든지 일어난다. 벨로모르 카날Belmor Kanal 사업을 포기해야 했다. 그까짓 것 아무래도 상관없다! 그리고 프랑스 남서부 호수들의 유명한 운하 역시 포기해야 했다. 그것은 준공하자마자 거대한 계산 실수 때문에 서둘러 메워야 했다! 그리고 콩코르드Condorde나 항공열차Aérotrain 실패에 대해 기억하지 못하는 사람이 있는가! 아니다. 이 노동력이 질이 낮고, 그 생산물이 저질이라는 사실은 수용소의 본질적 목표는 경제가 아니었다고 증명할 수 없다.

수익성에 대해 말할 때는 또 두 개의 상호 보충적인 문제를 고려해야 한다. 즉, 무엇과 비교하면 수익성이 있는가? 그리고 누구를 위해? 이것은 즉각적이고 직접적인 수익성 계산이 아니라, "전체 경제적 관점" 속에 놓는 문제이다. 결국, 수용소들이 전체 경제에 유용하고, 필수적인가의 문제이지, 각각의 수용소가 그 자체로 연말에 긍정적 결산을 제시했는가의 문제가 아니다…. 시스템 내부의 각 요소의 수익성이 있지만, 시스템 자체의, 시스템 존재의 수익성도 있다. 이것은 서로 다른 두 일이다. 즉,

하나의 수용소는 수익성이 없을 수 있다. 그러나 이 수용소들 없이는 시스템 자체가 전혀 존재 못할 수도 있다! 두 번째 지적은, 이 문제가 사적 자본주의와 국가적 자본주의에서 같지 않다는 사실에 기인한다. 즉, 처음 경우에는, 수익성이 없는 기업은 파산한다. 그러나 두 번째 경우에는 수익성은 없지만 필요하다고 판단된 수많은 기업이 유지된다. 왜냐하면, 계산이 전체성 위에서 행해지기 때문이다. 이 모든 것은, 수익성이 있고 없고는, 산업 프롤레타리아 계급 생산과 원시적 자본 축적이라는 목표와 아무 상관 없음을 말한다. 수용소 덕분에 평가조차 할 수 없는 두 가지 이익을 얻었던 것이다. 즉, 우선 다른 사람들을 고분고분하게 만든 공포의 효과이고, 이어서 무급 노동력이다. 비록 다른 식으로 대가를 치러야 하지만 이 노동력은 어느 일에나 적용될 수 있어서, 특히 대부분의 대형 작업을 하게 해주었다.

지금부터 나는 이 두 가지에 대해 간략히 전개할 것이다. 첫 번째로, 공포를 생산관계로 밝혔던 글뤽스만은, 다른 나머지 생산양식에 대한 압력 수단으로서 공포의 경제적 가치를 밝혀냈다. 자본주의 사회에서 압박 수단은 실업이다. 소비에트 사회에서는, 수용소로 끌려갈 가능성이다. 게으른 사람, 무능력자, 비생산적인 자는 수용소로… 이제부터 모든 사람은 생산을 위해 안간힘을 쓸 것이다. 따라서 수용소는 경제적 차원에서 이차적 효과를 가진다. 그것은 비밀스럽고, 둔탁하며, 묵직한 위협인데, 특히 책임자들이 뚜렷이 드러나지 않기 때문이다.

여러 분야를 따로 분리하지 말아야 한다. 마르크스가 노동자의 조건을 실업자의 조건을 통해 "읽어야" 한다고 했듯이, 소비에트 경제를 수용소를 통해 읽어야 한다. 실업자는 명백히 사회적 낭비이용되지 않는 좋은 생산력이다. 그러나 그 없이 자본은 그런 그대로 기능 하지 않을 것이다. 마찬가지로, 수용소는 그 자체로서는 낭비이다. 그러나 그 존재만으로도 다른 사람들은 "자유로운" 노동으로부터 강제 노동으로 강등될까 하는 항구적인 두려움 때문에, 그 거대한 시스템으로부터 온 공포 때문에 더욱 악착같이 일한다. 그래서 수용소는 소비에트 경제의 존재 조건의 하나이고, 노동을 강제하는 도구로서, "농부들을 프롤레타리아 계급화하고, 노동자들을 길들이는, 그리고 사회의 위계적 층리화의 도구"로서, 소비에트 경제를 존재하게 하기에 수익성이 있다. 그러나 그 이상으로, 만약 수용소가 없었다면 소련에서 대형 작업들은 하나도 수행되지 못했을 것이다. 그리고 기본적 생각은, 아주 간단한데, 중국을 보고 그렇게 감탄하게 했던 것과 정확히 똑같다. 즉, 서구의 값비싼 장비를 거대한 노동자 군중으로 대체하기. 결국, 이것은 어쨌듯 마르크스와 상응한다. 즉, 한편에서 가치의 창조자는 인간의 노동밖에 없고, 다른 한편 각 노동자가 독립해서 일한다면, 백 명의 노동자는 백 배만 생산한다. 그러나 놀랍게도, 집단적인 하나의 전체 노동자로, 분업과 전문화를 통해 조직된 백 명의 노동자는 150배를 생산한다. 기계는 조직된 노동력의 한 경우에 불과하다.

아무튼, 거대한 노동력의 집중은 생산적임은 명백하다. 게다가 피라미드, 파라오적인 모든 대형 작업들은 오직 노동력의 결합 덕분이었다. 중국에 대해 다시 볼 것이다. 현재로서는 다양하고 충분한 기계적 수단이 없는 소련은 부족한 기계를 거대한 프롤레타리아 계급으로 대체했다는 사실이 중요하다. 우리는 마르크스가 잘 기술한 자본 축적 방법으로 되돌아온다. 즉, 이러한 직접적인 노동력의 사용은 마르크스가 도출한 자본주의적 기계 사용 법칙과 정확히 일치한다. 마르크스는, 자본가는 기계의 감가 상각비가 인건비보다 적을 때에만 기계를 사용하고, 노동력을 기계로 대체함을 증명했다.

달리 말하면, 이 모든 것은 마르크스가 초기 자본주의에서 했던 분석을 벗어나지 못한다. 이미 사람들이 수년 전부터 수없이 말했듯이, 우리는 국가 자본주의의 형성 앞에 있기 때문에, 그에 대해 놀랄 필요는 없다. 그러나 이것은 정확하게는 노예제가 아니라, 프롤레타리아 계급의 창조라는 주장을 확인해 준다. 이 수용소들은 꼭 해야 할 대형 작업이 있는 곳에 항상 설치된다. 그리고 일시적이고 산발적인 대형 작업뿐만 아니라 (댐), 항구적인 대형 작업들, 또는 자유노동자들을 부르기가 불가능하고 비인간적인 지역에 있는 작업들을 위해서도 수용소가 설치된다. 가장 유명한 두 예는 우선 금의 채굴이고, 이어서 극지방에 있는 토지의 경작이다.

금의 채굴. 콜리마Kolyma 금광은 얼어붙은 사막 속에 위치한다. 놀라울 정도로 풍부한 광맥의 발견은 분명히 당혹스러웠다. 자발적인 노동력을 부를까? 그것은 생각해서도 안 되었다. 그러면 사익을 인정해야 할 것이다 아주 기계화되고 산업화한 채굴을 생각할 수도 있었을 것이다. 그러나 이것은 막대한 물적 투자를 강요하였다. 해결책은 강제노동수용소였다. 수감자들이 금을 캐는데, 그들은 금방 사망한다.[13] 그러나 지속적으로 대체되었다. "인적 자원은 기계보다 천 배나 빨리 닳는다. 그러나 그것은 더 빨리 대체된다." 그리고 같은 지역에서 납 광산이 발견되었다. 물론 똑같은 방식이 적용되었다. 솔제니친은 이 수용소들의 관리 조직인 달트로이Daltroi가 산업적 모델임을 밝힌다. 두 번째 큰 기획은 극지방에 있는 토지의 경

---

[13] 1926년에서 1956년까지 스탈린 시기의 평가를 따르면, 경찰의 억압과 강제노동수용소 때문에 죽은 사람의 수가 1,750만 명이었다. 이것은 기아, 전염병, 전쟁으로 죽은 사람들을 제외한 것이다. 르 루아-라뒤리Le Roy-Ladurie가 한 이 평가는 최대의 정확성을 제시한다. 1939년에서 1953년의 기간은, 소비에트 세계 노트 속의 막수도프 Maksudov의 논문을 보면, 가장 사망률이 높았다.(수용소 체제의 확장) (「르 몽드」, 1979년 5월)

작으로,(그러나 여기서도 아주 중요한 기계적이고 기술적인 수단들과 연결되어 있다) 흐루시초프 아래서 진행되었다. 두 경우는 자유노동자나, 정상적인 노동자는 견딜 수 없을 그런 환경 속에서 수행된다.

이러한 노동력을 얻으려면, 사회적 합법성이 필요하고, 노동자가 합법적으로 고통을 견뎌야 하며, 고역과 징벌로서 강제 노동, 혹한, 불충분한 식량을 견뎌야 한다. 죄수와 같은 강제노역자들이 필요하다. 사람들은 자주 짜르 시절의 도형장형벌로 육체노동을 시키는 곳을 언급하였다. 그러나 큰 차이가 있는데, (그리고 프랑스의 카이엔Cayenne 도형장도 마찬가지다) 도형수는 집단을 위한 일을 전혀 하지 않는다는 점이다. 카이엔에서 돌 깨는 작업은 사회적으로 아무런 이익이 없는 부조리한 일이다. 반대로 소비에트 수용소의 도형수들은 진정한 노동자들이고, 그들의 작업은 소비에트 경제에 본질적이다. 그들납, 석탄, 라듐은 채광하고, 거의 모든 산업 단지를 건설하며,(따라서 기초 작업을 하는데, 일단 공장이 건설되면 "정상적인" 노동자들이 공장에 들어온다) 불가능한 지역에서 항구를 건설한다. 유명한 마가단Magadan 항구, 운하들백해(Blanche)-볼가(Volga), 볼가-돈(Don), 드니에프라(Dniepra)-돈, 사막의 철도들. 달리 말하면, 우리가 기간산업 시설이라고 부를 수 있는 모든 것이다. 노동력밖에 없는 비전문 노동이지만, 국가의 다른 경제활동을 위해서는 필수 불가결하다. 바로 이러한 작업 위에서 차후의 모든 경제 발전이 일어난다. 따라서 강제 노동은 경제 발전에 실제로 통합된다. 바로 이것이 스탈린과 그 측근들의 천재적인 발명이었다. 그래서 이것의 평가를 위해서는 두 개의 관점이 필요하다. 수익성의 관점이 그 하나이지만, 이것은 현행의 경제적 계산 관점이다. 다른 하나는 필연성의 관점인데, 여기에 따르면 수감자들, 강제노동수용소의 노동자들은 소비에트 산업의 상부구조 건설을 위해 필수적인 작업을 수행했다. 소련은 이러한 산업 성장으로 뛰어들 물질적 수단들이 없었다. 그 반면에 거대한 인간적 비축이 있었다. 소련은 하나를 다른 것으로 대체했다. 따라서 수용소가 무익하다는 모든 토론은 공허하고, 초점을 맞추지 못한 것이다.

그럼에도, 정확히 해야 할 것이 있다. 우리는 수감자들이 진정한 프롤레타리아 계급이었다고 말했다. 그러나 소비에트 행정이 프롤레타리아 계급을 의도적으로 창조하고 제작하기를 원하지 않았음은 자명하다. 이러한 조건을 만들고자 수용소가 만들어졌던 것은 아니다! 자본가들이 그랬던 것과 정확히 똑같다. 그들 역시, 이러한 박탈당하고 소외된 계급을 만들 의도는 없었다. 그것은 다른 동기 때문에 이뤄진 것이다. 한편으로는 노동력의 거대한 보고가 있어야 했고, 다른 한편에는 제재해야 할 반동들, 또는 (우선으로) 범죄자들이 있었다. 이어서, 자본주의 초기처럼 여기서도, 일종의 논리적 연쇄가 일어난다. 산업화가 시작된 순간부터, 마르크스가 잘 보여주었듯이, 더 많은 수의 노동자들이 필요하고, 그럴수록 그들은 더욱 비참해진다. 여기서도, 수용소의 두 목표 사이에 일종의 불균형이 일어난다. 즉, 노동력의 필요가 급해지고, 우선 인원을 확보해야 한다. 이제부터 반동분자들, 경범죄인들 등이 폭증한다. 달리 말해, 경제적 명령에 따라 징벌이 일어난다. 체포 범위가 무한히 확장되는데, 이 체제가 더 권위적이고, 자의적이며, 잔인해서도 아니고, 저항과 범죄가 증가해서도 아니라, 무급 노동력에 대한 경제적 필요가 아주 가파르게 성장하기 때문이다. 그로부터, 프롤레타리아 계급을 생산하고자 하는 욕구는 없었는데도, 자연히 생겨난다. 그리고 만들어진 것은 진짜 프롤레타리아 계급이다. 이 개인은 노동력 말고는 모든 것을 박탈당한다. 노동력은 사회를 위해 그가 가진 유일한 것이다…. 그러나 이 노동력은 그에게서 압수된다. 자본주의에서는 구매되었고, 공산주의에서는 집단을 위해 강제로 압수한다. 이 경우나 저 경우에 다른 선택이란 없다. 바로 이러한 선택의 부재가 그를 프롤레타리아 상황으로 집어넣는다. 그에게서 노동력을 압수한 국가는 전체를 이용한다. 그리고 "임금철칙"은 자본주의 시스템에서보다 여기서 더욱 철저하게 작용한다. 자본주의 시스템 속에서는 노동자는 약간의 돈을 받는다. 그는 아직 그나마 사용처를 선택할 수 있다. 다시 말해, 결국, 노동력 재생산에 필요한 만큼만 받은 그는 이 돈을 다른 곳에 전용할 수 있을 것이다. 이것은 진짜 자폭일 것인데, 프롤레타리아가 걷는 어쩔 수 없는 길이었다. 특히 빵 대신 포도주를 샀다. 불행의 늪에 빠진 노동자는 취해서 잊으려고 했고, 아내, 자식, 자신이 먹을 것을 박탈당했다. 1850년의 그 유명한 알코올중독은 거기에서 나온다. 그러나 소비에트 시스템과 함께 임금철칙은 더욱 정확하게 작용한다. 강제 노동자는 선택이 없다. 그는 배급량을 받는다. 그는 자기에게 할당된 양만 소비할 수 있다. 노동이 더는 상품이 아니라는 말은 정확하다. 그러나 노동은, 보수를 주는 것이 아니라, 단순히 직접적으로 강요되었다. 많은 노동자가 그들의 노동력을 무자비하게 착취당했다. 그들은 더는 노동력을 팔 가능성도 없다. 그리고 자본주의 사회에서 노동자들은 노동력을 팔 수밖에 없었는데, 떠돌이, 거지, 도둑 등이 되면서 최소한 빠져나갈 수는 있었다. 이제는 압수 과정을 통해서, 이 마지막 선택도 배제되었다. 공산주의는 반대급부, 급여, 도주 없는 프롤레타리아 계급을 창조하는 데 성공했다. 물론 나는 소련의 "정상적"인 노동자들을 말하는 것이 아니라, 콜리마Kolyma, 마가단Magadan 그리고 다른 수용소들에서 만들어진, 새롭고 기본적인 거대한 프롤레타리아 계급을 말한다.

따라서 프롤레타리아 계급의 이러한 고난 속에서 수행된 최후의 진보가 있다. 르포르Lefort가 훌륭하게 지적하듯이, "소련은 마르크스에 따르면, 서구 자본주의가 달성도 못하면서 뒤쫓기만 했던 목표를, 대단한 수준으로 달성한다. 즉, 연대감, 재산, 가족, 직업의식, 환경에 적응, 역사가 없는 추상적 인간들, 뿌리 뽑힌 사람들을 확보하기." 소비에트 사회와 함께 이러한 박탈과 소외가 자본주의 사회에서는 결코 도달하지 못했던 폭, 규모, 깊이에 이른다. 이것은 규모가 아니라 심리적 통합 정도의 문제이다. 자본주의 프롤레타리아 계급은 자신이 불행함을 알고, 자기를 괴롭히고 소외시키는 자, 즉 억압자를 아주 일찍부터 증오한다. 명백히 억압자는 동화될 수 없는 타인이고, 노동자와는 목표가 다른 사람이다.

반대로 공산주의 사회에서는, 노동자의 이름으로 권력이 행사되고, 사회주의 세계를 건설한다고 한다. 이제부터, 반대자는 반혁명분자이고 반사회주의자일 따름이다. 이것은 이미 오래전에 아더 코슬러Arthur Koestler의 제로와 무한히 밝혔던 비극적 문제이다. 즉, 어떻게 반대편에 설 수 있을까? 지금 우리를 괴롭히는 사람들은 "우리를 위하는" 사람들이고, 우리 편이다. 그러나 이런 고민스러운 의식 문제와 동시에, 통합이라는 다른 움직임이 뒤따른다. 이것은 오늘날 자주 언급되는 환경에 동화로서, "내부 지향자" 또는 "동조자"와 유사하다. 소비에트 노동자는 고통스런 환경을 자신에게 완벽하게 통합하여, 더는 고통으로 느끼지 못한다.

"열성적 노동자는, 훈련과 노동을 외부 강제로 느끼지 않고, 내적 필요로 느낀다"라고 아베르바흐Averbach는 말한다. 그런데 이것은 열성적 노동자에 관한 문제이다. 그에 비해 수용소에서는 조직적 통합 기법이 사용되었다. 그것은 노동의 집단화, 다시 말해 수감자들의 자율조직으로, 비극적 수준에 이른 자율관리이다. 수감자는 스스로 자신의 수감 생활을 관리한다! 이것은 도형수의 완전한 노예화로 이끈다. 수감자들은 소비에트 대표자를 선출하고, 자율적으로 물질적 조건… 특히 작업 효율성 감시와, 절도, 낭비, 불복종, 국유 재산 오남용을 막도록 분단 별로 나뉜다. 달리 말하면, 행정원과 감시원을 수감자로 대체하고, 수감자들은 서로에 대한 경찰과 간수로 변한다.

 이러한 조직은 완벽히 관료주의적이다. 그것은 국가의 조직 체계를 본떠, 집단적 이데올로기의 원칙에 따라 노동을 통한 재교육을 목표로 한다. 그리고 분단 별로 자아비판 시간을 가질 수 있고, 부적응자를 추방할 수 있었다. 그러나 솔제니친에 따르면, 노동을 통해 재교육하고, 죄인을 사회 속으로 통합시켜 주리라 기대됐던 이 시스템은 엄청난 실패로 결론나서, 1934년에는 사라졌다. 그 대신에, 생산을 위한 수감자의 악착같은 착취가 노골적으로 자행된다. 그리고 수감자는 두 요소에 의해 더욱 프롤레타리아 계급으로 떨어진다. 그것은 능력 부족과 과도한 착취이다. 아주 이상하게도, 어떤 사람들은 아직도, 수용소가 수익성이 없고, 그 목표가 경제적 생산이 아니었다고 주장하기 위해, 수감자의 능력을 활용하지 않았음을 예로 든다. 그렇지만, 바로 그것이 마르크스가 자본주의적 착취에 대해 가장 격렬하게 공격했던 것임을 왜 생각하지 못하는가? 즉, 노동자는 분업 때문에 더는 아무 능력이 없어져서 프롤레타리아가 된다. 그는 이제 수천 번 반복된 동작만 할 줄 안다. 그는 다른 아무것도 할 줄 모르기 때문에 실업자가 되면 다른 직업을 발견할 수 없다. 그는 집단적 노동자의 한 조각으로 축소되고, 전문적 지식은 전혀 없다…. 이것이 정확히 프롤레타리아의 상황이다. 이때 어떻게 테일러의 유명한 공식을 생각하지 못하는가! 결국에는 잘 훈련된 원숭이가 노동자보다 세밀한 동작을 더 잘 할 것이다! 따라서 능력 무시, 노동자들은 하나의 등질적 집합체라는 생각, 이 모든 것은 19세기 자본주의적 산업 프롤레타리아 계급의 재생산이고, 결국에는 이 사람들의 삶에 대한 완전한 무시이다.

솔제니친이 농노와 수감자를 비교한 유명한 말이 있다. 농노는 제후의 소유물이고, 빨리 만들 수 없기 때문에, 제후는 농노를 아끼고, 너무 함부로 다루지 못했다. 이것은 재산을 잘 관리하는 문제였다. 농노가 죽으면 재산이 줄었다! 반대로 수용소장은 수감자들을 아끼지 않는다. 그들은 그에게는 아무것도 아니다. "소장은 그들을 사지 않았고, 자식들에게 물려주지 않는다. 만약 그들이 죽기라도 한다면, 다른 수감자들이 올 것이다." 사실 수용소장은 "국가의 대변인"이다. 그는 개인적으로 수감자들과 아무런 이해관계가 없다. 익명 속에서, 그는 국가의 한 톱니이고, 노동력이 부족하면 익명으로 보충 받을 것이다. 달리 말해, 수감자를 농노와 비교해서는 안 되고, 자본주의의 프롤레타리아 계급과 비교해야 한다. 노동력 얻는 과정이 같지는 않다 해도, 노동력 사용 과정은 정확히 똑같다. 이러한 형무 산업에 대해, 르포르의 다음 지적은 참으로 탁월하다. "형무 산업은 국가의 여타 산업과 같은 것이 아니다. 그 특징은 자유 없는 사람들을 이용하는 것이다. 그것은 잠재적 산업 시스템을 실현하는 것이다. 이 산업 시스템은 그 시초부터 종사자들을 자신에게 완전히 예속시킨다."14)

형무 산업은 프롤레타리아 계급을 생산하고 동시에 초기의 자본주의 산업처럼 그것을 소비한다. 그러나 차이가 있다. 이것은 절대적인 프롤레타리아 계급으로서, 예전에 어디서도 만들어진 적이 없었다. 이것은 1830년의 맨체스터Manchester 노동자보다 더 프롤레타리아적인 프롤레타리아 계급이다…. 그러나 왜 그렇게 되었는가? 러시아인들이 야만인들이라서?

---

14) 반면 나는 리 텍스트의 다음 부분과는 동의하지 않는다. 여기서 르포르는 이러한 형무 산업이 "산 사람을 소비하는" 현실 외는 다른 아무런 현실이 없다고 주장한다.

공산주의가 악마적이어서? 스탈린이 미쳤기 때문에? 이 모든 생각은 전혀 가치가 없다. 대답은, 원시 축적의 필연성, 산업 기반 조성의 필연성으로부터 출발하면 간단하다. 러시아 혁명은 7-8년 동안 농업과 산업 생산을 심각하게 후퇴시켰다. 혁명 직후 러시아는 1890년에서 1914년까지의 "진보"를 까먹고, 1890년의 경제 수준으로 돌아갔다. 그런데 혁명 성공을 위해서는 가장 신속한 발전을 보장해야 했다. 모든 것이 거기에 있다 – 서구 자본주의를 따라잡고 추월하기 위한 고속 산업화. 그리고 실제로 40년 동안에 소련은 영국이 120년 동안에 했던 것과 똑같은 성과를 거뒀다…. 그러면 소련이 보유한 살아 있는 재산은 무엇이었는가? 가치 창조의 유일한 근원은 무엇이었던가? 겉으로 보아 소진되지 않는 잠재적인 것은 무엇이었던가? 직접 사용할 수 있는 에너지는 무엇이었던가? 다른 곳에서 120년이 걸렸던 것을 40년 만에 생산한다는 조건에서, 노동력이다…. 이제부터 보통의 프롤레타리아 계급뿐만 아니라, 3배나 더 착취되고, 노예화되며, 짓눌린 노동자 세계가 필요했다. 그것이 1억의 인간들을 노예로 만든 진정한 근원이고, 절대적인 필연성이다….

3. 프롤레타리아 계급의 종식과 분석의 일반화

마지막으로, 혹자는 "수용소"는 사실 그렇게 필수적이 아니었다고 말할 것이다. 그 증거로 10여 년 전부터 소비에트 수용소들에 대한 신랄한 비판이 일어나고, 또 명백히 수용소가 줄어들며, 수감자들이 10배나 줄었음을 예로 든다. 지금 소련에서는 수용소를 순수한 교도소로 되돌리거나, 악명 높은 정신병원으로 대체한다. 더는 수용소의 경제적인 목적은 없다. 그리고 나도 거기에 동의한다. 정확히 자본주의 국가들에서처럼, 생활수준의 향상과 노동 조건의 개선을 통해 프롤레타리아 계급의 점진적인 진짜 소멸이 있다. 그러나 여기서 착각하지는 말아야 한다. 아무리 착취당하더라도 서구 이민 노동자들은 19세기 중엽의 프랑스나 영국의 프롤레타리아보다는 훨씬 더 나은 상황에 있다. 이 모든 것의 원인은 산업 사회로부터 기술 사회로의 이동이다.

이제는 서구 사회의 전형적 현상을 소비에트 사회에도 적용해야 한다. 소비에트 사회는 상당히 늦어서, 겨우 10여 년 전부터 기술 시대의 문턱에 들어선다. 물론 이전에도 이미 기술 향상의 수많은 표시가 있고, 어떤 첨단 분야들군비, 우주에서는, 선진국이다. 이것은 소련이 소형화를 추구하기 시작했음을 의미하고, 어떤 분야에서는 자동화를 추구함을 의미한다. 그러나 기술의 시대로 들어갔다고 말할 수 있기에는, 몇몇 기술만 발달한 것으로는 충분하지 않다. 소련에는 진짜 기술 시스템이 아직은 없다.

경제 계획과 행정 영역에서 비물질적 기술들은 발달해 있다. 그러나 여기에는 명백히 문제가 있다. 그 이유는 그것들이 그 부정적 의미의 관료주의로 떨어졌기 때문이다. 따라서 이것은 그 분야에서 기술 시대의 척도가 되는, 관리나 예측 행정의 부드러운 기술들을 아직 제대로 적용하지 못함을 의미한다. 마찬가지로 심리적 선전 기술들을 아주 효율적으로 사용했다. 그러나 여기서도 첫 단계를 통과하지 못했다. 이 선전은 원시적 모델에 머물렀기에, 잘 성공하지는 못했다. 결론으로, 소련은 새롭고 모호한 상황 속에 처해 있다. 소련은 모든 영역에서 아주 신속한 기술 발달 가능성을 가지고 있지만, 이 발달은 벽에 부딪히거나, 진정 새로운 시대에 이르지 못한다. 소련은 산업 시스템 단계에 갇혀서, 그로부터 빠져 나오지 못하고 있다. 그 이유는 이론적이고 제도적으로 막혀 있기 때문이다.

이론적으로 막혀 있다. 즉 산업화, 중공업 우선, 소비 촉진, 대형화가 역사적 최종 단계인 공산주의 사회를 달성해 준다고 이론적으로 여전히 믿고 있다. 마르크스주의 교리나는 마르크스라고 하지 않는다 속에서는, 산업적 단계가 최종 단계이다. 이러한 확신을 문제 삼는 모든 것은, 지적이건 사실적 영역이건, 결국엔 "반혁명적" 흔들림으로 비춰진다. 그런데 새로운 기술은 산업과 동일 계열이 아니다. 소련에서는 새로운 기술이 수락은 되지만, 상당한 거북함이나 불안의 눈총을 받는다. 예를 들어 컴퓨터 도입에 엄청난 저항이 있고, 그것은 사무실의 기계적 작업을 대체하는 데만 사용된다. 사람들은 산업적 구조를 넘어설 생각을 할 수 없다. 왜냐하면, 마르크스가 이것에 대해서만 말했고, 레닌에게는 전기화, 스탈린에게는 중공업이 절대어였기 때문이다. 그리고 소련에서는 교리와 이데올로기의 무게가 너무 무겁다. 거기에 맞지 않은 것은 긴말 할 필요 없이, 안된다.

그러나 또 제도적이고 조직적으로 막혀 있다. 사실, 소련의 모든 조직은 산업, 기계화, 산업적 생산의 관점에서 설립되었다. 근본적으로, 바로 여기에 주요한 결함이 있다. 현대의 후기-자유주의적 자본주의 시스템 속에서도 사회학적이고 경제학적인 경직성이 있고, 새로운 생산 모델에 쉽게 적응하지 못함은 명백하다. 그러나 여기서는 점진적인 실천적 조정을 통해 적응이 일어나고, 이데올로기적인 장애나 제도적인 장애는 없다. 즉, 새로운 기술을 도입함에 있어서 습관, 이해, 기존의 경제 구조들의 저항이 있을 것이고, 실업과 인플레이션을 부르는 어려움은 있을 것이다. 이런 것만 해도 이미 충분하지만, 그래도 조직적인 저항은 아니다. 어떤 점에서는 의식적으로 타파해야 할 것은 아무것도 없다. 그런데 소련은 이 모든 저항을 조직으로, 즉 틀에 박힌 계획과 행정적 감금으로 이중화하였다. 자생적인 경직성과 무기력이 당연하고 명백한 명령 속에, 그리고 획일적인 조직 속에 새겨진다. 의지적이고 경직되며 목적론적인, 그리고 의도적으로 타파해야 할 전체가 있다. 조직적 행정은 오직 산업적 목표를 가진 철의 관료주의가 되었다. 분명히 잊지 말아야 할 것은, 자본주의 체제에서는 개인적 이해가 있다면, 소비에트 체제에서는 행정 관료의 이해가 있다. 모든 것은 등질의 선 위에서 발전한다고 이해되기 때문에, 새로운 기술의 다양한 복수성은 고려되지 못한다.

계획이란 그 개념에서부터, 미래에 미리 정해진 모델을 강요하면서 우연을 차단하기 때문에, 기술에 내포된 우연적인 것을 포용할 수가 없다! 정보에 대해서도 마찬가지다. 정보가 선전, 검열, 중앙 차원의 통제에 묶여 있기 때문에, 소비에트 사회를 새롭게 만들어 내고, 낡은 산업적 틀을 폭파시킬 수 없다. 왜냐하면, 정보는 고착된 도식 속에 잡혀 있고, 그곳의 역할에서 빠져나올 수 없기 때문이다. 정보적인 것이 막히고, 동시에, 정보-커뮤니케이션에 따른 사회 구조화 과정이 막힘으로써, 커뮤니케이션은 곳곳에서 관료주의적 강제에 의해 차단된다. 정보는 중앙집권화 때문에 상명하복으로 획일적이다. 결국, 소련은 기계적 산업의 경직되고 획일적이며 쇄신될 수 없는 모델 속에 완전히 갇혀 있다. 사실로서 이것은, 마르크스가 자유주의적 시장의 무질서, 비일관성에 대립한, 사회주의 사회의 모델로 제시했던 것이다 그런데 어떤 주장에 따르면, 사회주의 체제는, 자본주의가 수익성 때문에 받아들일 수 없는, 신기술을 수용하고 적용하기 좋다고 한다. 기계적 완전함 문제일 때에는 이것은 상대적으로 정확했다. (도우딘체프 Doudintsev의 소설은, 새로운 파이프 생산법을 개발한 기술자가 겪는 엄청난 수난을 조명하고 있다…!) 그러나 추상적 기술이 산업 구조를 전복하거나, 때로는 그 방향을 뒤집으려 할 때에는 전혀 다른 문제이다. 그러면 강한 반동, 절대적 거부가 있다. 이 새로운 기술들은 악마적인 것이 된다. 오로지 과거의 시스템을 강화하고, 성장하게 하며, 발전시키는 것만 받아들여질 수 있다. 따라서 소비에트 사회는 실제로는 절대로서 신봉되는 산업적 모델 위에 막혀 있다. 그러나 다른 한편, 마르크스가 보여주었듯이, 어쩔 수 없이 생산력과 기술이 발전하는 것은 막을 수 없다. 지금 현대의 새로운 기술이 소련의 문을 노크하고 있다. 이 기술은 분명히 혐의가 가는데, 앞에서 지적된 이유뿐만 아니라, 또 본질적으로 서구 자본주의 사회에서 오기 때문이다! 분명히, 여담이지만, 이러한 질문을 제기해야 한다. 즉, 기술이 조성되어야 하고, 그 정상에 올라야 하며, 진보에 진보를 거듭해야 하는 사회주의 국가가 어떻게 해서 거의 완벽하게 정체되고, 특히 인문 과학들에서 그렇게 정체되었는가? 소련에서는 어떠한 커다란 개혁도 일어나지 않았다. 모든 것은 서구로부터 왔고, 이러한 사실로부터, 체제 전복적인 기술들은 그만큼 더 좋게 보여지지 않는다.

어떻든, 사람들은 기술이 침투하는 것을 완벽히 막지 못한다. 그래서 기술적 변화를 완전히 수용하지는 못하지만, 새로운 흐름이 탄생한다. 즉 산업화의 필연성으로부터 기술적 이데올로기로 넘어간다. 다시 말해, 기술이 우선 이데올로기의 영역으로 침투하고, 그러면서 사람들은 앞으로 일어날 수 있는 일을 우선 예상한다. 소련에서 조금씩 기술에 대한 열정이 탄생한다. 이 기술은 통제와 규범의 유연성 및 완화와 상응한다. 그러나 진정한 정치적-교리적 해방은 없다. 살짝 나타난 기술화의 가능성에 따라 행동 변화가 엿보이기도 한다. 기술화는 일반화된 도형장도, 묵직한 경찰도, 몽롱하게 만드는 선전도, 과거의 프롤레타리아 계급도 내포하지 않는다. 변화는 이뤄지지 않았다. 다만 가능하게 나타난다. 공짜 노동력을 위한 강제노동수용소와 딱딱한 계획에 대한 확신이 사라진다. 어떤 회의가 일어난다. 그리고 바로 이것이 정확히, 강제노동수용소를 비난하게 하고 문제 삼게 하는 것이다. 프롤레타리아 계급도 더는 그렇게 필수불가결하지 않다. 이제는 다른 생산 수단이 있다. 그리고 생산 자체도 성격과 대상을 바꾼다. 그러나 우리가 이미 지적했던 이유로 말미암아, 서구에서 프롤레타리아 계급을 없애는 것보다 소련에서 수용소를 없애기가 여전히 더욱 어렵다. 달리 말하면, 수용소는 산업화에 필수적인 프롤레타리아 계급을 얻으려면 필수불가결 했고, 기계적 양상과 물질적 자산의 생산자로 인식되었던 기술은, 거대한 착취를 내포하고 있었기에 공산주의 사회로 가는 절대적 장애였다. 그러나 상위적인 단계에 도달해서, 새로운 모델에 이르고, 프롤레타리아 계급 제거를 허용해주는 기술은 이제부터, 기왕에 시작된 혁명의 완수에 호의적인 것처럼 보인다. 바로 이 단계에서 카스토리아디스Castoriadis의 분석은 훌륭해 보인다.[15] 즉, 소련에서 군대는 모든 기술의 집중과 완성점이다. 소련에서 기술 사회는 군대를 위해 만들어진다. 그리고 모든 노동자와 농부 세계는 모든 권리와 특권을 가진 군사 기구를 위해 프롤레타리아 상태로 남는다. 수용소들의 축소가 있긴 하지만, 군대의 기술적 완성 요구와 군수용품들의 요구에 의해 사회의 프롤레타리아적 짓누르기가 있다. 노멘클라투라Nomenklatura, 즉 특권계급은 예외로 하고 그런데 우리는 여기서 다른 질문을 만난다. 기술 사회는 공산주의 사회인가? 혹은 다른 유형의 사회, 이제는 진정한 자본주의도 아니고, 사회주의는 더욱더 아닌 사회에 도달하는가? 마르크스의 기본적인 생각 속에서 공산주의 사회가 되어야 했던 모델이 결국 산업과는 그다지 연결되지 않았고, 극단적으로 다른 기술 사회로 접근함에 따라 완전히 가치를 상실하지 않았는가? 우리는 이 결정적인 문제를 나중에 다시 볼 것이다.

지금은 조금 더 일반적인 결론을 내는 문제이다. 근본적으로는 다음과 같은 연쇄적 논리가 있다. 기술화는 산업화 없이는 일어날 수 없다. 산업화는 자본 없이는 실현될 수 없다. 자본은 원시적 축적 과정 없이는 이뤄질 수 없다. 그리고 원시적 축적은 불가피하게 프롤레타리아 계급을 생산한다. 이러한 원시적 축적이 사적 자본주의의 일이건, 사회주의 국가의 일이건, 그 결과는 똑같다. 따라서 프롤레타리아 계급은 자본주의의 직접적인 생산물이 아니라, 산업화의 생산물이다. 자본주의는 프롤레타리아 계급 조건을 악화시키고, 그로부터 이득을 보며, 그 계급을 착취한다. 사유재산이라는 상부구조는 19세기 영국과 프랑스의 특수한 프롤레타리아 계급의 많은 특징을 설명한다. 이익의 사적인 추구는 무시할 수 없는 모습이다. 그러나 마르크스는, 자본가가 이익을 추구하는 것은 개인적 소비

---

15) C. 카스토리아디스Castoriadis, 『전쟁 앞에서』, I, 페야르, 1981.

를 위한 것이 아니라고 정확히 지적하였다. 그 이익은 새로운 제작 과정에 재투자되어야 한다. 마찬가지로 이익은 자본가가 사용하는 것이 아니고, 국가의 서비스들, 공무원들, 분배 등에 지급된다. 이제부터, 이 모든 점에서, 사적 자본가는 중매자일 따름이다. 그리고 더욱더 무거운 투자가 있을 때, 관료주의 체제가 더욱더 확장될 때, 소비에트 사회주의 국가 역시 프롤레타리아 계급 위에서 수행된 이익의 중매적인 분배자이다. 마르크스에 따르면, 이 프롤레타리아 계급은 근본적으로 기계의 확산과 노동 분업의 결과이다.

프롤레타리아 계급의 특수한 성격은 자본주의 체제로만 국한되지 않는다. 마찬가지로 사회주의라고 하는 소비에트 국가 자본주의도 자기의 프롤레타리아 계급에게 특수한 성격, 즉 억압 시스템과 강제노동수용소의 특징을 부여한다. 사적 자본주의는 프롤레타리아 계급의 "원인"이 아니라, 만드는 수단이다. 마찬가지로 강제노동수용소는 필수적인 프롤레타리아 계급을 얻기 위한 수단이다. 그것은 원인이 아니다.

물론, 프롤레타리아 계급은 산업화와 필연적으로 연결되어 있다는 주장에 대해, 반발이 있고, 비난이 있다. 사람들은 그런 주장이 진짜 문제를 은폐하고, 프롤레타리아 계급을 계급투쟁으로부터 돌려세우며, 그리고 대중과 투사들을 억제 하려는 수단이라고 말할 것이다. 그러나, 이러한 반발은 단순하고 전통적인 분석에서 온다. 그것은 사회-경제적 현실을 직시하기를 거부하는 것이고, 그로부터 억압된 자들의 투쟁을 거짓 전투 속에서 방황하게 하는 것이다. 소련에서도 분명 프롤레타리아 계급이 생산되었고, 그것이 산업화와 연결된 한, 우리는 프롤레타리아 계급은 상부구조, 즉 사유재산제 같은 생산관계 때문에 생기는 것이 아니라, 언제나 하부구조, 특히 생산력 변동의 조건이라고 결론 내지 않을 수 없다.

그렇지만, 왜 그렇게 될 것인가? 좋다. (초기 축적 문제가 아니라) 산업 발전을 위해 노동자들이 있어야 한다는 조건을 보면 충분하다. 사용할 수 있는 대량의 노동자들이 있어야 한다. 그런데 그런 노동자들은 이전에는 존재하지 않는다. 따라서 다른 분야의 일꾼들을 노동자로 바꿔야 한다. 본질적으로 농부들이 문제일 것이고, 그들을 농촌으로부터 끌어내야 하며, 대량으로 도시로 데리고 와야 한다. 강제 이동이든, 간접적인 수단에 의한 농촌 인구 감소든, 뿌리 뽑힘을 피할 수 없다. 아무튼, 이것은 과거의 유산, 과거의 생활양식의 완전한 상실과 동시에, 노동력의 거대한 집중화와 과도한 밀집을 의미한다. 이것은 비인간적인 생활양식을 유발한다. 산업화는 전통적인 생활양식을 지키는 주민들로는 결코 수행될 수 없다. 문화적이고, 가정적인, 토착적인 틀 속에 들어 있는 노동자, 넓은 땅에 흩어져 있는 주민은 중공업 이식과는 양립할 수 없다. 영국과 프랑스는 그것을 잘 보여주었다. 이것은 17세기와 18세기에, "노동자—농부들"과 함께, 제조업의 역사적 초기 단계였는데, 거대한 산업으로 넘어가자마자 이 시스템은 버려야 했다. 우리는 중국의 경험과 함께 이것을 다시 볼 것이다.

두 번째로는 전적으로 복종하는, 그리고 필요에 따라 마음대로 사용할 수 있는 노동력이 필요하다. 고분고분하고 복수가치적인 대중이다. 이러한 복종은 마르크스가 말한, 노동력밖에 없는 절대적 가난의 결과이거나 또 수용소의 강제적 시스템의 결과일 수 있다. 이러한 복종은 상위자들, 권위들을 향해서만 강요되는 것이 아니라, 명령하는 기계에 대해서도, 이어서 더 추상적인 방식으로, 시스템에 대해서도 강요된다. 솔제니친에 의한 굴락Goulag의 강제노동 시스템 분석은 인간이 어떻게 추상적 조직에 완전히 복종하는가를 보여준다. 그리고 또 다른 여러 길을 통해서, 기술적 시스템에 전적으로 복종하게 된다. 이러한 복종은 프롤레타리아 계급의 불가피한 특성이고, 산업적 세계는 그것 없이는 건설될 수 없다.

이 전면적 복종의 상대편은, 권력을 잡은 사람에 의한 완전한 지배이다. 그는 이러한 군중을, 자신의 환상, 가학증, 권력에의 의지에 따라서가 아니라, 조건 없이 처분할 수 있어야 한다. 이 요소들은 히틀러의 수용소에서 더 많은 역할을 했다. 물론 그것들이 소비에트 수용소에 전혀 없었던 것은 아니고, 옛 노예제 시절이나, 기승을 부리던 자본주의 시절에도 존재했었다. 그러나 그것들은 가처분성의 결정적인 인자들은 아니다. 가처분성은 해야 할 노동에 의해 강제된다. 정확한 예상도 없고, 행정적이거나 재정적인 계산도 없다. 이런 것은 나중에야 오게 될 것이다. 현실에서는, 순간의 필요에 따라 노동력을 사용할 수 있고, 필요한 곳에 즉각 적용할 수 있어야 한다. 그 때문에 수용소 관리가 제멋대로이며, 부조리하고 정의롭지 못하다는 감정이 생긴다. 그러나 수많은 시행착오를 통해 생산의 최적화와 최대화에 도달하려면, 이러한 노동력 없이는 산업화도 이룰 수 없다. 오로지 산업화에 맞춰 노동력을 생각해야 한다. 여기에 발맞춰 산업화는 새로운 지도 계급의 창조를 가정한다. 분명히 부르주아 자본가가 있다. 그러나 그는 결정적인 인간이 아니다. 이 순간부터 미래는 자본가라는 잉여가치 징수자에게가 아니라, 조직자, 행정가, 이어서 다양한 분야들 속에서 기술자에게 속한다. 전통적 자본가 계급 외에도, 이 기술자들 계급은 산업적 진행에 불가피하다. 그리고 이 계급은 여러 다른 정치적-경제적 조직들 속에서도 똑같다. 사적인 자본가는 없어도 된다. 그러면 조직하고, 조종하며, 프롤레타리아 계급을 사용하는 자, 다시 말해 진정으로 권력을 소지한 자들, 관료들과 기술 관료들이 남는다. 그리고 그들과 관련하여 프롤레타리아 계급은 언제나 소외되어 있다. 그러나 그들의 권력은 산업화로부터 기술화로 넘어가는 정도에 따라 덜 권위적이고, 더 간접적으로 된다. 엄격한 의미에서 프롤레타리아 계급, 19세기 자본주의의 프롤레타리아 계급, 소비에트 수용소들의 프롤레타리아 계급은 기술의 세계가 도래하면, 권력이 다른 차원에 도달하고, 다른 구조를 얻으면, 그 비참했던 성격들과 함께 사라질 수 있다. 인간에게 자유의 겉모습을 수여하는 동안, 사람들은 자연과 사회에 대해 전적인 지배를 획득했다. 그러나 이러한 지배를 획득하려면 높은 산업 수준에 도달해야 했다. 그리고 인간적 희생을 통해서만 거기에 접근할 수 있었다. 모든 힘의 진보는 인간들의 희생에 의해 획득된다. 후세대가 크려면 앞 세대의 제거가 필요하다. 산업화, 그리고 이어서 기술은 언제나 힘과 지배 정신의 표현이다. 그런데 이것들은 우선 인간 위에 행사된다. 인간의 행복과 "국가의 부"만을 위한 순진한 산업화는 없다. 그리고 이것은 추상적 주장이나 편견이 아니라, 정확히 보편적 경험이 보여준 열매이다. 이러한 사실로부터 우리는 비극적 결과를 끌어낼 수밖에 없다. 즉, 산업화, 가속된 경제 현대화 그리고 도시화로 향하는 세상 어디서나, 프롤레타리아 계급의 창조가 있고, 더욱 있게 될 것이다. 바로 이것이, 라틴 아메리카에서 시작되고 나서, 아프리카 전체, 검은 아프리카나 아랍 아프리카, 그리고 아시아를 기다리는 것이다. 이러한 프롤레타리아 계급의 창립이 아프리카에서처럼 군사 독재의 일이거나, 아시아나 아프리카에서처럼 사회주의 체제의 일이거나, 또는 라틴 아메리카에서처럼 자본주의 체제의 일이거나, 중요치 않다. 사실은 거기에 있다. 즉, 프롤레타리아화는 계속 증가할 수밖에 없다. 산업화를 거치지 않고 기술로 접근할 수 있다고, 그리고 전통적 사회로부터 진보된 기술 사회로 넘어가려면, 산업과 프롤레타리아 시기를 뛰어넘어야 한다고 믿는 것은 전적인 착각이다. 이것은 비극적 환상인데, 그 이유는 제3세계는 진보를 향해 전진한다고 믿으면서 재난을 향해 달려

가기 때문이다.

3장. 중국적 새로운 길의 종말

1. 새로운 길

　나는 전부터 마오Mao의 중국에 대해 기대 하지 않았고, 1960년에서 1975년 사이 파리 지식인들 대부분을 열광케 했던 모든 것을 비난하였다. 이제 나는 당시에 비난했던 것을 더 확실히 해야겠다. 즉, 나는 중국과 서구 선동가들의 광적인 주장을 믿지 않았고, 실현 가능성이 없다고 보았다. 인민 공산주의, 대약진 운동, 농촌의 산업화, 모든 것의 수공업화, 서구와 완전한 단절, 계급 간 융합, 노동자와 농민을 대학으로, 대학인을 농촌으로 보내기, 외국 기술 대신 온갖 전통적 소규모 수단들, 소단위 산업. 이 모든 것을 이해는 하지만, 성공이나 실현 가능성은 전혀 없음을 보여주려고 하였다. 그것이 내가 했던 첫 번째 일이었다. 두 번째로는, 이 모든 것이 서구가 따를 모델, "새로운 발전 방향"이 될 수 없음을 보여주려고 하였다. 마지막으로 문화 혁명은 혁명이 아니었고, 혁명의 겉모습에 불과했음을 보여주려고 하였다. 다른 식으로는 나는 마오가 정치적이고 전략적인 천재였음을 말하고자 하였다.[1]

　나는 스탈린이 사망하자, 마오가 자신만이 남아 있는 유일한 위대한

---

[1] 선전, 혁명에서 저항들로, 1969, 새로운 신들린 자들, 1972, 기술적 시스템, 1977. 그 각각 속에는 중국에 대한 분석이 있는데, 그 분석 속에서 나는 심각한 신문들의 상투적 주제들에 빠지지 않았고, 소련에 실망한 공산주의자들의 열정과 "중국 모델"에 대한 쇼적인 개종 속에도 떨어지지 않았다고 믿는다.

마르크스 이론가라고 선언할 때 맞다고 강조했다. 그리고 그의 상황 분석은, 레닌의 분석과는 전적으로 독립되었고, 주목할 만하였다. 그렇지만, 실패하게 되어 있었다. 근본적으로 마오는 어떤 점에서 러시아 혁명이 실패했던가를 이해하고 있었다. 그는 대규모 산업화 길로 들어서면, 소련에서와 똑같은 딜레마, 다시 말해 자본화의 필연성 때문에 프롤레타리아 계급을 만들 것을 정확히 보았다. 나는 마오가 자본화의 덫을 피하려고 모든 노력을 다했다고 생각한다. 중국도 객관적으로 마르크스 혁명을 하기에는 턱없이 약한 경제로부터 출발하기에, 소비에트 식 국가 자본주의의 길을 거치지 않고 산업화와 기술화로 갈 방법은 없는가? 프롤레타리아 계급을 창조하지 않고 후진성을 따라잡아야 했다. 나는 이것이 마오의 모든 정치의 열쇠라고 생각한다. 모든 것은 그로부터 설명된다.

서구와 러시아 공산주의와는 다른 중국의 새로운 길2)은, 우리가 아는

---

2) 참고문헌- 신빙성 없는 중국에 대해 성공한 책들의 밖에 있어야 한다. 이 장은 다음의 책들 덕분에 쓰였다. 『중국의 역사』, 샹트노르 출판사, 상하이 인민 출판사, 1979, 2권. E. 풀랭Poulain, 『중국에서 사회주의적 산업화 양식』, 파리, 1977. 이 책은 1950-1970년대의 일상적이고 마오 이전적인 전망 전체를 준다.
A. 르페브르Lefèbvre, 『중국의 경제 시스템』, 프리바, 1978.
『중국에서 농촌 경제』, 북경인민출판사, 1978 (인민 공산주의에서 토지 개혁에 대해). 이 책들은 마오이즘에 강하게 젖어 있는데, 마오의 "계획"을 이해하게 해주고, 그들의 담론에 대해 현재 얼마나 되돌아왔는지 주목할 수 있게 해준다.
M.-C. 베르제르Bergere, 『인민 중국의 경제』, PUF, 1979 (상당히 좋은 요약본).
마오쩌둥의 주옥 작품들, 샹트노르 출판사, 5권. 현대 중국의 정치적 어휘, 1979. 이것은 이 중국 작품 중 V권에 대한 주석 전체이다.
그리고 흔히 별로 큰 것을 가져다주지 못한, 중국에 대한 프랑스의 전통적인 책들의 밖에서, 우리와 관계되는 점에 대해서는 다음을 보아야 한다.
M. 프리드만, 『중국 사회 연구』, 스탠포드, 1970.
A. 임펠드Imfeld, 『개발의 모델로서 중국』, 오비스 북, 1971.
J.G. 걸리, 『중국 경제와 마오의 전략』, 월간 리뷰 프레스, 1972.
A. 엑스타인Eckstein, 『중국의 경제 혁명』, 캠브리지 대학 출판사, 1972.
A. 자콥Jacob, 『환상 없는 중국』, 『르 몽드』의 르포르타주가 이어진다. 1981. 단 한 번, 나는 A. 자콥이 한 해석들에 절대 동의하지 않을 것이다.

모든 드라마를 피하면서 서구의 과학과 기술의 혜택을 누릴 수 있어야 했다. 이것은 인간, 국가, 사회를 극단적으로 새로운 원칙과 방법으로 개조하는 문제였다. 독창적 방식으로. 그리고 실제로도 신기원이었다. 새로운 탄생이었다. 세상은 새로운 출발을 했다. 과거를 쓸어버리자. 처음으로 중국은 그것을 실현했다. 중국은 진정한 시작을 제기했다. 마오의 사상에서 나왔던 선도적 원칙들은 섬광을 발했다. 반-경제주의, 반-효율성, 사상과 의지의 우월성, 계급의 융합, 정치-사회적 구조 개혁과 경제 성장의 동시 달성, "현대화"를 위한 재정적 덫의 회피, 새로운 부르주아 계급의 잠재적 창조 억제, 전문가와 관리자의 득세 거부, 도시와 농촌 사이의 뒤틀림에 대한 투쟁….

지식인들의 육체노동 강요는 평등주의적 변덕이 아니라, 한 형태의 작업을 다른 형태로 북돋우려는 목적이었다. 기술자는 대중의 실천적 경험과 단절되어서는 안 되고, 과학적 연구는 "노동자들의 실천적 경험"에서 자양분을 취해야 했다. 전체적으로, 기술을 정치에 종속시키고자 하는 단호한 의지였다.

어떤 의미에서 마오의 사상은 반-경제주의로서, 경제적 활동은 모든 것의 설명도, 목표도 아니었다. 경제가 혁명의 열쇠가 될 수 있다고 믿는 것은 마르크스 사상을 잘못 이해한 것이다. 경제적 명령에서 벗어나야 한다. 경제적 이유는 만능열쇠가 아니다. 경제적 이해는 고려할 여러 변수 중 하나이지, 무조건 따라야 할 최고의 명령이 아니다. 동시에 사람들은 서구식의 효율성에 의문을 제기했고, 다른 행동 모델을 찾았다. 더 나아가서 기술과 기계의 강박에 굴복해서는 안 되었다. 결국, 이런 것은 생산의 한 가능성에 불과하지, 다른 가능성도 많이 있었다. 혁명적 단호함이 있다면, 기계 없이도 살 수 있었다. 비행기와 원자탄을 가진 미국은 "종이

호랑이"였다. 다수 인간으로 충분했다. 그에 따라 다음의 유명한 허세가 나온다. "미국이 원자탄을 사용해 보아라. 그들은 아마 수억의 중국인들을 죽일 것이다. 그러나 여전히 수억이 남을 것이고, 그들은 세계의 나머지를 채울 것이다."

서구의 기술, 기계는 행복과 평등의 공산주의 사회 건설에 필요하지 않다. 그리고 이런 생각은 사상과 의지를 앞세운 정신무장 주장과 결합하였다. 인민의 의지, 열성, 확신에 의해 중국은 이미 강국이고, 앞으로 더욱 그렇게 될 것이다. 충성심, 희생정신이 기계보다 더 중요하다. 그리고 마오의 사상은 그 자체로 창조적이고 기적을 만든다.3) 마오의 사상은 효율성 그 자체이다. 비행기 조종을 배우거나 공장을 건설하려면, 우선 마오의 사상에 젖어야 한다. 국민 전체가 진정 신비로운 주술에 의해 동원되었다. 그리고 이러한 신비주의, 국민의 동원, 새로운 사회관계의 혼합이 서구의 모든 지식인을 매혹하였다.

공산주의 세계에서, 마침내 사상이 전면에 나섰다! 그리고 사람들은 마침내 기술적 효율성의 피곤한 도식에서 벗어날 수 있게 되었다. 그리고 모든 사람을 위한 이 사상은, 계급 융합을 강요했고 동시에 허용해주었다. 육체노동과 지적 노동이 더는 분리되지 않았고, 모든 육체적 세계와 지적 세계가 공통의 기초인 "마오 사상" 위에 놓였다. 노동 분할과 전문화에 의한 서구식 효율적 수단들은 전적으로 무시되었다. 그리고 부르주아들은 제거되기보다는 재교육을 받고 이어서 통합되어야 했다. 마지막으로, 모든 것을 함께 약진시키는 문제였다. 서로 다른 경제 분야들은 균형 잡힌 발전을 해야 할 뿐만 아니라(농업 생산을 산업에 희생시키지 않고, 하나를 통해 다른 하나를, 그리고 서로 일치시키면서 동시적으로 성장을

---

3) 나는 『혁명에서 폭동들』과 『새로운 신들린 자들』 속에서 수많은 텍스트를 인용하였다.

촉진한다. 이것은 '두 발로 걷는다' 4)는 식으로 표현되었다), 경제생활을 문화 혁명 속에서 이끌어 간다. 다시 말해, 간격을 둔 판을 짜는 것이 아니라, 우선 이것, 이어서 저것… 정신적이고 경제적인 구조, 정치적이고 행정적인 관계를 동시에 추진해야 한다. 혁명은 전체적인 판 위에서 동시에 행해져야 한다. 이것은 우선 혁명이 정지하지 않게 하고 (혁명은 한 번에 이뤄지지 않고, 지속적으로 해야 한다), 이어서 혁명적 사회가 서구-자본주의적 모델로부터 더욱 더 멀어지게 하는 조건이다.

이상의 위대한 사상들은 독창적 사실들, 구체적 연구들, 사회-경제적 창조들 속으로 녹아 들어간다. 그래서 산업적 집중, 거대한 도시 공장, 산업 단지 개발에 대한 철저한 거부가 있다. 이것은 수많은 서방 기자들과 탐방객들의 감탄을 자아냈던 그런 창조를 내포하였다. 농촌 공장들의 창조로서, 이 공장들은 소규모로, 다수로, 전국에 걸쳐 있었다. 그리고 지역의 노동력을 이용하고, 하나의 조직을 형성하지만, 최대한 탈중앙화 되었다. 노동자의 대량 집중화도 없었는데, 그래도 이 원칙에 한계는 있었다. 즉, 예전 서구적 활동의 결과로 이미 거대한 공장들이 있던 곳. 남동부 지방인데, 이곳은 노동자들의 집중화로 체제에 곤란을 일으킬 것이다 그리고 그 하부구조와 함께, 첨단 산업을 개발할 필요가 있던 곳이다. 특히, 사람들은 신장Sinkiang의 예를 자주 들었다 그러나 다른 곳에서는 소형 용광로가 설치되었고, 모든 것이 그런 식이었다. 물론 이것은 수작업에 호소하게 하였다. 즉, 기초 생산물과 소규모 공장이 권장되는 상황에서는, 수작업이 왕이었다. 기술자도, 기계도, 전문적인 도구도 없었다. 그런 것은 상관없다. 지역 환경에 적

---

4) "두 발로 걷는다"는 유명한 공식은 정확하게는, 경제적 발전 속에서 "농업을 기본으로, 그리고 산업을 지배적인 인자로 여겨야" 한다를 의미하였다.

합한 기계, 능란한 수작업이면 충분했다.

사람들은, 망치와 멍키스패너를 가지고 무無로부터 건설된 기계들, 중앙 정부에 의지하지 않고 산지 생산물로 만들어진 작업장들을 수없이 칭찬하였다. 작업을 지휘하고 실행하며, 노동자들을 조직했던 주체는, 시기에 따라서, 공산당 지역구 또는 군부대였다…. 중앙 "행정부"는 결코 아니었다. 그래서 모든 영역에서 일반적인 탈중앙화 의지가 있었다. 발의는 하부로부터 (그러나 그 하부는 마오에 의해 영감을 받고 조종되었다!) 시작되거나, 전 중국인이 가입된 수많은 지역 단위로부터 시작되었다. 아무튼, 결정을 내리고 추진한 곳은 중앙 정부가 아니었음은 확실하다.5)

중국의 이러한 미증유의 현실은 서구의 젊은이들과 좌파 지식인들을 열광시켰다. 이들은 서구의 중앙집권화, 광적인 산업화, 기술관료주의로 짓눌렸다고 생각했다. 진짜 하부로부터, 하부의 발의와 창조성으로부터 현대 산업 세계를 세공할 수 있다면, 그 얼마나 좋은 해방인가! 새로운 노동자 문화가 가능해졌다! 그리고 이것은 이 "새로운 길"의 두 번째 특성으로 이끈다. – 일반 동원, 공동 작업, 도덕 우선. 일반 동원 역시 모두의 감탄을 일으켰다. 그 원리는 간단했다. 기계가 없어서, 기계 사용과 똑같은 결과를 얻으려면, 많은 인간이면 충분하다. 기술주의적 자본주의와는 반대의 논리이다. 사실 서구에서는 2백년 전부터, 육체노동을 대신하기 위해 기계의 수를 늘리고, 근육의 노력을 절약하였다. 그런데 그 제안을 뒤집는 것으로 충분하다. 남들이 기계를 가지고 한 것을, 기계 없이, 대중들의 손과 팔로 하자.

이것이 실제로 막대한 작업을 하게 했음은 확실하다. 그러나 기본적인 작업들에 불과했다. 기계가 절감된 인간의 노동력보다 더 많은 일을 해준

---

5) 이 모든 것에 대해서는 특히 베텔하임Bettelheim의 책들을 보아야 한다.

다는 사실이 간과되었다. 오늘날 기계는 노동력과는 다른 유형의 작업을 허용한다. 따라서 중국이 대체해서 얻은 것은 옛 기술에 의한 결과이지, 첨단 기술이 주는 것이 아니었다.6) 그러나 이것은 많은 사람의 눈에는 새로운 방향처럼 보였다. 서구적 길 대신에, 독창적인 생산 양식 창조처럼 보였다. 그러나 사람들은 서구가 이미 부딪혔던 문제를 너무 무시하였다. 즉, 이러한 대중 동원은 자본의 원시적 축적을 허용해 주었고, 그것은 최초의 기초 축적이었다. 그런데 본질적이고 집단적인 경제적 기초들이 시작되었을 때는, 산업화 제2단계로 넘어가야 한다. 기술 없이 제2단계로 어떻게 들어갈 수 있을까? 결국 중국은 기술의 문제에 부딪히게 되었다.

특히 중국인 자신들이 제시한 선전용 이미지 속에 나타난, 대중 동원의 놀랍고 때로는 희극적인 성격들은 잠시 접어두자. 예를 들어, 수천의 노동자들이 삽으로 유정 뚫기 이러한 동원은 무수히 일어났다. 그리고 수행된 작업이 자발적이었고, 어떤 전반적인 결과를 얻었음은 의심의 여지가 없다. 물론, 이러한 집단적 작업은 공동체 방식으로 조직되었다. 단순히 개인 노동자들을 더하는 것은 아니었고, 집단적 노동자를 창조하였다. 개인주의적인 중국에서 이것은 필수불가결 했다 그 모델은 (1958년에 창설한) 유명한 인민공사 시스템이었다. 농업 작업에 대해서 전체적인 집단생활이 영위되는 각각의 인민공사는 여러 생산대대로 형성되고, 각 생산대대는 생산대들로 나뉜다. 생산대는 소규모 마을과 상응했고, 다시 몇 십 가구씩 결합하여, 시스템의 기초 단위를 만들었다. 작업은 생산대의 수준에서 조직되었다. 그렇지만, 일반적 개념과 목표는 생산대대들과 공사에서 정해졌고, 이곳

---

6) 게다가 사람들은 기계 없이 거대한 작업을 하려고 노동력을 축적하는 방식이 이미 잘 알려졌었고, 전혀 새로운 것이 아님을 너무 망각하였다. 파라오들은 피라미드를 건설하였고, 중국에서도 만리장성이 건설되었음을 기억해야 한다. 그것들은 특별히 사회주의적인 것이 아니었다….

에서 각각의 생산대에 할당될 작업이 전반적으로 논의되었다. 공동체적이고 권위적인 이러한 조직만이 대중 동원의 진보주의적 결과를 얻을 수 있게 하였다.

마지막으로 우리는, 작업은 자발적으로, 자유로이 되어져야 한다고 말했다. 그리고 사실 다른 큰 혁신은 도덕적 선도였다. 이것은 일꾼이 사회주의적 덕과 신념에 의해 전력을 기울여야 함을 의미한다. 그래서 "훌륭한 공산주의자"는 본질적으로 자신을 희생하고 헌신해야 하며, 결코 일신의 영달을 추구해서는 안 되고, 사회주의 사회 건설에 온몸을 다 바쳐야 한다(cf. 유소기, "공산당원의 수양에 관하여"). 열성적인 작업은 어떤 점에서도 개인적인 이익과 성공을 목표해서는 안 된다. 급여는 작업 난이도나 결과에 상응하지 않고, 노동자의 생존만 허용하는 분배일 따름이다. 효율적 작업을 위한 미끼로서 더 높은 급여를 주장했던 사람들은 경제주의자로 비판받았다. 물론, 고수익이나 혁신에 대한 장려금은 말도 되지 않았다. 모든 상여금이나 개선 시스템은 배제되었다. 마찬가지로 급여의 위계는 생각할 수 없었고, 사회주의 정신 속에서 정성을 다 바친 모든 작업은 평등하고, 똑같이 중요하다. 따라서 차별화는 없다. 지적 작업은 육체노동보다 우월하지 않고, 관리와 조직도 시행보다 우월하지 않다. 그리고 훌륭한 사회주의자라면, 어떠한 개인적 이익을 바라지 않고 어려운 일에 자신을 희생해야 한다. 이런 조건 속에서, 사회는 이렇게 자신의 일에 헌신한 자, 훌륭한 생산자, 가장 큰 봉사정신을 보여준 자의 가치를 알아줄 것이고… 만약 그가 중요하고 모범적인 결과를 얻는다면, 공산 공화국의 영웅으로 칭송될 것이다. 분명히 영웅은 크게 필요했다. 어떤 자들은 노동의 영웅이고, 다른 자들은 "마오이즘"의 영웅이었는데, 이 후자는 난관을 마오의 사상만으로 극복해 낸 자들이었다. 영웅은 대중의 감탄이 아니라 모방을 위한 모범으로서, 영웅이 되고자 하는 희망은 생산력 향상으로 이끌 것이다. 이 모든 것은 소련의 스타하노비즘stakhanovisme과 피아틸레카Piatileka:5개년 계획의 정신을 본뜬 것이다. 이상이 새로운 중국의 길의 첫 번째 예이다.

두 번째는 다른 원칙으로, 즉 노동자—농부—지식인의 혼합으로 이뤄진다. 그 동기는, 문화적 제로에서 새 출발이다. 많은 사람이 이러한 "계급융합"에 대해 기술하였기에, 우리가 다시 할 필요는 없다. 농촌에 세워진 공장들은 우선 농부들이 공장에서 일한다는 것을 의미한다. 농업 전선과 노동자 블록 사이에 단절도, 계급도 없다. 도시의 노동자들도 정기적으로 농촌에 내려가게 되어 있다. 지식인들, 교수들, 학생들 그리고 또 기술자들, 간부들, 행정가들은, 노동자—농민의 환경에 젖도록 매년 몇 개월은 농촌이나 공장에서 보내야 한다. 노동자와 농민들도 매년 몇 개월은 대학에 간다(이 사람들에게는 이것이 훨씬 어려웠다!). 따라서 계급적 틀의 완전한 파괴가 있다. 지식인들의 육체노동 경험, 육체노동자들의 문화적 수준 향상, 특히 다른 계급 사람들 사이의 구체적 만남. 여기에는, 계급들의 제거란 단순히 경제 구조의 변화만은 아니라는 근본적인 이론적 선택이 있었다. 계급들은 공산주의 사회 속에서도 존재한다. 융합, 만남, 상호 이해의 사회적이고 인간적인 작업을 해야 한다.

물론, 농촌과 공장에서 지식인의 작업은 농부나 노동자의 작업보다 효율적이지 못함을 알고 있었다. 그러나 우리는 이러한 서구적 효율성 사고방식에 대한 비난이 있었다고 말했다. 선택은 이미 되었다. 기술적이거나 경제적인 높은 효율성 얻기, 아니면 인간적 차원에서 장벽을 낮추고, 결국 계급들이 해체되며, 계급들, 환경들, 집단들 사이의 융합을 이루기, 둘 중 어떤 것이 더 나은가? 사람들은 그 대가를 알면서도 두 번째 방향을 선택했다. 그러나 이것은 거대한 노동력의 동원을 가정하였고, 이것은 아주 큰 난관 중의 하나였다. 사회적으로 최선의 결과를 얻도록, 급한 곳에 노동력을 투입할 수 있어야 했다. 한편에서는, 대부분의 농부들을 제자리에 유지하고, 다른 편에서는 필요에 따라 노동자나 지식인 집단을 이동시켰다. 여기서도 전적인 가처분성, 노동에 대한 소명, 사회주의 건설에 대한 소명을 확보해야 했다. 1959년에 대약진 운동을 벌인 이유가 여기 있다. 분명히 경제적 침체를 해결하진 못했지만, 서구적 기술과는 다른 원칙과 방법에 따른 발전을 얻어야 했다. 대약진 운동은 우리가 요약했던 사상들의 우수성을 증명해야 했다. 그것은 집중적인 선전을 동반했고, 전반적인 동원의 기회가 되었으며, 결과는 놀라운 성공이라고 발표되었다. 중국 국민은 그에 대해 크게 고무되었다. 그러나 이것으로는 충분하지 못했다. 사람들은 문화적 장애가 있음을 생각하였고, 아직도 전통적 가치들에 얽매여 있다고 생각하였다. 이 문제를 더 깊이 생각해야 했다.

바로 이러한 필요성에 대해, 한편으로는 가족적 유대에 대한 투쟁, 다른 한편 문화 혁명이 대답하였다. 분명히 이러한 거대한 창조에는 치러야 할 대가가 있었다. 즉, 이상적 노동자와 공산주의자는 심리-도덕적, 문화적인 변화가 있어야 얻어졌다. 인민공사를 창설하자면, 가족적 전통, 가장의 권위, 남존여비, 편협한 가족 구조, 개인 중심적 작업, 특히 조상 숭배를 타파해야 했다. 일반 동원과 공동 작업을 얻으려면 이 모든 것을 깨야 했다. 이것은 극적인 일이었다. 분명히 천 년을 내려온 이 구조를 깨뜨리기는 쉽지 않았다. 그러나 마침내, "성공"했고, 농부들이 인민공사의 공동체적 구조 속으로 들어갔다고 선언되었다.

그렇지만, 여전히 과거 속으로 내려진 너무 큰 뿌리가 존재했다. 절대적으로 문화적 단절을, 뿌리 뽑기를 해야 했다. 그리고 이것은 거대한 문화 혁명의 한 모습으로, 과거를 대변하던 늙은이들의 짓밟기, 어떤 사회적 우월성을 가지고 있던 자들교수, 간부, 나아가서 당의 간부들, 기술자들 등을 짓밟기, 과거의 유산들, 즉 책, 기념물, 예술품의 제거와 파괴… 이 모든 것을 쓸어 버려야 했다. 경제와 노동의 영역에서, 문화적 "평준화"를 해야만, 새로운 기원을 제기할 수 있었다. 노동력이 그 문화적 토양으로부터 뽑혀야만 그 완벽한 동원을 얻을 수 있었다. 이것은 제거를 의미하지는 않았다. 그것은, 이 과거가 더는 위험하지 않고, 새로운 중국 실현에 장애가 되지 않을 때, 과거의 작품들을 (1975년 비린비공Pi Lin Pi Kong의 거대한 공격 전에, 당시의 유교조차) 다시 껴안음을 말한다. 사람들은 새로운 문화적 틀 속에 과거를 다시 넣을 것이다. 그러나 문화적 변혁은 새로운 믿음의 기반 위에서만 수행될 수 있었다. 그리고 이것은 거대한 이데올로기적이고 선전적인 기획이었고, 우리 시대의 가장 크게 성공한 기획 중의 하나로서, 그 절정은 문화 혁명 기간에, 마오 말씀 모음집인 붉은 소책자를 중심으로 한 열광적인 광기였다. 새로운 길을 위해 중국인으로부터 얻어야 할 모든 것은 아무런 제약 없이, 환상적인 심리적 조작을 통해 얻어져야 했다. 문화 혁명은 우선 놀라운 심리적 기획이었다. 국민은 군대에 의해 둘러싸였고, 겉으로 "자생적인" 수백만 집단 속에 통합되었다. 감정적으로 예민하고, 또 권력만 주면 쉽게 선동할 수 있는 젊은이들은 이러한 선전의 주체들이고 전파자들이었다. 그리고 사실적으로 문화혁명은, 크게 보아, 1949년과 1975년 사이에 중국에서 일어났던 모든 것의 모델이 될 수 있다. 겉으로만 자발적인 인민 운동, 놀라운 원격 조종 그리고 미증유의 심리적 현상. 마오는 겉보기에 자발적으로 흐르도록 내버려두었다. 그러나 1968년부터 훌륭한 관찰자들이 지적하였듯이, 그는 당시 모든 선전기구를 장악하고 있었다.

그런데 극도의 엄격함 및 폭력과 함께 실천에 옮겨진 이 이론적 격변에 대해 서구의 정치학자들과 경제학자들은 엄청난 오해를 하였다.

그들은 문화 혁명을 권력 내부의 파벌 싸움으로, 일종의 광기로, 마오가 권력에서 밀려난 결과라고 해석하였다. 그러나 마오의 사상에 따라 혁명을 보지 않으면, "적색이 전문가보다 좋다"나, "사회주의적 더딤이 자본주의적 정확보다 좋다" 같은 말들을 이해할 수 없고, 예술품의 파괴나 서구적 구조 거부도 이해할 수 없다. 실수는, 이때부터 마오가 권력에서 밀려났고, 지도력을 상실했으며, 거친 아첨꾼들로 둘러싸였고, 자만에 빠졌으며, 주변에 의해 무력화되었고, 다시 권력을 쥐려고 군을 이용했다고 생각한 것이다! 나는 이것은 엄청난 오해이고, 문화혁명은 다른 식으로 근본적이었다고 믿는다. 즉 문화혁명은 혁명 속의 진짜 혁명이었다. 그리고 자본주의적 숙명성을 피하려는 의지는 바로 임표Lin Bio가 비판받을 때에 느닷없이 무너졌다. 주은래Chou Enlai는 사실주의와 실용주의가 승리하게 하였다. "4대 현대화"의 사실주의, 다시 말해, 등Deng의 기술화에 길을 열어 주고, 미국에 접근하는 '현실적 정치' Realpolitik의 사실주의였다. 반자본과 반기술적 혁명은 결국 실패했다.

경제적 차원에서, "중국의 새로운 길"에 대한 서구 해설자들의 두 번째 실수는 수단과 치러야 할 대가를 고려하지 않은 것이었다. 그들은 선전과 선동, 이데올로기적 광기를 전적으로 망각하였고, 사회악의 뿌리, 배금풍조, 기술 숭배, 기술 귀족 계급 처단에 대해 감탄할 줄만 알았다. 중국의 길은 너무 이상화되어 있었다. 또 서구인들은 마오가, 중앙집권적 자본주의, 프롤레타리아 계급의 창조를 피하고, 중앙화된 중공업적 기초 없이 현대적 기술에 이르면서, 토지와 가족적 단계에서 산업과 기술 경제로 가기 위한 새로운 길을 발명했다고 평가하였다. 그러나 이 모든 것은 한편에서는 마오의 상상력과 천재성, 전략 및 이론가로서 그의 놀라운 재능 덕이었고, 다른 한편에서는 모든 사람의 지속적인 동원 대가로만, 겉보기에 가능했음을 몰랐던 것이다.

사람들은 또 다른 몇 가지 사실을 망각하였다. 즉, 산업화와 경제 도약의 초창기에 중국이 했던 것은 정확히, 그 하나하나가, 영국의 17세기 말, 프랑스의 18세기 중엽에 존재했던 것과 상응하였다. 농촌 공장들 – 시골의 노동력을 산업 노동에 적용하기(농한기 동안) – 수작업과 "주변적 수단들"을 통한 혁신 – 산업의 전적인 탈중앙화 – 공동 작업⋯ 서구의 모직 산업은 정확히 이런 기초 위에서 발전하였다. 그리고 (아직 발명되지 않았던!) 기계들을 거대한 노동력 동원으로 대체하기는 서구에서는 아주 오래전 일이었다. 따라서 이러한 명백한 닮음을 확인하면서, 나는 10년 전에, 중국은 어떤 점에서도 새로운 길을 발명하지 않았고, 2백 년 뒤늦게, 서구가 똑같은 경제 수준일 때 일어났던 것을 답습할 따름이라고 썼다.

달리 말하면, 중국도 서구와 똑같은 산업화 속으로 들어가기 시작했다. 그리고 중국은 우리 미래의 모델, 장차 해야 할 혁명, 우리의 기술적 기초로부터 시작한 변화를 제시하는 것이 아니라, 우리 과거의 이미지를 제시했다. 중국은 자신의 기술적-경제적 수준에서 자신을 위한 혁명을 했고, 자신의 노동 조건들을 변형했다. 이 모든 것은 서구가 당면한 문제와는 아무 관계가 없었으며, 아무 소용도 없었다. 그러나 이런 분석은 순수하게 지적이기 때문에 거의 설득력이 없었다. 그것은 중국의 혁명이 유발한 감정과 열광에 대항해 아무것도 할 수 없었다. 이 판단은 금방 이어진 일로 증명되었다. 두 가능성이 있었다. 혹은 중국이 이 길을 고집하고,

독창적 방법을 통해, 경제와 기술을 인간적 명령에 종속시키며, 직접 선진적 기술 단계로 접근하는 것이었다. 혹은 중국이 서구와 유사한 산업과 기술 사회로 이르는 것이었다. 다시 말해, 프롤레타리아 계급의 재생산과 함께 말이다.

두 번째로, 중국에는 이미 고전적 형태의 산업화가 존재하고 있었다. 다시 말해, 남동부에 초기 서구적 산업화에 의해, 다른 한편으로는 장개석에 의한 산업화 추구에 의해, 노동자 프롤레타리아 계급을 포함하고 있었고, 마지막으로 마오 이후에도 신장 지방에는 산업화 노력이 있었다.

명백히 마오 통치 아래서도 이미 외국 기술과 공장을 수입해야 한다는 확신이 있었다. 1960년까지는 우선 소련으로부터 수입했고, 이어서 일본이 주요 공급자였다. 철강, 에너지, 석유화학 그러나 이러한 수입은 제한된 양이었다. 마오는 차관과 국채를 거부하였다. 게다가 한 나라에 종속되지 않으려고 공급자를 다변화하였다. 마지막으로 수입된 기술로 중국의 자율 생산을 "이끄는 효과"를 자극하고자 했다. 이것은 추상적 모델로서, 국가로부터 (자율적) 지방으로, 그리고 상호 순환을 예상했던 중국의 산업 구조에 따라 이론적으로는 가능했다! 아무튼, 사람들은 기술 이전을 이로운 발전 수단으로 믿으려 하지 않았다.

그런데 흥미로운 것은, 프롤레타리아 계급이 "새로운 중국"에 대해 전면적 거부의 태도를 보였다는 것이다. 문화혁명 중에 마오의 가장 큰 어려움은 프롤레타리아 계급의 저항이었다(그리고 신장에서는, 명백히 문화혁명이 전혀 없었고, 상해와 광동에서는 홍위병과 노동자들 사이에 격렬한 전투들이 있었다!). 끝으로 마오는 자신의 뜻과는 무관하게, 우리가 보게 될 다른 프롤레타리아 계급, 수용소의 프롤레타리아 계급 생산을 피하지 못했다.

2. 중국적 전환

마오의 마지막 몇 해 동안은 긴 전환기였다. 경제 개발을 지지한 자들은 권력으로부터 밀려났고, "4인방"이 될 사람들이 지배적 경향을 대변하였다. 4인방이 득세하면서 더욱 확실해졌다. 그것은 '강성'적 경향, 다시 말해 근본적으로 혁명적인 경향이었다. 단순히 전통적 마르크스주의 도식뿐만 아니라, 실제로 반기술적 선택을 하였고, 생산주의와 기술주의에 대해 사회적-인간적인 것이 우선하였다. 마오가 죽자, 상황은 금방 돌변했다. 화국봉Hua Guofeng의 대두는, 그가 우선은 정치인이긴 하지만, 기술의 시대로 들어갈 것임을 예고하였다. 등소평Deng Xiaoping의 복귀는 결정적인 신호였다. 그는 다음의 유명한 문장으로 특징된 사람이었다. "희든 검든, 좋은 고양이란 쥐를 잘 잡는 고양이다." 붉든 희든…. 좋은 체제는 가장 효율적인 체제이다…. 이데올로기, 철학, 문화 그리고 새로운 인간은 이차적인 차원으로 물러났고, 중요한 것은 경제 발전과, 효율성이었다.

이것은 중국이 들어간 새로운 길이다. "4인방"의 과오는 기술적 필연성과 발전을 무시한 것이다. 모든 분야에서 신속하게 기계화해야 하고, 중공업으로 산업화해야 하며, 전문화하고 노동력을 집중해야 한다. 곳곳에서 경쟁을 조장하기 위해 폭넓게 급여를 차등화하고, 수익에 장려금을 부여한다. 마오 사상에 대한 믿음으로부터 수익으로 넘어간다. 이것은 진정으로 모든 과거의 거부이다. 전문화가 회복된다. 물론 지식인들을 농촌으로 보내라는 명령이 아직 남아 있지만, 양질의 작업은 전문가만 할 수 있다고 주장된다. 이 말은 대학에서 3-4개월을 보내는 노동자, 또는 공장의 교수는 전문가만큼의 결과를 낳지 못함을 의미한다.

전체적으로, 공장에 왔던 노동자들과 농부들은 학생들과 교수들에 의해 환영을 받았지만, 농촌에 왔던 지식인들은 무시되고, 한쪽으로 치워졌으며, 자기들끼리만 모여 있어야 했고, 결국 재미도 없고 가치도 없는 단순 작업이나 해야 했다. 가장 평범한 의미의 노동 분할이 부지불식간에 발전한다. 결국 1977년 여름부터는 농촌과 공장의 혼합이 포기되고, 농부들이 공장과 들판을 오가지 않게 되며, 더는 도구와 설계도 없는 수작업에 관심 두지 않는다. 슬로건은 현대화이다. 현대화를 달성하기 위해 생산의 전문화는 노동의 전문화처럼 필수적이다.

산업적 차원에서도 같은 방향이다. "완제품 공장", 다시 말해 생산 분야의 분할 없이, 상품을 처음부터 끝까지 제작했던 공장이 포기된다. 이제 각각의 공장은 하나의 부품, 또는 최선으로는 전체 부품 제작 속에서 전문화되고, 시리즈적 생산 방식이 적용된다. 근본적으로 기술적 길로 들어가고, 필연적 귀결로서, 산업화와 중공업의 길로 들어선다. 농촌에 건설됐던 "소형" 용광로들은 방치된다. 거대한 산업단지들과 함께 중공업이 건설되고, 인간들이 기계들로 신속히 대체된다. "우리 자신의 힘을 믿는다"는 기본적 원칙을 버린다. 물론, 국가를 가난과 정치적 혼란, 무기력 속으로 집어넣었던 "4인방"을 비판하기 위해서가 아니라면, 그런 말을 공개적으로 하지는 않는다 그리고 자본주의 외국으로부터 이미 완성된, 즉시 가동할 수 있는 완벽한 공장을 들여온다. 이것은 또 중요하고 의미 깊다. 중국은 혼자서 자기 고유의 힘으로 발전할 것이라고 선언했고, 또 자본주의 체제와 외국에 대해 전적인 독립을 고수한다고 선언했는데, 이제는 유럽, 미국과 수많은 상업 조약을 체결한다. 그리고 중국의 산업과 기술 시찰단이 세계를 누비고, 박람회, 산업과 상업 설명회를 방문한다. 그들은 나라를 신속히 산업화하기 위해 유럽의 장기 기술 지원을 얻어야 한다고 기탄없이 말한다. 처음에는, 완제품을 구매한다.예를 들어, 1978년 12월에 프랑스와 영국제 현대 무기를 대량 구매한다 그러나 궁극적 목표는 이들 나라의 도움으로 무기를 국산화하는 것이고, 그를 위해예를 들어 전투기 미라주 3000 경제적 차원에서 협력할 준비가 되어 있다고 한다. (약해졌지만, 여전히 혁명적인 구호 뒤에서) 실제적 슬로건은 우선적으로 효율성이다.

효율성에 대한 관심은 구조와 마찬가지로 어휘에서도 번역된다. 1979년 5월 발표된 국가의 미래 청사진에는, 수익성과 상품 가치의 개념이 대량으로 들어간다. 마찬가지로 기업 현대화, 경제 계획을 효율적으로 추진하기 위해, 중국을 거대한 자율적 경제 구역으로 분할하고자 한다. 모든 것은 똑같은 방향으로, 그리고 똑같은 이유로 진행된다. 경공업은 수출 증대를 위해 중공업보다 우선해야 한다. 기간산업들은 힘이 분산되지 않도록 일정 지역으로 집중될 것이다. 그리고 자본축적을 해야 한다!cf.「르몽드」, 1979 5월

1977년과 1979년 사이에 거대한 기술화와 자본화 노력 후에, 이어 시도된 정책은 너무 야심적으로 밝혀졌다. 1979년 6월에는 속도를 조절해야 한다. 기간산업 목표는 너무 크고, 자본은 불충분하며, 생산 분야들은 불균형적이다.철강 생산이 과잉이다 사람들은 4대 목표와 함께, "조화롭고 신속한 지속 성장"이라는이것은 속도 조절을 의미한다 새로운 방향을 정한다.7) (긴축적) 조정, (경제 관리의) 개혁, (현존 기업들의) 재조직, 그리고 (기술)

개량. 국가적 사업의 선도자는 더는 정치적 조직이 아니다. 자율적 단위로서, "새로운 사회"의 중심이 된 것은 기업이다. 기업은 수익을 올려야 한다. 인민공사와 각 생산대대에 의해 관리되는 기업의 수는 150만 개다. 작은 제철소나 화학 공장 등은 수익성이 없으면 폐쇄된다. 자율 관리로 들어가는 기업들에게는 막대한 권리가 부여된다. 기업들은 감가상각비를 위한 기본 자산을 늘리고, 중요한 이익 일부를 자체적으로 적립할 수 있으며, 장려금이나 제재 시스템을 설립할 수 있고, 독자적인 수출 계약을 맺을 수 있다.

그러나 "낭비와의 투쟁", "생산성 향상", "경제적 관리의 개혁"에 관한 문제일 경우에는, 언제나 효율성이 원칙이다. 1977년의 계획 수정은 더 신속한 산업화와 더 높은 성장률이 가능하다고 믿으면서 저지른 계산 실수로부터 온다. 1979년에는 가장 효율적인 것을 상정하면서, 사실주의적 계획을 수립한다. 그러면서 다시 한 번 기술적이고 경제적인 것이 계급투쟁이나 정치 투쟁보다 우선해야 한다고 주장된다.

그러나 이 모든 것 속에서, 어떠한 "자유화"도 없음은 자명하다. 정부로서 중요한 것은 "4대 현대화"를 실현하는 것이고, 효율적 인간을 발견하는 것이다. 그것을 위해 자유를 수여해야 한다면… 마다할 이유가 없다? 그것이 전부다! 그러나 아직은 중국을 외국인들에게 넓게 개방하거나, 표현의 자유를 허용할 필요가 없다. 예를 들어, 등소평은 1980년 3월 보고에서 중간 간부들과 기술자들의 전적인 훈육을 강요하면서 아주 강경한 이미지를 과시했다.새로운 노선에 대한! 반체제 인사 숙청, 지속적인 계급투쟁, "사회 파괴 분자들"에 대한 투쟁… 새 프로그램 반대자들에 대한

---

7) 이러한 지적은 파트릭 티시에Patrick Tissier의 『외교적 세계』, "중국 경제에 대한 앙케트"에서 발췌하였다.

집회, 결사, 출판의 자유 불허. 새 프로그램만이 유일하게 혁명적인 것이다! 법이란 순수 간단히, 국가에 의한 관리 도구이다. 1980년 3월의 중앙 위원회는 내적이고 외적인 훈육을 강경히 주장하였고, 자유를 보장하는 몇 개의 헌법 조항 삭제를 제안하였다. 1980년 9월에, 등Deng은 "4대 자유"를 포함한 기본법 45조의 삭제를 제안하였다.

두 영역이 특별히 민감하였다. 우선 인민군이다. 중국에서는 군이 모든 일에 참여하였다. 국가의 모든 기구의 연결자, 교육 행정적 차원에서 교육자, 혁명의 추진자, 마오 사상의 확산자로서, 예비적 힘과 노동력이 필요한 모든 곳에서, 군은 사회-정치적으로 무수한 기능을 수행했다. 특히 문화 혁명은 군에 의지하였다. 이어서 갑자기 획기적인 방향전환이 일어났다. 즉, 군은 본질적으로 전쟁을 해야 한다. 군은 우선 혁명적이고, "물속의 물고기"로서, 장개석 군을 무찌르고, 사회적이고 심리적 차원에서 전체 인민을 설득하던 시대는 끝났다. 권력 획득 후 20년간 군의 사회-정치적 역할은 혁명전쟁 때의 연장이었다. 그러나 이제는 전투적인 군대로서 소련군을 상대해야 한다. 조직과 장비, 군사적 차원에서 똑같은 수준에 이르러야 한다. 그것이 문제이다. 더는, 놀라운 맹세와 맨손으로, 혁명적 신념으로, 그리고 머릿수로 자본주의 열강을 극복할 수는 없을 것이다…. 이제는 군도 효율적으로 되어야 한다. 무장, 훈련, 계급, 이것들은 1978년에 배포된 슬로건들이다. 하사관들과 장교들의 부활 – 대규모 전투를 위한 조직화. 현대 무기로 무장. 교육적 소명, 혁명적 역할은 끝났다. 중국군은 오직 현대적인 수단을 통해 군사 방어의 전문가가 되어야 한다.

그런데 1979년 4월에, 농업에서도 비슷한 지도방침이 관찰된다.8) 농업은 사회적 투쟁과 혁명적 사명 이전에 수익적이어야 한다. 우선 그리고 무엇보다도 먼저, 충분한 식량을 보장하기 위해 더 많이, 그리고 더 잘 생산해야 한다. 왜냐하면, 선전과는 반대로, 마오의 중국은 풍족하지 못했고, 기근이 심했으며, 국제 원조가 없었다면 상황은 20세기 전반기처럼 큰 재앙이었을 것이다. 자발적 국제 원조의 혜택을 보았는데, 특히 두 번의 큰 기근은 미국의 대대적 원조 덕분에 큰 재난은 피할 수 있었다. 또 강제적 국제 원조로, 폴 포트 치하 캄보디아의 막대한 쌀은 거의 전부 중국으로 갔고, 크메르인들이 기근에 빠졌다. 이제 혁명 실험은 끝났고, 실질 생산량을 늘려야 한다.

1978년 12월 중앙위원회에서 농업의 가속적 발전 문제가 제기된다. 생산 팀은 더 많은 자율성과 수익 처분권을 부여받는다. 성공이 의심스러운 여러 작물 경작을 포기하고 한 작물만 전문적으로 경작할 수 있고, 작황이 좋은 작물만 경작할 수 있다. 그리고 생산량 신장을 위해 산업에서와 같은 조치, 다시 말해 농부도 수익 분배에 참여할 수 있다. "농부의 적극성"은 생산량 증가와 직접 관련 있다. 후난hunan성 제1서기는 다즈하이 Dazhai 생산대대의 놀라운 실적을 철저히 연구해야 한다고 평가한다. 이 생산대대의 지도자들은 국익보다는 단위별 집단 이익을 강조했다고 자아비판을 한다. A. 자콥Jacob, 「르 몽드」, 1979년 4월

순수하게 기술적인 방향으로 전환, 혁명적 노선의 실제적인 포기는 중국에 정통한 서방 친구들에 의해 확인된다.9) 베텔하임은 효율성 우선으로부터 결과할 수 있는 위험들에 대해 우려한다. 충분한 준비가 안된, 후

---

8) 현대 중국은 (러시아와는 반대로) 서구의 환경보호론적 핵심어들을 채택했다. 느닷없이 사람들은 1978년부터 오염의 문제를 고려하기 시작하였다. 1979년에 수질 보호법, 삼림 보호법, 환경 보호법이 제정된다. 놀라운 진보로서, 마오의 시대에는 생각할 수도 없던 것이다.
9) 이 모든 문제에 대해서는 베텔하임Bettelheim의 마오쩌둥 사후 중국에 관한 문제들을 보기 바람, 마스페로, 1978.

진적 생산 구조의 농촌에서, 갑작스런 기계화는 분명히 부작용을 부른다. 기계화는 두 가지 주요한 결과를 동반한다. 우선 생산성을 기계화 아래서 바라본다. 이어서 농촌의 사회-경제적 구조를 기계화에 따라, 그리고 그 최선의 이용을 위해 재편하고자 한다…. 마찬가지로, 2년 전부터 채택된 산업화는(집중화·전문화) 지역적 불균형을 심화시키고, 지역 산업, 소규모 기업의 발전을 저해할 것이다. 또한, 서구적 방식과 프로그램, 그리고 문화 혁명 이전 프로그램으로 회귀함으로써 교육적 위기를 부른다. 교육은 지식의 획득, 지적이고 과학적인 전문화를 목표하지만, 또 혁명 때문에 붕괴된 규범으로 회귀도 목표한다…. 마르크스-마오이스트 혁명 문화는 "순수한" 과학적 연구로부터 지워지고, 긴 기간의 전문 교육에서는 더욱 심해진다. 나는 혁명적 의지만 갖추고 속성으로 양성된 그 유명한 "맨발의 의사들"10)은 곧 사라질 것으로 생각한다. 이미 사람들은 가장 현대식의 병원들을 세운다….

그런데 베텔하임은 이러한 거대한 격변은 "혁명 노선"의 실패임을 전적으로 인정한다. 그러나 베텔하임은 문제의 핵심이 기술임을 지적하는 것이 아니라, 정치의 구름 속으로 피신해버린다. 우리는 잠시 후에 그의 해석을 다시 볼 것이다. 곳곳에서 강제되는 법은, 명백히 기술적 효율성의 법이다. 그것은 혁명적 이데올로기보다 우세하다. 그와 함께, "4인방"에 대한 투쟁은 1977년 7월-8월에, 사상과 방법의 차원으로 이동한다. 그들은 경제적 실용주의의 부족, 물질적 이해의 희생, 이데올로기적 환상으로 비난받는다…. "관념론자들"은 당 위원회와 정치국으로부터 추방된다. 관념론자들 다시 말해 이론가들로서, 마르크스-마오이스트 엄격성을 현

---

10) 맨발의 의사(향촌의 생) - 마오쩌둥의 지시에 따라, 인민공사원이 약 3개월간의 의료 훈련을 받고 자격시험을 치르고 나서, 간단한 치료행위를 할 수 있다.(옮긴이주)

실보다 상위에 놓으려는 사람들이다. 모든 악은 중국과 권력의 핵심에 부르주아들이 있기 때문에, 부르주아 계급이 남아 있기 때문이라는, 과거에 수없이 반복된 주장은 멀리 밀쳐진다!

인민일보1977년 12월 12일, A. 자콥 인용, 「르 몽드」, 1978년 5월 18일는 이러한 결정적인 공식을 제기한다. "생산투쟁이 계급투쟁의 뒤를 잇는다." 생산투쟁? 거기에서 기술과 효율성을 읽지 않을 수 없다! 그리고 같은 신문에서, 과거의 모든 가치와 원칙이 되돌아온다. 수입의 차등적 분배를 정당화하기 위해, "생산을 장려하는 모든 분배 시스템은 선이고, 생산을 방해하는 모든 시스템은 (사회주의의) 악이다." 역량 다양성의 이름으로 평등주의는 배격되고, 육체노동과 지적노동 사이의 차이, 나아가서 대립은 부정할 수 없는 객관적 사실로서 인정된다. 노동 분할은 "생산을 추진하고 사회 진보에 공헌한다." 효율적 실용주의를 위해 도그마티즘에서 벗어난다. "새로운 팀은 구체적인 것, 질서와 훈육에 대해 적극적이다." 경제적이고 기술적인 계획 위에서 정확한 목표의 설정, 그것을 달성하기 위한 엄격한 분석. 현장 책임자들은 "형식주의"를 벗고, 권력의 적극적이고 효율적인 대리인으로 행동해야 한다. 그리고 그와 동시에, 효율적 행정에 필수불가결한 법률의 재정비가 나온다.

효율성, 기술, 수익을 향한 이러한 원칙적 격변은 많은 결과를 부른다. 이것은 우선 과거의 모든 것에 대한 준엄한 심판, 깊은 "경제적 선회"와 상응한다. 중국의 공식 언론은 대약진 운동을 "엄청난 뒷걸음"으로 비난했던 유소기를 재평가한다. 1958년에서 1962년의 기간은, 거대한 후퇴로 선언되고, 당시 경제를 어지럽힌 원인으로, 전혀 비효율적인 대중 동원과 선진 기술 거부, "비민주적인 공산당 핵심"이 지적된다. 그 말은, 마오적 독재와 동시에, 하부의 무정부적 현상을 의미한다. 경제적 선회는, 엄격한 경제 계획, 수입과 지출의 통제, 생산물의 새로운 분배 시스템, 기계의 대량 유입, 인력의 효율적 이용을 위해 대중 동원 해제를 내포하였는데, 이 모든 것은 고질적 습관에 대해 깊은 사회적 동요를 부른다.

강조해야 할 두 개의 움직임이 있다. 먼저 농부들이 농촌에서 도시로 이탈되는 경향이다. 마오이즘은 농부를 우대하고, 공장을 농촌으로 산개하며, "계급들"을 융합하면서, 농부가 농촌에 머물게 했다. 이제 산업이 우선하면서, 산업화의 길로 들어선 모든 나라에서처럼 농부는 하찮은 하층민이 된다. 농촌을 떠나고자 하는 의지가 생긴다. 그에 대해 공산당은 반대하지만, 오래갈 수는 없다. 두 번째 현상은 암시장의 소멸이다. 또는 암시장에 대한 형식적 투쟁만 존재한다! 누구나 인정하듯 곳곳에 질서가 잡히고, 조직화하였다. 그 반대급부로서 단기적으로 생산자의 상황은 안 좋아진다. 왜냐하면, 더는 부정이 가능하지 않기 때문이다.「르 몽드」에 1978년 9월 28일에 실린 주목할 만한 증언을 보기 바람. "혼란기에는, 농부들의 생활은 좋다. 정부가 세금을 잘 거둘 수 없기 때문이다. 따라서 우리 농부는 각자 생산한 것을 먹고, 나머지는 암시장에 팔 수 있었다. 지금은 질서가 잡혔다…. 나라는 더 잘 다스려지지만, 농민들은 더 잘 살지 못한다!" 따라서 1970년에는 일반적이던 암시장이 유통과 조직화의 개선으로 축소된다. 경제적 개선은 우선 수많은 생산자의 상황을 악화시킨다. 그러나 상관적으로 사유재산의 재형성이라는 주목할 만한 경향이 나타난다! 생산 팀에게 더 많은 자율성을 주어 수익을 올린다는 핑계로, 1979년부터 집단 생산이 해체되기 시작한다. 집단 사육되던 가축들은 개별 농부들에게 분배되고, 농부들은 경쟁으로 유도된다. 수익을 높이고자 계획 경작이 포기되고, 그로부터 계획되었던 균형이 파괴된다 1978년 12월 중앙위원회 지도 방침에 따라, 가족 규모 경작으로 복귀한다. 생산대의 자산이 토지, 가축들, 경작기들, 기계들 부모, 조부모, 협력자, 계약자 등을 묶은 확대된 의미의 가족에게 분배된다. 인민일보는 생산대의 와해에 대해 크게 우려하면서, 원칙적으로 개인이나 가족에게 토지를 분배해서는 안 되지만, 지역적 상황에 따라서는, 이러 저러한 생산 조직이 결과적으로 증산과 효율성에 유리하다면, 구태여 배제해서는 안 된다고 주장한다. 1979년 4월 18일의 「르 몽드」에 의해 인용된 자료들

순리적인 변화가 뒤따른다. 수익 우선을 결정하고, 사적 이익이 최선의 자극제임을 인정하고 나니, 그 논리는 필연적으로 사유재산으로 향한다…. 스캔들이라고? 그렇지 않다. 열매는 씨앗 속에 들어 있다…. 중국인들은 러시아인들보다 더 현실적이고 구체적이다. 혁명적 흥분의 시대가 지난 다음에, 그들은 결산해야 할 순간에 이른 것이다. 나는 판단 내리지 않는다. 나는 또 즐기지도 않는다. 오늘날 중국의 근본적 선택은 꿈속에서, 자본화와 프롤레타리아 계급 밖에서 새로운 인간을 만들어 내는 그런 중국이 아니다. 새로운 경제 계획, 세계로 개방된 시장, 일반적인 경제 협력 속에서 중국은 다른 결과들을 부른다.

새로운 체제는 전적으로 자본의 지배 아래,11) 자본주의와 거의 똑같은 시스템의 지배 아래 놓인다. 다른 길을 위한 마오의 노력은 완전히 좌초하였다. 새로운 팀에게는 1960년에서 1976년까지, 경제보다 정치와 이데올로기가 우세하면서 초래된 정치적 왜곡, 비일관성, 단절, 정체는 해소해야할 문제였다.

우리가 줄기차게 직면했던 가혹한 규칙이 여기서도 다시 작용한다. 즉, 산업화는 자본화를 가정한다. 마오 아래서는 아무것도 자본화하지 않았다. 등소평과 함께 대출과 인플레이션에 의한 자본화가 시작된다. 1977

---

11) 파트릭 티시에, "중국 경제에 대한 앙케트", 앞에 인용된 논문.

년에서 1980년까지 연평균 인플레율은 15-20%였다. 급여가 동결된 상황에서 그것은 무엇을 의미하는가? 바로 점점 더 많은 수의 노동자, 농부들의 프롤레타리아화를 말한다. 1979년 중점과제는 생활수준 향상, 1980년은 소비 억제로 한 만큼 더욱더 그러하다!

1981년에는 다수의 경제 개혁을 포기했다. 그리고 어떤 사람들은 그것을 혼란과 선동 속에서, 등Deng의 정치 실패로, 과오로 해석한다. 그것은 전적으로 부정확하다. 간단히 말해, 시간에 쫓긴 등Deng은 신속한 결과를 원했고, 너무 급하게 추진했다. 예를 들어, 에너지 증산이 뒤따르지 못했다. 그것은 간단히 속도의 완화, 그리고 당연히, 대중들의 프롤레타리아화를 내포한다. 중국식으로는 이것을 "재조정 상승"이라고 부를 것이다. 실제로는 긴축 정책이다. 45%의 투자 감축, 국가 예산의 13% 감축 경공업 촉진을 위해 중공업을 대량으로 축소하는 문제이다. 특히 너무 급증한 철강 생산 그러나 '속도 완화'에 대해 말할 때는, 놀라운 성장률을 환기해야 한다. 1980년의 성장률은 8.4%이고, 79년에는 8%이다. 1981년에는 7%를 예상한다. 이것은 호황기 서구의 성장률을 합친 숫자들이다. 1980년에 경공업에서 17%, 1978년에 중공업에서 13%가 1979년에는 8%로 돌아왔다. 감탄해야 한다. 그러나 피해자는 항상 프롤레타리아 계급이다. 1980년에는 2천6백만 명의 실업자가 있었고, 물자는 부족하다. 여전히 남은 문제는, 마오가 거부했던 자본을 어떻게 조성할 것인가로, 이것은 인플레이션과 함께 내외적으로 긴장된 재정 상황을 유발한다. 그로부터, 이 불균형에 제동을 걸고자 성장 완화의 필요가 나온다. 특히 자본 축적의 필요가 나온다.

모든 것은 새로운 경제 정책과 함께 바뀐다. 투자는 더는 정부가 아니라, 은행 신용에 의해 지원된다. 각 공장은 자체의 필요에 따라 인원을 채용하고, 자유 시장은 규칙이 되었으며, 기업들 사이에 경쟁적 시장이 설립된다. 물론 경제 계획은 존속한다. 예를 들어, 부차적 원재료의 공급은 계획위원회의 동의를 받아야 한다. 기술은 도입하더라도 고용 축소는 금지함으로써 기술적 실업에 대처하고자 한다. 그리고 가장 놀라운 새로운 점은 공장에는 직원의 사회 복지를 위해 '이익'의 일부를 13% 선취할 수 있는 권한을 준 것이다. 이것은 기업의 수익에 따라 직원에게 많은 현물 이익을 보장해준다. 실제로, 시장 경제와 적자 기업 도태를 결합하려는 노력이 있다. 그러나 대형 기업들은 자율성을 확보하면서, 기업이 직장 생활의 모든 면을 책임진다. 이것은 19세기와 20세기 초 가족주의적 자본주의 공장의 부정적인 면이었다! 기업 이윤이 모든 것에 우선하고, 기업은 "고용 연금" 시행을 권고 받는다.

경제 개발을 위해 국제 자본 시장에 공개적으로 호소한다. 최초 차관은 1978년 10월 일본 은행 그룹과 이뤄진다–백만 달러. 두 번째 차관은 1979년에 행해졌는데, 그것은 런던의 유로화 시장을 겨냥한다. 지금까지 기껏 20억 달러의 부채를 진 중국이 120억 달러를 목표한다. 이것은 전문가들의 눈에는, 중국의 성장 가능성에 비해 과도해 보이지는 않는다.12) 이러한 차관은 다양한 형태로 이뤄질 것이다. 중국은 합자 회사 형태로 중국에 직접 투자하기를 요청한다. 그리고 이것은 자본주의적 방식이 얼

---

12) 소볼Saubolle의 다른 평가는(「르 몽드」, 1978년 10월) 이미 120억 달러의 부채를 말한다…. 이것은 아주 놀라운 일이다. 동구권 국가들의 상황이 경제적으로 파국에 이른 순간이기 때문이다. 즉, (유럽) 사회주의 국가들의 국제 채무는 1974년에 130억 달러를 통과했고, 1977년에는 460억 달러를 통과한다. 그 2/3는 유럽 은행에서 빌린 것이다. 이제부터 신용 대출은 그들에게는 막힐 것 같다. 신속한 부채 청산을 강요받기 시작할 것 같다. 소련도 그 재정적 상황이 극도로 악화하는 것을 피하지 못하고 있다. 서구 자본가들이 대량으로 중국으로 옮겨질까? 외부 무역 적자는, 아주 엄격한 계산에 의해, 1979년에 18억 달러였고, 1980년에는 5억 달러였다. 그러나 이러한 적자는 대부분이 장비 구매로부터 왔다. 언제나 기술화를 가속하겠다는 일념이다. 결국, 심한 무역 적자의 효과들은 가장 가난한 계급들이 짊어질 것이다.

마나 신속하게 침투했는가를 보여준다. 중국은 이미 이 방식을 두 프랑스 대기업시트로엥(Citroën)과 프쉬네(Pechiney)에 제안했었다. 동시에 중국은 홍콩, 싱가포르, 한국 같은 자본주의적 모델을 지향한다. 어떠한 착각도 해서는 안 된다. 즉, 진보의 모터가 작동된 순간부터는, 요구 사항은 같다. 강쉬Kang Shih:산업 생산과 소통, 경제위원회 장관 장관이 1978년 11월에 발표한 내용에 따르면, 이 합자 회사들은 51%의 중국 자본을 포함할 것이고, 중국 산업화의 "대약진"을 만들어 낼 것이다. 따라서 서구 자본주의 대기업과 사회주의 정부와 연합이다. 그리고 다른 방식, 즉 보상적 교환이 제안되었다. 중국 정부의 부담으로 외국 회사는 장비를 제공하고, 자원을 개발하면, 그 대가로 석탄, 석유, 비철 금속을 제공한다. 또한, 대형 프로젝트를 위한 외국 은행의 장기 대출도 성사된다.그렇지만, 유럽의 이자율은 너무 높았다… 이어서 프랑스와 완성된 공장 건설 계약들이 체결되었다. 마지막으로 "삯 노동" 계약이 있는데, 중국은 외국의 원자재 가공을 위해 노동력만 제공하는 것이다. 자본주의 국가들은 원자재와 장비를 제공하고, 이 공장은 중국에 세워질 것이다. 중국은 아주 저렴한 노동력을 제공할 것이고, 자본가들을 위해 생산할 것이다. 그런데 외국 기업을 위한 삯 노동 제공은 내가 보기에는 결정적이다. 가장 비참한 의미로 완전한 프롤레타리아 계급 창조이며, 중국이 극단적인 자본주의에 들어가고, 다국적 기업들의 망 속에 편입되는 현상이다. 그러나 여기서 작용하는 것은 제국주의가 아니다. 중국 스스로 세계 경제 속에 편입되기를 간청한다. 자본주의 은행들과 자율적으로 결제할 중국 회사의 형태로 자본주의 시스템이 속속 중국 속으로 파고든다. 그래서 상하이 보상 회사와 중국은행중국 인민은행과는 독립되어 있다은, 환거래의 통제와 외부 신용 전체를 관리하면서, 재정 분야 전체를 "감독한다."

1979년 7월 8일 법에 따라, 중국은 외국 기업에게 아주 유리한 조건으로 투자를 유치한다. 합자 기업, 자본 개런티, 외국 자산에 대한 면세, 이윤의 해외 송금…. 13) 단지, 합자 회사에서는, 외국 자본이 25%이하일 수 없다고 규정해 놓았다. 그러나 목표는 중국이 필요한 선진 기술의 발전이다. 기술이 명령한다. 경제 형태는 거기에 적응하고, 불가피하게 프롤레타리아 계급이 생산된다. 이것은 또 외국기업에 채용된 중국 직원은 실천적으로, 채용, 급여, 작업 조건이나 해고로부터 보장받지 못한다는 사실에서도 나타난다! 그리고 앞의 법은 1980년 1월, 국제 자본 시장, 우선 일본 시장에서 차관을 들이기로 한 결정으로 뒷받침된다. 이것은 세 번째 "자본화" 단계이다. 1977년과 1979년 사이에 3백억 달러에 달했던 은행 직접 차용 이후에 마지막으로… 중국은행은 은행 컨소시엄 속에 가입하는데, 거기에는 국립파리은행BNP를 중심으로 한 서구 은행 조합이 속해 있다. 1979 기술화에 필연적인 이 모든 자본주의적 흐름 속에서, 중국인들에게는 아주 놀라운 제도가 나타난다. 누진 소득세1980년 9월, 이것은 마오 체제에서는 생각할 수 없었다. 그러나 산업 시스템 속에서는 필수적으로 된다.

방향과 제도들의 이러한 일반적 변화는 또 인간의 변화를 내포한다. 탁월함의 기준은 더는 마오 사상에 대한 충성이 아니라, 작업 역량과 효율성이 될 것이다. 서구 현실주의자들에게 광기로 비치던 것 이후에, 합리적인 것으로 되돌아온다. 인간들은 바뀌져야 한다. 다른 선발 척도에 따라, 한 엘리트가 다른 엘리트를 대체한다! A. 자콥이 아주 정확히 강조

---

13) 그러나 사람이 이러한 논리에 들어가는 순간, 끝까지 가야 한다! 따라서 1981년 6월에, 중국 정부는 상표, 발명 특허에 대한 국제법에 입문하기 위해 전문가들을 파견하였다. 이것은 "기술적이거나 상업적인 개념들의 모든 추상적 환경을 동화하겠다"는 거대한 노력에 관한 문제이다. 그런데 마오 아래서는, 특허권 등의 공업 소유권을 인정하기를 전면 거부했고, 특허권 구매도 거부했다!

했듯이, (실제적인) 민주화 경향은 수백만의 농부들이 아니라, 제한된 집단들, 지식인들, 중견 간부들, 학생들, 행정가들을 중심으로 실질적으로 나타나기 시작한다…. 그리고 구체적으로, 체제는 특권 그룹에게 명백한 호의를 베푼다. 이미 큰 호의를 입고 있는 사람들에게 새로운 특권을 준다. 분명히 지식인들과 중견 간부들은 문화 혁명 기간에 특별히 고통을 겪었다. 그러나 현재 목표는 보상 차원이 아니다. 모든 사람은 공화국에 똑같이 유용하지 않고, 사회주의란 하향평준화가 아니라, 각자의 장점을 인정해야 한다고 주장하면서, 그리고 그것을 특권을 통해 구체화하면서 평등주의에 반대한 투쟁을 한다. 이것은 다시 우리가 이미 지적했던 차별화와 만난다. 그러나 계급화와는 약간은 차이가 있는데, 그 이유는 효율성에 기초한 특권이기 때문이다. 주거, 교통, 직업에서… 따라서 분명히 이것은 관료주의에 대한 투쟁을 동반하는데, 나는 그 투쟁이 최초로 효과가 있다고 생각한다.

마오의 시절에도 관료주의는 엄청난 비난을 받았다. 그러나 관료주의는 오히려 더 창궐했고, 건강하고 인민을 위하는 사회주의적 행정과 관료주의를 구분하는 기준이 없어서 달라질 수도 없었다. 사람들은 이제 효율성을 확실한 기준으로 삼는다. 행정적이고 기술적인 엘리트는 관료주의적 공무원과는 전적으로 다를 것이다. 모든 것은 기술적 처리가 고질적 관례를 누르고, 특권의 약화를 상쇄할 정도로 엄격할 것인가에 달린다. 아직은 두고 봐야 한다.

그러나 동시에 복권이 일어난다. 이것은 20년 전부터 있었던 정치적 문제의 재생이 아니다. 그보다 더, 적재적소의 간부들을 찾는 문제이다. 왜냐하면, 적임자는 만들어지는 것이 아니기 때문이다. 과거 체제는 3번에 걸쳐서 간부들을 극단적으로 제거하였다. 왜냐하면, 그들은 과거의 가치와 서구적 성향을 지닌 자들이었기 때문이다. 그러나 그들은 유일한 능력자들이었다. 복권의 요구는 대자보로 표현된다. 따라서 표면적으로는 인민의 뜻을 따르는 문제이다. 실제로는, 비공식적인 일반적인 방향의 지시가 있다. 대자보를 작성하는 비조직적 집단들이루이 14세의 신문 발행인들과 비교될 수 있음 이 방향을 받아들인다. 대자보를 통해 어떤 집단의 의지가 표현된다. 이 집단은 여론을 떠보고, 동시에 여론을 형성한다. 대자보가 요구한 사람들의 복권을 하고 말고는 권력 마음이다. 실제로 어떤 사람들의 이름은 발음도 금지되어 있었다! 나아가서, 인민들이 기술자들을 찾고 언급하며 환기할 수 없음은 명백하다! 어떤 암시가 필요하다! 어떤 기술자들, 교수들은, 아직도 수용소에 있다. 그런데 누가 그들을 암시해주지 않으면, "인민"이 어떻게 그들을 알겠는가.

복권에는 유명 정치인들의 복권과 전체적인 정치적 복권의 두 종류가 있다.14) 천안문 폭동 관련자들의 명예 회복이 후자에 속한다. 이미 1978년 9월에, 소요 참가 노동자들이 인민일보에 의해 복권되었다. 인민에게는 이 혁명의 영웅들을 본받으라고 요구되었다. 얼마 후에 1976년 4월의 사건들은 "전적으로 혁명적인" 것으로 정의된다. 이러한 대중 행동은 "4인방"을 비난하기 위해서였다고 선언된다. 대중들은 놀라운 혁명적 명석함을 증명하였고, 자발적으로 무엇이 진짜 혁명 노선인가를 알았다고 한다. 이것은 이 소요의 새로운 해석인데, 아마도 그전 해석만큼이나 거짓이다. 그러나 이전 체제의 반대자를 정치적으로 회수하는 힘을 가진다. 기술자들과 간부들의 복권으로는, 1978년 9월에, 중국 라디오는 66명의

---

14) 이 모든 것은 마오 시대의 "단죄들의 재검"을 동반한다. 1980년 9월에, 중국 대법원장은 1964년과 1976년 사이에 선고된 백만 이상의 단죄들을 재검하기로 발표했다(이것은 그동안의 판결들의 14%이다). 27만 건의 반혁명 죄 중에서, 17만5천 건이 잘못된 것으로 밝혀진다!

숙청된 간부 자제들의 복권을 발표한다. 그 간부들은 1968년과 1972년 사이에 처형당했다. 그리고 "반동분자들" 다시 말해 "4인방"!에 의해 핍박받고 투옥되었던 사람들의 해방을 발표한다. 호룽Ho Lung 원수의 아들, 펑Peng 원수 또는 타오 추Tao chu 원수가 있다.

1980년에 유소기의 복권이 있었다. 1979년 10월에는 그의 초상화가 당의 역사 전시회에 나타났다. 그는 중앙위원회에서 "위대한 마르크스주의자"로, "당의 역사에서 극한 폭력의 희생자"로 정의되었다. 그를 기념하는 성대한 의식이 거행될 것이다. 그는 1969년에 사망했다. 그런데 이러한 복권은 마오에 대한 공격일 뿐만 아니라, 유소기의 방향을 다시 따르는 것이기도 하다. 특히 대약진 운동과 권위적인 정치 비난. 유소기는 공산주의에 대해 정신적이고 기술적인 개념을 가지고 있었다. 그는 마오를 둘러싸고 있던 팀이 대변하던 유물주의와 혁명 지상주의와는 거리가 아주 멀었다. 정부는 이 복권을 (그리고 그 부인의 복권) 위해 반대 세력 때문에 아주 신중하게 접근했다. 심리적인 아주 긴 준비가 필요했고, 사람들이 완전히 새로운 체제 속으로 들어가야 했다.

명백히, 모든 분야에서 이러한 변혁은 갈등과 분규를 부른다. 문화 혁명기와 정확히 똑같이, 권력은 자발적 대중 운동을 자신의 목표 달성을 위해 사용한다. 게다가 더 흥미로운 것은, 이 운동이 언론 자유와 자유 비밀 투표에 의한 선거를 요구한다는 사실이다. 즉 "유권자들이 자기들의 대표들을 알고, 그들의 의견, 활동을 알기를" 요구한다. 이것은 1978년부터 요구되는 것으로, 정권에 대한 항의는 아니더라도 정치적 열기를 나타낸다. 거기서 인민은 서구적이고 자유주의적 민주주의의 모델을 찾는 것처럼 보인다. 그렇다면 "산업화와 자유선거 민주주의" 사이에, "경제 발전과 여론의 복수성" 사이에 어떤 관계가 있을까? 그리고 서구적 산업화로 들어가는 순간부터, 필연적으로 정치적 서구화를 요구할까? 나는 결코 이것이 자동적이라고[산업화=자유주의적 민주주의! 나는 언제나 이런 식의 단순주의와 싸워왔다!], 이것이 결론이라고 말하지 않는다. 그러나 프롤레타리아 계급과 자유 민주주의를 동시에 피하면서, 산업적 단계와 일당 독재의 단계로 넘어갈 수 없다.

이러한 격변은 충돌 없이는 되지 않는다! 재정적이고 경제적인 불균형이 있다. 그 무능력 때문에 공산당 자체에게, 그리고 행정에게 가해진 비판이 있다. 등소평의 중심 사상에 대한 격렬한 항의가 있고, 이데올로기보다 객관적인 경제 법칙에 우선권을 주는 것에 대해 격렬한 항의가 있다. 그리고 아마 등Deng에게 가장 격렬히 반대한 자들은 수백만의 "간부들"이다. 기술적인 면에서는 별로 능력이 없고, 모든 것을 이데올로기 위에 세웠던 간부들은 차츰차츰 밀려나고, 이번에는 그들이 일종의 프롤레타리아 계급으로 떨어진다. 따라서 1979년에도 아직 무기력 또는 복지부동이 있는데, 이것은 30여 년 전부터 중국이 겪은 모든 변화와 우여곡절로 설명된다. 나아가서 뚜렷한 "반동적 흐름"도 있는데, 이것은 1981년에는 약간 수그러드는 것 같다.

대자보에는 제한적이지만 아주 깊은 의미를 부여해야 한다. 이 인민적 움직임은 지도 그룹들의 농밀한 정치적 활동과 짝을 이룬다. 그리고 아마 파벌들 사이에 갈등이 있다.[파벌은 여전히 존재한다. 왜냐하면, 등소평의 부상은 화국봉 주석의 실권을 위협하는 것처럼 보이기 때문이다. 대부분 복권된 사람들은 등소평 사람들이고, 대자보들은 화국봉 주석을 비난한다. 대자보는 정부 경향의 공개적 표현일 뿐이라는 가정에서는[과거 마오처럼, 공적 여론을 쥐고, 표현되도록 한 사람이, 결국엔 진정한 권력자이기 때문에…], 이것은 지도부 내부에 갈등이 있음을 의미한다.15) 나는 이것이 권력 확보를 위한 투쟁을 지나, 경제 발전이나 일반적 정치를 문제 삼는 갈등은 아니라고 생각한다. 결국 이것은 현재 인민의 귀를 쥔 사람은 등Deng임을 의미한다. 기술화를 통해 경제 성장을 대변하는 사람은 등Deng이지, "정치적인" 화Hua는 더는 아니다.16) 이것이 과거의 과오에 깊이 참여한 자들만 추방하거나, 또는 거의 모든 간부를 정화하는가, 여기서는 중요성이 없다. 격변은 아주 부드럽게 이뤄지고, 거의 매달 지도 계급 속에서 "교체"가 일어난다. 예를 들어, 북경 군부의 정치 책임자가 등Deng의 측근으로 조용히 교체되었다…

마지막으로, 마오쩌둥을 직접 공격하지 않고는 기술화의 필연성에 따른 교리적·이데올로기적·행정적·정치적 회귀를 할 수 없다. 우리는 여기서 명백히 "권력-여론" 과정을 보게 된다. 1978년 10월 1일, 중국 건국 기념일인 이 날, 사람들은 마오 사상의 재평가를 발표하였다. 첫 걸음은 물론 마오 사상으로 마오 사상을 평가하는 것이다. 사람들은 "권력의 인격화"와 신격화를 비판하기 위해 마오의 텍스트들을 내민다. "실천은 진실의 유일한 기준이다." 따라서 "마오 주석에 의한 몇 가지 문제들의 제시는 보완되고 발전하여야 한다." 왜냐하면, "진실의 기준"을 이루는 것은 마오의 사상이 아니기 때문이다. 그로부터, 근본적인 비판을 하기가

---

15) 그 결과들도 얻어졌는데, 1980년 3월에는 대자보들에 반대하는 회귀가 있었고, 대자보들은 금지되었다.

16) 1979년 11월부터 화국봉 주변에서 여러 흔들림이 있다. 때로는 그가 사임했다고 하고, 때로는 의전 행사들에서 완전히 사라지고, 때로는 명예석에 다시 나타난다. 이어서 1980년 9월 사람들은 자오 지양Zao Ziang이 수상으로서 화Hua를 대체한다고 발표한다. 자오Zao는 효율성에 몰두한 개혁론자로서, 문화 대혁명 이후에 쓰촨 성 개발 책임자로서, 자유주의적 조치를 통한 일련의 농업과 산업 개혁을 통해 큰 성공을 거뒀다. 그는 교리론자가 아니고, 질서와 소득이라는 목표만 가지는 실용주의자이다. 이어서 12월에는 화Hua가 공산당 중앙 위원회 주석직을 상실하였다. 사실 이 갈등은 근본적이다. 화Hua는 마오의 공식적인 후계자였고, "우선 정치"의 경향을 대변하였다. 등Deng은 기술과 효율성 우선이다. 그러나 1981년 1월에 화Hua가 다시 공식적 인물들의 첫 열에 나타나고, 이어서 6월에 완전히 사라진다. 그때 그는 실제로 후야오봉Hu Yaobung으로 교체된다.

쉬워졌다. 사람들은 인민일보의 일련의 기사들에서 그러한 비판을 발견한다. 권위주의, 중앙집권화, 나아가서 '당 중심'에 대한 비판. 민주주의는 당에 우선해야 한다. 그리고 사람들은 마오의 사적인 실천을 비판하기 위해, 마오에 의해 정립된 '대중 노선'을 이용한다. 특히 이 기사들은 대량 생산과 '진보'로 나아가기 위해 경제적이고 기술적인 '타성', '소규모 생산'을 버려야 한다고 주장한다. 이러한 마오에 대한 공격은 그의 영향력의 점진적인 하락의 뒤를 이었다. 몇 달 전부터 마오의 인용은 점점 드물어졌고, 사람들은 새로운 시대를 예고했으며, 그러면서도 "마오 주석의 노선은 지배적이었다고" 하였다… 그러나 마오의 사상은 덜 배포되었고, 마오로 하여금 1970년에 자신의 사상이라고 생각했던 것과 반대의 것을 말하도록 하는, 재해석을 내놓았다…! 여전히 10월 1일의 기사에 의거하여,17) 약 3주 후에는, 마오 사상과 그것의 우월성을 문제 삼는 대자보들

---

17) 신문의 텍스트: "이데올로기적인 모든 굴레로부터 해방되시오" 북경AFP 1978. 중국 인민은 11월 22일 수요일에, 임표 및 "4인방"과 결탁한 것으로 비난받은, 마오쩌둥을 극단적으로 문제 삼았던 한 중국 노동자에 의해, "궐기하여 모든 이데올로기적인 굴레들로부터 해방되어라"라고 초대되었다.
북경의 중심부에 붙은 6장의 대자보 위에, 철도 노동자인 텍스트의 저자는, 우선 문제를 제기한다. "마오 주석은 실수를 저질렀다. 그런가 그렇지 않은가?" 그리고 이 노동자는 1962년에 마오에 의해 행해진 자아비판을 인용하며, 긍정으로 대답한다. 마오는 공산당 중앙 위원회 의장으로서, 자신의 실수들과 다른 사람들의 실수들을 인정한다. 그리고 다음을 덧붙이기 전에, 이 노동자는 "마오가 옳다"라고 담백하게 쓴다. "그러나 왜 사람들이 마오의 잘못을 말하기 시작하자마자, 그들의 머리로 반혁명분자라는 모자들(정치적 꼬리표들)이 떨어져야 하는가?" 그는 많은 사람의 정신 속에는, 특히 간부들의 머릿속에는, "임표와 4인방의 독이 마오를 하나의 신과 신화로 만들면서" 언제나 현재해 있기 때문이라고 덧붙인다.
"마오는 중국 인민의 위대한 지도자이다. 그러나 그의 공적이 막대하기에, 그가 실수를 저지르지 않는 것은 아니다"하고 노동자는 말한다. 그는 이어서 자신의 독자들에게 마오와 임표, 그리고 "4인방"과의 관계에 관한 핵심적인 다섯 가지 질문을 던지기를 요구한다.
(1) 자문하시오 : 만약 마오가 동의하지 않았다면, 어떻게 임표가 그러한 권력에 접근할 수 있었을까.

이 폭발한다. 그리고 마오 말기의 정부는 러시아 최후 황제 니콜라스 2세 정부와 비교되기까지 하고, "필연적인 민주주의"와 독재가 대립되며, 프롤레타리아 계급 독재의 오류가 언급되면서, 고대 독재자 치우Chi 황제가 비난받는다.마오는 치우 황제와 비교되었었다

"4인방" 재판, 특히 마오 부인 강청의 재판이 비공개적으로, 이어서 공개적으로, 마오를 비판하는 기회였음은 명백하다. 예를 들어, 강청은 실제로는 마오의 지시를 실행할 따름이었다고 주장되기 시작한다. 그리고 마오가 탄압했던 경제학자들과 철학자들을 복권시킨다. 정치는 기술적 효율성에 의해 권좌에서 밀려난다. 마오가 말했던 것과는 반대로, '적색'보다는 '전문가'가 되는 것이 더 낫다. 마찬가지로 1978년부터는 공자가 느리지만, 의미 있게 돌아온다. 공자는 보수주의이지만, 구체적 관찰을 권장했고, 이데올로기를 거부했으며, 사실주의자였고, 적극적 정신이었

(2) 자문하시오 : 마오 주석은 자신의 부인 강청이 배신자였음을 알지 못했을까.
(3) 자문하시오 : 마오 주석이 장춘교Zhang Chunqiao(4인방의 일원)가 배신자인지 몰랐을까.
(4) 자문하시오 : 마오 주석이 동의하지 않았다면, 어떻게 4인방이 "우파 분파주의 바람"에 대한 캠페인을 일으키고, 등소평을 타파할 수 있었을까.
(5) 자문하시오 : 마오 주석이 동의하지 않았다면, 어떻게 천안문 사태가 반혁명으로 정의될 수 있었을까.

이 철도 노동자는 계속한다 : "우리는 모두가 마르크스-레닌주의자라고 주장한다. 좋다…. 그러나 변증법적 유물론은 대중들에게 진실 그대로를 말하라고 하고, 대중들을 속이지 말 것이며, 역사를 거역하지 말라고 한다. 마오 주석은 한 인간이다. 신이 아니다…. 그에게 자신의 정확한 자리를 줄 시간이 왔다. 그렇게 해야만 사람들은 마르크스주의-레닌주의, 그리고 마오 사상을 보호할 수 있을 것이다. 마오처럼 위대한 인간이 실수를 저질렀음을 보여줌으로써만, 간부들과 대중들이 그의 가르침을 받아들이고, 사람들은 그러한 역사적 비극으로부터 보호될 것이다."

"만약 인민이 마오에 대해 진정한 여론을 가지고 있지 못하면, 토론의 자유는 의미 없는 단어이다, 하고 대자보는 또 덧붙인다. 깊은 이데올로기적 혁명이 없으면, 우리의 혁명은 실패할 것이고, 사람들은 4대 현대화를 이루지 못할 것이다."

철도 노동자는 결론 짓는다 : "중국의 인민이 궐기할 시간이 왔다. 그리고 궐기하려면, 모든 이데올로기적 굴레들로부터 해방되어야 한다."

다고 선언된다! 마오에 대한 투쟁은 중앙위원회 정치국에서 그와 가까운 사람들, 확실한 옛 충신들을 축출하는 것으로 표시된다. 1980년 3월 반면 분명히 어떠한 완전한 부정은 없다. 반대로, 기회 있을 때마다, 등Deng의 정책을 정당화하기 위해 마오의 텍스트들을 인용한다. 예를 들어, 마오 사망 3주기에 "미발표" 텍스트가 발표되는데, 거기서 마오는 한편에서는 서구 모방에 반대하여, 그리고 국가의 정체성을 상실할 위험에 대해 주의를 주는데, 다른 한편으로는 중국은 서구로부터 배울 것이 많고, 중국의 부르주아 계급과 지식인들은 인민이 이용할 가치가 있다고 강조한다. "문화와 현대 기술의 분야에서, 부르주아 계급은 다른 계급보다 우세하다." 이 텍스트는 진본일까, 1956년에 쓰인 것이다!

마지막으로 탈 마오 '캠페인'이 있었다. 그것은 문화 혁명에 반대한 전반적인 공세였다. 1978년 11월에, 지식인 신문인 명明은 마오 시대에 중국을 지배했던 "이데올로기적 파시스트 독재"를 비난했다. 이 신문은 "어떤 최고위자"에 의해 발해졌던 "잘못된 선고들"의 재심을 요구한다. 사람들은 "오랜 옛날부터 내려온 큰 영향력을 가진 입장들"을 거부한다…. 문화혁명을 촉발시켰던 유명한 연극 평론을, "반혁명의 신호"였다고 비난한다. 그런데 이 평론 기사는 마오가 지시하지는 않았더라도, 최소한 비호는 했다고 주장한다. 마오의 영향력을 완전히 추방하기 전에, 그의 역할에 대해 재평가를 하였다….

그렇지만, 여기서 진정 중요한 것은 마오의 문제가 아니라, 그가 중국에 주었던 방향이다. 배척된 것은 문화혁명뿐만 아니라, 특수한 발전 노선이다. 그런데 사실, 마오 사상에 대한 단호한 비판을 하지 않고서는 이 성장 모델을 문제로 삼을 수 없었다. 마오를 통해서 오늘날 청소되고 있는 것은, 이데올로기, 혁명적 공식, 마르크스주의 해석 그리고 기술의 어떤 사용이다. 이런 비판은 일시적 현상인가? 이미 중국에서 수많은 선회, 변형들, 새로운 노선들, 곧 비난받는 영원한 진리들을 보았기 때문에, 사람들은 거기서도 권력을 잡은 팀에 따른 권력의 단순한 변형, 선전, 내일 없는 주장들만 하고 있지 않나 자문할 수 있다. 그러나 이번 경우에는, 나는 그렇게 생각하지 않는다. 실제로 이러한 격변은 중국이 효율적인 경제 정책 위로, 기술의 극단적인 사용 위로 줄을 서는 것과 같다. 달리 말하면, 과정들의 뒤집기가 있다. 마오와 함께는 이론적이고 교리적인 사상이 지배적이었던 것이 사실이다. 그리고 사람들은 이 사상에 따라 경제적이거나 기술적인 구체적인 것을 만들었다. 그리고 이 사상은 그 전략적 차원에서만 변동하였다. 이제 우리는 정확히 뒤집힌 현상을 보고 있다. 사람들은 곳곳에서 경제 성장과 효율성의 필연성을 인정하고, 이데올로기와 해석을 이러한 명령에 따라 짜나간다. 이제부터는 후진을 방지하는 지속적인 것이 있다. 이미 실현된 "기술적 진보들"을 없앨 수는 없을 것이다! 곳곳에서 이미 성취된 것들, 자본과 프롤레타리아 계급의 대가가 아니라면!

3. 프롤레타리아 계급

　회고는 아직 끝나지 않았다. 산업화에 대해 주저하던 시기에는, 정확히 어떤 형태를 채택할지 몰랐고, 별것도 없는 서구의 혐오스러운 자본주의를 모방한다는 껄끄러운 의식과 함께 산업화가 느리고 신중하게 추진되었다. 이 20년 동안에는, 사람들은 산업화를 옛날식으로, 내색도 안 하고, 옛 방식을 전혀 안 바꾸고, 우연히 하듯이, 마치 마지막이듯 (그만큼 다른 일들이 산업보다 더 중요했다!) 그렇게 하였다. 그런데 서로 아무 연관이 없는데도, 서구의 18세기와 19세기, 이어서 다른 형태로 20세기 소련에서 일어난 것과 똑같은 현상이 일어났다. 즉, 새로운 프롤레타리아 계급, 사회주의적인, 저개발국 모델의 프롤레타리아 계급이 생겨났다. 다시 말해, 강제노동수용소의 프롤레타리아 계급이다.
　중국은 거의 반세기 늦게 소련과 똑같은 작업을 수행하였다. 똑같은 선의를 내세웠고, 똑같은 정당화 핑계를 사용했다. 노동은 정화와 쇄신의 덕을 가진다. 그리고 위대한 사회주의 건설에 참여하지 않으려는 자, 공동 생산에 진심으로 자신을 바치지 않는 자는 그렇게 하게 하여야 한다. 그 자신의 이익을 위해서이다. 명백하다. 어떤 점에서도 강제노동수용소와는 관계가 없었다. 적을 제거하는 것도 아니었고, 단순히 노동을 통한 재교육 수용소들이었다. 따라서 우리는 중국에서 기본적인 대형 국책 사업을 수행하기 위해 무급 노동력을 제작하는 똑같은 과정을 본다. 중국이 어느 정도나 정확히 소련과 똑같이 수용소를 이용했는지 보려면 파스칼리니Pasqualini, 18)의 책을 참고하는 것으로 충분하다. 이것은 물론 수용소 내 프롤레타리아 계급의 문제로서, 소련보다는 덜 확장되어 있다. 그러나 차이는 다음의 이중적 사실 정도다. 우선은 제약 방법이다. 중국은 투옥된 것이 아니라, 행정적 묶음 속에 갇힌 주민 전체의 강제 노동이다. 그리고 주민들의 집단별 묶음과 인민공사에서 "정상적인" 노동 조직 사이의 한계는 흐릿하고 확실하지 않다.

  마오 초기에는 산업화에 대한 주저가 있었다. 사람들은 명백히 산업화라는 유일 목표에 집착하지 않았다. 산업 프롤레타리아 계급의 창조는 대량으로 필수불가결하지는 않았다. 그러나 파스칼리니가 잘 지적하듯이, 일단 수용소에 들어가면, 거기서 나오지 못한다. "형무 생활은 전적이고 항구적이다. 노동을 통한 교도형을 받은 남녀는 나머지 생을 수용소에서 보낸다. 우선은 죄수, 이어서 형기가 만료되면 자유노동자 신분이다. 중국에서 노동 수용소는 종신 계약이다. 수용소를 일시적 노동자로 움직이기에는 국가 경제에 너무 중요하다. 만주의 황량한 평원을 경작하고 번성하게 한 자들은 바로 수감자들이다. 만주 평야는 예전에는 온갖 시도에도 불구하고 개발이 안 되었지만, 오늘날은 소련식 국영농장도 수익이 날 수 있다는 유일한 증거가 되었다. 수감자들은 중국의 플라스틱 산업 개척자들이고, 또 많은 대형 공장에서 생산을 책임진다…. 이 모든 것에 성공하려면, 하나의 요소, 즉 안정되고, 죽도록 일할 수 있는 노동력이 꼭 필요했다. 중국인들은… 강제노동을 수익 있는 사업으로 전환하는 데 성공했

---

18) 파스칼리니Pasqualini, 마오의 포로. 중국 노동 수용소에서 7년, 1973, 갈리마르, "폴리오", 1975.

다." 그리고 파스칼리니는 자신이 경험한 수용소들에서 했던 작업을 자세히 보고한다.

자본주의화의 길로 들어가지 않겠다는 그의 확실한 의지에도 불구하고, 마오는 강제노동수용소를 기초로 한 프롤레타리아 계급 형성을 피하지 못했다. 1966년과 1976년 사이의 노동수용소 희생자들은 "수천만 명"19)에 이른다. 우리는 그에 대해서 단편적인 자료들밖에 없다. 문화혁명 기간에 내몽고에서는, 3십만 명 이상의 희생자가 있었다. 전체 6백만 인구 중, 5% 게다가 매번의 정치 캠페인 중에는, 중앙이나 지방의 책임자들은 잡아 가둘 주민들의 비율을 정하였다. 죄의 유무는 아무 중요성이 없었다. 문제는 강제 노동에 처해야 할 적대 계급의 "쿼타"를 정하는 것이었다. 동시에 수백만의 젊은이들을, "가난한 농부들로부터 재교육을 받도록", 재판도 없이 강제 이주시켰다. 이것은 무급 노예적 노동력 창조였다. 농부들도 무사하지는 못했다. 랴오닝Liaoning 성에서는, 각 인민공사는 경범죄 농민들을 받아서 교육반을 만들었다. 고향으로부터 멀리 옮겨진 이 사람들은 하루에 10-12시간씩, 힘든 일을 하였고, 급여는 받지 못했다. 공안국Gong Ganju이 개입할 때마다 같은 방식이었다.

공안국은공안국은 KGB나 게슈타포처럼 공포의 기관이다 인민을 마음대로 부려도 되는 노예로 간주하였다. 어떤 대형 작업이 기획되고, 노동력이 부족하면, 공안국에 얘기하고, 공안국은 노동자들을 잡아서 강제 노동에 투입하였다. 새로운 "혐의자"들을 체포하는데 전화 한 통화면 충분했다. 이 작업장들에서는, "자유로운", 재판을 받지 않은 "노동자들"이 무장한 사람들에 의해 감시되었고, 뼈 빠지게 일하지 않으면 체벌을 받았으며, 급여

---

19) 이 모든 사실은 L. 팡슐리외Fanchlieu와 W. 자파놀리Zafanolli의 앙케트에서 뽑았다. 「르 몽드」, 1979년 10월.

도 없었다. 일단 풀려도, 그들은 자비로 집에 돌아가야 한다! 다시 말하지만, 이것은 단순한 억압이 아니라, 프롤레타리아 계급 창조이다.

따라서 마오의 깊은 혁명적 의도, "경제 성장-자본화-프롤레타리아 계급"의 굴레에서 벗어나기 위한 노력에도 불구하고, 그는 공산주의 세계의 특징이고, 옛 자본주의 프롤레타리아 계급의 기능을 정확히 수행하는, 새로운 프롤레타리아 계급의 형성을 피할 수 없었다…. 그런데 이것은 전체적인 빈곤화와 동시에 일어났다. 1977년에 약 7십만 헥타르의 경작지가 감소했음을 잊어서는 안 된다. 반면 인구는 1957년 이후 3억이 증가하였다. 1976년의 전국적 작황은 1957년의 것보다 낮았다. 그리고 1억의 농촌이 항구적인 영양 부족 상태였다.

우리의 분석이 정확하다면, 미래는 중국 인민들에게 밝지 못하다. 실제로 등소평의 권력으로 진입은 서구 산업적-기술적 모델이 중국으로 들어옴을 의미한다. 그러나 기술 단계로 접근하기 전에, 산업적 단계로 접근해야 한다. 중국은 아직 전반적으로 여기에 이르지 못했다. 그리고 우리는 거기에 이르려면 프롤레타리아 계급이 있어야 한다.20) 자유화라고 하는 등Deng의 방향은, 틀림없이 프롤레타리아화를 가져올 것이고, 이것은 모든 사회주의 계획 경제 체제에서처럼, 노동수용소 시스템을 통해 수행될 것이다. 파스칼리니는 1979년 4월, 체제의 "자유화" 이후 중국 수감자들을 2천만으로 추정하였다.21) 따라서 돌아올 10년 동안 중국에서는 노동수용소의 창궐과 동시에 정치적 민주화의 주장이 있을 수 있다. 실제로 그 둘은 짝을 이룰 수 있다. 마르크스는 서구에서 형식적 민주주의의 정착과 프롤레타리아 계급 발전 사이의 일치를 잘 보여주었다. 그러나 중

---

20) 또한 클로디Claudie와 자크 브루아옐Jaques Broyelle, 그리고 에블린Evelyne 토생바르Tochinbart의 중국의 두 번째 회귀, 르 쇠이유, 1976을 보기 바람.
21) 전체 주민의 2.5%에 해당한다. 1850년 프랑스 프롤레타리아 계급 계급의 비율이다.

국에는 다른 가능성도 있다. 외부 프롤레타리아 계급의 착취로서, 중국은 베트남에서 시도하였고, 캄보디아에서는 성공했다(또는 거의 성공할 뻔 했다).

중국에는 지금 약 50만의 공장과 광산이 있다. 그런데 대부분은, 20세기 초 유럽에서 가져온 구식 모델로서, 절대적으로 노후 상태이다. 노동자들은 거기서 개탄할만한 조건에 빠져 있다. 게다가 현대 도시라 해도, 공장들이 대량으로 밀집된, 그렇지만 거주용 도시에서 상당히 떨어진 "산업 도시" 유형이다. 상하이를 보면, 위성 도시들이 있고, 노동자들은 프롤레타리아 스타일의 서민주택에서 거주한다. 공장은 거주지 곁에 있지만, 가족들은 상하이 집에서 산다. 그런데 이 중심과 산업적 도시들 사이에 중심으로부터 약 30km 아무런 소통의 수단이 없다. 따라서 노동자들은 독신생활을 하며, 일주일에 한 번씩 만나는 가족들과 분리된다.

프롤레타리아화는 또 티베트의 중국 식민지에, 노동력과 중견 간부들의 강제 파견으로도 나타난다(티베트는 군사적으로 침략 당했고, 격렬한 저항 후에 폭력으로 병합되었으며, 순수 간단한 제국주의적 식민지로 전락했다). 자발적으로 그곳에 가려고 하는 중국인들은 아주 드물다. 그들은 강제로 보내진다.1979년 7월에 수천 명의 중견 간부들과 기술자들, 그리고 도로 공사를 위한 고통스러운 노동은고도 4천미터이다!, 그 지역 주민들이 아니라, 고향으로부터 강제 이주된 중국인들 몫이다. 프롤레타리아화와 연결된 식민지화이다!

프롤레타리아 계급의 특징 중의 하나는 실업이다. 우리는 그 실업을 소련에서 만났고, 이제 중국에서 다시 만난다. 이것은 반중국적 험담이 아니다. 리 씨아나우Li Xiannau 부수상은 1979년에 2천 만의 도시 실업자가 있다고 발표하였다. 1980년에는 2천6백만의 실업자들을 추정할 수 있는데, 이는 가용 노동력의 10%에 해당한다. 여기에 어떻게 대처할 것인가? 사람이 살지 않는 오지에 1백만의 젊은이들을 보냈고, 그보다 더 험한 수단들도 사용하였다. 그러나 실업은 증가할 따름이다. 1980년과 1985년 사이 상실된 도시 노동일 수 증가는 연간 3백만 일로 예상한다. 그러나 동시에 매년 천만의 젊은이들이 노동 가능 연령에 이른다! 그리고 거기에 수익성이 없는 수많은 공장이 문을 닫는다는 사실을 더해야 한다. 다시 한 번, 기술화와 수익성이 실업을 생산한다 따라서 두 개의 커다란 시도가 있다. 도시 밖 소규모 산업 중심지들을 인위적으로 건설하고, 일당의 계절직, 임시직을 크게 늘리기. 달리 말하면, 이것은 진정한 노동 시장을 만드는 것이고, 이 시장 앞에서 "국립 노동 사무소들"은 문을 닫아야 한다. 노동은 이제 시장의 법칙을 따른다. 아주 정확히 노동력은 중국에서 하나의 상품이 되었다. 그러나 더 나아가서, 실업은 도시의 범죄 증가를 유발한다. "프롤레타리아 계급-위험한 계급"이라고 하는 사람은 내가 아니라, 등 Deng의 정책을 수정주의라고 비난하는 중국사회 최고 좌파 전문가들이다! 그러나 수많은 다른 지표가 이 프롤레타리아 계급을 특징짓는다. 나는 1979년에 시작된 "한 가정 한 자녀" 캠페인을 거기에 포함하는 데 주저하지 않는다. 어떤 대가를 치르더라도 인구 증가를 억제해야 한다. 특히 가난한 계급들에서 이 프로젝트는 서구를 분노케 할 불임수술과 함께 한다. 이것은 아직은 의무는 아니다. 신화사 통신원은 그래야 생활수준을 향상시키고, 젊은이들이 너무 많지 않아야 기술교육을 할 수 있다고 말한다. 불임 권장을 위해, 아주 강경한 조치를 채택하였다. 한 자녀 가정은 장려금을 받을 것이고, 이 아이들은 탁아소와 의료 시설, 학교, 직업에 우선권을 가질 것이다. 세 자녀를 가진 가족은 월급 10%의 벌금을 낼 것이다.

그러나 프롤레타리아 계급 속으로 진입을 가장 잘 나타낸 것은, 1979

년 여름에 일어난 큰 사건, 즉 '노동력 수출'이다. 중국은 자기가 가진 주요 원자재인 인간을 수출하기로 했다. 처음에는 "임대"부터 시작했다. 그러나 사실은 진정한 판매이다. 4십만 중국 노동자들이, 이탈리아 국영 건설사 이탈사트Italsat에 팔렸다. 이들은 제3세계 국가들에서 토목 공사에 투입될 것이다. 이탈리아 회사는 중국 정부에게 일괄 지급하고, 정부는 일부만 노동자들에게 돌려줄 것이다. 이것은 노동 상인들이 하는 방식이다. 과거에도 중국은 탄자니아나 파키스탄에 노동자들을 보냈었다. 그들은 언제나 그 나라 사람들도 하기 힘든 일을 해야 했다.탄자니아-잠비아 사이 철도 건설, 카라코룸Karakorum을 지나 중국-파키스탄 간 도로 건설 그리고 이것은 사회주의 친구들 사이의 원조에 관한 문제였다. 그러나 이번 경우는 반대로 서구 19세기 최악의 프롤레타리아 계급 형태에 따라, 자본주의 노동 시장에 들어가는 문제이다. 왜냐하면, 인민사회주의이고 혁명적인 자기 국가에 의해 팔렸기 때문에 사회적 요구를 할 수 없는, 저임의, 단결권이 없는 노동력을 제공하는 문제이기 때문이다. 이것은 절반은 중국적이고 절반은 서구적인 자본주의 사회를 형성하고 난 이후에 시작된다. 노동자 수출에 대한 교환으로, 이탈리아 국영 산업재건공사IRI는 중국에서 민간 건설 공사를 하기 시작한다.

결론으로, 이러한 프롤레타리아 계급의 가장 놀라운 양상의 하나는, 모든 인민이 모든 강령에 놀랄 만큼 잘 순종한다는 것이다. 전문가들은 깊은 마음에서 우러나지 않은 순전히 수동적이고 외적인 복종이라고 주장한다. 물론이다. 그러나 이것은 한편으로는 내가 이미 분석했던 선전의 이상적 효과와 정확히 상응하고, 다른 한편 "근본적 믿음", 기본적 존재 그리고 행동 사이의 완전한 단절을 내포한다. 그렇다면, 행동은 중요하지 않은가? 문화 혁명 시기에, 홍위병들은 행동을 믿는다는 인상을 주었다.

그렇지만, 그것은 또, 중국인들이 아무것이나 받아들이도록 이 믿음들이 영향을 주지 않았음을 의미하는가? 그럴 경우라면, 프롤레타리아 계급 창조를 위한 이상 그 자체이다! 중점 정책들이 바뀐다! 1958년에는 수확을 증가시키기 위해 모든 참새를 죽여야 했다. 어린이 포함 6억의 중국인들이 안간힘을 다해 거기에 매진했다. 그 결과, 해충들이 참새들보다 더 많은 해를 끼쳤다. 1972년에는, 중점 정책이 뒤집혔다. 모든 참새의 절대적인 보호. 그리고 6억의 중국인들이 복종한다. 비슷한….

4. 왜

중국의 혁명은 기술적 명령에 굴복하였다. 중국의 길은 사라졌다. 거대한 격변은 우선 선진 기술의 실현을 목표로, 정확히 집단적 산업화의 길로 향한다. 따라서 1954년 내가 중국에 대해 썼던 것, 즉 중국이 생존하고 존속하고자 한다면, 중국은 분명히 기술화의 길로 들어갈 것이라고 했던 말이 정확히 실현된다. 다른 길은 없다! 그리고 "현재 미국은 소련이 30년 후에 될, 그리고 중국이 아마 80년 후에 될 모델을 우리에게 주고 있다." 공산주의 체제가 공산주의 이상과 아무 관계없는 사회 경제적 사회 유형을 실현하면서, 기술의 결정적 무게를 제거하기는 내가 보기에 불가능해 보인다.

C. 베텔하임이 쓴 중국의 격변에 관한 책을 읽기가 약간은 거북하다.22) 베텔하임은 마오이즘의 실수들, 당시 판에 박은 담론, 정치적 지도 대신 순수한 통제, 스탈린 시대 반-마르크스주의 개념과 불충분한 단절 등에 대해 비판한다. 그것을 1978년이 아니라 1960년에 했다면 환영받았을 것이다!, 23) 이 모든 것은 분명히 정확하다. 그러나 그는 왜 그것이 생산성과 효율

---

22) 찰스 베텔하임Charles Bettelheim, 마오쩌둥 사후 중국의 문제들, 앞의 책.
23) 찰스 베텔하임이 스탈린과, 스탈린의 경제 계획의 아첨꾼이었음을 밝히는 것은 잔인한 일이다. 그리고 그는 그 당시에 스탈린 사상과 스탈린주의의 적용이 어느 정도나 마르크스에 합당한가를 증명하였다.

성으로의 경향을 만들어야 하는지 말하려 하지 않는다. 분명히 그는 혁명 노선은 실패했다고 말한다. 그러나 여기서도 그는 엄격한 경제적 분석을 하지 않았는데, 실은 그는 그것을 할 수가 없었다. 그 이유는 중국의 혁명론적 이데올로기가 경제와 기술의 발전을 가로막았고⋯ 이 실패를 만회하고 후진을 극복하려는 새로운 방향이 정당함을 확인해야 했기 때문이다. 그러나 이것은 C. 베텔하임이 원하지 않은 것이다. 그는 다른 해석을 한다. 즉, 새로운 노선, 등소평은 계급 노선이라는 것이다. 전혀 경제적이고 기술적인 문제가 아니라, 계급투쟁의 문제로서, 프롤레타리아 계급이 국가적 부르주아 계급에 굴복했다는 것이다. 그렇다면, 질문들이 솟아난다. 즉, 이 혁명적 중국 속에 부르주아 계급이 있었는가? 30년 전부터 부르주아 계급을 제거하는 데 성공하지 않았는가? 이 계급이 국가 부르주아 계급이었고, 이 국가 속에서 결국 모든 권력을 잡을 정도로 아주 중요한 자리들을 차지하고 있었다면, 이 공산주의 국가 속에서 형성된 이 부르주아 계급은 누구인가? 그렇다면, 혹은 이 사람들은 진정한 공산주의자들이 아니었거나 (그렇다면, 권력을 행사했던 사람들이 부르주아들이었다면, 어떻게 노동자—농민 프롤레타리아 계급 독재에 관한 문제가 될 수 있었고, 중국의 국가가 그렇게 되었을까?), 혹은 그들은 혁명적 권력이 발전해 가면서 부르주아가 되었는가? 이것은 풀릴 수 없는 수수께끼처럼 나타난다. 아무튼, 공산주의 국가의 새로운 부르주아 계급에 대한 이런 종류의 계급투쟁이 있다면, 우리는 마오에 의해 설립된, 비적대적 모순들의 도식으로부터 빠져나오게 된다⋯. 실제로, 비적대적 모순들은, 서로 다르고 적대적인 생산관계와 생산력을 대변하는 적대적 계급들 사이에서는 일어날 수가 없다. 이제부터, 마오이즘에 따라 건설된 사회는, 거기서 계급투쟁이 소진되지 않고(과거 부르주아 계급의 종결), 다시 새로워진다는 점에서 공산주의 사회가 아니다! 결국, 사람들은 어떤 점에서 "부르주아 계급"에 관한 문제인가를 알고 싶을 것이다? 이데올로기인가? 다른 경제적 실천인가? 효율성의 추구와 기술에 기대를 거는 사실인가? 그것이 부르주아 계급을 만드는 것인가? 그러나 마지막 점에서 그러하다면, 그것은 또 레닌도 그의 유명한 공식에서 틀렸다는 것을 의미한다!! 이러한 질문들은 계급투쟁에 의한 설명이 혼동만 부른다는 것을 보여준다.

　이러한 공식은 어떠한 "설명"도 제공하지 않는다. 왜냐하면, 아무튼 이 공식은 계급 자체에 대해 너무 모호하고, 불확실한 관점 위에 세워져 있어서, 사람들은 결국 그 작용을 알 수 없기 때문이다. 계급투쟁의 주장은 그냥 판에 박은 것이어서, 사람들이 실제적인 어려움에 봉착할 때마다, 계급투쟁을 언급하는데, 이것은 아무것도 설명하지 못한다. 전적인 비현실 속에서, 모든 것을 이해하고 해석할 수 있게 해 줄 유일한 만능열쇠에 의존하는 것과 같다. 중국이 전처럼 굴복했다면, 중국이 어제 타도했던 것을 다시 숭배한다면, 그것은 몇몇 야심가들의 일이나 몇몇 정치 도당의 일, 또는 사익을 추구하는 부르주아 집단의 일도 아니다. 어떤 동기가 있었고, 그 주요 문제를 지적했어야 한다.

　이해를 위해, 우선 전반적인 상황을 환기해야 한다. 다시 말해, 사람이 원하든 원하지 않든, 우리는 하나가 된 세상 속에 있다. 사람들은 그에 대해 자주 말하지만, 구체적 문제 앞에 서게 되면 곧 망각해버린다. 하나인 세계에서는, 이데올로기적 주장들이나 혁명적 행위들이 무엇이건, 한 나라만 고립해서 단절된 체제와 경제를 건설하기가 불가능해졌다. 바로 이것이 이미 소련에서 강제되었던 것이고, 아프리카에서 강제되고 있다. 이것은 제국주의적인 것이 아니다. 그것은 개발 가능성의 조건 자체이다. 각각의 결정, 각각의 단절, 각각의 위기는 곳곳에 영향을 준다. 1920년대에는 "한 나라에서만의 사회주의"를 상상할 수 있었다. 예를 들어, 소련의 자원을 가지고, 다른 나라들과 관계없이, 그리고 의무도 없이, 하나의 체제를 구성하고, 독자적으로 살 수 있었을 것이다. 반세기 후에, 이제 더는 가능하지 않다. 그 사이에 무엇이 일어났는가? 기술의 향상이다. 바로 그것이 나라들과 나라들이 구체적으로 접촉하게 했을 뿐만 아니라, 세계 위에 정보의 망을 펼쳤고, 긍정적이고 부정적인 기업들의 수를 증가시켰으며, 이 기업들은 세상의 운명을 짊어지며, 우리에게 협력 의무를 부과한다.

중국도 혼자서 모든 것을 하고, 독립 체제를 건설하겠다고 주장했다. 그리고 이어서, 어느 정도의 성장에 이르자, 만남과 교환을 피할 수 없게 된다. 그러나 이것은 마침내 두 길을 택한다. 힘과 경쟁의 길이다. 그리고 이 두 길을 통해, 불가피하게 세계적인 기술화 속으로 들어간다. 우리는 모두 힘의 문명에 들어가게 되었다. 그렇다면, 이 힘의 문명은 어디에 있는가? 오로지 기술 속에 있다. 사회적 · 정치적 · 경제적인 모든 활동 영역을 고려해보면, 성장은 힘을 갖추는 것이고, 힘은 기술로부터 온다. 따라서, 전통적인 사회들 속에서, 과거의 모든 힘의 수단들은, 모두 현대의 기술력의 지배를 받는다. 상관적으로, 현대 기술을 사용한다는 것은 곧 힘이 있다는 말이다. 그런데 처음부터, 소련은 사회주의와 사회주의 조국을 방어하기 위해 힘의 길로 들어서야만 했다. 처음부터 소련은 군사적으로 공격당했고, 혁명을 구하려면 현대 군대를 창조해야 했다. 그러나 현대군은 조직과 장비, 병참의 하부구조, 그리고 산업화를 가정한다. 기술적일 수밖에 없는 영역이다. 한 나라의 사회주의가 자신을 스스로 방어하려 하자마자, 레닌의 유명한 전기화 공식이 없었다 해도 기술화 속으로 들어가게 되었다.

중국도 정확히 똑같은 상황에 부닥친다. 똑같은 군사적, 다시 말해 기술적 수준이 아니면 어떻게 소련으로부터 방어할 수 있을까? 중국은 자신이 헤매고 있던 꿈, 열성과 혁명이 원자 폭탄보다 더 가치 있던 꿈으로부터 갑자기 깨어났다. 혁명을 무장해야 한다. 혁명을 수호하기 위해서뿐만 아니라, 전파하기 위해서이다. 분명히 공산당은, 소련의 비호 아래, 이어서 중국의 비호 아래, 세계 속에서 공산주의 승리를 임무로 삼았다. 그런데 여기서도 사람들은 기술화를 만난다. 그러나 행위가 자본주의 국가냐 아니면 제3세계 국가로 향하느냐에 따라 다르다. 처음은, 오랜 경험에 따른 노동의 전문성으로, 더는 대중의 열성이 아니라, 전문가들의 방법론적인 계산과 섬세한 조직의 결과이다. 두 번째의 경우에는, 직접적 기술화인데, 왜냐하면 기술 원조를 통해서 소련이나 중국은 아프리카 국가들 속에 지속적으로 뿌리내리려 하기 때문이다. 달리 말하면, 두 경우에서, 중국은 스스로 기술화되어야 한다. 그런데 그것을 아무렇게나 할 수가 없다. 편하게 이런저런 방식을 자유롭게 고를 수가 없다. 강한 의미로 기술화의 길은 단 하나밖에 없다. 즉, 서구와 자본주의 기술 앞에서 가장 좋은 결과를 얻는 것이다. 그것은 다시 한 번 효율성이다. 나는 추상적으로 가능할 수 있는 여러 기술적 길이 있음을 안다. 그러나 새롭고 방향이 다른 기술을 발견하고 적용하려면 많은 시간이 필요하다. 그리고 바로 이것이 중국은 가장 부족하다. 경쟁이 시작된 바로 그 순간부터 결핍된다. 분명히 서구는 선물을 주지 않는다. 전시와 정확히 같다. 승리하는 자는 가장 강하고, 가장 효율적인 자이다. 그리고 사람들은 적에게 다른 방법, 무기를 발명할 시간을 주지 않는다!

이렇게 힘의 필요로부터, 우리는 어느 순간 경쟁으로 넘어갔다. 중국은 갑자기 경쟁에 휘말리게 되었고, 자기 혼자 갇혀 있을 수 없게 되었다.

그런데 이 경쟁은 "진보"의 영역 속에, 진보처럼 보이는 영역, 즉 경제적이고 과학적인 성공 속에 자리 잡는다. 이러한 선택을 어떻게 정리할까? 사회주의에 도달하려면 고도의 생산에 이르러야 한다. 평등한 구성과 계급의 제거로는 충분하지 않다! 그리고 사회주의가 자본주의보다 월등함을 증명할 정도가 되어야 한다. 그러나 어떤 분야에서? 우리는 여기서 도덕적 문제를 다시 만난다! 도덕적 모범, 덕, 이상적 가치들(정의, 평등)의 설립 속에서인가, 아니면 우선 개인들의 물질적 필요의 만족 속에서인가? 여기서 또 필연적으로 세계화가 작용한다. 서구 생활의 "이상"이−항상 더 많이 소비하기, 힘을 덜 들이기, 개인적 절제 속에서 집단적 힘에 도달하기−곳곳에 파고들었다. 중국은 오만하게도 이러한 침입에 대처할 수 있다고 믿었다. 우리는 그 실패를 보았다. 이제부터 중국은 사회주의 국가에서 더 적게 소비하고 더 못사는 것을 이해할 수 없는 대중의 압력에 의해, 그리고 엘리트들에게 강제된 기술적 명백성에 의해, 물질과 수량의 경쟁으로 옮겨졌다. 경제적 성공은 사회주의를 평가하는 뒤집을 수 없는 요소이다. 그런데 이러한 성공은 기술적 성장과 연결되어 있다. 여기서도 시간을 늦출 수 없다. 기술은 신속하다. 그것을 잡아야 한다.

따라서 우리가 보는 것은 그저 그런 혁명적 변화가 아니라, 근본적이고 돌이킬 수 없는 격변이다. 정치적 힘의 차원에서 세계적 리듬에 들어가는 문제이다 − 경쟁에 의해 명령받고, 기술에 의해 결정되는 경제적 성장. 등Deng과 그 팀의 선택은 기대에 부응할 기술적 모델과 합치하는 것이다! 그들은 경쟁으로 말미암아, 배타적 딜레마에 봉착한다. 혹은 기술서구에서 차츰차츰 생산된, 그렇지만 잠재적인 보편성을 띠는 현재의 기술 시스템을 수용해서, 그래서 살아남고, 이 세계 속에서 살아갈 것인가. 그러면 사회주의 강국으로 살아갈 수 있다. 혹은 기술을 거부하고, 남의 충고를 듣지 않고 기분대로 하며, 다른 개발 형태를 선택할 것인가. 그리고 다른 방법과 다른 수단을 가지고 행동할 것인가. 그러면 직접적이건 간접적이건, 신속하고 필연적으로 사라지게 되어 있다! 따라서 현재의 팀이 철저히 의식하는, 이러한 화급함과 필연성 앞에 중국은 처해 있다. 바로 이것이 '전환'을 일으킨 것이다. 그리고 물질적 인자는 여기서 혼자 움직이지 않았다. 우리는 이미 훨씬 위에서 심리적 요소에 대해 암시했다. 즉, 중국에서는 기술이 단순히 일을 더 잘하거나 빨리하기 위한 도구가 아니다. 기술은 중국에서도 화려한 아우라Aura를 가지고 있다. 그것은 힘, 미래, 인간의 기적이다.[24]

마오는 오랫동안 기술에 대항해 싸웠다. 그는 오랫동안 이데올로기적이고 초월적인 모델모델에는 자기도 포함하여이 우세하도록 시도했다. 그리고 결국 그는 꺾이고 말았다. 1960년 이래로 중국의 모든 언론 속에서 드러나던 기술 이데올로기가 부지불식간에 형성되었다. 그것은 문화 대혁명 기간에는 억눌려 있었다. 그렇지만, 그 상태가 어떻게 오래갈 수 있을까! 과거에는 종교적이고 도덕적인 믿음들이 압박했었지만, 이제는 명백한 기술적 탁월함이 압박하기 시작했다. 기술적 탁월함은 모든 사회, 모든 행동의 모델이 되었다. 영리한 중국인들이 지금까지 서구의 성공은 오로지 기술 위에 세워졌고, 현대 세계의 모든 발명은 서구로부터 왔다는 것을 잘 아는데, 어떻게 다른 식으로 할 수 있겠는가. 여기서도 기술 독점과 경쟁하기를 원한다면, 길은 오직 하나, 기술적 성장뿐이다. 그리고 사람들은 신속하게 거기에 전념하였다.

모델로서, 이데올로기로서 기술은 우리가 서구에서 받아들이는 젊은

---

[24] 이 마지막 점에 대해서는 랑베르Lambert의 "제3세계의 기술적 미메티즘", 「르 몽드」, 1979를 보기 바람.

중국인 과학자들과 기술자들의 놀라운 자질 속에서 그 첫 열매를 맺고 있다. 그러니까 한편으로는 이러한 엘리트를 개발함과 동시에, 다른 한편 중국을 원시-공산주의라는 꿈같은 이데올로기와 발작 속에 유지하기가 가능하지 않았다. 현재의 방향은 현실과 일치한다. 그렇지만, 이 방향은 기술이 결국 중국의 공산주의 혁명 모델을 이겼음을 나타낸다. 이러한 해석은 3년 전부터 전개된 아주 흔한 실수를 피하게 해준다. 프랑스의 모든 신문은 "체제의 자유화"에 대해 말한다. 그런데 그것은 근본적으로 잘못 이해한 것이다. 이런 생각을 하는 관찰자들은 대자보 게재자의 체포, 학생이나 노동자 데모 진압, 반동분자 처리나 군의 단호한 선언을 예를 들어 1979년 5월 30일 보고선 깜짝 놀란다. 매번 사람들은 "자유화에 역행한 도발"이라고 쓴다. 그러나 이것은 오해이다. 결코, 자유화란 없었고, 새로운 경향은 자유와는 아무 관계가 없다! 혁명적 이데올로기가 기술적 효율성보다 우세했던 시스템으로부터 기술적 성장 의지가 혁명적 이데올로기를 지우는 시스템으로 넘어간 것이다. 어떤 대가로라도 기술, 그리고 "효율성 우선"은 자유화와는 아무 관계가 없다!

자유는 그것이 효율성에 도움이 된다면 수여될 수 있다. 그러나 데모, 선언, 소요들이 효율성을 저해한다면, 명백히 분쇄해야 하고, 금지해야 하며, 막아야 한다. 경찰, 수용소, 통제, 제약 등은 더는 똑같은 근원과 동기가 아니다. 그렇지만 기술적 명령에 따라 같이 남아 있다. 숙녀들이 화장하고, 미니스커트를 입으며, 젊은이들이 현란한 춤을 추고, 재즈가 허용되며, 성이 어느 정도 해방된다 해서, 어떠한 자유화도 증명 못 한다. 다만, 마오이즘의 도덕적 엄격성을 포기했다는 정도이다. 그리고 이 행위들은 현대의 강도 높은 생산적 일에 도움을 주기에 받아들여진다. 그러나 도를 지나치지는 않고, 새로운 압력은 옛 압력과 거의 다르지 않다! 그리고 치러야 할 대가는 언제나 같다! 서구에 종속된 중국은 이 기술 주인에게 복종해야 하고, 서구 앞에서 절반은 프롤레타리아인 나라, 그리고 동시에 이러한 수모를 벗고 싶다면, 최대한 빠르게 산업화하고, 기술화하여야 하는 나라이다 – 다시 말해, 자신의 국민을 선진 산업 프롤레타리아 계급으로 바꿔야 한다…!

4장. 제3세계 프롤레타리아 계급 속으로 좌초

이제부터 우리는 세계 인구 3/4과 관계되는 거대한 드라마를 볼 것이다. 이들을 부를 정확한 표현이 없기에, 때로는 저개발 국가라 하기도 하고, ("저개발 도상국"이 더 맞겠지만) 조심스럽게 "개발도상국"이라 하기도 한다. 내가 보기에는 "제3세계"로 부르는 것이 더 실천적으로 보인다.1) 나는 이러한 명칭들이 그들의 자존심을 건드린다는 사실을 알고 있다. 그러나 다른 명칭도 마찬가지일 것이다. 자본주의와 사회주의 국가들(이들을 모두 선진국이라 생각하면 잘못이다)의 저편에, 아프리카, 이슬람, 근동, 중동, 동남아시아, 중앙아메리카, 라틴 아메리카의 거대한 혼합이 있다. 때로는 이 모두를 자본, 기술, 두뇌를 갖춘 "북반구"에 대해 "남반구"라 하기도 한다. 세계 인구의 3/4, 세계 영토의 4/5가 현재 인류 역사상 가장 비참한 삶을 살고 있다. 식민주의 탓만은 아니다. 나는 이미 그것이 모든 악의 근원은 아니라고 한 바 있다. 프롤레타리아 계급에 머물기로 하자.

  제3세계의 불행의 원인에 대해 다음과 같은 아주 매력적인 수정된 제

---

1) 모든 사람은 명명에 대해 주저한다 – 제3세계, 저개발국, 개발도상국…. 이 모든 이름은 신용이 가지 않는다. 이브 라코스트Yves Lacoste는 전적으로 다른 문화와 경제적 단계에 있는 나라들에 대해 단 하나의 명칭을 사용할 수 없음을 보여준다. 그의 책은 근본적이면서, 이 장의 많은 고찰에 기본으로 사용되는데, 제3세계의 통일성과 다양성(마스페로, 1980), 그래도 제3세계라는 장르적 용어를 간직한다. 그러나 이 세계는 극도로 복잡하고, 내적 모순들에 잡혀 있으며, 다른 두 세계에 비해 아주 다양한 방식으로 위치한다….
아주 최근에 사람들은, 전적으로 박탈당한 나라들과 다른 나머지 제3세계를 구분하는 새로운 용어를 발견했다. 사람들은 그 나라들을 "가장 덜 진보한 나라들"이라고 부르는데, 33개국이 있고, 그 중 22개국은 아프리카에 있다. 그들을 정하기 위한 기준들은 전적으로 자의적이며, 서구적 모델에 기초한다(개인당 국내총생산PIB가 2백 달러 미만으로, 농업이 위주이고, 산업화 교육이 아주 미약한 수준이다. 이 모든 것은 부조리하다. 여기서는 단지 위생과 영양의 불충분은 유지될 수 있다. 그러나 사회적이고 문화적인 황폐는 고려할 수 없다). 사람들은 "33"그룹을 "77" 그룹과 대립시킨다. 이 후자는 개발도상국들로서, 우리가 보여주겠지만 프롤레타리아화의 길에 들어선 나라들이다. 실제로는 다른 다양한 나라들을 제3 세계와 구분해서는 안 된다.

국주의 이론이 있다.2) 선진 자본주의 국가들에서는 프롤레타리아 계급은 성격이 완전히 바뀌었고, 진정한 프롤레타리아 계급이라고 말할 수도 없다.그렇지만, 이민자 노동자들은? 왜냐하면, 유럽이나 미국의 일반 노동자들은 마르크스가 규정한 프롤레타리아하고는 극단적으로 다른 생활 방식과 권리가 있기 때문이다. 분명히 변화가 있었다. 제국주의가 전통 자본주의의 뒤를 잇고, 경제가 '세계적'으로 되어감에 따라, 이 현상이 일반화되어 있고, 세계화되어 있다.특히 다국적 기업들이 그렇게 하도록 한다 또한 프롤레타리아 계급을 산업 세계 바깥에서 보아야 한다. 게다가 산업 세계는 이런 후진국들에서 나온 부와 원자재를 통해서 기능 할 수밖에 없다. 이제부터 한 나라 안에서의 계급 분화란 없고, 계급투쟁은 세계적 차원으로 이전되었다. 우리는 이제 프롤레타리아 계급이 아니라, 프롤레타리아 국민을 본다. 제1세계자본주의와 제3세계 사이의 분할은 제국주의적 수탈자와 프롤레타리아 국민 사이의 분할이고, 이것이 지금 이 새로운 프롤레타리아 계급에 대해 내려야 할 해석이다. 그들은 이중적으로 프롤레타리아이다.3)

제3세계 국민은 우선 자기 나라에서는 살 수 없어서, 조국을 떠나, 일자리가 있을 법한 나라로 떠난다. 그리고 거기서 이주자들은, "진정한" 프롤레타리아들이다. 그런데 이런 조국 이탈은 서구에서 18세기 말과 19세기에 일어났던 것과 거의 흡사하다. 즉, 농부들은 토지를 떠나 도시의 공장으로 가고, 이 도시 산업적 환경 속에서 프롤레타리아가 된다. 그런데 기근이라는4) 예외적인 경우만 빼면, 이들 국민들의 대량이동은 물질적으로는 잘 설명되지 않는다. 그들은 자기 나라에 그냥 있었던 것보다 더 비

---

2) 자본의 원시적 축적에 대해서는 사미르 아맹Samir Amin의 『세계적 차원의 축적』1970을 보기 바람. 이 책은 마르크스주의 관점에서 제3세계에서 현재의 축적 현상에 대해 연구한다.
3) 그 뒤를 잇는 모든 것에 대해서는, P. 조르주George의 탁월한 『종합인불평등의 지도』, PUF, 1981을 보기 바람.

참한 상황에 놓이기 때문이다. 아무튼, 만성적 기근이 이동을 설명해주지는 않는다. 그리고 비록 기근이 일어난 때라 해도, 그것이 모든 것을 설명하기에는 충분하지 않다. 즉, 기근을 겪는 북아프리카 지중해 연안의 주민들은 서구로 피난하지 않는다. 마찬가지로 마오Mao 이전에, 그리고 마오 아래서 두 번, 중국은 큰 기근을 겪었지만, 중국인들이 서구로 대량으로 떠나지는 않았다. 북아프리카인들Maghrébins과 터키인들, 그리고 다른 많은 사람을 서구로 오게 한 것은 진짜 기근은 아니다. 그것은 빛나는 물질적 재산을 향한 끌림, 매혹과 같은 것이다. 이것은 정확히 19세기 내내 나는 1945년에도 아직 그런 것을 보았다 도시의 매력에 끌린 농부의 무모함과 똑같은 현상이다. 이 노동자들은 "화려한 화물선"의 대응물인 상상적 천국을 향해 무작정 몸을 던졌다. 즉, 신비한 것들을 쏟아내는 백인들의 화물선이 너무 늦게 오니까, 아예 선박의 출발점으로 가자, 화물선이 가지고 올 부를 현장에서 채집하자. 이렇게 하여 제3세계의 한 부분이 자발적으로 서구로 와서 실제적 프롤레타리아 계급으로 떨어진다.

여기에 더해 제3세계의 다른 프롤레타리아화 모습도 있다. 한 나라 전체, 한 지방 전체가 원자재를 헐값에 사들이는 제국주의적 수탈에 의해 프롤레타리아가 된다. (노동력 외에) 이 나라들의 유일한 부는 원자재, 즉 석유, 구리, 알루미늄, 니켈, 우라늄, 목재, 설탕, 커피, 차 등이다. 부자 나라들은 가난한 나라들이 어쩔 수 없이 자원을 수출하고, 경제적으로 "자립"할 수 없게 하며, "원조"를 받아야 하고, 계속해서 빚을 지게 한다. 그래서 결국, 거의 모든 수출액이 이자 막는데 들어간다.5) 여기서도 우리는 19세기 프롤레타리아 조건과 거의 비슷한 한 모습을 본다. 즉, 기업이 운

---

4) 물론 나는 여기서, 라틴 아메리카에서는 우익의, 동남아와 아프리키에서는 좌익의, 공포 체제를 피해 달아난 정치적 난민들의 문제는 예외로 한다.

영하는 구내식당이나 매점에서 노동자들은 외상거래 한다. 그리고 월말에는 월급보다 더 많은 외상을 진다. 그런데 자유주의 자본주의 국가들에서, 경제 활동 주체는 정치권력이 아니라, 거대한 회사들, 지금은 다국적이 된 "대기업들"이다. 예를 들면, 라틴 아메리카 프롤레타리아화에 선봉이었던 회사는 United Fruit이다.6) 그러나 주민과의 갈등이 격화되면, 자본주의 정부는 지역 정부를 고용원으로 내세운다. 이 지역 정부는 치안을 유지하고, 주민들이 자본주의 기업을 위해 불평등한 노동 조건을 받아들이게 강제하는 기능밖에 없다. 달리 말하면, 이런 정부는 마르크스 이

---

5) 년 상업과 개발을 위한 유엔 컨퍼런스에서 만들어진, 이미 오래된, 하나의 평가는, 가장 덜 가난한 (석유를 갖지 않은) 제3세계 국가들에 대해 외부 빚이 4년 동안 두 배가 되었다고 지적하였다(약 천4백억 달러). 이 이자는 산업화한 나라들이 제공한 전체 원조의 두 배에 달해, 나아가서, 그들은 이 연부 상환금을 갚으려면 수출액의 1/4을 선공제해야 할 것이다. 이제부터 상황은 심각하게 악화하였다. 그래서 이 중 많은 나라에서는, 만기가 된 더 오래된 차입금을 갚으려고 단기 차입금 계약을 체결한다. 가장 가난한 나라들은, 산업화한 나라들이 그들 나라에 무엇을 빌려줘도 상환능력이 없다고 판단했기 때문에, 상황이 덜 나쁘다! 그들은 발전을 위해 아무것도 빌려주지 않았기 때문에, 빌린 것이 거의 없다! 가난은 거기서는 저축의 여지를 전혀 주지 않았고, 성장률은 년간 0.5%이다. 이것은 인구 증가에 대응하지 못하고, 그들이 수입하지 않을 수 없는 생산품들의 가격은 계속 오른다. 분명히 이 나라들의 대부분은 빌린 돈 거의 전부를 필수불가결한 상품을 사는데 다 써버린다. 사람들은 악순환을 본다. 그러나 1978년 이 빚 중의 일부를 탕감해주자고 스웨덴이 했던 제안은 채택되지 않았다. 연속 3년 동안, 가장 가난한 나라들은 그들 수출품의 순 생산이 감소하는 것을 보아야 했다. 사람들은 실질 수입의 하락과 환율의 악화, 그리고 부채의 증가를 확인한다. 1980년에 기초 생산품들의 실질 가격은 30년 이래로 가장 낮은 수준으로 떨어졌다. 그리고 제3세계의 무역 적자는 1981년에 120억 달러로 증가한다. 제3세계 모든 국가의 부채는 1982년에 4천5백 달러로 증가한다. 사람들은 진정으로 프롤레타리아 국가들에 대해 말할 수 있다. Cf. 국제연합 무역개발회의CNUCED, 『부채』, 개발 포럼, n°44, 그리고 마트스 귈레Mats Guller, 『부채 무효?』 같은 책, n°41.
6) 게다가 사람들은 식민지화된 나라들에서, 식민자들의 강요에 의해, 농업-산업적 작물 재배를 위해 식량재배를 포기하도록 한다. 사람들은 이것이 유럽에 이러한 농업-산업적 경작을 (아마, 대마, 유채 등) 포기하게 해주고, 경작할 수 있는 모든 땅을 식량재배에 할당할 수 있게 해서, 전체 경제 성장을 허용해주는 소비 수준에 이를 수 있게 해준다는 사실을 충분히 말하지 않았다.

론에 따라, 정치권력이 자본가를 위해 하던 역할을 한다. 이상이 제3세계를 선진국의 프롤레타리아로 만드는 침략적 제국주의에 대한 비난이다. "자본주의 국가"-"프롤레타리아 국가"의 대립이 예전의 계급 분할을 대체하였다.

그런데 위의 주장들은 아무리 보강된다 해도, 너무 도식적이다.7) 우리는 여기에 여러 가지 항목을 더 첨가할 것이다. 우선, 자본주의 국가의 과거 노동자 프롤레타리아 계급도 이 착취에 참여하고, 착취자가 된다. 그들은 자기 국가와 굳게 결속하여, 힘든 부분은 이민 노동자들이 이미 다 처리한 수입 원자재를 가지고 일한다. 그들 자신이 제국주의자가 된다! 그리고 그들 사이에는 외국인 혐오증이 아주 깊이 박혀 있다. 두 번째는 정치적이다. 제3세계 독재 정부들은 자본주의나 사회주의 진영의 지지를 받고 영향권에 들어간다. 미국은 우익 독재자들을 지지한다고 비난받는다. 그러나 공산 독재 국가들에서도 정확히 똑같다. 이 "꼭두각시 정부들"은 미국과 똑같은 목표를 가진 소련에 의해 세워지고 지지된다. 이것은 쿠바, 아프가니스탄, 베트남, 에티오피아 등에 관한 문제다. 그리고 식민지화 종식 이래로, 지배국이 피지배국을 군사력 공급처로 이용한다. 쿠바는 분명히 가장 확실한 예이다. 소련은 러시아군을 아프리카에 직접 투입하는 대신에 쿠바군을 사용한다. 따라서 실제로는, 제3세계 국가들-개발된(또는 산업화한) 국가들의 관계는 이 후자가 자본주의건 사회주의건 똑같다. 제국주의의 두 면은 똑같다.8) 그리고 선진 사회주의 국가들도 자본

---

7) 이브 라코스트Yves Lacoste는 (앞의 책), 모든 것을 환율, "종속", "다국적 기업의 유희"로 데리고 가는 마르크스주의 분석을 정확한 제자리에 놓을 때 전적으로 옳다. 즉, 그는 말하길, 이 분석은 제3세계 내부의, 저개발국들 각자 내부의 모순들을 무시한다. 이 갈등들은 꼭 자본가들에게 전가할 것들은 아니다!
8) 프리츠Fritz, 노댕Naudin, 파트리아트Patriat의 논문, "기술과 개발 전략", in기술 이전과 발달, 칼망-레비(1979)은 사회주의와 자본주의 전략의 차이를 보여주려고 하는데,

주의 국가들처럼 제3세계의 추락 책임이 있다.

나아가서 사회주의는 프롤레타리아화의 보충적인 요인을 품고 있다. 실제로 다음의 사실을 알아야 한다. 자본주의적 힘이 착취하는 나라들에서는, 민중 차원에서, 저항 충동과 착취의 의식화가 있고, 억압적 침략자에게서 벗어나려는 경향이 있다. 그리고 이것은 다른 개발 모델, 다른 경제 조직을 발명하기 위한 노력을 자극할 수 있다. 예를 들어, 일리치Illich는 서구의 생산 모델을 비난하면서, 제3세계에 고유의 다른 사회 모델을 창조하라고 호소한다. 그러나 결국 이렇게 된다…. "양키 제국주의"에 반대하여, 철저히 준비된 다른 모델, (선전과 이데올로기, 고문관들의 침투에 의해) 강제된 모델, 그것은 소련이다. 제3세계에서 소비에트 모델이 팽창하고 있다. 이 모델은 러시아에서처럼, 이들 나라에서도 프롤레타리아 계급을 생산한다. 그리고 소위 이상적인 것의 팽창은 다른 사회를 위한 모든 발명을 방해한다. 게다가 이것은 소련이 아주 선의로 움직인다는 사실 때문에 더욱 악화한다. 소비에트 국민 대다수와 지도자들은 19세기 서구 식민주의자들처럼 미개국을 개화시켜준다는 의식이 있다. 명백히, 내가 다른 곳에서 보여주었듯이,9) 이 시기에는, 경제적 이해들도 있었지만, 식민지화의 지배적 동기는 (독재군주 치하에서 신음하는) 유색인종 해방의 이데올로기였고, 그들을 문명화한다는 의지였다. 이것은 전혀 "이데올로기"적이거나, "철학"적이지 않았고, 일반적인 믿음이었다. 현재, (제국주의에 대해) 이 민족들을 해방한다는,10) 그리고 그들을 사회주의적 승리

그 문서화에도 불구하고, 믿을 수 없을 정도로 피상적이다!
9) 자끄 엘륄, 『서구의 배반』, 칼만-레비, 1975.
10) 중요한 것은, 하나의 국민을 해방하기 위해 어떤 혁명이 일어날 때마다, 이 국민은 이웃들에 대해, 그들을 또 해방하기 위해, 다시 말해 그들을 승리적인 혁명에 종사시키기 위해, 즉각 전쟁에 돌입한다는 사실을 강조해야 한다. 1789-1796년이 그 좋은 예이다!

의 길로 이끈다는 선의에 의해 움직이는 국가는 소련으로 알려져 있다. 이제부터 경쟁은 불평등하다. 우리 서방은 혐오스러운 제국주의자들이고, 제3세계에 대한 원죄 의식을 갖는다.11)

그런데 이런 원죄 의식은 소련과 서구에서 각각 다른 행동으로 표출된다. 그러니까 제3세계의 불행에 대해 우리가 책임자라는 의식은 어디서 일어났는가? 착취, 기근, 프롤레타리아화 앞에서 느끼는 거북한 의식은 어디에 있는가? 건강, 식량 원조를 위한 세계 기구들은 누가 만들었는가? 오로지 서구이다. 서구만이 제3세계를 경제적 착취 메커니즘 속에 더욱 깊이 박으면서도, 그나마 제3세계를 구하려고 한다. 사실이다. 사실이 그러하고, 제3세계에 적합한 새로운 기술을 찾는 것도 마찬가지다. 소련 쪽에서는, 원조, 단결, 불안에 대한 아무런 제스처도 없다. 반대로 사회주의적 혁명으로 모든 것이 단숨에 해결된다는 불굴의 확신뿐이다. 그 결과, 흔히 그러한 혁명 이후에 그리고 꼭 추방된 자본들이 해코지해서가 아니라, 옛 방황들을 답습하면서, 그리고 새로운 소비에트 제국주의에 종속됨으로써 상황은 더 악화된다.

제3세계 프롤레타리아화 원인의 하나는 산업적 경작카카오, 땅콩, 커피, 목화, 사탕수수 등이 과거의 식량재배를 대체하기 때문임을 누구나 안다. 그런데 사회주의가 된 나라들에서, 그리고 소련의 위성국이 된 나라들에서 우리는 무엇을 보는가? 정확히 이 산업적 농업의 우선권 유지이고, 강화이다. 전형적인 예는 쿠바의 유일한 수입인 사탕수수이다. 반면 서구에서는 식량재배를 간소화함으로써 제3세계 기근을 해결해야 한다고 이해하기 시작한다. "녹색 혁명"이라 하는 것은, 실패는 했지만, 그래도 하나의 노

---

11) 그러나, 우리가 아마 지금 사는 그 순간일 것인데, 종족주의와 외국혐오증으로 번역되는 좋은 의식을 향한 회귀가 일어나게 될, 그 순간까지다. 즉, 사람은 무한히 고통스러운 의식 속에서 살 수는 없다!

력으로서, 사회주의 국가들에서 온 것이 아니라, 자본주의 서구로부터 온 것이다. 식량 원조를 보면, 실제로는 오직 미국만 원조를 제공하고, 소련은 그 반대로, 형제 국가들로부터 가능한 모든 것을 압수한다.

1. 진보와 프롤레타리아 계급

　제3세계 프롤레타리아화에 대한 나의 모든 연구는 1848년부터 그것을 정확히 예견했던 마르크스로부터 영감을 받은 것이다. "생산 도구의 신속한 완전함, 커뮤니케이션 수단의 무한 개량을 통해 부르주아 계급은 문명화의 흐름을 가장 미개한 나라들에까지 이끈다." "부르주아 계급은 다른 나라들이 원하지 않는데, 자기의 생산 스타일을 강요한다. 부르주아 계급은 그 나라들이 소위 문명을 도입하도록, 다시 말해 부르주아 계급이 되도록 강요한다. 한마디로, 부르주아 계급은 자기 이미지에 따른 세계를 만든다."_{공산당 선언}

　제3세계의 불행과 프롤레타리아화 문제에 접근하면, 곧 수많은 어려움에 봉착한다! 우선 감정들이 앞선다. 이어서 저개발국의 생활수준을 서구적 관점으로 판단할 수 없다. 우리는 항상 계량화할 수 없는 소비가치를 무시하고, 교환가치만 계산하는데, 이것은 모든 것을 왜곡시킨다. 국민총생산 규모는 아무것도 의미하지 않는다. "사회적 지표들"은 더 말할 것도 없다(예를 들어, 천 명당 병원 침대 수를 비교한다. 그러나 사망률이 높은 곳에서는 많이 필요하고, 힘 있고 건강한 주민에게는 거의 필요 없다!). 이런 모든 것을 피해야, 사회적 지표들과 경제적 지표들을 결합한 복잡한 방식을 세공할 수 있다. 그러면서 기본적 필요를 망라한 제대로 된 전체 속에서, 합리적인 것들을 포함할 수 있다 (개인적 필요에 대한 전체 생산량, 목표를 위한 프로젝트, 개발 과정과 목표달성 지표). 경제적이고 사회적인 필요들을 훨씬 광범위하게 포함하고 동시에, 지표들이 다양한 문명을 가진 개별민족의 일상적 현실을 더 잘 대변하게 하여야 한다. 아주 다양한 문명의 현실을 고려해야 한다. 복잡하고 다차원적인 인간의 현실을 고려해야 하고, 필요와 욕구에 상대적인 행위 이론을 생각해야 하며(그리고 이러한 필요는 엄청 변화무쌍하다), 마지막으로 거기에 경험적으로 대답해줄 방법을 발견해야 한다. 예를 들면, 객관적 지표들을 고려하고, 동시에 개발이 불러올 "어두운 면"을 측정해야 하며, 개발의 상대적 성격을 나타내려면 개발 개념을 주관적 만족 개념으로 대체해야 한다.

보편적인 아닌 개별 민족의 마음속에서 개량, 진보, 집단적 개화를 나타내는 것만 발전이라고 인정될 수 있다. 반대로, 객관적 지표로는 긍정적이라 해도, 후진이나 불편함으로 간주되는 것은 개발이라 할 수 없다. 여기서 생필품을 제외하고는, 수요의 성격이 유동적이기에 문제를 더 복잡하게 한다. 게다가, 자원 증가가 수요 증가를 따르지 못하기에 둘 사이의 골은 갈수록 더 깊어진다. 수요 증가는 단지 인구 증가로부터만 나오는 것이 아니고, 소비의 서구적 모델에 접근하면서도 나온다.12) 제3세계 국민은 거기서 자기들의 행복과 미래를 보고, 실제로 필요한 것에 대해서

---

12) 프리츠Fritz, 파트리아트Patriat는 우리가 인용한 연구 속에서 서구의 모델들이 어느 정도나 침투했는지 보여준다. 그들은 알제리 국민이 서구적 소비재들에 매우 많이 물들어 있고, 이 물건들을 요구함을 강조한다. 그러나 그 이상으로, 모든 제3세계 나라들의 엘리트들 속에, 기술만이 국가의 독립을 허용해준다는 확신이 침투해 있다. "기술은 저개발로부터 나오고, 진보의 길로 들어서는 데 불가피한 조건을 이룬다." 기술은 인간을 진보에 접근하게 하고, 그의 창조성을 증가한다 등. 기술의 혜택들에 대한 이러한 서구적 상투적 표현은 그것이 포함하는 결과들과, 사회주의적이라 하더라도, "산업적 혁명"의 길을 통한 그 결과들의 동화를 이해하지 못한 제3세계 국민에 의해 받아들여진다.

뿐만 아니라 피상적인 것에 대해서도 무작정 요구한다. 걱정되는 것은 기근의 문제뿐만 아니라, 산업적인, 나아가서 정교한 자재들에 대한 욕구와 생산 가능성 사이의 뒤틀림이다. 따라서 이러한 연구들은 엄청나게 어렵고, 제3세계의 불행이나 프롤레타리아 계급에 관한 모든 평가는 무척 불확실하고, 가변적이며, 계산할 수 없을 정도이다. 단지 부분적이고 지엽적인 연구나 일반적인 고찰의 수준으로 머물 수밖에 없다. 우리도 역시 여기서 그렇게밖에 할 수 없다.

그런데 프롤레타리아화에 관한 상황을 알려면, 3가지 인자를 고려해야 한다. 즉, 원조의 대부분은 기근 구제, 환자 치료 등, 프롤레타리아화와 경제적 격변으로 야기된 손실 보상으로 이뤄진다. 이것은 19세기에 부르주아 계급에 의해 추구된 정책이었다. 물론 그것을 해야 한다. 그렇지만 밑 빠진 독에 물 붓기이며, 상황은 계속 나빠져만 간다. 두 번째, 이들 나라의 산업단지는 공산 국가나 다국적 기업이 개발한다. 다시 말해, 우선 외부 힘을 위해 공장이 건설된다. 그래서 제3세계의 불행과 프롤레타리아화를 국제 자본주의의 탐욕이나 제국주의 탓으로만 돌리는 것은 해석에 오류가 있다. 이것은 불행하게도 너무 단순 논리적이고 책임전가 식이다. 세 번째 다른 본질적 실수는, 부의 평등 분배와 눈앞의 기아 해결로 문제 해결에 충분하다고 믿는 것이다.

1981년 브루세Broussais 병원은 4억 5천만이 영양실조로 고통 겪는다고 보고한다. 1979년에는 5천만이 기아로 사망하고, 그 중 1천2백만이 어린이다. 1978년 이래로 세계적인 곡물 생산은 풍부했다. 블라르돈Blardonne에 따르면, 1970년부터 세계적인 물량은 개인당 하루 2,480칼로리를 주기에 충분하였다. 과잉이면서 기근이다. 따라서 공정한 분배를 보장해야 한다. "기아를 없애려면, 두 조건을 충족시켜야 한다. 제3세계 정부들은 국민의 식량에 우선권을 주고, 선진국들은 다국적 곡물 기업들을 다시 통제해야 한다…. 그래야 소득 분배, 외환, 그리고 재정적 메커니즘이 기근 투쟁에 사용될 수 있다."블라르돈 나는 이러한 방향과 노력에 대해 전적으로 동의한다. 그러나 그렇게 하더라도, 아무것도 해결 못할 것이다. 산업화가 시작되면, 무엇으로도 그것을 멈추지 못할 것이고, 프롤레타리아 계급이 만들어질 것이다. 이 프롤레타리아 계급이 글자 그대로 기근으로 죽지 않는다면, 그것은 거대한 진보일 것이다. 현재는 프롤레타리아화한 주민들과 기아로 죽은 주민들 사이에 정확한 일치는 없다 그러나 전적으로 소외된 프롤레타리아 계급은 남을 것이다.

갈브레트Galbraith는 제3세계의 후진에 대한 연구에서[13] 특히 다음을 강조한다. "부자 나라들은 풍부한 기술적 수단을 보유했다. 사람들은 가난의 원인을 생산 수단의 기술적 후진 속에서 보고자 했다. 다음의 해결책은 그 비용이 저렴하기에 더욱 매력적이다. 즉 기술 원조이다. 그러나… 또 부자 나라를 만든 것은 자본이다. 자본의 기여 없이는 생산 수단의 개량도 가능하지 않다. 그러나 부자 나라들에서 자본 투자와 기술 혁신은 실질 소득의 증가와 동시에 일어난다. 우선적인 실질적 개인소득 상승 없이 기술을 위한 자본 형성을 생각할 수 없다." 그렇게 성장의 과정이 시작된다. "투자와 기술은 노동 생산성을 올려준다. 오늘의 노동자는 어제의 노동자보다 생산성이 더 높다. 그러나 금방 한계에 도달한다. 다시 투자와 기술이 필요하다! 그런데 가난한 나라에서 전체 소득 증가는 소비의 유혹에 무방비로 노출되어 있고, 가난이 이 유혹을 절대 뿌리칠 수 없게 만든다. 그래서 저축과 투자는 극도로 축소된다. 그런데 기술이 진보

---

[13] 갈브레트Galbraith, 『대량 가난의 이론』, 갈리마르, 1979.

하려면 반드시 투자가 있어야 할 것이다. 노동자들은 인구 증가로 늘어나고, 노동에 의한 생산물은 점점 축소된다. 부자 나라에서는, 백년 주기의 수익 체감의 법칙이 무한히 연기될 수 있지만, 가난한 농촌 사회들에서는 그 법칙이 가혹하게 작용한다." 이러한 가혹한 메커니즘 앞에서, 실질적으로는 하나의 출구밖에 없다. 보수 없는, 따라서 소비의 가능성이 없는 강제 노동.

우리는 언제나 "원시 축적-프롤레타리아 계급"의 문제로 되돌아온다. 거기에 라드코브스키Radkovski, 14)의 부차적인 분석을 더해야 한다. 즉 원시적인 사회 속에서는 결핍이 없었고, 반대로 풍요로웠으며, 강제 노동도 없었다. 교환이 있었다면, 그것은 평등하였다. "계급적"인 사회 속에서 노동자는 다른 사람 대신에 (월급을 받고) 재화를 생산한다. "생산물을 통해, 평등한 상대 사이의 외적 관계가 아니라, 주체와 주인 사이의 사회 내적 관계가 설정된다. 그러면서 사회를 내부로부터 생산자와 소비자로 나눈다. 가난은 그림자처럼 노동을 따른다. 왜냐하면, 가난은 노동으로부터 나오기 때문이다. 원시 사회는, 유일하게 노동을 모르는 사회인데, 가난이 인간에게 면제된 유일한 사회이다…. 노동을 발명하였던 진화한 사회는 가난을 발견하고 유포한 최초의 사회이다. 이 사회는 전문화되고 집중적인 노동과 함께, 노동의 양적인 측면과 또, 사회적 노예화로서 질적 측면을 발명했다…. 그리고 이것은 이 사회가 또한, 소외된 노동자의 강제적 노동 덕분에 가능해진, 비非노동을 발명한 최초의 사회이기 때문이다…. 그로부터 이 전통적 사회를 (라드코브스키가 원시 사회와 기술 사회 사이에 위치시킨 사회) 흐르는 경제 법칙이 나온다. 즉, 불행, 가난은 거기서 제공된 사회적 노동의 양의 증가에 비례한다. 부와 사회적 가난

---

14) 드 라드코브스키de Radkovski, 『욕망의 유희들 : 기술로부터 경제까지』, 1980.

사이의 대비에 기인한 상대적 가난의 양만큼, 절대적 불행도 증가한다." 그리고 라드코브스키는 기술적 태도 (그리고 결과적으로 힘의 의지)가 어떻게 노동에 대한 태도를 뒤집는가를 보여준다. 즉, 이 새로운 기술 세계에서 경제는, "노동 시스템인데" 체계적이고 합리적인 전략으로서 노동이다. 경제는 자연을 공격하도록, 자연을 극복하도록 운명 지어진다. 기술은 행동 기술이 된 경제에 정보를 주고 움직인다. 그 과정은, 기술 – "경제" – "노동" – 지배이다. 그러나 거기에 접근하려면… 분명히 막대한 힘이 필요하다. 기술 선진국들이 못된 지배 의지를 갖지 않아도, 이 힘은 선진 단계에 이른 나라들과 그 전 단계의 구식 노동자 취급을 받는 나라들 사이의 불균형을 강조한다.

산업화한 "자본주의–사회주의" 국가들에 대해, "프롤레타리아 국가들"이 있는 것이 맞다 하더라도, 근본적 질문은 풀리지 않는다. 분명히 프롤레타리아화는 이 나라들 모두에게 똑같은 현상이 아니고, 마찬가지로 자본가들의 제국주의적 존재나 그들에 대한 굴복이 유일한 원인도 아니다. 이 국가들도 여러 종류가 있다. 우선 전반적으로 부유한 산유국들이 있다. 우리는 거기서 무엇을 보는가? 분명히 "상류층"의 수입은? 세계에서 가장 높다고 말할 수 있다. 그러나 누구나 그것이 일종의 부조리임을 알고 있다. 분명히 극소수의 상류층이 있는데, 나는 "계급"이라고 하지 않는다. 왜냐하면, 이 층은 계급을 이루지 못하기 때문이다! 이 층은 환상적인 부를 이루고 있으며, 서구의 어떤 자본가도 그의 상대가 안된다. 그리고 때로는 절대적 빈곤에 처해 있는 거대한 민중이 있다. 이 국가들이 사회주의 국가라면, 막대한 부는 개인들에게 속하지 않는다. 그것은 국가의 것이지만, 국가는 그것으로 어떠한 실제적 발전도 촉진하지 않는다. 이 모든 국가가 받는 유혹은, 우익이든 좌익이든, 돈을, 잘못 그리고 비뚤어지게, 산업화하는 데 사용하고자 하는 것이다. 그들은 금방 쓸 수 있는 공장들을 사고 중공업 시설을 설치한다. 그 모델은 이란의 샤Chah였다.15) 그러나 선진국을 모방한다는 동기밖에 없고, 산업이 자립과 구원이라는 확신밖에 없다. 그러나 막대한 투자를 한 이 인위적 산업화는, 여태까지 무사했던 이 나라들에서 19세기 유럽의 것과 아주 비슷한 프롤레타리아 계급을 즉각 창조하는 결과를 가져온다.

달리 말해, 행복한 우연의 효과로, 제3세계 국가들이 "프롤레타리아 국가"의 궁상에서 벗어나면서, 스스로 프롤레타리아 계급을 생산해버린다. 그리고 권력은 결코 이 새로운 프롤레타리아 계급의 손에 있지 않다. 제3세계의 부유한 공산 국가들 속에서 프롤레타리아 계급의 독재는 소련에서보다 더 위선적이다. 그것은 진정 새로 만들어진 산업적 프롤레타리아 계급에 대한 독재이다. 그러나 이 두 경우에는, 유럽식으로 만들어진 상당히 자발적인 방식으로 형성된 프롤레타리아 계급의 문제이다. 우리가 더 나중에 만나게 될 "조직화한" 프롤레타리아 계급과는 아주 다르다.

슈마허Schumacher, 16)는 현대 기술의 수입은 그와 함께 이데올로기의 수입을 내포한다고 분석하였다. "1976년 이란 수상은 이란의 산업화 속에서, 피하고 싶은 여러 가지 서구적 양상들이 있다고 인정하였다. 즉, 서구의 이데올로기가 아니라 기술만을 바란다. 이란은 서구 이데올로기의 이식은 피하고 싶다." 그러나 슈마허는 그러려면, 이데올로기 없는 기술 이전이 가능해야 한다고 주장한다. 기술이 이데올로기적으로 중립적임을

---

15) 나는 어디서도 인용이 된 적이 없는 것으로 아는 하나의 사실을 언급하고자 한다. 이란이 이라크의 침공에 저항할 수 있었던 것은, 오로지 샤Chah가 쌓아놓은 막대한 군수품과 군 장비 덕분이었다. 침공으로부터 아야톨라 호메이니의 이란을 구한 것은 오직 샤의 유산이었다.
16) F, 슈마허Schmacher, 『Good work』, 쇠이유, 1980.

가정해야 한다. 한마디로, "하드웨어를 지탱하고 기능 하게 하는 소프트웨어 없이 하드웨어만을 얻을 수 있다"라고 가정해야 한다. 그는 유머러스하게 덧붙이다. "그것은 이런 수입업자를 생각하게 한다. 즉, 나는 달걀을 수입하고자 한다. 그러나 나는 달걀이 암탉이 아니라, 캥거루를 주기를 바란다!" 프롤레타리아 계급은 원하지 않으면서… 대량 산업화를 이루고자 하는 문제이다!

석유라는 행운이 없던 제3세계에서는, 무엇을 보게 되는가? 거기서도 내적인 프롤레타리아화인데, 단지 제국주의적 사실뿐만 아니라, 급속한 인구 증가에 따른 빈곤화가 큰 역할을 한다. 빈곤화는 프롤레타리아화 요인 중의 하나이다. 그런데 인구 증가가 금방 멈출 것 같지 않다. 제3세계의 각 정부는 인구가 국력이기에, 인구를 늘려야 한다고 생각한다. 누가 피임, 산아 제한을 권하면, 그들 지도자와 지식인들은 제3세계를 약화시키기 위한 식민지적 담론이라고 반박한다. 그러나 그 이상으로, "피임 설득"은 주민들에게도 먹혀들지 않는다. 자카르타에서 열린1981년 5월 가족계획 콘퍼런스17)는 가족계획의 아주 느린 진행을 확인하였다. 제3세계 부부의 약 7%만산업화한 나라의 50%에 대해 피임을 한다. 피임으로부터 가장 "자유로운" 나라들은 필리핀, 말레이시아, 타일랜드 그리고 거의 모든 라틴 아메리카이다. 그러나 어떤 나라들에서는 정부는 호의적인데, 국민이 따르지 않는다.인도 그리고 검은 아프리카에서는 출생률이 아주 높다. 씨알이 먹히지 않는다. 반면 낙태는 증가한다.제3세계에서 연간 약 2천5백만 명 그런데 이 나라들에서, 낙태는 일반적으로 금지된다. 그래서 여성들의 사망률이 상당히 높다. 너무 많은 자녀를 피하고자, 낙태는 19세기 유럽 도

---

17) 인구에 관한 유엔 기금과 가족계획 국제 연합.

시 프롤레타리아 계급의 특징 중의 하나였다.

프롤레타리아화의 다른 본질적인 양상은 실업의 증가이다. 이것은 서구의 실업에 비해 전적으로 역설적인 것으로, 전통적인 사회에서, 그리고, 이 개발도상국들에서 비정상적인 현상이다. 이 실업은 기근과 산업화에 따른 인구 이동과 도시화와 연결되어 있다. 아프리카에서 일어나는 프롤레타리아의 조건을 기근과 직접 연결할 수는 없다. 자연적 상황들로부터 기인한 기근은, 예를 들어 북아프리카 지방에서는, 사회적 구조들과는 독립된 사건이다. 가뭄으로 가축 떼가 몰살해서 굶주리기 때문에 반드시 어느 지역 주민이 프롤레타리아가 되는 것은 아니다. 그러나 기근은 프롤레타리아화의 한 인자이다. 왜냐하면, 기근은 주민의 도시로의 이탈을 부르기 때문이다.18) 북아프리카의 도시들에서, 초가집과 텐트로 이뤄진 "무질서한 거주지"가 폭증한다.

말리Mali,19)에 대해 최근 연구된 이러한 사실은 전형적 현상이다. 인도에서도 이미 30년 전에 그러한 일이 일어났다. 중세에서도 그런 일을 확인할 수 있다. 즉, 농민들은 기근이 날 때마다 도시에는 먹을 것이 있다는 신화적 믿음과 함께 도시로 몰려들었다! 그와 더불어 '피난민'은 항상 불안정하다. 그는 한 도시에서 먹을 것을 못 찾으면 다른 도시로 간다 다른 한편 "피난민 처지에서는 고유한 생활양식이나 생산양식이 없다." 이것은 프롤레타리아에게 정말 특징적이다. 난민 중에서는 걸인의 비율이 아주 높은데, 암셀Amselle이 정확히 지적하듯이, "불안정한 활동과 (장인, 품팔이, 목동)

---

18) 제3세계 에서 이러한 도시로의 탈출은 거의 상상할 수 없다. 이러한 리듬으로 탈출이 지속한다면, 2000년에는 제3세계 에서 도시 인구가 20억에 달할 것으로 추정한다! 이것은 1975년에 제3세계 에서 도시 인구가 5명당 1명이었는데, 3명당 1명이 될 것을 의미한다.
19) 암셀Amselle, "기근과 북아프리카의 프롤레타리아화", in 아프리카 정치, n° 1, 1981.

구걸 사이에는, 정도의 차이만 있다. 왜냐하면, 피난민들은 구직자들이고, 임금은 대가로 인식되기보다는 자선 행위로 여겨지기 때문이다." 세 가지의 새로운 프롤레타리아 계급의 특징이 나타난다. 우선 전에는 자유로운 유목민, 가축 소유자, "인격체"였던 피난민들은 자기의 노동력을 팔아야 한다. "더는 가축이 없다. 부모는 노동으로 살아간다." "따라서 도시로 옮겨진 이 대중들은 공무원들, 공증인들, 특히 상인들에게 풍부한 노동력을 제공한다. 상인들은 피난민들 가운데서 착취할 수 있고 마음대로 부릴 수 있는 노동자들을 공급받는다. 이것은 아마 (이 체제들 속에서) 상인들이 증가하는 이유이다…." 그리고 이것은 자본화로 이끈다! 분명히 이것은 원시적 자본 축적을 허용해 주었던 바로 그 과정이다. 이 노동자들은 엄격하게 구속된다. 그리고 그날 벌어 그날 먹을 수밖에 못하는 만큼 더욱 그러하다. 이어서, 중요한 사건으로 여인들도 일해야 한다. 1973년 이전에는, 무어나 수단의 여인들은 절대 일하지 않았다. 현재는 가족을 부양하기 위해 도시에서 수작업을 한다. 유목민들의 생각 속에서는, 그녀들은 노예 상태로 떨어졌다. 이것은 대단히 중요하다. 결국 "객관적인" 프롤레타리아화의 최종 양상이다. 즉, 가족 집단이 파열되었다. 연구된 집단들 거의 전체가 구성원이 1명에서 9명이다. 이것은 유목민들의 "부족적" 집단에 비하면 극도로 미약하다. 사망, 노예의 소멸, 도시 정착으로 말미암은 해체 때문이다. 그런데 '핵' 가족으로 축소는 프롤레타리아화의 첫 단계이다. 게다가 이 집단들의 30%는 그 가장이 여인이다…. 곳곳에서 남자들은 구직을 위해 도시로 나가고, 또는 더 심하게는 '선진' 국가들로 나가고, 남은 가족은 제자리에서 전통적인 노동에 매달린다. 농업은 전적으로 여인들과 아이들의 몫이다. 이것은 프롤레타리아화의 근본적인 새로운 양상이다.

기근이나 정치적 이유로 아프리카에서 피난민들의 문제는 더욱더 비극적이다. 1967년에는 7십만의 피난민이 있었고, 1980년에는 4백만이 있었다. 분명히 난민을 수용해주는 아프리카 국가들은 (일반적으로) 선의가 넘치고, 도움을 주려고 한다. 그렇지만, 별수단이 없고, 피난민 대부분은 프롤레타리아 계급만 커지게 한다.20)

제3세계 국가들에서 실업 측정은 아주 난해하고 정확할 수도 없다. 예를 들어, 기술적 실업으로 계산된 사람들이 실제로는 아주 생산적인, 그렇지만 "시장 바깥의" 그리고 "공식적으로 인정된 직업 바깥의" 일을 하고 있다. 이 사람들은 물물교환으로, 또는 보수를 받는 중개적 역할을 한다. 거꾸로 급여생활자들은 실제로는 허구적이고, 생산성은 전혀 없는 업무를 하고 있다. OECD의 한 연구는 20%의 "화이트 컬러"가 집에 머물러도, 사람들은 그것을 알 수 없음을 보여준다…. 그리고 제3세계 국가들에서는, 불필요한 공무원들이 많이 증가한다 게다가 실업은 흔히 더 좋은 기술의 도입 결과이다. 여기서 우리는 핵심적인 문제를 접한다. 즉, 산업화 초기에 기계는 노동력을 불렀다. 이어서 노후 장비를 더 효율적인 장비로 교환하면, 그것이 실업을 부른다. 발전의 부정적 요소? 따라서 경제적 성장과 인간 조건의 개선이 항상 일치하는 것은 아니다! 제3세계의 도시들에서는 실업이 상대적으로 거의 증가하지 않는다는 사실에 의해 이것이 확인된다. 도시 이주민들의 절반

---

20) 자크 루Jacques Loup, 『제3세계는 생존할 수 있는가?』, 에코노미카, 1980. 이 책은 모든 감정 밖에서 문제를 제기한 모범적인 책이다. 이 책은 최근 20년 동안의 경험들 분석이 이런저런 경험들의 성공이나 실패를 정확히 주장할 수 있게 해줌을 지적한다. 이러한 영역에서 가능한 객관성은 없다. 그러나 그의 결론은 명확하고 현명하다. 즉, 첫 번째 문제는 생존이다. 경제 행위의 거의 전체는 농업이다. 그로부터 출발해야 하고, 현실을 폭행하지 말아야 한다. 즉, 두 가지 목표, 경제 성장과 사회 정의(불행의 제거)의 합치기는 사람이 우선 가장 가난한 집단들의 생산성 향상을 목표해야만, 다시 말해 인구의 90%가 종속된 농업의 발전을 겨냥해야만 가능하다. 그리고 그것은 방법들과 자본들의 대량 주입들을 통해서 수행될 수 없다.

은 비구조화된 경제 섹터로 들어간다. 행상, 수리공, 폐기물 재활용, 구두닦이, 신문 판매원, 잡화상, 짐꾼, 심부름꾼, 해결사… 제3세계에서 이런 구조화되지 않은 섹터에 약 1억 5천만이 종사하는데, 실업의 '안전판' 역할을 한다. 그들의 상황은 자본과 고정직의 부재를 내포한다. 그리고 일반적 생각과는 반대로, 국제 노동 사무국BIT의 한 연구에 따르면1980년 이 "불안정자들"은 자기들의 상황을 전혀 잠정적으로 생각하지 않는다. 대부분은 그냥 거기에 머무르고 싶어 한다. 나는 이 사람들은 가난하지만, 프롤레타리아 계급에 속하지 않는다고 말할 것이다. 특히 그들은 아무 자본도 없이 몇몇 직원으로 작은 회사를 세우곤 한다. 이 연구에 따르면 30에서 3백달러를 가지고 그러나 이런 기업들이 너무 중요해 보이기 때문에, 이 구조화되지 않고, 독립된 섹터를 지원하기 위한 실질적 방안이 연구되고 있다! 반면 국제연합 무역 개발회의CUNCED는 인구 증가와 도시로의 탈출로 진정한 실업이 폭발할 것으로 생각한다. 연간 4.6%의 도시 인구 증가가 있다. 이 노동력을 지속적으로 흡수하려면 연 7%의 성장률이 있어야 하는데, 가능한 최적 성장률은 4.2%이다.

프롤레타리아화의 가장 중요한 원인은 19세기 유럽 부르주아 계급과 똑같은 역할을 하는 지역 부르주아 계급의 출현과 발달이다. 산업화 과정에 있던 식민지로부터 해방된 나라들에서 식민 자들이 지역 부르주아들로 대체되었다고 말하는 것만으로 설명이 끝나지 않는다. 지역 부르주아들은 아주 다양한 형태를 취한다. 전통적 의미의 부르주아들이(상인들과 산업인들) 대체했다면, 나는 그나마 최선의 경우라고 말할 것이다. 흔히는 군 간부들이 권력을 사적으로 행사하면서, 주민을 프롤레타리아 상태로 떨어뜨린다. 그리고 또 새로 들어선 정부가 "사회주의적" 독재라면 관리들과 공무원들이 그렇게 한다. 이 관리들은 가능한 모든 수단을 동원해

착복하겠다는 한 가지 생각뿐이다. 그래서 그들은 인정사정없이 대중들을 쥐어짠다. 소수 권력자는 경제적 관점에서 터무니없는 권력을 행사하고, 스스로 좌익이라고 하면서도, 신-자본주의를 발달시킨다. 그들은 대중의 구매력은 거의 신장시키지 않고, 오히려 빈부의 격차를 더 벌리며, 대중을 프롤레타리아로 만든다. 그리고 그 과도함 때문에 이 지도 계급들은 자주 사회 발전에 장애가 된다. 이 계급들이 기술의 창조자나 최소한 단순한 협력자라도 될 가능성은 요원하다.

F. 파농Fanon이나 사미르 아맹Samir Amin, 21)에 의해 확인된 이 모든 것은 서구 자본주의의 직접적 산물이 아니라, 도시 발달 및 생산 시스템 확장과 결합한, 돈과 권력의 산물이다. 물론, 서구는 여기에서도 이중적 차원에서 작용한다. 이 지도 "엘리트들"에게 서구는 모방해야 할 모델이다. 그리고 미국식이건 러시아식이건 둘 다 노동자들의 착취와 함께 산업화의 모델인 점에서 정확히 똑같다. 게다가, 서구는 이 상황을 이용한다. 왜냐하면, 바로 이 엘리트들이 한편으로는 서방의 정부나 대기업들과 직접 협상하고, 동시에 (자기들에게 아무 이익도 없을 다문화를 만들기보다는) 필수불가결한 산업적 문화를 항구화하고, 광산 채굴권 등의 양도 계약을 하기 때문이다.

달리 말하면, 식민지에서 독립한 신생국들은 서구가 정치적 혁명 이후에 따랐던 길을 정확히 따른다. 서구는 공화국을 세웠고, 새로운 지도 계급은 권력을 경제 구조 속에 설정하였다. 제3세계에서도 똑같다. (독재자에 대한 혁명과 비교할 수 있는) 정치적 행위로서 식민지로부터 독립하고 나서는, 어떤 대가를 치르더라도 경제 개발을 원한다. 그 대가는 프롤레타리아 계급의 창조이다. 불행하게도 우리가 확실히 말할 수 있는 것은,

---

21) 특히 사미르 아맹, "축적의 이론적 모델", in 제3세계, 1972.

제3세계의 산업화가 아직 발전하지 않았기에, 이 프롤레타리아 계급은 아직 완전하지 않다는 사실이다. 따라서 제3세계 프롤레타리아 계급의 무서운 증가가 아직 우리를 기다리고 있고, 동시에 착취가 심해지면 빈곤화도 심해진다는 것이다. 지역적 부르주아 계급이 경제적 관점에서 효율적인 것 같지도 않고, 그래서 그 권력이 오래가지 않을 것이라고 반박하는 것은 잘못이다. 서구 17세기의 부르주아 계급도 아주 우스꽝스럽고, 흔히는 비효율적이며 제대로 조직화하지 않았었다. 흔히 사람들은 거상들, 은행주들, 콜베르 같은 뛰어난 사람들의 예를 든다. 그러나 그들 곁에는, 이익에는 악착같지만 어리석은 부르주아 계급이 있었다. 이 부르주아 계급의 진정한 모델은 몰리에르Moliére의 부르주아 신사나 보마르쉐Beaumarchais의 여러 희극에서 볼 수 있다. 어리석은 징세 청부인은 오직 한 가지, "하층민들 착취"밖에 모른다! 마찬가지로 19세기 초의 식민지 이주자들도 죽도록 노동력을 착취하거나, 노예 판매밖에 모른다…. 그들은 능란한 경제학자들이 아니었다. 그러나 일은 점차 정리되었고, 자리를 잡았으며, 산업화는 혼란스런 자본 축적 위에 접목되었고, 프롤레타리아는 이러한 부르주아 계급의 우왕좌왕, 혼란을 통해서 벌거벗겨진다! 아프리카에서, 이 새로운 부르주아 계급이 균형 잡힌 경제 체제 설립에 적합하지 않다는 것은 내가 보기에 중요하지 않다. 전체적 윤곽은 그러한 구조의 이용자인 서구 자본주의나 사회주의를 통해 조직화할 것이다.

J.-F. 메다르Médard, 22)가 생각하듯이, 예를 들어 카메룬Cameroun에서 지배 계급이 이미 형성되었거나, 베이야르Bayard, 23)가 생각하듯이 형성 중이거나, 아무튼 이 지배 계급이 착취 받는 다른 소외 계급, 즉 프롤레타

---

22) 메다르, "카메룬에서 저개발된 국가", 아프리카 해, 1977-1979.
23) 베이야르, 『카메룬에서 국가』, 정치과학회 출판, 1979.

리아 계급을 설정하고 만들어간다. 거기서는 예전부터 가난하고 종속되었던, 그러나 어떤 특수성을 가졌든 주민들이 프롤레타리아 계급으로 전환된다. 그리고 이러한 착취는 동시에 자본 축적의 시도, 잉여 자본의 과시적 낭비와 상응한다. 이러한 과시적 자본 사용은, 때로는 경제적 목적의 자본 축적을 넘어선다. 어떤 저자들은, 정확히, 이것은 불가피한 정치적 지배 비용과, 메다르가 연구했던 세습제 때문이라고 말한다. 그것은 정확하다. 그러나 산업 생산과는 다른 방향의 자본 축적이 있다면, 그것은 아프리카에서는 자본 축적-산업 발달의 상호 관계를 허용했던 인자들의 놀라운 결합이 없었기 때문이다. 게다가 유럽에서도 상업적 자본 축적의 초기에는 부르주아 계급이 산업적 투자보다는 과시적 소비로 특징되었음을 17-18세기 잊지 말아야 한다. 아무튼, 프롤레타리아 계급은 두 차원에서 발달한다. – 농촌 이탈과 상위적 경제 메커니즘 여기서는 사적이건 국가적이건, 세계적인 자본주의 체제에 종속. 도시로의 이주는 결국 농업적이거나 산업적 자본주의를 위한 노동력 흡수 때문이다.24)

그런데 이 프롤레타리아 계급 역시 서구 초기의 프롤레타리아 계급과 똑같은 면을 제시한다. 즉, 이 프롤레타리아 계급은 동질적인, 통일된 사회적 카테고리가 아니다. 이 프롤레타리아들은 물론 자본주의적 관점에서 착취 받는 자들이라는 객관적 조건 속에 들어 있다. 그러나 조건의 단일성이 없고, 더 나아가서 계급의식이 없다. 베이야르 또한, 옛 공동사회의 일원들이 이중의 착취 시스템에, 즉 (세계적인) 자본주의 시스템의 착취와 그들 전통적 지배자들의 착취에 종속된다. 마지막 유사점은, 한편으로 (서구 18세기처럼) 자본주의적 농업의 출현과 다른 한편 축적을 이용하는 농촌 부르주아 계급의 출현이다. 그 닮음은 놀라울 정도다. 따라서 사람

---

24) 레이Rey, 『흑인의 자본주의』, 마스페로, 1976.

들은 거기서도, 프롤레타리아 계급의 출현이 있다고 말할 수 있다. 그렇지만, 근본적으로, 자본주의 생산 양식 침투와 상응하는 (지역적으로 원해졌거나 세계적 자본주의에 따라 이식된) 필연적 산업화에 의한 프롤레타리아화이다.

J.-F. 메다르가 정확히 말하듯이, 아프리카 국가들의 상태가 국제 자본주의 시스템 때문이라거나, 저개발이 개발의 직접적 결과라 하는 것은 충분하지 않다. 그러나 미개발 위에 개발의 효과로서 그의 분석은 아주 정확하다. 따라서 중간적 단계는 관료 체제를 통한 착취 단계인데, 이 관료 체제는 자기의 이익을 위해 움직이는 지배 계급을 이룬다. 그러나 우리는 여기서도 서구에서 관료 체제에서 만들어졌던 것과 유사성을 본다. 관리들은 상업 부르주아 계급, 그리고 새로운 유형의 농업적 착취와 연결된다. 이 관료주의는 자신의 부를 위해서, 그리고 또 어떤 경제적 시각을 가지고서 착취한다. "신-세습제는 정치 자원을 경제 자원으로 변형시키는 결과를 가져온다."메다르 이것은 본질적이고, 전이적인 단계이다. 프롤레타리아 계급은 국제 자본주의의 직접적 산물은 아니고, 이 국가 내부에서 채택된, 산업적이고 기술적인 모델의 결과이다. 그래서 역시 서구에서 존재했던 사실이 나타난다. 즉 산업 발전 이전에 프롤레타리아 계급의 출현으로, 정확히 산업화를 허용해주는 것이다.25)

게다가 제3세계 프롤레타리아화의 다른 인자로 불균형 산업화가 있다. 석유 왕국들의 산업화와는 전혀 비교할 수 없는 산업화이지만, 같은 그리고 더 심한 비극적 결과들을 포함한다. 내 생각에 여기에는 두 방향이 있

---

25) 포레Fauré "국가적 성장과 축적… 장애들", in 아프리카 정치, n° 1. 1981. 저자는 카메룬에서 "정치적 구조들의 그늘에서" 축적의 과정을 확인한다. 이 과정은 자본주의적 생산과 옛 토속적 지배 시스템의 유지라는 다방면적 지배 계급의 구성을 통해 프롤레타리아화로 이끈다.

다. 한편으로, 제3세계 나라들 자신들에 의해 요구된 산업화이고, 다른 한편, 다국적기업들에 의해 강요된 산업화이다.

첫 경우는 얼핏 이상적으로 보일 것이다. 이해당사자 자신들이 자기들의 필요를 느끼고, 그러한 산업 설비를 요구한다. 그러나 분명히 그들은 서양이 제공할 수 있는 것에 종속된다. 아무 소용도 없는 공장을 짓고, 사용할 줄 모르는 기계를 사서 창고에서 녹슬게 하며, 엉뚱한 곳에 공장을 짓는다. 그것들은 이미 잘 알려진 사실들이다. 서구는 이러한 실패의 경험을 많이 가지고 있다. 그래서 사람들은 한편으로 "기술 이전"을 연구하고, 다른 한편으로는 관계된 국가들의 필요와 역량에 맞는 기계들을 연구한다. 이 모든 것은 아주 좋다. 제3세계에 적합한 장비를 제공하는 것은 명백히 진보이다. 그러나 그것은 또 그 이상을 내포한다. 그것은 사람들을 이 기계에 적응시키는 것이다. 그것이 바로 기술 이전의 실제적 목적이다. 농부나 직조공을 중장비 기사나 방적공장 노동자로 전환하고, 그들의 산업적 문화를 향상시키는 문제이다. 게다가 사람들은 정보화가 이러한 변화를 손쉽게 할 것이라고 열정적으로 떠든다. 능력도 없는 사람에게 복잡한 기계를 조작하게 하는 것보다는, 신호를 보고 스위치를 누르도록 가르치기가 무한히 더 쉽다고 한다. 그러나 사람들이 절대 말하지 않는 것, 그것은 이 장비가 필연적으로 산업 프롤레타리아 계급을 생산한다는 것이다. 모든 기술 이전의 가속화는 사실은 프롤레타리아 계급의 생산이다.26) 분명히 현상을 그 상황으로부터 분리해서는 안 된다. 기술 이전이 제3세계의 국민에게 최소의 심리적이거나 사회적 혼란만 일으키고, 기술

---

26) 내가 기술의 시스템에서 검사한 코리아Coriat의 연구 이래로, 기술 이전에 대한 가장 훌륭한 연구는 모음집, 「기술 이전과 개발」, 1979이다. 그 속에는 피츠Fitz, 노댕Naudin, 그리고 파트리아트Patriat의 연구가 있는데, 그것은 아주 정확하고, 가치 판단만 제외한다면, 그 분석은 아주 이용할만하다. 그들 작업의 기초는 건강하다. 즉, 사용

적 진보에 접하게 해주기 때문에 잘못한 것이 없다고 주장해서는 안 된다. 정신적이고 가족적인 등등 구조들의 전복을 피해야 한다. 나는 진정에서 우러난 이런 담론을 아주 잘 알고 있었다.27) 그렇다. 그러나 모든 수단을 자신의 이익을 위해 접수해버릴 (사업적이거나 행정적인) 부르주아

되는 기술들은 선진 사회들 속에서 만들어졌다. 그것들은 중립적이지 않다. 그 기술들은 사회의 선택에 참여한다. 그것들은 수입되고, 이중의 종속적 결과를 가져온다. 내재화한 하나는 이 기술들의 성격 그 자체로부터 오고, 외부적인 다른 하나는 외국 제공자들에 의해 강제된 획득의 양태로부터 온다. 저자들은 그로부터, 자본주의적 권력들에 전적으로 종속적인 국가들을 구분한다. 왜냐하면, 수입된 기술들은 외국 힘으로 투자된 자본들과 정확히 혼동되기 때문이다(예를 들어 코트디부아르). 기술은 투자 뒤에서 사라진다. 종속적 국가는 프롤레타리아적인 노동력을 제공한다. 자격 있는 요원 형성은 없고, 새로운 제작 방식의 연구도 없다. 따라서 기술 이전은 외부 결정의 중심에서 결정된 지역편중해소책에 불과하다. 두 번째로는 자본주의 힘들에 종속된 국가들인데, 이 국가들은 자기 자신들 고유의 목적을 위해 사용할 수 있는 자본이 있다. (예를 들어 멕시코, 브라질, 아르헨티나, 페루, 나이지리아, 인도….) 여기서 사람들은 고전적 자본가 유형의 과정을 본다. 수입된 기술은 외부적 결정에 따라서 보다는 수입국 기업가들의 결정에 의한다. 이 기업가들은 국가의 이익이 아니라 자기들의 이익을 추구한다. 이것은 지역적 인원의 채용을 허용하고, 지역적 소비를 겨냥한다. 그런 이 소비는 가난한 계급들의 수입이 없어서 대량 소비는 아닐 것이다. 수입되어 채용된 기술들이 어떤 소비를 유도할 때는 더욱 그렇다(그리고 기본적 필요들에 대한 대답이 아니다). 이 작가들에 다른 세 번째 그룹 나라들은 알제리에 의해 대변된다. 알제리는 특수한 국가 사회주의의 독창적인 길을 찾는 나라이다. 이들 나라에서는, 기술의 유일한 획득자는 국가이다. 국가는 너무 종속되지 않도록 자기 동맹국들을 선택한다. 아주 흔하게는, 사람들은 자본이 크게 집중되고, 노동력이 적게 필요한 선진 기술들을 찾는다. 노동력은 본질적으로 국유이고, 주민의 증가보다 더 더디게 증가한다. 알제리는 이러한 기술의 수입을 외국의 재정적 투자와 연결하기를 거부한다. 그러면서 이 기술들의 절대적인 국가적 지배를 원한다. 마지막으로 네 번째 그룹은 마르크스주의를 전적으로 받아들이고, 기술의 수입이 거기에 종속될 경제 정치를 채택한다고 주장한다. 이 저자들은 이러한 정치를 다음과 같이 기술한다. 즉 경제적 독립을 위한 투쟁, 산업기반의 건설, 자율적인 생산력의 개발, 사회적 관계들의 변형. 그 모델은 중국이었는데, 우리는 그곳으로 다시 가지 않을 것이다. 그러나 이러한 이론적 주장들에 콩고 공화국, 기니, 앙골라, 리비아를 대응시키려고 생각하면 웃지 않을 수 없다! 그것은 이 선한 연구자들의 기가 막힌 맹목이다….

27) 솔뢰르Chauleur(산업적 아프리카, 메종뇌브, 1980)은 원자재의 가공, 수입품을 아프리카 산으로 대체하려는 노력과 함께, 이러한 산업화의 대차대조표를 작성한다. 그는 대기업들의 영향을 감추지 않는다. 그러나 그는 이러한 산업화를 위해 치러야 할 사회

계급이 지배하는 나라들에서 그런 전복은 피할 수 없을 것이다. 그리고 동시에 요구된 것은 선진국들에 유용한 생산이다. 결국, 프롤레타리아 계급 생산의 문제이다!

이 국가들 자신에 의해 요구된 산업화는, 그 새로운 노력에도 불구하고, 믿을 수 없을 정도로 불균형적이고 잘못 적응되어 있다. 가장 파국적인 예는 유명한 아스완Assouan 댐에 의해 주어진다. 그것은 나일강을 진정시키고 수천 헥타르의 불모지에 물을 공급함으로써 기적을 일으키게 되어 있었다. 그것은 서구와 소련 사이에 경쟁이 붙은 거대한 대역사였다. 그것은 오로지 이집트 국민을 위한 작품이었다. 서구인들은 그로부터 아무런 이익도 끌어낼 수 없었다. 그것은 정말 '좋은 작품' 이었다. 사람들은 특히 문제가 되었던 아부 심벨Abou Simbel 사원과 예술 작품들을 살려내는 섬세함도 보였다. 그를 위해 프랑스는 수십억 프랑을 제공했다. 그것은 경이였다. 그렇다. 그러나 늘 그렇듯이, 사람들은 모든 것을 예상하지 못했다. 나일강 하류에서는, 더는 비옥한 토사를 내려놓지 않았다. 그 토사 위에서 만여 년 전부터 경제 전체가 세워져 있었고, 이집트 문명이 개화했었다. 관개용 운하들은 썩은 물로 가득 찼고, 그것은 정부가 아무리 부정한다 해도, 무서운 빌하르츠Bilharz 주혈흡충병을 유행시켰다. 마지막으로 나일강 삼각주는 진흙의 정체 때문에 심각한 혼란을 겪고, 특히 삼각주 주민 대부분을 먹여 살렸던 풍부한 어업을 황폐하게 하였다. 달리 말하면, 결국에는 부정적 결과를 낳는 현대 기술의 거대한 작품이다. 그런데 이것은 이미 가난하고, 기근의 한계에 달해 있는 나라들에서는 그만큼 더 심각하다.

적 대가에 대해서는 말하지 않는다. 그것은 이런 류의 순수하게 경제적인 연구들과 함께 항상 똑같은 문제이다. 그러나 순수하게 정치적인 해석 모델은 더욱 만족스럽지 못하다.

이렇게 수입된 기술과 전통적 생활양식 사이의 부적응 속에서, 서구인들이 이익을 추구하지 않았고, '무상의' 작품이었더라도, 결과적으로 비극적인 프롤레타리아화가 있다. 실제로, 제3세계 국민이 산업화를 요구할 때에는, 그들은 기술적 힘에 매혹되어 있다. 특히 10여 년 전부터는 소비에트 모델의 매력에 빠진다. 많은 민족이 해방의 첫걸음은 식민지로부터 해방이고, 두 번째는 사회주의화라고 알고 있다. 미국의 제국주의에서 벗어나야 한다. 완벽하다. 사람들은 소련의 제국주의에 대해서는 말하지 않는다. 참 안된 일이다. 그러나 소비에트 모델의 수락은 이 민족들의 프롤레타리아화를 강화할 따름이다. 소련의 직접적 이익을 위해서가 아니라, 소련이 아프리카나 아시아 민족들에 대해 미국보다 더 초연하거나, 더 현명하고, 사려 깊지 않은 정도에 따른 프롤레타리아화이다. 그리고 자신의 산업화를 위해서 소비에트 러시아는 수억의 프롤레타리아들을 만들었듯이, 아프리카에 그 모델의 적용은 정확히 똑같은 방식을 강요할 것이고, 똑같은 결과를 가져올 것이다. 아프리카의 사회주의화, 소비에트화는 수억의 프롤레타리아들을 만들 것이다. 그 이유는 여기서도 사회주의는 바로 "소비에트 더하기 전기화"일 것이기 때문이다. 엄밀히 말해 다른 출구는 없다. 아프리카 민족들이 서구가 제안하는 것 전체를 단호히 거부하고, 자신의 길로 과감하게 들어가지 않는다면 말이다. 그리고 그 길은 기술화와 신속한 산업화의 길이 아니라, 그 반대로 농업에서 출발한 느리고 통제된 진보이다. 나는 오직 탄자니아가 좋은 예를 준다고 믿는다. 그러나 어떤 대가를 치르고 있는가![28] 우리가 보았던 수많은 반대 인자들 때문에 이것이 성공할 기회는 거의 없다.

---

[28] 슈마허Schumacher는 이 모든 나라에 대해 훌륭한 공식을 만든다. "지역적 자원들로부터, 지역적 사용을 위해, 지역적 생산."

여전히 이 인자들의 하나를 환기해야 한다. ― "다국적 기업들"의 개입.29) 다국적 기업들이 얼굴은 없지만 수많은 촉수를 가진 괴물이라고 비난하지는 않아도, 이 기업들이 제3세계에 무서운 충격을 준다는 것은 확실하다. 제3세계로 극히 전문화된 부품 생산 공장 이식 시스템은 내가 보기에는 하나의 파국이다. 우선 이러한 공장과 아무런 공통점이 없는 환경 속으로, 이 혼란스러운 기술을 삽입시키는 것이기 때문이다. 나는 이미 1950년에 저개발국에서 거대한 비행장 건설에 대해 연구했었다 이어서 부품의 제작은 지역 경제가 발전하는 데 아무 도움이 되지 않는다. 반대로 우리는 거기서 놀라운 종속 인자를 본다. 그것은 모든 자율성의 제거이다. 산업 블록은 탁월한 협박 수단이 된다. 실제로 지역 정부는 어떠한 행동 수단도 없다. "압수하거나" "국유화 한다" 해도, 그 정부는 부품만 생산하는 공장을 가지고 아무것도 할 수 없고, 누구도 그것을 사지 않을 것이다. 그렇지만, 특히 사람들은 중요한 동기 중의 하나를 알고 있다. 그것은 값싸고, 사회적 보장이 없으며, 노동조합도 없고, 고용주에 대한 압력 수단이 없는 노동력을 얻는 것이다. 파업은 공허한 몸부림이고, 노동력은 차고 넘친다. 외국 노동자를 부르는 것보다는 저개발국에 공장을 세우는 것이 천 배 더 실용적이다. 달리 말해, 다국적 기업들의 이런 정책은 실제로 서구 1830년대와 비교할 수 있는 전적인 프롤레타리아 계급의 생산자이다. 그리고 옛 프롤레타리아 계급은 어떤 점에서는 자기 주인들과 마주할 수 있었는데, 다국적 기업들 공장에서 일하는 토속 프롤레타리아 계급은 바로 앞에 아무도 없기에 오히려 더 열악하다.

---

29) 에마뉘엘Emmanuel이(적합한 기술…., PUF, 1981) 다음의 근거로 제3세계의 다국적 기업들을 옹호하는 것은 경악할 만하다. 즉, 가장 선진의 기술들 덕분으로만 성장이 있을 수 있다. 제3세계는 이 기술들이 필요하고, 다국적 기업들은 그것들을 거기에 이식한다. 따라서 다국적 기업들은 제3세계 발전의 가장 좋은 인자이다.

마지막으로 프롤레타리아화의 마지막 인자를 언급해야 한다 – 무기장사. 제3세계는 가장 큰 무기 시장이고, "선진"국들은 현대적인 무기로 교체하기 위해 낡은 무기를 이곳에서 처분한다. 그들은 국민 정서, 강대국이라는 자존심, 그리고 지역적 갈등 위에서 장난을 친다. 그리고 이 점에서도 소련은 엄밀히 말해 미국과 마찬가지로 유죄이다 그런데 제3세계 국가들은 이러한 무기 구매에 의해 황폐해지고 고갈되는 외에도, 흔히 강조되지 않는 다른 양상이 있다. 마르크스는 (그리고 토크빌Tocqueville도) 국가의 상당 부분의 프롤레타리아화는 군대와 연결되어 있다고 지적하였다. 나는 징병제도가 프롤레타리아화의 원인이라고 말하는 것은 아니다. 분명히 아니다. 그러나 우연적이지 않은 병존이 있다. 사실 군은 프롤레타리아 노동자들에 대해 감탄할만한 억압의 도구이고, 군사 훈련을 통해서 차후 공장에서 일할 훈련을 시킨다. 이것은 아프리카 국가들에서는 아직 전적으로 맞지는 않다. 거기서는 군대들이 차라리 억압과 쿠데타에 적합한 친위대들이다. 그렇지만, 이것은 하나의 단계에 불과하고, 점점 아랍국들에서처럼 국가군대로 변할 것이다. 그러면 산업적 프롤레타리아화는 군과 불가피하게 연결될 것이다.

따라서 내가 보기에는, 이러한 것들은 서로 다른 여건들로부터 출발하여 똑같은 방향으로 가는 다양한 인자들이다. 제3세계 엘리트들은 이러한 진보에 강박적이고, 어떤 대가를 치르더라도 산업화하려고 한다. 그들에게 '산업화는 현대화'라는, 서번-슈라이버Servan-Schreiber의 담론은 환상적으로 달콤하다. 그러나 지급해야 할 대가는 프롤레타리아화이다. 제3세계의 미래는 프롤레타리아화이다.

그런데 서구에서 형성되었던 프롤레타리아 계급에 대해서처럼, 이 새로운 프롤레타리아 계급의 생활 조건은, 기근뿐만 아니라 똑같은 결과를 부른다. 특히 지적인 영역에서 그러하다. 전통적 문화로부터 뿌리 뽑혀서, 이 프롤레타리아 계급은특히 어린이들은 지적 훈련, 기억 능력 그리고 언어적 적응력에서 회복할 수 없는 뒤처짐과, 정신적 퇴행을 겪는다.30) 달리 말해, 우리는 19세기 서구 노동자 계급이 겪었던 파탄을 보는데, 이 파탄은 아이들이 기술 사회에 적응하는 데에 필수적인 문화적 발전을 가로막는다. 이러한 퇴보는 처한 상황의 계승을 정당화하는 "자연적" 열등 현상을 재생산한다.

이렇게 식민지화에 이어서 제국주의가 제3세계 프롤레타리아화의 결정적 인자였다면, 앞으로 제시될 것은 같은 상황은 아니다. 지금부터는, 그리고 이것은 더욱 악화하는데, 산업화를 동반한 "사회주의"로 이동이다 (그러나 무슨 사회주의인가! 그것은 빗나간 지역 문화 해석으로 검토된, 수정 사회주의이다).31) 이 산업화는, 탈식민주의적 국유화의 실수를 통해, 각 나라에서 거대한 프롤레타리아화를 가져오고, 더욱더 가져오게 될 것이다. 그런데 이 일은 우선, 초보적 사회주의 + 산업화의 결합에 의해 생산된다. 이어서 그것은 우선 소련이, 그 다음에는 중국이 이 나라들을 탈식민지-사회주의 길로 던졌기 때문이다. 이것은 그들이 진정으로 해방되고, 결정의 자율권을 가지며, 정치적 생의 형태와 길을 선택하거나, 현대 기술에 적응하도록 하기 위해서가 아니라, 오로지 전략적 이유로 해서, 소련의 이익에 따라, 소비에트 제국주의의 필요에 따랐기 때문이다. 이

---

30) 랭보Raimbault, 연구, 1980년 10월.
31) 소위 사회주의적 제3세계 국가 중에서, 어떤 나라들은 국유화의 길을 걸으며, 알제리적, 또는 이집트적, 가나적, 인도네시아적 사회주의를 창조한다고 주장한다. 이것은 결국 엄밀히 말해 아무런 내용이 없다. 다른 나라들은 순수 간단하게 "과학적 사회주의의 기초"인 마르크스주의적 모델로 들어간다(베트남, 북한…). 그러나 대부분은 특수한 사회주의란 단어는 일반적으로 종교적인 전통의 우민 정책적 겉옷에 불과하다. 알제리와 이란에서는 이슬람교, 미얀마에서는 불교. 그것은 사회주의와는 아무 관계가 없다! 그러나 모든 경우에서, 발전하는 것은 프롤레타리아 계급이다.

국가들을 해방할 관대한 생각은 전혀 없고, 자본주의 지배를 소비에트 지배로 바꾸려는 의지만 있었다. 이 국가들을 더 잘 살게 할 경제적인 전망이란 없고, 오로지 소비에트 경제의 필요에 따른 특수한 조직화뿐이었다. 우리는 소비에트 경제가 형편없이 뒤처져 있고, 중공업적 산업화에 머물고 있으며, '해방된' 사회주의적 제3세계 나라들을 소련 경제의 보충적 경제가 되게 하거나, 혹은 소비에트의 모델에 따라 산업화하도록 한다는 것을 보았다. 이 두 경우에, 실제적인 것은 프롤레타리아의 대량 생산이다. 나는 그것만이 유일한 이유라고는 말하지 않는다. 그러나 그것은 자발적인 산업화의 매혹에, 그리고 우리가 분석했던 다른 인자들에게 더해진다.

이러한 프롤레타리아화를 피할 유일한 길은, 내가 이미 자주 썼듯이, 다음과 같을 것이다.

1) 소위 선진국들이 제3세계 나라들에 경쟁적이 아닌 공통의 원조 정책을 채택한다.

2) 이 정책은 절대적으로 무상이어야 한다. 다시 말해 소련, 일본, 미국, 유럽은 원조를 통해 궁극적으로 이익을 추구하지 말아야 한다.32)

3) 선진국들은 이 나라들의 원자재를 죽도록 착취하지 말고, 산업적 작물만 경작하게 하지 말아야 한다.

4) 이러한 정책이 제3세계 국가들에 실제로 필요한 것을 가져다줘야

---

32) 근본적인 몰이해의 예는 저개발국들에 대한 유엔 회의 개막식에서(1981년 9월 1일), 미테랑Mitterrand, 코트Cot, 세이송Cheysson의 주장들에서 제공된다. 그가 말한 바로는, "제3세계에 대한 원조 정책은 프랑스에 떨어지는 것이 있어야 한다", 또는 "제3세계에 대한 원조는 프랑스가 위기에서 벗어나는 방법이다." 이러한 조건에서는, 진정한 제3세계에 대한 어떠한 원조도 없을 것임을 확신한다.

한다. 수출은 첨단 틈새 제품이 아니라, 제3세계의 필요에 맞춰 선진국의 경제를 재조정하고, 생산력을 바꿔야 할 것이다.

5) 제공된 장비는 한편으로는 "부드러운 에너지와 기술" 유형이고, 다른 한편 최근의 기술 진보에 따른 자동화된 기계들이어야 한다. 그래야, 노동력 사용을 줄이고, 거대한 인구 이동이나 대량의 도시화를 가져오지 않으며, 결과적으로 전통적 활동 영역이 전복되지 않고 대부분 유지될 것이다.

이것이 제3세계에서 프롤레타리아 계급의 증가를 피하기 위해 필수불가결한 5가지 조건이다. 우리가 그것을 충족시키기에는 너무 멀리 떨어져 있다!

그러나 모든 것이 끝난 것은 아니다. 제3세계의 실질적 필요에 대한 이해가 느리지만 증가하고 있다. 최근에는 지역적 필요에 적합한, 실제로 유용한 연장과 도구들의 생산을 겨냥하기 시작한다. 1980년 쥬네브Gené의 민중을 위한 기술전시회는 특징적이었다. "부드러운, 중개적인, 적응된 기술들"이 일리히Illich, 뒤몽Dumont, 슈마허Schumacher가 요구했던 노선 속에서 구체적으로 적용되었다. 고용과 생산성을 증가시키고, 생활수준을 실질적으로 향상시킬 기계들![33] 기술 이전이 아니라, 새로 적응된 기술들의 창조 문제이다. 가장 토속적인 주민들이 만들 수 있는 기구들땅콩 껍질 벗기는 나무 기계, 낡은 석유통으로 만든 생태가스 시스템, 수력으로 작용하는 정수

---

33) C. 오루아Auroi, Y. 에티엔Etinne, J.-L. 모레Maurer, 『연장의 종말』, IUED, 1979. 반대로 사람들은 에마뉘엘 아르기리Emmanuel Arghiri의 것과 같은 연구들과는 전혀 동의하지 않아야 함이 명백하다. 적응된 기술 또는 저개발된 기술, 1981. 이 저자는 극도로 편협한 생각을 하고서, 적응된 기술들과 관계된 모든 것을 의심한다. 그 이유는 오로지 이런 적응된 기술들이 덜 효율적이고, 또한 서구로서 제3세계의 저개발을 지배하고 유지하는 수단이기 때문이다! 절대적으로 어리석은 주장으로서, 저개발국들의 구원은 서구의 선진, 그리고 중장비적 기술들을 적용하는 데 있다고 생각한다! 그는 오로지 경제학자로서만 추론하고, 문화나 사회성의 질적인 여건들에 대해서는 전혀 고

역학 펌프, 전기를 생산할 수 있는 아주 간단한 마이크로 터빈…, 또는 이미 복잡하지만 잘 적응된 기계들태양열 오븐, 양모 직조기, 정수기. 그러나 여전히 구매의 문제가 있다. 예를 들어, 훌륭한 복합용 타작기를 만들었는데, 그것이 가장 필요한 인도 북부, 파키스탄, 아프리카의 가난한 인민들은 살 여력이 없다. 동시에 우리가 여기서 연구했던 사실 그 자체로부터 어떤 의식화가 생겨난다. 기술의 부정적 효과에 대한 연구는, 어쩌면 개발을 다른 방향으로 유도해야 함을 보여준다. 즉, 전통적 노동자들의 단순한 연장은 그 문명의 오랜 진화의 산물이다. 그것은 일반적으로 가장 잘 적응된 것이었다. 그것을 경솔히 대체해버려서는 안 된다. 아프리카의 어떤 나라들에서는 서구적 기술의 부정적 효과들을 뛰어넘고, 하나의 진보인 이러한 도구로 되돌아온다.34)

그러나 최소한의 합의에 이르기가 극도로 어렵고, 믿을 수 없을 정도로 느림을 볼 때, 진정한 개발 가능성에 대해 불안해하지 않을 수 없다. 새로운 국제 경제를 목표로 하는 '무역개발 국제 연합 회의'는, 기본 생산물 가격 안정화를 위한 공동 기금 합의서 하나 끌어내는 데, 1980년에 5개월이나 걸렸다…. 그런데 그 원칙은 1년 전에 만들어졌었다. 한편에서는 문제의 시급함을 알고, 다른 한편에서는 주민 생활의 실제적 변경을 위한 그런 제도적 변경의 느림을 알게 되면, 비관하지 않을 수 없다!

'연구와 형성을 위한 국제 연합 연구소'는 1980년에 선진국과 저개발국의 중점 개발 정책에 대한 설문 조사를 하였다. 그런데 이 문서는 모든

려하지 않는다. 그는 생산과 성장만 생각한다. 그는 성장과 발전의 차이를 거부한다. 그는 단 하나의 경제 모델, 서구의 모델만 생각할 수 있다. 이것은 그를 경제적 사고의 관점에서 완전히 후진적이고, 또 그가 생각하는 것과는 반대로 완전히 순응주의자가 되게 한다.
34) C. 오루아Auroi, Y. 에티엔Etinne, J.-L. 모레Maurer, 『연장의 종말』, 앞의 책.

본질적인 문제들에 대해 두 그룹 사이의 극단적인 의견 차이만 드러나게 하였다. 선진국들이 중요하게 여긴 문제들에 대해 다른 국가들은 관심이 없고, 예를 들어 다국적 기업에 관한 국제 규약의 제정 그 역도 마찬가지다. 예를 들어, 보호주의 타파, 수입 단가 상승에 따른 저개발 국가들의 수출 가격 조정, 군사비 축소, IMF 관리에 저개발 국가들의 참여, 지역 산업 재편을 위한 선진국들의 노력… 남-북 대화는 진정 귀머거리들의 대화이다….

1981년 5월, 히스패닉계 18개 나라와 선진 6개국이, '라틴아메리카를 위한 유엔 경제 위원회'를 개최하였다. 그러나 역시 실패하였고, 선진국과 다른 나라들 사이의 합의는 불가능함을 확인해 주었다. 저개발국들의 지속적인 요구 사항을 포함한, 전반적 통합 개발안은 거부되었다. 다국적 기업 억제, 선진국의 보호주의에 대한 공격, 세계 금융 시스템 관리에 참여, 새로운 국제 경제 질서 창조. 그것이 무엇이든 합의 도출에는 너무 요원하다. 라틴아메리카에는 5천만의 기아선상의 주민이 있다. 아마 1억의 프롤레타리아도 있다. 그럼에도, 이 나라들은 1970년 이래로 괄목할만한 경제 성장을 이뤘고, 다른 나라들보다는 세계 경제 위기에 더 잘 버티고 있다. 따라서 프롤레타리아 계급 문제가 해결되려면 원활한 경제 기능만으로는 충분하지 않다…. 반대이다! 다른 곳과 마찬가지로 여기서도, 프롤레타리아 계급이 경제 성장과 완전히 동조하여 성장한다. 이 라틴 아메리카 나라들에서는, 10%의 주민이 50%의 수입을 차지하고, 50%의 주민은 수입의 10%를 가지고 산다…. 프롤레타리아화는 산업 성장 중심에서 가난과 함께 기세를 부린다. 소비재의 강력한 산업화는 부자를 더욱 부자로 만들고, 사치재 소비의 발달로 귀착한다. 이글레시아스Iglesias는 고용 창출을 위한 산업화를 주장하였다. 그러나 결과는 무엇일까? 그로부터 사람들은 어떻게든 수출을 해야 한다는 생각에 이른다. 그러나 내수 시장은 전혀 구매력이 없고(따라서 프롤레타리아 계급은 그대로 남아 있다!), 또 선진국들과는 경쟁할 수 없어서 제3세계 안에서 수출해야 한다…. 결국, 가난한 사람들은 덜 가난한 사람들의 상품을 사도록 요구된다. 그것이 결국 유명한 남-북 관계이다!

유엔의 새로운 국제 경제 질서 개편안은 회의적이다.[35] 다시 한 번 사람들은 거기서 빈곤층에 대한 실질적 고려보다는, 제3세계 대표들이 작성한 국가주의적 경제 선언들을 만난다. 그리고 이 계획의 정치적 전망은 125개 저개발 국가들의 블록 형성이다! 상업적 교환과 기초 생산물에 대한 요구들, 정치적 힘의 새로운 분배 의지는 이 나라들의 내부적 불행과 프롤레타리아화 해결에 큰 영향을 주지 못한다. 게다가 이 계획은 명백히 제3세계에서 가장 비참한 나라들이 아니라, 그 중 그나마 살 만한 나라들을 돕게 되어 있다. 반면 아주 고무적인 양상은, 선진국들이 노동 집약적 산업을 포기하고, 그것을 저개발국들로 이전하여, 노동 분업을 하자는 것이다…. 그러나 바로 그것이 산업적 프롤레타리아 계급을 부르는 것임을 보지 못하는가!

분명히, 거의 곳곳에서, 제3세계의 지식인들은 새로운 개발 형태를 발명하고, 서구를 모방하지 않기를 주장한다. 이것은 실제로 아주 필요하고 권할만하다. 불행하게도, 그것은 결국 인종차별에 대해 말하거나, 따라야 할 길은 '사회주의'라고 선언하거나, 이슬람 갱신을 반복하고 끝나버린다. 그러나 이것은 분명히 독창적이고 동시에 서구의 기술에 굴복하지 않으면서 포용하는 대안적 문화 창조의 길이 아니다. 1981년 '개발도상국에서 사회문화적 개발 대안' SCA프로젝트는 선의로 가득 차 있었다. 그리고

---

[35] 바인트라우브Weintraub, "선언들을 믿지 않기", 개발 포럼, 1981년 4월.

그것은 또 정확한 목표를 가졌었다."어떻게 개발하느냐"가 아니라 "왜 개발하는가"이다 그러나 그것은 전적으로 이상주의적이고, 실질적인 현실을 고려하지 않으며, 기댈 언덕이 거의 없다. 특히, 산업적 성장에 의한 프롤레타리아화를 고려하지 않는다.

잠깐 각설해보자. 어떤 사람들은 이런 논리를 거부하는 것 같다. 이란은 공산주의의 길과 미국의 길을 거부한다. 좋다. 이런 유형의 진보와 산업화를 거부하는, 이슬람교 도덕과 신앙으로 회귀이고, 이것은 서구 기술에 의한 지배 거부의 기초가 된다. 아주 좋다. 국민에게 표현과 정치적 결정을 다시 주고, 국민의 자발성을 듣고자 하는 의지. 훌륭하다. 우리는 여기서 중국 혁명의 초기 의도가 다시 살아난 것을 보는 것 같다. 도덕적 전통으로 회귀는 제외하고 따라서 원칙적으로 프롤레타리아 계급의 창조는 아니다. 나는 그에 대해 아주 만족할 것이다. 그러나 나는 3가지의 확인에 의해 이 만족을 제한해야 한다. 우선 우리는 풍부한 석유를 가진, 그리고 이 사실로부터 모든 제국주의 국가들을 초조하게 만들 수 있고, 온갖 협박을 할 수 있는 부유한 나라 앞에 있다. 그리고 또 샤Shsh가 비축해 놓은 장비들과 자재들이 풍부한 나라이다. 그래서 이 나라는 가진 것만 가지고도 어느 정도 산다. 그럼에도, 샤Shah의 통치 기간에 이란에 이식된 산업들 사이에는 서로 연결이 되지 않음을 강조해야 한다. 이런 일은 제3세계 부유한 국가들에서 흔한 경우로, 그 경제는 지배적 경제에 하나하나 접속되어 있다. 이 산업 경제는 전적으로 서구에 종속되어 있고서구는 반대로 석유에 종속된다, 사람들은 따라서 이중적 프롤레타리아화를 겪게 된다. 제국주의 국가들에 대한 산유국 자체의 프롤레타리아화와 국내의 산업적 프롤레타리아 계급. 결국, 이러한 산업들은 아무런 경제적 추진력, 발전의 힘이 없다. 그러나 이것은 약간은 예외적이다.

두 번째 확인은, (현재!) 서구의 기술과 산업화를 벗어난다고 주장하는 나라가 전쟁을 위해 다른 나라와 똑같이 한다는 것이다. 다시 말해 가장 정교한 무기를 사용하고, 그래서 기술의 길로 들어가지만, 기본적 필수품에는 적은 투자밖에 하지 못한다! 결국… 군사 장비는 낡아지고, 대체할 시기가 올 것이다. 석유 시추와 채굴 시기도 포함하여 새 장비를 사들이고 제작해야 할, 다시 말해 원하건 원하지 않건 산업적 순환으로 들어가야 할 것이다. 이데올로기 선언들은 아무런 소용이 없을 것이다. 그래서 사람들은 이란이 프롤레타리아 계급을 전혀 생산하지 않고서, 순수하고 힘든, 그리고 주변적인(나는 중세적이라고 말하지는 않는다) 이슬람교의 길을 계속할 수 있을지 두고 볼 것이다.

2. 자발적으로 제도화된 프롤레타리아 계급

우리는 이제 제3세계 프롤레타리아 계급의 다른 섹터 앞에 있다. 내가 자발적으로 설립된 프롤레타리아 계급이라 부르는 것으로, 저개발 민족들 위에 드리운 비극적 숙명성을 더 무겁게 한다. 이것은 이데올로기, 의도적 결정, 정치적 고찰을 통해 설립되었다. 우리는 캄보디아와 베트남을 예로 들 것이다. 이 두 나라와 함께 프롤레타리아 계급의 새로운 현상과 마주한다. 근본적으로, 자본주의가 프롤레타리아 계급을 창조할 때는, 스스로 변명적인 정당화를 부여하지만, 본질적으로 뒷맛이 개운하지 않았다. 자본가들은 우선 이 프롤레타리아 계급을 눈앞에서 "보려고" 하지 않았고, 이어서 노동자들을 술주정뱅이, 낭비자들이라고 비난하였다. 이어서 그들은 근본적으로 이러한 불행에 대해 죄의식을 느꼈다. 그런데 공산주의 국가에서 자발적으로 설립된 프롤레타리아 계급과 함께는, 사람들은 지금 자신이 잘하고 있다고 생각한다…. 그리고 우리는 여기서도 다른 곳과 똑같은 현상을 발견한다. 즉, 베트남은 산업화하기를 원하고, 강제 노동수용소를 통해 프롤레타리아를 생산한다. 캄보디아는 전혀 다른 경우이다. 그러나 역시 강제 노동의 프롤레타리아 계급 창조와 마주한다. 그 둘을 따로 검사해야 한다.

북베트남의 프롤레타리아화에는 의심의 여지가 없다. 「르 몽드」의 롤랑–피에르 파랭고Rolland-Pierre Paringaux, 클로디Claudie와 자크 브루와엘 Jacques Broyelle의 기사는36) 베그브데Beigbeder의 자기반성, 그리고 로랑 슈와르츠Laurent Schwartz의 고백과 일치한다. 이들은 베트남의 충실한 친구들로서, 미군과의 투쟁에서 베트남을 지지했던 사람들인데, 그 체제 역시 비인간적 독재임을 인정하고, 모든 경제는 국민에게 강요된 강제 노동 위에 세워져 있음을 인정한다. 그리고 이 강제 노동은 부분적으로는 강제 노동수용소 시스템을 포함하는데, 이 시스템은 분명히 북부보다는 남부에서 더 발달하였다. 그러나 북부에서도, "호"Ho 체제의 설립 초기부터 있었다.37) 그 이유에 대해 이 체제가 할 변명이 많이 있었고, 지금도 많이 있음은 명백하다. 즉, 베트남이 겪었던 연속적인 전쟁을 지원하려면, 전례 없는 동원이 필요했다. 그리고 이런 사실로 여전히 강제 노동을 정당화한다. 군대는 왕이고, 베트남은 언제나 "전투태세를 갖추고" 있다. 파랭고(Paringaux) 사람들은 이 군이 세계에서 "미국과 소련 다음으로 강하다고" 자랑한다. 그러나 병영화한 국가는 평등적이거나 자유로울 수 없다. 군대를 양성하면서 입헌 의회는 독재 체제가 된다. 역사에서 모든 절대적 병영화의 경험들을 들먹여야 하는가? 그건 베트남 "잘못"이 아니라고? 아무

---

36) 브루와엘, 앞의 책 도아이 반 토아이Doai van Toai, 베트남 굴락, 1979.
37) 북베트남과 미국 간 전쟁 중에, 나는, 모든 사람이 그 반대를 맹세했지만, 베트남에 강제노동수용소가 필연적으로 존재했음을 증명하였다. 나는 당시에 다음의 증명을 하였다. 즉 중앙집권화된 국가, 일당 독재, 배타적인 이데올로기, 기술화의 의지가 존재하는 곳에서는, 불가피하게 강제노동수용소가 존재한다. 나는 그것을 주장할 수 있고, 어떠한 보충적인 정보도 나에게는 필요 없다. 물론, 나는 그 당시에 격렬하게 공격당했다. 그리고 내가 1960년에, 쿠바에서 굴락Goulag의 존재를 주장하기 위해 근거로 삼았던 것도 정확히 똑같은 분석이다. 이 두 경우에, "사실적 증거"가 밝혀졌다. 쿠바에서도, 베트남보다는 더 크지 않지만, 마찬가지로 심각한 수용소의 질서가 지배하는 것은 반박할 수 없다. 그곳의 죄수들은 20년 이상 되고, 다른 사람들은 "재교육 되었기" 때문에 조금씩 풀려났다. 두 경우에 사용되는 용어들은 똑같다. cf. 투옥된 여자 시인, 마르타 발라도네스Martha Valladones, 1978년 12월 27일의 편지.

튼, 이것 역시도 내가 말하고자 하는 것은 아니다! 나는 단지 환상을 품지는 말아야 한다고 말한다. 즉, 전적으로 병영화한 나라는 자유, 자유로운 가입, 감시 부재, 평등, 정상적 물자 보급 등의 나라일 수가 없고, 그랬던 적도 없다. 이것은 우리가 귀에 못이 박이도록 들었던 말들이다. 게다가 현대 군은 산업화하고 있고, 기본적인 산업화를 가정한다. 그런 군대는 산업화에 종속된다. 분명히 현대적인 군은 외국의 지원으로 만족할 수 없고, 멀리 떨어진 강국의 선의에 만족할 수 없다. 이러한 군을 위한 산업적 명령은 중국에서도 준엄하게 작용한다. 그 지도자들이 자기 군의 약함을 인식하고 있기 때문이며, 머릿수가 모든 것을 대체할 수는 없기 때문이다. 게다가 베트남은 전쟁뿐만 아니라, 산업화 및 현대화 강박관념의 피해자였다. 당연히 지도자들의 공산주의적 확신은 이 방향을 선호하였다.

미국에 대한 승리 직후부터 우선권은 대형 프로젝트와 중공업에 주어졌다. 중국은 산업화를 위해서는 좋은 사상과 많은 인구만 있으면 충분하다고 주장하였다. 모든 수단이 산업에 집중되었다. 농업은 무시되었다. 1979-1980년경에야 지도자들은, 베트남의 항구적인 식량 부족을 보고, 풍부한 농업 생산의 기반 위에서만 산업 발전이 있을 수 있음을 깨달았다. 그래서 농업 생산량을 늘리도록, 한편으로는 사적 경작을 허가하고, 또한 "누구도 강요하지 않는다"는 빤한 변명과 함께 논에서 집단 노동을 시켰다. 북베트남 정치인들과 관리들은 그 말을 30년 동안 반복하였다….

수용소들이 만들어졌다. 히틀러의 독일과 똑같은 이데올로기, 똑같은 과시와 함께이다. "밀폐된 장벽에 뚫린 문 위로, 붉은 현판이 있고, 그 위에 노란 글씨가 씌어 있다. '자립과 자유보다 더 귀한 것은 없다.' 새 체제의 모든 감옥, 모든 재교육 수용소에는 이 똑같은 위선적 현판이 걸린다." 도아이(Doai) 베트남은 산업화를 강요한다. 산업화는 우선은 농업적 동원으로 이뤄진다. 경제 기초로 사용하기 위해 "지도자들은 풍부한 인적 저장고로부터 얼마든지 퍼올릴 수 있다. 베트남은, 5천만 주민들… 조국을 위해 자발적으로 나섰다고 주장하는 희생자들 말고는, 남과 북의 두 군사적 전선을 유지하고 보급해 줄 물자나 신용, 경제적이고 재정적인 수단이 없다." 남부는 가혹한 독재 치하에 떨어지고, 무서운 실업을 겪는데, 거기에 대해 사람들은… 강제노동수용소로 대답한다. "일자리를 기대했던 대규모 실업자 부대는 우선 동원증을 갖게 될 것이다. 재교육 수용소들과 티우Thieu 장군의 옛 감옥들은 항상 가득 찰 것이다."파랭고(Paringaux) 게다가 이 프롤레타리아의 조직-관리에 격변이 일어난다. "군 지휘관들은 수감자들을 군이 관리하는 수용소로부터 형무 기관들이 담당하는 수용소로 옮기기 시작하였다. 우리는 "재교육자들"의 신분이 무엇인지 알 수 없다. 그러나 우선, 어떻게 그런 큰일이 스탈린과 히틀러의 신비를 재생산하면서, 수십 년 동안 전혀 알려지지 않았는지 자문해볼 필요가 있다. 큰일이라고? 도안Doan은, 천에서 3만 명 정원의 수용소를, 북부에서 13개, 남부에서 25개를 제시한다. 이 수용소들과 티우 체제의 수용소들을 구분하는 기준은, 절대적 비밀이다. 티우의 공포정치 시기에는, 모든 사람이 수용소를 알고 있었다! 미국인들은 기자들이 와도 내버려 두었고, 선교사들도 방문했으며, 적십자 대표들이 보고서를 작성하였다. 북부에서는 아무것도 허가되지 않았다. 공산주의에 적대적인 기자들도, 국제 선교사들도 불가였다. 그리고 이 침묵은 병합과 함께 남부에도 드리워졌다.

그러나 그 밖에도, 도아이Doai는 내가 보기에 아주 정확한 설명을 해준다 - 인질 시스템. 사람들은 수용소에 주민의 상당 부분을 가둔다. 8십만에서 백만 명 그리고 수감자와 가족 사이를 철저히 차단하고, 수감자에게 가족의 운명은 그가 입을 다물고, 행동을 잘하는 데 달렸다고 협박한다. "수

십만의 인질 포로들은 수천만 명을 침묵시키는 데 충분하다." 이 후자들에게는 그들이 입을 다물어야 부모들이 편할 것이라고 한다. 그리고 "가족"은 아시아적으로 의미가 넓다. 한 명의 혐의자가 있으면 전 가족이 자동으로 연좌된다. 나아가 이 체제를 공개적으로 지지하지 않는 사람은 혐의자이다. "너는 적은 아니다. 그러나 너는 친구도 아니다. 현재 상황에서, 우리는 많은 적이 있다. 따라서 우리의 친구가 아닌 자들은 위험하다."도아이 그리고 (남부에서 민족해방전선FLN의 열성 당원이었던) 저자는 계속 말한다. "나는 베트남의 애국자이다. 그러나 나는 애국주의에 대해 개인적인 개념이 있다. 나는 민주주의를 신봉하기에 더 안 좋게 된다. 나는 공산당에 대해 자립적이다. 자립적이라는 것은, 공산당의 지도적 역할을 거부하고, 당의 집단 훈련에 참여하지 않는다는 말이다. 이런 조건에서는, 나는 애국주의로부터 멀어진다. 따라서 나는 애국자가 아니다. 결국, 나는 민중의 적이다."

도아이는 남부의 민족해방전선FLN의 대부분 간부가, 사이공이 함락되자마자 가장 먼저 체포되고 감금되었음을 보여준다. 그리고 곧 수용소에서 노동력으로 이용된다. 따라서 재교육 수용소들 어디서나 혹사당하고, 서서히 영양실조로 죽어간다. 일단 수용소에서 나오면, 사람은 "재교육을 받은 것이다." 그리고 강제노동수용소를 "재교육 수용소"라고 명명하듯이, "재교육을 받은 자들"도 겉으로는 풀려난다. 그러나 실제로는 그들은 다른 유형의 강제 노동에 투입된다. "재교육을 받은 자들"은 두 카테고리에 속한다. 5년 후에도 재교육을 받는 옛 체제의 군인, 경찰, 공무원들이 있다약 40만. 그리고 도중에 좌절하고 투쟁을 포기했던, 그리고 결국 옛 체제에 가담했던 옛 공산당원들이나 민족해방전선 소속원들이다. 재교육을 받은 자들은, 4백 명 묶음인 차이스Tchais로 다시 모여 집단 노동을 한다.

단죄된 자들은 일반적으로 정글 개간, 토지 조성, 도로 개발 등에 투입된다. "작업의 표준이 높여지고, 조건은 험하다. 말라리아는 만성적이다. 북부에서는, 특히 옌바이Yen Bai 지방에서는, 추위와 식량부족으로 사망률이 더 높다. 곳곳에서 수감자들은 지뢰제거 작업에 이용된다."파랭고 따라서 언제나 똑같은 과정이다. 경제적 하부구조 작업을 담당하는 프롤레타리아 계급, 동시에 사망률을 높이는 생활 조건, 노동을 이용한 적대자들 제거.38) 어느 정도 수감 생활 후에, 개인적으로 기술 있는 자들은의사, 기술자

---

38) 나는 베트남에 호의적인 프랑스 공산당PCF의 볼만한 대목을 인용하지 않을 수 없다. (그런데 프랑스 공산당은 중국에 대해서는 악의에 찬 선전을 한다….) 1978년 11월 23일, "베트남 민중과 함께"라는 제목의 선언에서, 프랑스 공산당 정치국은 다음과 같이 쓴다.
"대형 정보 수단들을 동원한 격렬한 캠페인이 베트남에 반대해 목하 진행되고 있다. 프랑스 공산당은 이러한 부당한 공격에 대해 분연히 일어선다. 이러한 공격은 베트남 민중에 대한 위해를 넘어서, 프랑스의 신용과 명예에도 타격을 준다. (…) 우리는 놀랍게도, 인도차이나 전쟁의 극단적 프랑스인들, 그리고 CIA와 연결되어 있으면서, 끝까지 미국의 베트남 공격을 지지했던 "노동운동가들" 가운데, 베트남을 떠나온 자들을 위한 호소문의 서명자들 가운데서, 프랑스 노동조합FO의 총서기, 우리가 알다시피 모든 식민지 활동에서 일차적 역할을 했던 당인 프랑스 사회당PS의 국가 서기를 다시 발견한다. 우리는 거기서 또 몇몇 사람들을 발견하는데, 그들은 명백히 그들의 안티코뮤니즘으로 잘 알려졌지만, 그래도 사람들은 그들이 그런 일행들과 합쳐지리라고는 생각지 않았던 자들이다.
베트남이 30년간의 긴 정쟁을 겪었고, 현재 홍수 피해를 겪고 있음을 언급하고 나서, PCF는 덧붙인다.
"이러한 조건들에서, 아직도 감옥 속에는 어떤 선전이 무턱대고 정치범들이라고 소개하는 수만 명의 전범과 고문집행인들이 있다는 것에 대해 놀랄 것인가? 또한, 그 나라가 몹시 어렵고 극적인 상황을 겪고 있다는 것에 대해, 남부에는 미국적 부패의 향수에 젖어 있는 온갖 종류의 투기꾼들, 밀매자들이 남아 있는 것에 대해 놀랄 것인가
베트남 지도자들은 그 나라의 어려움을 감추지 않는다. 그 어려움은 중국의 원조 중단, 중국이 수백만의 중국 출신 베트남인들에게 가한 거대한 압력에 의해 가중된다.
그렇다. 실은 베트남 민중에게 저지른 범죄들에 대해 베트남 민중을 비난하려면, 그리고 가난, 박탈, 나아가서 기아 앞에서 침묵하려면 엄청난 뻔뻔함이 있어야 한다. 그렇다. 30년 동안의 격렬한 전재의 결과들에 대해 잠잠하게 하려면, 또한 전쟁 피해 복구에 관한 약속을 지키기를 미국이 거부한 것에 대해 침묵을 지키려면 많은 뻔뻔함이 필요하다."

석방될 것이다. 그러나 그들은 몇 달 더 "자유인으로서" 힘든 육체노동을 한다. 도시에서 거주할 권리를 얻지 못한 사람들, 전문성은 전혀 없지만, 수용소 형기를 채운 사람들은 "새로운 경제 구역" 속에 들어가야 한다. 그리고 그곳은, 실제로는 새로운 도형장이다.소련과 똑같은 시스템 그들은 원칙적으로 자유로운 노동자들이다. 그렇지만 절대적으로 원시적인 지역들에 옮겨져, 탈출하기는 불가능하다. 거기서 노동자들은 강제노동수용소의 시스템과 똑같이, 어떤 장비나 도움도 없이, 다시 개간 작업과 경작에 투입된다. 따라서 명목상 "자원자들"은 이 "새로운 경제 구역"을 향해 떠난다. 그들은 5십만 명에서 1백만 명이다. 그들은 꼭 풀려난 옛 강제이주자들만은 아니다. 예를 들어, 1978년 3월에는, 모든 사적 상행위를 금지한다. 그리고 모든 상인은 새로운 경제 구역으로 떠나야 했다. 단 한 번에 사이공에서 3십만 명을 강제 이주시켰다. 사람들은 언제나 똑같은 질문 앞에 서게 된다. 즉 산림 관리나 개간 작업을 전혀 해보지 않았던 도시인들이 장비도 없이 살아남을 수 있을까

이 자유노동자들을 어떻게 노동 현장으로 가게 하는가? 직접 폭력 대신에, 식량 배급 카드를 제거한다. 그것으로 충분치 않으면, 전 가족의 카드를 제거한다. 롱탄Long Thanh에서는 "자유 죄수들"이 논과 숲에서 노동한다. 그들은 4천 명이다. 하루 12시간 노동. 점심은 없다. 물 마시기 위한 15분간 휴식, 저녁 식사로 쌀 150그램, 그것이 전부다. 그리고 노동 후에는, 각자의 작업과 게으름피운 사람들을 비판하는 정치 재교육 시간. 테이닌Tay Ninh에서는, 4천 명의 죄수가 캄보디아 쪽으로 숲길을 낸다. 11시간 작업. 수감자들은 조그만 칼로 관목 숲을 걷어내고, 작은 망치로 수 미터나 되는 바위를 깬다. 이런 예를 얼마든지 나열할 수 있다. 원칙적으로 재교육은 한 달이어야 했다. 그 조건을 믿고 재교육 대상자들이 스스로

입소했던 것이다. 4년 후에 누구도 풀려나지 못했다.

현재 베트남의 프롤레타리아 계급은 이렇게 살아간다. 그 계급은 영웅적 시기의 북부에서도 그렇게 살았다.그리고 이 시기는 진정 영웅적이었다 그리고 마침내 순수하고 완전한 공산주의를 실현한 이 나라가 평등을 정복했다고 찬양한 사람들은 이 평등이 자유로운 시민에게만 해당함을 망각하였다. 프롤레타리아 계급에 대해서는 말하지 않았다. 이것은 아테네 공화국, 민주주의, 실제로 모든 권력을 가졌던 데모스Demos, 절대적 평등을 찬양하던 사람들이 경험했던 것과 똑같은 신화이다…. 수세기 동안의 화려한 모델. 사람들은 이러한 민주주의가 노예들 덕분이었음을 망각했다. 호 Ho 아저씨의 통치 아래서도, 정확히 똑같은 체제였다!

이제 우리는 제3세계의 다른 자발적 프롤레타리아 계급 모델로 넘어가야 한다. 캄보디아는 극단적인 경우이다. 분명히 이 나라에서는 엄밀히 말해 아무것도 프롤레타리아화를 강요하지 않았다. 제3세계 가운데에서 참 드문 경우였다. 캄보디아인들은 행복한 민족이었고, 풍부한 쌀 수확 덕택에 기근이 없었다. 이모작을 할 수 있었고, 약간의 노동이면 충분했다. 어업도 톤레 샵Tonle Sap:캄보디아의 호수로 동남아 최대의 담수량과 어획량을 자랑한다-편집자주덕분에 넘쳐났고, 일주일에 몇 시간만 잡으면 전 주민이 먹을 수 있었다. 캄보디아는 기근을 알지 못했던 드문 아시아 국가들의 하나였다. 고무나무를 위해 식량경작을 없애지 않았다. 고무나무는 존재는 했지만, 양은 적었다. 경제는 최소한의 산업과 함께 균형 잡혀 있었다. 주요 산업은 쌀 도정이었다. 물론 사회적 불평등은 있었다. 왕실 정치인은 부유했고, 몇몇 상인들도 부유했다. 그러나 독점을 하겠다는 경향은 전혀 없었고, 거대한 부를 향한 자본 팽창도 없었다. 자본가들에 의한 서민 착취는 거의 없었다. 장사는 자제할 줄 아는 중국인들에 의해 유지되었다. 인구-식량생산-노동의 관계는 만족스러웠다.

물론, 왕실 특히 왕비에 대한 비난이 있었다. 그러나 그것은 겉치레 정도였다. 산업화 속으로 뛰어들 아무런 이유가 없었다. 그것이, 무엇에, 누구에게 소용될 것인가? 산업이 있다면 그것은 전적으로 인위적인 기업일 것이고, 아무 필요도 없었을 것이다. 균형 잡힌 경제 속에서, 고수입이 거의 필요 없는 상황에서는, "진보의 길"로 뛰어드는 것은 무익한 일이었다. 그리고 국왕 시아누크Sihanouk는 실제로 산업화를 피했다. 마찬가지로 공산 혁명의 시도는 완전히 정신 나간 짓이었다! 누구에 대해서? 왕에 대해서? 실제로 캄보디아인들은 모두가 왕에게 대단히 충성스러웠고, 그의 추방을 바라지 않았다. 가난한 사람들을 착취하는 자본가들도 없었고, 자생적인 혁명 운동도 없었다. 그래서 원시 축적의 필요도 없었고, 프롤레타리아 계급도 없었다. 프랑스의 식민 통치도 프롤레타리아화를 가져오지 않았었다. 그 반대였었다.

이제부터, 1976년부터 일어난 일은 순수하게 미친 짓이다. 이것은 정치적으로 완전히 미친 짓 중의 하나인데, 나치즘 속에서보다 더하다. 히틀러가 권력을 잡았을 때, 독일에는 문제들이 있었다. 그런데 캄보디아에서는, 어떠한 문제도 없었다. 사건은 북부 베트남이 남부와 미국에 대한 전쟁 중에, 호치민Ho-Chi-Minh 도로를 넘으려고 캄보디아 북동 영토를 이용하면서 시작되었다. 그들은 캄보디아가 중립국이기 때문에 미국의 공습 없이 안전할 것으로 확신하였다. 그러나 통킹Tonkin 사람들북부 베트남인과 캄보디아 사람들 사이에는 강한 적대감이 있다. 사실 캄보디아인들은 이러한 침입을 견디기 어려웠다. 베트남인들은 더욱더 캄보디아 영토로 발을 들여 놓았고, 결국엔 전쟁을 위해 1/7을 점령하였다. 이어서 그들은 전쟁 물자의 보급이 달리자 캄보디아의 쌀을 약탈하기 시작했다. 그리고 방앗간들을 분해해서 자기 나라로 옮기기조차 하였다. 베트남에 대한 캄보디아의 격렬한 반발이 있었다. 베트남은 캄보디아 내에서 공산주의 운동과 저항단체들을 조직하기 시작하였다. 이 단체들은 크메르 루즈 Khmers Rouges가 되었다. 베트남인들은 캄보디아 어린이들을 훈련하기 위해 북베트남으로 데리고 갔다. 다음은 하나의 가정이다. 그렇지만 모든 것이 그것을 확인해주는 것 같다. 즉, 캄보디아에서 공산주의 운동은 캄보디아가 베트남의 점령을 수락하고 지원하도록 베트남이 주도하였다. 시아누크는 저항하지 않았다. 왜냐하면, 그는 미국을 돕는다는 인상을 주고 싶지 않았고, 때를 기다렸다. 반면 그는 극소수였던 크메르 루즈를 적극적으로 격퇴하였다.

이때 론놀Lon Nol의 쿠데타가 일어나 1970년 3월에 왕국을 뒤엎었다. 그 명분은 공산주의와 베트남에 대항해 캄보디아를 수호한다는 것이었다. 그는 줄곧 반 베트남 국민감정을 이용하였다. 그래서 캄보디아 국민 대다수의 지지를 얻었다. 그러나 그는 왕에 대한 조건 없는 충성에 부딪혔다. 시아누크를 축출한 것은 잘못이었다. 베트남은 크메르 루즈 운동을 위해 이 감정을 이용하였다. 여기에는 비극적인 오해가 있었다. 즉 캄보디아인들은 왕에 대한 충성심으로 공화국에 반대하였고, 그 때문에 크메르 루즈에 가입했다. 그런데 이 조직들은 베트남의 꼭두각시로서, 캄보디아의 공산화를 목표하였다. 그리고 베트남에서 훈련받은 청소년 군대에 의해 프놈펜Phnompenh이 함락되자 폴포트Pol Pot 체제가 들어섰다.

1975년 3월 17일, 시아누크가 불러와 다시 명목상 국가수반이 되었다. 그리고 이때부터 미친 짓이 시작된다. 우리는 역사에서 아주 희귀한 현상, 즉 자기 국민 파괴를 목표로 하는 정부를 본다. 그것은 전국 규모의 진정한 프롤레타리아 계급의 창조인데, 아무 이유도, 아무 정당화도, 아무 경제적 필요성도 없는 프롤레타리아 계급이다. 그리고 크메르의 모든 경제 시스템의 순수 간단한 파괴와 함께이다! 우선 프놈펜의 모든 주민을 느닷없이 추방한다. 48시간 동안에, 수도에서 거의 2백만 명의 주민을 소개한다. 주민들은 검은 옷을 입은 젊은 지하단체 조직원들의 감시 아래, 나이와는 상관없이, 맨발로, 열을 지어 처음 생긴 수용소들로 향한다. 사람들은 대량으로 그들을 고향으로부터 강제 이주시켰고, 가족, 부족, 마을들을 파괴하였다. 사람들은 가족을 파열시켰고, 부모들을 멀리 떨어진 수용소로 추방하였다. 그리고 아니라고 부인하지만, 강제로 이름들을 바꿔서, 그들이 더는 소식을 전할 수 없게 하고, 경우에 따라서는 서로 만나지도 못하게 하였다. 사람들은 강제노동수용소 체제로 노동 팀들을 구성하였다. 개간과, 새로운 경작법, 새로운 관개 수로, 고된 논농사…. 전쟁이 일시적 손실을 끼친 것은 사실이지만, 당시의 어떤 해설가의 주장과는 달리, "경제적 재구성"이 필요할 정도는 아니었다.

민중들은 자신에게는 본질적으로 아무 소용없는 대형 사업들에 투입되었다. 그리고 젊은이와 늙은이가 힘이 다할 때까지, 먹을 것도 없이, 위생 시설도 없이, 쉴 곳도 없이 노동하는, 이러한 거대한 노예 작업장 속에서, 대다수의 사람들에게 죽음은 아주 빨리 찾아왔다. 죽음은 전혀 중요하지 않다. 이런 어처구니없는 노동자들을, 또 마구 잡아온 다른 노동자들로 대체하는 것은 언제나 가능했다. 그리고 이 정부에게 제기된 문제는 제3세계의 다른 많은 나라에서 보았던 문제와는 전혀 달랐다. 즉, 새로운 경제적 하부구조를 설정하거나 기아에 허덕이는 사람들을 구제하기 위해 후진을 따라잡는 문제도 아니었다. 반대로 체제가 안정되어감에 따라, 배급은 더욱 줄어들고, 분배된 쌀의 양도 줄어들었다. 죽어가는 사람들의 수도 더욱 늘었다. (아마) 생산된 쌀의 양은 늘었다. 그것이 어디로 갔는가? 처음에는, 분명히 베트남으로 갔다. 아마 크메르 루즈에게 베트남이 준 도움에 대한 보답이다. 이어서, 국교단절 이후에는, 그리고 그 이전에도 이 쌀은 중국으로 갈 수밖에 없었다. 폴 포트 체제 동안에, 나는 근본적으로 중국에 의한 캄보디아의 식민지적 착취가 있다고 확신하였다. 따라서 자기 나라의 산업화를 위해 크메르 프롤레타리아 계급을 창조한 것이 아니라, 중국 경제를 위한 것이다.

프롤레타리아화 속에서 분명히 비문명화도 생각해야 한다. 이 정부가 내건 공식적 구호는 원래 크메르 문화 회복이었다. 문화혁명 스타일. 그리고 더 엄격하게, 프랑스의 흔적을 띤 모든 것은 폐기될 뿐만 아니라, 나아가서 프랑스식으로 교육받은 사람들은 사형에 처했다. 특히 10세 이상으로 프랑스어를 배우고, 말할 줄 아는 모든 아이는 처형되었다. 그것은 셀 수도 없는 대학살이었다. 그러나 크메르의 문명으로 돌아간다는 것은 거짓이었다. 왜냐하면, 동시에 과거 유산의 파괴가 있었기 때문이다. 한편으로는, 혁명이라는 유치한 개념과 함께 수십만의 반대자들에 대한 탄압과 원시적인 살육이 있었고, 다른 한편에는 옛 크메르 문명과 문화였던 것에 대한 근본적인 파괴가 있었다. "과거를 쓸어버리자." 결코 어디에서도, 사람들은 그런 광기를 가지고 이렇게 절멸을 원한 적은 없었다. 문화와 과거의 파괴, 체계적인 뿌리 뽑기, 무보수 노동, 굶어 죽지 않을 정도의 배급량, 가족과 단절, 이렇게 실천적으로 프롤레타리아 계급의 모든 특성이 모였다. 그러나 가장 나쁜 것은 아마 이 모든 것이 아무 이유 없이 자행되었다는 것이다.

중국에서는 새로운 경제를 건설한다는 환상이라도 있었다. 자본주의 나라들에서는 프롤레타리아라는 비극적 대가와 함께 새로운 경제를 건설하였다. 이번에 우리는 미친 세상 앞에 놓인다. 이 모든 것은 나라의 경제를 절멸시키는 데로 이른다. (프랑스의) 고무나무 농장들은 국유화되었고, 방치되었다. 보수되지 않은 도로들은 금방 망가졌고, 잘못 개간된 토지는 경작을 허락지 않았으며, 익숙하지 않은 사람들에 의한 농사일은 엉망이 되었다. 그리고 자기 땅과 환경에 익숙한 농부들은 거기서 뿌리 뽑혀, 다른 곳으로 옮겨졌다. 거기서 그들은 분명히 일을 더 잘하지 못했다. 왜냐하면, 더는 개인적인 일이나 부락적인 일이 아니라, 집단적인 일이기 때문이다. 그런 일에는 그들은 익숙하지 않았다. 반면 그들이 옛날에 경작했던 토지는 다른 팀들에게 맡겼고, 그들도 잘하지 못했다. 거대한 기념물들앙코르와트은 약탈당하지는 않았지만, 방치되어서, 프랑스의 보호를 받던 이 장소들이 자연에 의해 침식되고, 자갈만 굴러다녔다….

그런데 이런 무서운 경제적 붕괴 현황은 상상이 아니다. 폴 포트 체제 이후에 캄보디아를 방문한 모든 사람은 이구동성으로 이 후퇴를 언급하였다. 그래서 정치적으로 용인할 수 없는 베트남의 침공은 꼭 필요한 것이 되어버렸다. 베트남은 약간의 질서를 되찾고, 도로들을 회복했으며, 다시 정상적으로 경작하였다. 애석하게도 캄보디아가 물질적으로 살아날 수 있는 유일한 언덕은 베트남이었다. 프롤레타리아 계급으로의 이 무서운 잠수는 7백만 인구 중 1백만~3백만의 희생을 불렀다. 확실히 2백만 명 정도인데, 그 중 반은 아마 강제노동 때문에 사망했다.39) 4년 동안의 일

---

39) 1981년 5월 1일 있었던 선거 때에, "공식 소식통"에 의하면 5,746,141의 총인구 중에 3,417,319명의 유권자가 있다고 발표되었다. 이 숫자는 틀림없이 거짓이다. 이 숫자들은 폴포트 체제가 가혹하지 않음을 보여주려고 하였다. 왜냐면, 인구가 실질적으로 줄어들지 않았기 때문이다. 20년 전에 아주 엄격한 인구 조사는 캄보디아에 4,845,000명을 인정하였다. 그러나 사람들은 일반적으로 1972년에 6백만 명만을 인정했다. 그런데 처형되어 시체유기 장소에 버려진 희생자들의 수는, 아주 현대적인 방식에 따르면, 약 4십만으로 추정된다. 여기에 다음을 더해야 한다. 처형되고 강이나

이다. 사람들은 그렇게 극단적이며 자발적이고 체계적인 프롤레타리아화의 예를 본 적이 없었다. 그리고 정말 기묘한 것은, 바로 다음의 마지막 사항이다. 즉, 역사상에는 많은 학살이 있었지만, 주로 종교적이거나 정치적인 이유 때문이었다. 그렇지만, 직접적이거나 적의 감옥에서 사망하였다. 여기서는 전혀 새로운 사실로서, 노동에 의한 사망, 생산이나 경제적 진보를 위한 사망, 적이 아니라 자국민의 사망이다. 이것은 이중적 이데올로기의 믿을 수 없는 침투를 드러내 준다. 즉, 가혹한 대가의 생산을 통한 혁명, 그리고 생산자, 구원자, 교육자로서 노동. 이 둘이 결합하여 전국민의 치명적 노예상태에 정당성을 주었다. 그러나 우리는 여기서 우리가 곳곳에서 발견하였던 논리, 즉 자본화와 산업화로부터 빠져나온다. 우리는 다행히도 유일한 새로운 모델, 광란의 프롤레타리아 계급 모델을 본다. 민족말살과는 다르다

늪 등에 던져진 사람들. 강제노동수용소에서 기아, 병, 과로로 숨진 사람들. 우리는 수없이 많은 증언이 있다. 숲이나 산으로 달아난 사람들(실질적으로 도망자의 4/5는 중도에서 죽었다), 해적들에게 죽임을 당한 사람들이나 태국 난민 수용소에 이르기 전에 태국인들에 의해 죽은 사람들…. 최소한의 계산으로도 6십만은 된다. 그리고 실제로는 한편으로 시체유기 장소에 버려진 처형된 자들의 수는 훨씬 더 많고, 다른 한편 실종자들도 더 많은 것 같다. 중간 정도의 계산인 2백만이 가장 그럴법하다.

5장. 새로운 프롤레타리아 계급[1]

우리가 이른 최종 결과를 요약하면, 다음과 같을 것이다. 즉 우선 기술 발전은 진보되고 완전히 정착된 산업화 기초 위에서만 가능하다. 나는 별로 좋아하지는 않지만, 여기서 유용한 한 용어를 사용하자면, 우선 산업 사회가 있어야만 후기-산업 사회가 있을 수 있다. 두 번째로 우선 충분한 중공업이 있어야만 선진적이거나 복잡한 산업화가 있을 수 있다. 세 번째로 자본 축적 없이는, 즉 프롤레타리아 계급 창조 없이는 중공업이 있을 수 없다. 네 번째로 산업화가 발전하는 곳은 어디서든 프롤레타리아 계급이 출현한다. 따라서 제3세계의 미래는, 다소간 긴 기간에, 그 체제가 무엇이고, 이뤄진 혁명이 무엇이건, 프롤레타리아 계급의 놀라운 증가를 보게 된다. 마지막, 다섯 번째로 사회주의는, 산업화하지 못한 저개발 국가에서 자리를 잡으면, 대량으로 프롤레타리아 계급을 만들어낸다. 피착취자들이 권력을 잡는다는 프롤레타리아 계급 독재나, 사회주의 혁명을 통한 자동적인 프롤레타리아 계급 소멸은 있을 수 없다. 프롤레타리아 계급 소멸은 사회주의에 달린 것이 아니라, 우선 어디에 그리고 어떤 조건에서 이 사회주의가 자리를 잡는가에 달린다.

바로 여기까지 우리는 이른 것 같다. 첫 출발점이 무엇이든, 그리고 산업화가 전개되는 문화적 환경이 무엇이건 마찬가지다. 아프리카, 이슬람, 불교문화라 해도 상관없다…. 프롤레타리아화 과정은 똑같다. 마찬가지로 정치 체제가 무엇이든 상관없다. 그것이 자유주의적 민주주의건, 우익이나 좌익의 군사 독재건, 안정된 사회주의건, 산업화 효과의 전개는 똑같다. 경제적 조직과 그것의 다소간의 자립성은 별로 중요하지 않다. 반

---

1) 자유주의적 서구 선진 사회들 속에서 새로운 프롤레타리아 계급 분석의 모든 요소는 이미 기술에 관한 나의 다른 두 책, 『기술, 또는 세기의 쟁점』1954과 『기술의 시스템』1978 속에, 그리고 혁명에 관한 나의 두 책 『혁명의 해부』1969와 『혁명으로부터 폭동까지』1972 속에 들어 있다. 그래서 이 장은 다른 장들에 비해 훨씬 짧다. 나는 여기서는 똑같은 현상의 다른 관점을 취하는 것으로 제한할 것이다.

대로, 체제가 "자립적"일수록, 그 체제는 프롤레타리아화 속으로 더욱 깊이 박힐 것이다.

이 프롤레타리아 계급은, 마르크스가 19세기 영국, 프랑스, 독일의 프롤레타리아 계급을 분석하면서 기술한 것과 똑같은 특성을 제시한다. 현대 프롤레타리아 계급이 이 모든 특징들을 제시하는 것은 아니고, 그렇게 불릴 수 있을 정도로 매우 많다는 말이다. 물론, 우리가 보았듯이, 이런 보편적 프롤레타리아 계급과는 다른 모델들이 있다. 그러나 이 모델들은 똑같은 기본과 본질적인 현실을 가지고 있다. 제3세계의 국가들은 비록 그 대다수가 국제 자본주의에 대해 자립적이라 해도, 이러한 프롤레타리아화를 알게 될 것이다. 아랍 산유국들의 프롤레타리아 계급은 불행하게도 그에 대한 확신을 준다.

따라서 제기되는 문제는 이중적이다. 즉 "선진" 국가들에서, 프롤레타리아 계급을 제거할 수 있을까? 그리고 다른 세계 속에서는, 이러한 추락을 통과하는 시간을 가속할 수 있을까. 다시 말해 프롤레타리아 계급이 불가피한 기간을 단축할 수 있을까? 이것은 다른 두 질문으로 분해된다. 즉, 선진국에서 사회주의는 실제로 소외에 대한 대답이 되는가? 또 기술은 프롤레타리아 계급에 대한 대답이 되는가? 이 두 질문을 달리 전개한다면, 이렇게 될 것이다. 사회주의가 마르크스가 생각했던 나라들에서 득세한다면, 다시 말해 이미 중공업으로 이동했고, 이미 프롤레타리아 계급이 있는 나라들에서 득세한다면, 사회주의 혼자서 착취와 프롤레타리아화의 종말을 이끌 수 있을까? 우리는, 기술적 사회로의 이동을 단독으로 허용해주는 필연적인 초-자본주의에 직면하지 않았는가? 달리 말해, 오늘날 우리는 확실한 기술 사회로 이동하려고, 과거 산업 사회로 이동 직전에 있던 러시아 혁명기의 볼셰비키들과 같은 지점에 있지 않은가? 산업

사회 속에 정착한 사회주의는 더 높은 기술화에 접근하기 위해, 프롤레타리아 계급을 다시 만들어야 하지 않을까

우리의 질문은 아직 끝나지 않았다. 모든 분야에서 선진적인 기술화는 실제로 프롤레타리아 계급의 제거를 허용해 줄 것 같다. 우리는 거기에 대해 다시 말할 것이다 실제로 고도로 기술화한 사회 속에서, 인간은 소외된 노동으로부터 해방되고, 스스로 결정할 수 있어 보인다. 그렇지만, 꼭 그렇다는 것은 아니다. 다시 말해 기술적 진보 혼자서, 그리고 어떤 점에서 자동으로, 그러한 결과를 일으키지는 않을 것이다. 간단히 이렇게 말할 수 있다. 즉 기술은, 지금의 방향 속에서, 프롤레타리아 계급 제거를 허용해줄 수 있을 것이다. 그러나 산업화에 필수적이었던 자본 축적을 위해 만들어야 했던 그런 프롤레타리아 계급 제거를 말하는 것이다. 기술의 진보가 또 다른 소외들을 유발하지 않을 거라고 결코 확신할 수 없다. 즉, 한편에서는 아주 불행한 프롤레타리아 계급의 생산, 다른 한편에서는 자본화와 산업 생산과 연결되지 않은, 그렇지만 기술화에 필수적인 새로운 유형의 소외들. 달리 말해 우리는 선진 사회에 새로운 프롤레타리아 계급 앞에 있게 된다. 이 프롤레타리아 계급은 두 얼굴을 갖는다. 과거처럼 불행한 프롤레타리아 계급은 존속한다. 프롤레타리아 "집단들"이 있다. 그리고 상대적으로 부유하지만 소외된, 프롤레타리아의 모든 특징을 제시하는 또 다른 프롤레타리아 계급이 발달한다. 또는 리히타Richta가 보여주었듯이, 가치의 창조자는 더는 노동이 아니므로, 더는 존재할 이유가 없는 그러한 프롤레타리아 계급이다. 그런데 이 두 프롤레타리아 계급은 서로 밀접한 관계를 맺고 있거나 상호 소통하지 않으면서 연결되어 있다.

첫 번째 프롤레타리아 계급에 대해 아는 것을 환기해보자. 즉, 실제로 불행을 대변하는, 실업자들, 이민 노동자들, 주변화된 사람들이 있다. 일

은 하지만, 선진 기술화의 대상이 아닌 더럽고 힘든, 위험한 일을 (그 고전적 예는 쓰레기 수거이다) 하는 사람들도 거기에 더해질 수 있다. 그렇지만, 또 자동화된 공장에서 순수하게 모니터링만 하는 사람들도 더해진다. 자동화는 상위의 전문 기술자들과 조종석의 신호에 정확히 대답할 반사신경만 있으면 되는, 전혀 무식한 노동자들만 있으면 된다. 그래서 자격 있고, 능력 있는 노동자들을 사라지게 한다. 기술의 발달은 이중의 프롤레타리아를 생산한다. 실업자들과 자동화가 일자리를 창출한다는 주장은 완전 헛소리다! 탈전문화되고 탈자격화된 노동자들이다. 이 노동자들은 노동 가치에 따른 급여 시스템 속에서는, 낮은 급여를 받을 수밖에 없다. 그런데 사회가 발달할수록, 실업자의 수는 더욱더 많아질 것이다.

따라서 두 형태가 있다. 실제로 노동이 "절감되어서", 실업으로 떨어진 프롤레타리아 계급이 있다.2) 이것은 유사 "경제 위기"와 연결된 문제가 아니라, 새로운 생산 양식, 새로운 유형의 사회로 이전과 연결된 문제이다. 이런 "기술적" 실업은 일시적 고용 창출이나 새로운 공장 신설에 의해 감소하거나 보상되지 않는다. 이 공장들은 경쟁력이 있으려면 자동화되어야 하고, 그로부터, 원자력 발전소처럼, 일시적 건설 수요 외에는 거의 노동력을 요구하지 않는다. 이 실업은 또 주당 노동 시간을 얼마 정도 줄인다 해서 효과적으로 줄지도 않는다. 주당 35시간으로 감축은 아마 프랑스에서 50만의 일자리를 만들 것이다. 그러나 다른 분야들에서 자동화의 가속은 새로운 실업자들을 만들 것이다. 이러한 방식으로 실업을 해결하려면, 노동 시간을 극적으로 줄여야 할 것이다. 그러나 이것은 모든 사회 구조의 전적인 격변을 내포

---

2) 여기서는 분명히 일반적인 실업의 문제가 아니라, 오로지 실업이 프롤레타리아에 미치는 영향의 문제이다. 수많은 연구 중에서, 나는 아주 훌륭한 E. 말랭보Malinvaud의 연구를 볼 것이다. 『실업 이론의 재검토』칼망-레비, 1980. 이 책은 현재의 모든 이론을 분석하고, 이 문제에 대한 새로운 연구에도 불구하고 진퇴양난을 고백하는 장점이 있다.

한다. 그런데 우리는 전혀 그 준비가 되어 있지 않다. 결정적인 것은, 사회주의 국가들에서도, 정확히 자동화가 천천히, 아주 천천히 자리를 잡으면서 실업이 나타나기 시작한다는 것이다. 소비에트 사람들은 이미, 노동력 절감과 동시에, 고용을 유지할 수 없음을 잘 이해했었다. 산업화 초기에 처음 기계가 나타났을 때도, 오늘날과 똑같은 두려움과 문제가 있었다고 말하는 것은 상황 파악을 전혀 못한 것이다. 즉, 방직기 한 대가 직조공 10명의 일을 하기에, 실업자가 생길 것이다. 그러나 산업화는 지속적으로 더 많은 노동력을 요구했고, 농부들을 도시로 오게 하였다…. 따라서 오늘날에도 그럴 것이다…. 그러나 그렇지 않다! 정말 그 어떠한 비교도 가능하지 않다. 왜냐하면 산업화는 "언제나 더 크게"라는 원칙과 공식 위에 세워져 있었기 때문이다. 더 강력한 거대한 기계를 가진 큰 공장이 작은 기업보다 수익성이 더 좋았다. 따라서 당연히 노동력이 필요했다! 그러나 오늘날은, 정확히 그 반대이다. 전자, 정보화, 로봇의 원칙은, 언제나 더 작게 이다. "가장 빨리"는 "가장 작게"와 결합한다.

한동안, 2차 산업에서 일자리가 줄면 3차 산업에서 많은 일자리가 생길 거라고 자위했었다. 이것은 산업화 말에, 그리고 기술 시대 초기에는 정확했다. 오늘날 전산화를 통한 자동화는 이런 희망들을 지워버린다. 우리는 나라에 따라 2, 3, 4백만 명의 실업자와 함께 사는 법을 배워야 한다. 실업은 더는 마르크스의 분석 속에서처럼 "산업 자본주의의 예비군"이 아니다. 그것은 더는 자본가에게 저임금을 유지하고, 파업을 막아주던 압력 수단이 아니다. 실업은 어떤 체제에게든, 전산화된 산업 시스템의 상처가 되었다. 자본가들은 이 무겁게 짓누르는 짐, 살아 있는 비난에서 벗어나고 싶을 것이다. 분명히 실업자는 더는 전적으로 헐벗지 않으며, 앞으로도 점점 더 수당을 받게 될 것이다. 달리할 수가 없다.

실업자들은 경제적 불행보다는 19, 20세기에 인간의 지배적 가치였고 삶에 의미를 주었던 것, 즉 노동의 파괴로 말미암은 프롤레타리아이다. 생산적인 사회적 노동으로부터 배제된 실업자는 사회와 단절되고, 가치가 떨어지며, 주변화 되어, 비록 먹고 연명할 것이 있다 하더라도 자살까지 하게 된다. 마르크스에 따르면, 인간은 또 자신의 삶을 이루는 모든 것, 즉 뿌리, 문화 등으로부터 배제되기 때문에 프롤레타리아가 된다. 우리는 현대의 실업자에게 마르크스에 따른 모든 기준을 적용할 수 있다(자본가에 의한 착취는 제하고). 그런 만큼 실업은, 더는 19세기처럼 하나의 사고가 아니라, 모든 기술 사회 속에서 점점 더 하나의 존재 양식이 될 것이다.

빈곤화에 관한 최근의 보고서들은[3] 가난이 사회 집단별로 유형화됨을 보여준다. 이것은 본질적인데, 젊은 무직자과 가정이 없는 자(피난과 회복의 장소로서 가정은 가난과의 투쟁에서 본질적이다), 부양가족이 있는 독신녀, 장기 실업자 등이다. 그러나 또 이민 2세대 역시 1세대보다 더 좋지 않은 상황에 있다. 왜냐하면, 일자리를 찾아온 이민자들은 자발적인 행위를 했던 것이고, 목표가 있었고, 자신들이 무엇을 피해 이곳에 왔는가를 알고 있었으며, 차별을 견딜 태세도 되어 있었다. 그런데 프랑스에서 자란 자녀는 목표가 좌절되면 불행을 더욱 처절하게 느낄 수 있고, 자신들을 외국인으로 생각하려 않는다. 그리고 또, 농촌적 가난으로서, 프롤레타리아 수준에 있는 노인들이 더 많아지고, 더욱 늘어날 것이다…. 빈곤 상태를 파악하기 위해 수입이나 실업을 기계적으로만 고려해서는 안된다. 수입이나 실업은 해석되기도 해야 한다. 왜냐하면, 가난, 수입, 실업은 필연적으로 똑같은 것은 아니기 때문이다. 수입은 독신인지 아닌

---

[3] 사회 연구 재단 보고서, "가난과 가난에 대한 투쟁"CEE, 1980. 현재로서는 배포되지 않은 "OHEIX" 보고서, 1981.「르 몽드」앙케트, "언제나 가난한 사람들과 오늘날 가난한 사람들", 1981년 3월.

지, 도시나 시골 어디서 거주하는가에 따라 평가되어야 한다…. 실업은 연령에 따라, 실업수당 수령 여부에 따라 효과가 다르다…. 그리고 또 가난의 양상을 평가하려면 다른 요소들을 고려해야 한다. 따라서 이 보고서들은 주거의 중요성을 강조하고 프랑스에서 5백만의 주거지가 열악하다고 평가되고, 그 중 300만은 오늘날 당연한 시설도 갖추고 있지 않다. 그리고 다른 요소들도 강조한다. 예를 들어, 반드시 경제 분야는 아니지만, 내가 보기에 본질적인 것으로, 가난의 한 인자인 복잡한 관료주의도 있다.

원인과 환경이 다양하고, 또 흩어져 있기 때문에, 극단적 빈곤에 처한 사람들의 수를 정확히 하기는 몹시 어렵다. 더는 도시의 한 빈민가 전 주민이 불행하다고 확실히 말할 수가 없다. 최저임금SMIC이나 그 이하를 받는 사람들의 수가 1978년 이래로 계속 증가하고 있는데, 아마 2백만 명에 달한다. 르누아르Lenoir는 『배제된 사람들』4) 속에서 물리적으로 가난한 사람들의 수를 천5백만 명으로 제시하였다(이것은 노동자만 아니라, 그 가족도 포함한다). 리오넬 스톨레뤼는 천백만 명 이상을 제시한다.5) 따라서 이런 프롤레타리아의 차원은 심각한 현실이다. 사람들은 이 불행한 프롤레타리아 계급을 선진국들은 관심만 가진다면 줄일 수 있다고 믿고 있다. 그런데 우리는 이미 극도로 복잡한 사회 복지 시스템, 즉 사회 안전기금, 가족수당, 숙박 시설, 실업수당, 장학금, 망명 지원금, 주거 보조… 등으로 힘들어하고 있다. 1978년에 사회 보호 기금으로 5천백억 프랑을 소비하였다. 다시 말해, 국가 예산 전체와 같은 액수다. 이러한 비용의 지속적인 증가는 정말 견딜 수 없음은 명백하다. 그러한 비용이 아무것도 해결하지 못하는 만큼 더욱 그러하다. 이 비용은 가난한 사람들에게 생존을

---

4) 르네 르누아르René Lenoir, 『배제된 사람들』, 쇠이유, 1976.
5) 리오넬 스톨레뤼Lionel Stoléru, 『부자 나라들에서 가난을 극복하기』, 「르 몽드」,

허용해준다. 이것은 정말 좋은 일이다. 그러나 제3세계에서 기근에 대해 아무 근본적 변화도 일으키지 못한 것과 똑같은 문제이다.

그런데 우리가 진보할수록, 이러한 지역적이고 악화된 빈곤은 더욱 증가한다. 이것은 더는 경제 위기와 그 재연의 문제가 아니다. 단순히 구제금과 지원금을 주는 문제일 수가 없다. 생존할 수 있게 해주고, 기본적 욕구를 충족시켜 이 "불행한 섬들"을 해결했다 해도, 즉시 다른 문제, 즉 상대적 가난의 문제에 부딪힌다. 빈민굴을 없애고, 이민자들에게 적절한 주거지를 제공해준다 해도, 오늘날 빈민굴과 150년 전 빈민굴 사이에는 엄청난 차이가 있다. 예를 들어, 전기나 가스도 없이, "상수도만 있는" 곳은 비참한 주거지의 카테고리로 분류된다. 그러나 150년 전에는 상수도를 가진다는 것은 하나의 사치였다. 150년 전에 가스를 가진다는 것은 특기할 만한 사실이어서, 사람들은 건물 앞에 "전 층에 가스 공급"이라는 푯말을 달았다. 평가의 기준들이 변했다. 그리고 사회가 발전할수록, 가난도 성격과 기준을 변화시킨다. 소위 소비 사회에서는 강력한 생산 수단을 가진 자본주의 사회에서는 소비는 불가피하다 필연적으로 소비 가능성, 또는 광고의 유혹에 비교하여 불행의 감정이 일어난다. 따라서 악순환이 형성된다. 삶의 일반적인 조건이 나아질수록, 삶의 평균 수준이 올라가면 갈수록, 일정 수준에 도달하지 못한 구제 대상자들이 더 많아지게 된다. 그런데 이러한 과정은 기술 진보와 함께 더욱 가속된다. 로자 룩셈부르크Rosa Luxemburg가, 마르크스가 한동안 주장했던 절대적 빈곤에 대해, 이러한 상대적 빈곤의 중요성을 강조한 지 오래되었다. 상대적 빈곤은 자동차, 세탁기, 냉장고, TV 등 기본이 없으면 불행하다는 느낌을 의미한다. 젊은이가 오토바이 없을 때 느끼는 것과 같다.

그런데 이런 기본 자산들이 급속히 증가한다. 냉장고, 비디오, 전화, 전축, 카메라 등이 필수품이 되고, 광고와 행정적 책략을 통해 은밀히 파고든다. 가까운 미래에는 "개인용 컴퓨터"가 필수품이 될 것이다. 그리고 이러한 필수품을 갖지 못한 사람들은 사회적 표현과 참여 가능성을 갖지 못한 가난한 사람들일 것이다. 분명히 거기서 문제가 생길 것이다. 즉, 이 사회의 정치적·행정적·관리적 삶에 참여하려면, 반드시 이러한 물건들을 갖춰야 할 것이다. 텔레마티크초기 인터넷 서비스는 참 좋은 것이다. 그렇지만 각 가정은 "전화-텔레비전-정보적 콘솔"의 3박자를 갖춰야 한다. 마찬가지로 교외의 대형 쇼핑몰에서 한 번에 몰아서 하는 쇼핑이 훨씬 저렴하다.6) 그러나 이것은 "자동차-냉동고"의 결합을 내포한다. 이제부터 우리는 다른 차원에서 프롤레타리아 계급이 처한 상황을 재발견한다. 즉, 가장 가난한 사람이 소비재를 가장 비싸게 지급한다. 이것은 1950년에 이미 관찰되었다. 즉, 가난한 지역에서 팔리는 모든 소비재가 인프라가 잘 된 지역에서 팔리는 동일 제품들보다 더 비쌌다. 현재도 그러한 불균형은 여전히 남아 있다. 중산층따라서 시설을 갖춘 사람들은 지역의 소매점보다 싸게 살 수 있고, 소매점은 생존하려면 더 비싸게 팔아야 한다.

이 모든 것은 상대적 빈곤화가 증가할 것임을 말한다. 예를 들어, 이민 노동자들은, 급여, 노동 조건, 그들을 보는 시각, 그들의 위상과 주거 조건이 개선되더라도, 프롤레타리아로 남아 있을 것임은 명백하다. 그 이유는 그들이 일반적으로 프랑스에 영구적으로 정착하려 하지 않고, 급여 대부분을 고국의 가족들에게 송금하며, 최대한 저축을 하기 때문이다. 그들은 소비 차원에서 비非프롤레타리아 기준인 상품들에 접근할 수 없다.

프롤레타리아 계급의 발전 속에서 노동 조건도 고려해야 한다. 나는,

---

6) 나는 여기서 소비자의 입장에만 서 있다. 그리고 나는 여기에 대처할 수 없는 수많은 소매상의 파산이라는 파국적인 결과는 고려하지 않는다.

노동조합이 주장하는, 아주 잘 알려진 것들은 다시 말하지 않을 것이다. 내가 말하고자 하는 바는 첨단 분야의 프롤레타리아 계급, 즉 자동화되고 정보화된 공장의 노동자이다. 여기서 자동화는 인간을 자동적이고 반복적인 고역으로부터 해방해주고, 인간이 고상하고 지적이며 상위적인 작업을 하게 해준다는 잘못된 주장을 바로 잡아야 한다. J.-J. 세르방-슈레베Servan-Schreiber는 업무의 자동화와 정보화 때문에 실직한 노동자는 남는 시간에 결국 학위와 자격증을 취득하고, 정보 분야에서 기술자나 유자격 노동자가 될 것이라고 주장한다. 이것은 순수하게 환상적이다. 수년 동안 자동 체인에 묶여 있는 노동자는 일반적으로 전문 기술자의 지식과 역량을 얻을 수 없다. 반대로, 경험에 의하면, 자동화 공장의 노동자들은 거기서, 멍청이로서, 전혀 전문성 없는 일만 하게 된다. 그는 정확히 로봇의 위상에 있다. 복잡한 조종석 감시 말고는 할 일이 없기 때문이고, 시각적이거나 음향적인 신호에 반사적 반응만 해야 하기 때문이다. 그는 기계적 훈련만 받고, 반응은 아주 신속해야 한다. 이것은 무의미의 극에 달한 노동이다. 결과적으로 우리는 거기서, 비록 급여는 올라갔어도, 더욱 악화한 프롤레타리아 계급을 보게 된다. 여기서 문제는 생활수준이라기보다는 이 노동의 참을 수 없는 성격이다.

마지막으로, 기술의 사회에서 세 번째 프롤레타리아 섹터가 있는데, 나는 그것을 "고전적" 프롤레타리아 계급이라고 할 것이다. 이것은 자동화되지 않은 공장의 노동자, 비인간적 조건 속에서 위험하고, 더럽고 혐오스러운 작업을 하는 노동자 계급인데, 마르크스가 모든 산업 노동자들의 운명으로 알고 있었고 기술했던 프롤레타리아 계급이다. 따라서 이 프롤레타리아 계급은 그 유명한 외국 노동자들로 구성된다. 여기서 착각해서는 안 된다. 이민 노동자들의 조건은 1900년대 프랑스, 영국, 독일의 프롤레타리아 조건보다 열악하지는 않다. 다만, 그들은 그 조건을 거의 정확하게 재생산한다. 그러나 그것은 동시에 우리의 기술화한 사회 속에서, 전통적인 산업 프롤레타리아 계급, 그리고 새로운 형태의 프롤레타리아 계급 생산이 있음을 의미한다.

 나는 이제는 일반적으로 언급된 사회적이고 경제적인 소외가 아니라, 비정상적 노동 조건이 일으킨 문화적 소외가 프롤레타리아 계급에 결정적이라는 데 P. 카자미앙Cazamian과 전적으로 동감이다. 노동자들에게 특수한 문화적 소외는, 노동에서조차, 두 문화의 적대성으로부터 나온다. 한 문화는 과학적인 기술자의 문화로서, 기계 위에 기초하고, 과학과 객관적인 지식 위에 있다. 다른 하나는, 전래된 지식으로부터 출발하여, 노동자의 경험적 지식으로부터 나온 것이다. 이때 노동자는 자기 행동의 주재자이고, 자기 감각에 의해 정보를 받았으며, 스스로 자기 행동을 규제하였다. 그는, 자신의 최적 노동을 발견하게 해주는, 비과학적 척도의 연장을 자기 안에 가지고 있었다.

 카자미앙은 작업 중의 인간 생물학과 신경 물리학을 오랫동안 연구했다. 오직 피로 감각만이 실제로는 최적의 작업 속도, 기간, 고통도를 알게 해준다. 노동의 조직화에 대한 "과학적 지식"의 지배, 특히 테일러주의 taylorisme는 노동자 문화 파괴의 절정에 있었다. 과학적 지식이 작업적 지식을 이해하지도 못하면서 깔아뭉개버렸다. 그리고 시몽동Simondon은 인간이 그 둘을 다 가질 수 없음을 보여주었다. 노동자의 창조적 자유는 노동의 기계화에 장애가 되었고, 노동의 기계화는 일종의 인간 퇴행을 불러왔다. 지금은 인류학자들도 "인간에게 두뇌를 허용했던 것은 손"이라는 데 동의한다. 사람이 손을 두뇌로부터 분리하면, 그 극단적인 문화적 소외 속에서 산업 프롤레타리아 계급을 생산하는 특수한 퇴행이 있게 된다.

그런데 오늘날 제안된 "치료법들", 즉 업무의 재구성, 성숙한 노동, 집단의 자율화 어느 것도 문화적 소외를 멈추게 할 수 없다. 그것들은 다만, 카자미앙의 공식에 따르면, "노동자는 자신을 착취한다"로 귀착할 따름이다.

이것은 악순환을 생산한다. 19세기에 알코올 중독이 불행한 장소들에서 태어났듯이, 이제는 예를 들어 마약 확산은 빈곤한 세계의 큰 특징이다. 생존에 필요한 최소한으로는 충분치 못하다. 어떤 대가를 치르더라도 보상을 발견하고, 벗어날 수 없는 악조건 속에 갇힌 절대적 절망이나, 허구적인 도피를 표현할 수 있어야 한다. 폭력, 마약, 술. 이것은 불행을 악화시키고, 마르크스가 기술했던 악순환을 반복하게 한다. 우리는 이러한 "불행의 섬들"이 제기하는 이중의 문제에 직면한다. 한편으로 우리 사회의 구조, 수단, 목표의 격변이다. 즉, 기술 발전과 초고속 경제 성장을 중심으로 모든 것이 움직이는 한, 상대적 가난은 증가할 것이고, 부차적으로 프롤레타리아화도 증가할 것이다. 이것은 사회가 물리적으로 지탱할 수 없는 한계까지 갈 것이다. 다른 한편, 이러한 프롤레타리아들은 19세기 기준에 비해서는 아니지만, 오늘날의 기준으로는 프롤레타리아들이다! 다른 보상, 다른 삶의 이유, 탈출과 변화의 전망이 있어야 살아갈 수 있다. 우리는 여기서도 마르크스가 강조했던 프롤레타리아 계급의 한 특성을 재발견한다. 즉, 벗어날 수 없음, 평생 체인에 묶여 있다고 느끼기, 10년, 20년 후에도 조건은 마찬가지고, 여태 아무 진보도 없었다는 사실, 그리고 마지막으로 자녀도 똑같은 상황에 처박힐 것이라는 사실.

여기서 유명한 "기회의 균등"을 비판하는 것은 아무 소용없다…. 사회보조 기금으로 살아가는 사람은, 복지기금 관리 사무실, 국립직업국 ANPE, 사회보장 사무실, 사회 센터 등을 전전하는데, 엄밀히 말해 계속 살아갈 아무 이유가 없다. 그는 불행 때문이 아니라, 모든 의미의 완전한 상실에 의해 견딜 수 없는 삶 속에 들어 있는 것이다. 그리고 우리는 다른 문맥에서 다시 마르크스의 분석을 발견한다. 그는 프롤레타리아란 일을 하면서 자기 자신의 적, 즉 자본을 강화해주는 사람임을 증명하였다. 오늘날은 똑같은 용어는 아니지만, 똑같은 현실이다. 모든 사무실을 쫓아다니면서, 프롤레타리아는 행정적 구조, 이 사회의 사회적 통제를 강화하고, 동시에 알리바이를 제공해준다. 즉, 그는 사회적 자선 의식에 더 많은 일관성을 준다. 과거의 "자비" 담론을 채택하는 것은 우리 전체 사회이다. "우리는 우리의 가난한 자들을 구제한다." 물론, 마르크스 시대의 프롤레타리아가 마르크스가 이해했던 것을 의식하지 못했던 것과 마찬가지로, 오늘날 이 현상에 대해서도 마찬가지이다. 그런데 마르크스 시대의 프롤레타리아적 조건도 똑같은 이중적 대답을 강요했었다 : 구조의 전적인 변화, 그리고 살아갈 이유.

마르크스는 거기에 두 차원에서 대답할 줄 알았다 : 객관적으로 그리고 필연적으로 변해야 할 것을 보여주면서, 자본에 대한 극단적인 비평 차원 그리고 이 프롤레타리아 계급을 위한 희망의 차원. 즉, 지금 그대가 처한 조건은 숙명적이거나 영원한 것이 아니고, 분명히 미래에는, 모든 것이 변할 것이다. 따라서 그는 정확하게 대답하였다. 오늘날 우리는 이제 우리 차례로서 역시 이 두 차원의 대답을 발견해야 한다. 그러나 상황은 훨씬 더 어렵게 되었다. 왜냐하면, 더 추상적으로 된 "불행한 집단들"이 더는 일관성 있는 어떤 전체를 구성하지 않기 때문이며, 우리 사회의 조직이 19세기보다 훨씬 더 복잡해졌고, 여기에서 착취는 덜 확연해졌으며, 소외는 다른 형태, 특히 무감각한 형태를 띠고 때문이다. 이런 상황에서 마르크스가 했던 작업을 다시 해야 하고, 우선 이 불행한 프롤레타리아 계급에 삶과 희망의 이유를 주어야 한다.

　전통적인 불행의 프롤레타리아 계급만 유일한 프롤레타리아 계급이 아니다. 비록 그 계급이 명백히 가장 고통스럽긴 하지만, 우리 서구 사회의 가장 예민한 지점은 아니다. 기술 사회는, 다른 형태로 소외당한 새로운 프롤레타리아 계급을 생산한다. 이 소외는 일반적으로, 최소한 노동 행위와 연결되어 피곤하거나, 명백한 탄압의 차원에서 고통스러운 것이 아니다. 거의 모든 사람에게로 확장된 이 프롤레타리아 계급의 특징은, 시간의 박탈, 오락, 예속, 통제, 뿌리 뽑힘, 만성적 피로, 문명병, 그리고 아주 구체적으로, 이 사회의 귀족인 기술자들과 비기술자들 사이의 차별과 정말 상상할 수 없는 사회 속으로 진입. 우리는 마르크스가 프롤레타리아 계급에 대해 말했던 것과 정확히 상응하는 이런 여러 문제점에 대해 다시 말할 것이다. 그런데 현대의 프롤레타리아 계급은 자신의 운명에 대해 전반적으로 만족해하고, 동의하며, 거칠게 취급되지 않는다.

　가장 간단하고, 구체적이며, 명백한 것은, 마지막에 언급했던 것이다. 즉, 기술 귀족 계급. 우리에게 자율성을 준다고 하는 모든 기구는 중앙화된 체인의 귀결이고, 우리를 조직화한 시스템에 묶어놓는다. 나는 길게 말하지는 않겠다. 다른 한편, 기술적 기구가 발전하고, 모든 생활 속으로 침범함에 따라, 과학과 기술이 현기증 날 정도로 복잡해지고 학술적으로 됨에 따라, 개인은 "그 진행을 따라잡을" 수 없다. 그는 물론 이런 기술에 대해 약간은 알 수 있고, 약간은 조립도 할 수 있다. 그러나 그는 실질적인 지식으로부터 전적으로 배제된다. 이 지식은 게다가 엄청나게 빨리 발전해서, 트랜지스터나 컴퓨터에 대해 3년 전에 알았던 것은 가치가 없어지고, 오늘의 실제와 관계가 없어진다. 실질적으로 알고 있고, 기술적이고 과학적인 "비밀"을 소지하며, 이러한 비밀의 적용과 진보를 위해 일하는, 진정 권력을 소지한 계급이 있고,7) 이러한 연구 응용의 "수혜자들", 필연적으로 소비자들, 그리고 아무것도 모르기 때문에 선택이나 결정을 할 수 없는 사람들이 있다.

    기술자 자신들도 자기 기술의 적용 조건과 결과를 모르는 만큼, 합리적 선택을 모르며, 또 잘할 수도 없다. 그러나 기술자들은 기술을 소지한다. 그리고 그들의 사회적이고 권력적인 우월성이 기술적 지식과 비밀로부터 오기 때문에, 그들이 그 수단들을 움직이게 할 것은 당연하다. 그들은 전통적인 전쟁 중의 장군들물론 귀족들이다과 같은 상황 속에 있다. 이 장군들이 자기들의 사회적 위상을 유지하려면 전쟁은 필수불가결하다. 그것은 기술자들의 조건이다. 그들이 기술 관료이길 원하지 않는다 해도 상관없다. 다른 사람은 불가피하게 하나의 대상이다. 즉, 그의 의견은 무시할 만하다. 이것은 외과와 치료의 기술 속에서 가장 잘 나타난다. 환자가 이런 수술을 원하거나 거부한다고, 이런 치료법이나 파이프를 사용하겠다고 요구할 수 있는가…. 오직 기술자만 그것을 결정할 수 있고, 환자의 의견은 소용없다. 사람들은 환자가 물건처럼 다뤄진다고 불평한다. 그러나 그는 (자기 자신을 위해) 진짜 물건이고, 누구도 그를 어떻게 할지 말하지 않는다. 왜냐하면, 그는 이해하지 못할 것이기 때문이다. 물론 사람들은 그에게 아주 신사적이고, 아주 인간적이며, 아주 동정적일 것이다. 그러나 그것은 아무것도 바꾸지 않는다.

    모든 선진 기술 섹터들 어디서나 마찬가지다. 당신은 원자력이나 토지 관리, 생명공학을 판단할 수 없다. 사회 전체적 차원에서, 당신은 프롤레

---

7) 이미 1954년 기술에 대한 나의 첫 저서에서 나는 기술자들 계급은 진정한 귀족 계급임을 보여주었다.

타리아가 테일러식으로 조직된 공장에 처해 있던 조건과 똑같은 조건 속에 처해 있다. 물론, 중세기의 인간도 왕의 정치를 판단할 수 없었다. 그러나 이 왕의 정치는 그와는 거의 상관없고, 어쩌다 우연하게 관계되었다. 그런데 오늘날은 우리 삶 전체가 외부로부터 세세하게 결정된다. 처음으로 인간은 완전히 자기 자신을 박탈당하는 것처럼 보인다. 이것은 게다가 (마르크스에 따른 프롤레타리아의 특징인) 시간의 박탈과 상응한다. 현대인은, 여가의 점유도 포함하여, 항구적인 점유 속에 잡혀 있다. 그는 결코 자신의 조건을 거리를 두고, 숙고할 수 없다. 중요한 것은 노동 시간만이 아니라, 그에게 상당한 시간을 잡아먹는 행정적 시간도 중요하다. 그리고 시간이 삶의 질과 자연적 질 차원에서, 이렇게 무의미한 적도 없다. 인간은 더욱더 시간을 많이 갖는다. 그러나 그의 시간은 더욱더 사회적 행위들에 의해 흡수당한다.

얼마나 많은 소설이 어떤 사건(사고)에 의해 느닷없이 깨진, 극단적인 무의식적 상황을 보여주는가. 이 사건은, 끝없는 자잘한 행동들로 이뤄진 규칙적이고 정돈된 바쁜 일상을 느닷없이 중단시켜버린다. 그리고 여기서 우리는 오락과 다시 만난다. 나는 오늘날 여가는 더는 거리를 둔 하나의 시선이 아니라고 말한 적이 있다. 오히려 여가는 무의미한 행동으로서, 또 다른 살아 있는 시간의 흡수일 따름이다. 오락은 시간 박탈의 다른 얼굴이다. 즉, 우리 사회의 모든 오락적 행동은 첫째 목적이 우리 삶의 실제 상황을 의식하지 못하게 하는 것 같다. 파스칼적인 의미의 오락이다. 어떤 지점으로 시선을 던지지 못하게 해야 한다. 시선은 수많은 스펙터클들, 현혹들, 경이들 쪽으로 돌려져야 한다. 어떤 대가로든지 의식화를 막아야 한다.8) 따라서 우리는 수많은 복잡한 폭격을 받게 된다. 즉, 우리는 광고가 우리 머릿속에 진짜 삶이라고 각인시킨, 극단적으로 만족감을 주고 가치감을 주는, 상상적 만족을 받는다(스펙터클, 여행). 우리는 또 대리 가치감과 만족감을 주는 상징으로서 상품들을 소비한다(cf. 보드리야르). 우리는 (모든 방향에서 우리에게 제공되는 것에 비해 아주 왜소하고, 하찮아 보이는) 진정한 문화를 창조할 우리 고유의 가능성을 그 호화로운 수단을 통해 지워버리는 거짓의 문화에 접근한다. 우리는 조금씩 일종의 꿈속의 유토피아로 접근한다. 그리고 현대 기술의 화려한 수단에 접근하면서 꾸게 되는 이 포근한 꿈의 세계 속에서는, 조그만 충격도 (기름값 인상!) 엄청난 스캔들이고 공격으로 나타난다.

화려하고, 놀라우며, 마비적인 수단들. 박탈당한 인간인 동시에 현혹된 인간, 이것이 이 부유하고 행복한 프롤레타리아를 특징짓는다. 분명히 이 모든 전개, 이 거대한 반-의식의 서커스는 예속과 사회적 통제의 한 형태이다. 서구인 스스로 자유와 연결한 행복에 접근한 그 이유 때문에, 그에게 2백~3백 년 전에 자유였을 삶의 수단들을 제공해주는 바로 그 이유 때문에, 서구인은 스스로 자유롭다고 판단한다. 자동차와 비행기 덕에 자유롭고, 정보 때문에 자유롭고, 민주적 참여를 통해 자유롭고, 자기가 원하는 것을 생각할 가능성 때문에 자유롭다…. 물론 나는 좌나 우의 전체주의 국가들에서 짓눌린 삶보다는 훨씬 낫고, 굶주리거나 노예적인 삶보다는 훨씬 나은 이 삶을 경멸하지도 않고, 과소평가하지도 않는다. 그러나 나는 이 외적이고 쾌적한 자유가 깊은 예속을 감추고 있다고 말한다. 소외는 그 차원을 바꿨다.

나는 다른 책에서 여러 시기 혁명들의 의미와 목표를 연구했다(우선 18세기의 명백하고 확실한 정치적 혁명, 이어서 19세기의 더 추상적이고 더

---

8) 그리고 최악은 그릇된 의식화들로서, 그 속으로 우리는 공식적으로 혁명적인 그룹들에 의해, 그리고 혁명적인 예술에 의해 인도된다. Cf. 무의미의 제국. 또한, A. 로뱅Robin의 『바람직하지 않은 시들』, 1945, 재간, 플랭 샹, 1979.

혼란스러우며 더 기술적인 경제적 혁명, 그리고 지금의 전적으로 추상적이고 이해하기 어렵고, 정의하기 어려운 정보적 혁명). 그리고 그 각각의 혁명에 각각의 소외가 상응한다.9) 노예들과 농노에 관해서는 명백하고 고단하며 피상적인 소외이다. "계약자와 평등하게, 자유로이" 자신의 노동력을 파는 노동자에게는 덜 명확하고, 더 복잡한 소외. 그것이 소외에 관한 것임을 밝히려면 세밀한 분석이 필요했다. 오늘날 그 차원은 더욱 깊어져서, 소외는 거의 눈에 보이지 않게 된다. 왜냐하면, 예를 들어, 부르디외Bourdieu와 파스롱Passeron의 "재생산"의 문제이거나, 푸코Foucault의 "감시하고 벌하는" 추상적인 사회적 시선의 문제이거나 또는 도시주의나 광고에 의한 어떤 삶의 스타일 주입에 관한 문제이기 때문이다. 그뿐 아니라, 그리고 그와 동시에, 원조나 도움을 주기 위해,10) 주민들의 삶을 사법적으로 규율하는 치안 확장을 위해, 범죄나 질병 예방을 위해 행사되는 통제에 관한 문제이기 때문이다.

항상 잊지 말아야 할 것은, 이러한 거대한 사회적 통제는 언제나 선의의 결과이고, 해당자에게 고통을 덜어 주기 위한 연구의 결과라는 사실이다. 사람은 언제나 자신의 이익을 위해 움직인다. 그러나 그의 이익은 그가 언제나 사회적 기구와 들어맞게 행동해야 함을 내포한다. 그리고 이 기구는 더욱더 복잡해지고, 통제와 조직이 어려워지며, 동시에 깨지기 쉽다. 그래서 이 기구가 기능 하려면 거기에 맞는 행동을 요구하는 것이다. 당신은 2마력의 힘으로 시속 70Km로 운전하면 안 되듯이, 포르셰를 시속 200km로 운전해서도 안 된다. 그걸 지키지 않는 사람은 전체를 혼란하게 만들고, 박살 날 것이다. 따라서 그는 철저하게 적응해야 할 것이다.

---

9) 세부에 대해서는, 나의 혁명에 관한 두 책을 보기 바람.
10) 알랭 마송Alain Masson, 『어린시절에 대한 지배』, 프리바, 1980.

명령과 억압의 수단들은 점점 덜 억압적이고 덜 야만적이다. 광적인 이단자, "테러분자", 살인자, 따라서 격퇴할 수밖에 없는 적들에 대해서는 예외지만 말이다. 오늘날의 명령은 고통스럽지 않은 외양을 띤다. 그러나 이러한 사회적 통제와 오락의 결합은 무의식적 수준에서, 그리고 일반적으로 통증 없는 형태로, 거의 전적인 소외로 귀착한다. 이것은 실제로 고유한 의미에서 소외에 관한 문제이다. 원하는 자는 더는 자아가 아니라, 조직자인 흐름이다. 다른 자가 나의 기능들을 소유해버렸다. 그리고 나는 이 사회의 자산들을 공유하려면 내가 제공할 수 있는 모든 것을 소외시켜야포기해야 한다. 우리는 지속적으로 프롤레타리아를 착취와 소외로 특징지었다. 우리는 여기서 똑같은 현상의 다른 양상에 접근한다. 그것은 사회적인 전적 순응주의이다. 사회는 엄한 감시인이 없기에 자유롭다고 생각하는 참여자를 완전하게 소유한 신이 되었다.[11].

마지막으로 더 눈에 띄는, 프롤레타리아 계급의 다른 전통적 특징에 대해 말해야 한다. – 뿌리 뽑힘. 현대인이 뿌리 뽑혔다는 것은 이제는 평범한 말인 대신, 그 현상의 복수성을 포착하려고 시도해야 한다. 거대 도시의 교외에, 거대한 익명의 대 군단 속에, 거대한 베드-타운 속에 산다는 단순한 사실에 의해 뿌리 뽑힘이 있다. 휴식의 장소와 일하는 장소 사이의 단절과 함께 뿌리 뽑힘은 더욱 누적된다. 같은 아파트 층이나 동에 사는 이웃들은, 그들을 다른 어디서도 만나지 않고, 알 수 없어서, 익명성 속에 잠기고, 직장의 동료도, 근무의 전과 후에는 만날 시간이 없어 더 잘 알 수도 없기에, 익명성 속에 잠긴다. 그런데 뿌리 뽑힘은 우선, 협동과 미세-문화적 기호들이 탄생하는, 지속적이고, 잘 알려진 인간적 환경의 부

---

[11] 나는 사람들이, 당연히, 원시적인 사회들에서도 그러했다고 말할 것임을 알고 있다. 나는 전적으로 동의한다. 그러나 이 사회들은 나에게는 전혀 사랑스럽거나 모범적으로 보이지 않았었다!

재이다. 여기에 이민 노동자들의 뿌리 뽑힘이 더해진다. 나는 여기서 북아프리카, 터키, 또는 포르투갈인들뿐만 아니라, 농촌에서 올라온 모든 노동자를 의미한다. 농촌 이탈도 마찬가지로 힘든 뿌리 뽑힘이다. 노동의 불가피한 변화들 때문에 뿌리 뽑힘이 일어난다. 고용 기간은 결코 안정적이지 못하다. 그리고 단순히 실업만 위협하는 것이 아니다. 작업장, 직책, 시간도 자주 변한다. 직업소개소뿐만 아니라, 대형 작업장과 관계되는 임시직들도 증가하는데, 그런 자리들은 공사가 끝나면 해고되거나 바뀌게 된다. 그 전형적 예는 원자력 발전소의 건설이다. 그런데 이런 불안정은 뿌리 뽑힘의 아주 본질적인 요인이다. 더는 거주지도 없고, 안정된 작업장도 없다(예를 들어 예전에 광부들은 그들의 광산에 매여 있었다). 가족과의 단절에 의한 뿌리 뽑힘도 있다. 가족은 부인의 노동, 가장의 능력 부재, 자녀의 자율성에 의해 파열되었다. 나는 분명히 이런 사실들에 대해 어떤 가치 판단도 하지 않는다. 내가 말하고자 하는 바는 단지, 뿌리 뽑힌 인간은 불행하고, 안정된 가정이 없는 청소년들 대부분 주변인과 부적응자가 된다는 것이다(물론 그들은 그렇지 않다고 반박한다). 젊은이들의 폭력은 가정적 뿌리 부재와 연결되어 있다. 마지막으로 인간이 50만 년 이상을 살았던 전통적 틀인 자연과의 관계 상실에 의한 뿌리 뽑힘, 그리고 갑작스런 여행 열풍에 의한 뿌리 뽑힘이 있다. 여기엔 단지 자동차 보급뿐만 아니라, 국외에 잠시 거주하기 위한 국제 항공료 인하도 일조한다. 이제 더는 생활환경이 아니게 된 환경으로부터 도피가 있다. 여행이라고 하는 이차적 뿌리 뽑힘을 통해, 지금 사는 거주지에 뿌리내리기가 불가능함을 통해서, 실제적인 뿌리 뽑힘이 있음을 확인하는 것이다. 그리고 만약 며칠 동안 휴가지에서 머무르면, 자신이 뿌리 뽑힌 사람이라는 사실이, 거기서 아무 할 일이 없고, 거기서 살 수 없다는 사실이 폭발할 것이다. 동시에 확실한 것은, 오늘날 인간은 이러한 뿌리 뽑힘을 별로 고통스러워하지 않는다. 텔레비전으로 소일할 수 없는, 아주 단순하고 "무지한" 인간들만, 막 도착한 외국인들만 이러한 고통을 느낀다. 그들만이 (예를 들어 자기 동향인들과 함께 모이거나 어떤 전통을 보존하고 동질감을 간직하려고 하면서) 옛날 파리에서 브르타뉴Bretagne나 오베르뉴Auvergne 지방 사람들이 같은 구역에 모이던 것처럼 반응한다. 그러나 대다수에게서는, 뿌리 뽑힘은 고통으로, 그리고 불균형으로 인식되지 않는다. 오로지 무의식 속에서, 깊숙한 인간성 속에서, 불균형 속에서만 뿌리 뽑힘 병이 작용한다. 그리고 사람들은 다양한 원인에 의한 문명병들위장병, 불면증, 실어증…이 나타나는 것을 본다. 이 원인 중의 하나는, 바로 뿌리 뽑힘, 물리적, 심리적, 문화적 외로움이다. 소속감 없음, 격리됨, 습관적이고, 즐거운, 추억과 계획의 장소가 더는 없음.

실제로 뿌리 뽑힘의 불행은 겉보기와는 달리 인간을 깊이 괴롭힌다. 그것을 증명하는 것은 병들 뿐만 아니라, 뿌리 뽑힌 사람들 사이에 강령처럼 된 "그 나라에서 살자"라는 구호의 유행이다. 지역적 고향을 재발견하려는 반작용은, 고향은 어디에도 없다는 답답함의 표현이다. 그것은 더는 뿌리 뽑힘에 의한 공허의 표현이 아니고, 그 뿌리를 다시 발견하겠다는 의지의 표현, 인간적이고 지속할 수 있는, 그리고 세상과 조화를 이룰 그런 장소에서 새로 출발하고자 하는 의지의 표현이다. 그것은 들뜬 몽상가들이나 부적응한 자연주의자의 환상이 아니라, 현재 겪는 고통에 대한 반작용이다. 뿌리 뽑힘의 현실은 프롤레타리아 계급의 구성적 현실이다.

마지막으로 나는 가장 추상적이지만, 중요한 요소, 즉 우리는 모두 엄밀히 말해 상상할 수 없는 사회 속에서 살고 있다는 사실에 접근할 것이다. 우리 사회는 그 시사성에서 상상할 수 없고, 그 미래에서 상상할 수 없다. 오늘날은 그 복잡성과 차원에서 이 세상을 정말 알 수 없게 만든다. 모든 현상 사이의 네트워크. 하나의 다른 것에 대한 반응. 세계적인 기계적 일체성. 각 변화의 예기치 못한 반향. 질식시키는 정보의 복수성. 표면적으로 관계없는 현상들 사이의 내적 결합. 행정적이거나 경제적인 세계. 거미줄 속에 잡혀 있다는 감정…. 내가 거기서 아무것도 이해하지 못하기 때문에, 나에게는 피할 수 없이 부조리하게 보이는 사회. 나는 그 사회를 알 수 없다. 그래서 나는 거기서 할 역할도 알 수 없다. 미래도 상상할 수 없다. 우리는 세상이 어떻게 될지 아무런 확신도 없고, (보통 사람의 수준에서) 어떠한 예견도 가능하지 않다. 그런데 이해할 수 없는, 그리고 아무런 의미도 없는 세상 속에서 살고 있다는 사실, 내가 거기서 어떠한 기획을 하거나 원할 수 없는 세계 속에서 살고 있다는 사실은, 세상의 부조리와 프롤레타리아화의 깊은 차원을 겪는, 그리고 신성한 모든 기준을 상실해버린 인간의 본질적인 불행이다.

우리가 상상할 수 없는 사회에 살고 있다고 말할 수 있게 해주는 것은 무엇인가? 나는 아주 간략하게, 일반 사람의 인상뿐만 아니라, 수많은 사실이 그에 대한 증언을 해주고 있다고 말할 것이다. 예를 들어 그 자체로 보통 사람이 접근할 수 없게 된 예술, 해야 할 수많은 업무를 할 수 없음(그로부터 알렉산더Alexandre처럼 고르디오스Gordios의 매듭을 간단히 잘라버리고 싶은 독재적 힘의 유혹이 나온다), 경제학자, 사회학자, 정치학자들이 현상을 단편적이 아니라 종합적으로 고려하지 못함, 완벽하게 조직될 수 없는 실재를 수천의 일관성 없는 법 조항으로 포착하고 통제하려는 법의 난무… 바로 이것들이 이 현실의 부정적인 지표들이다. 상황이 이러하기에 나는 물질적·금전적으로 만족하는 프롤레타리아 계급을 여전히 프롤레타리아 계급이라고 말하는 것이다. 그들은 무의식 속에서 산다. 물질적 안락, 살림살이 장만, 텔레비전 오락, 주말 휴가를 위한 자동차 등은 실제 상황을 감춘다. 인간은, 프롤레타리아임에도 불구하고, 이러한 상황 속에서 행복을 느끼라고 부추겨진다. 그는 전적으로 이러한 새로운 현실을 의식할 수 없다. 그러나 또 과거의 불행한 프롤레타리아 계급도 마찬가지로, 자신의 실제적 조건을 의식하지 못했음을 상기해야 한다. 왜냐하면, 불행이 너무 커서, 그리고 어떻게든 일상의 빵을 찾아야 했기 때문이다. 굶주림과 고역의 마비 속에서 의식하기란 불가능했다. 또한, 너무나도 새로운 상황에 관한 문제이기에, 인간은 자신의 생활을 이해할 친숙한 도구들을 가지지 못했다. 결국, 그것은 어떤 숙명처럼 이해하고 감수했던 조건이었다.

마르크스는 거기에 대해 많은 주장을 했고, 첫 번째 행동은 의식화, 즉 본시 프롤레타리아 계급으로부터 자신을 위한 프롤레타리아 계급으로 의식적으로 이동하는 것임을 계속 주장하였다. 새로운 프롤레타리아 계급과 함께 우리는, 부분적으로 다른 이유에 대해서이지만, 정확히 똑같은 상황 속에 들어 있다. 이 프롤레타리아 계급은 풍부하게 소비하고, 과거의 노동자들과 제3세계의 국민에 비해 스스로 불행하다고 말할 수 없기 때문이다. 그 역시, 아무래도 이해할 수 없는, 극단적으로 새로운 인간적 조건 속에 들어 있기 때문이다. 그가 성장, 진보를 정말 알 수 없는 숙명성으로 살고 있기에, 더욱더 자기 삶의 조건 전체가 자기를 프롤레타리아 계급으로 만든다는 것을 의식할 수 없기 때문이다. 이러한 분석을 하면서, 나는 마르크스의 생각과 완벽하게 일치한다고 생각한다. 마르크스에게는, 노동자 계급의 물질적 개선은 그의 혁명적 의지를 느슨하게 만들어 버리고, 그의 본질적 조건, 그의 프롤레타리아적 조건은 전혀 바꾸지 않았다. 이 새로운 프롤레타리아 계급은 19세기 프롤레타리아 계급보다 더 모호하다. 19세기 프롤레타리아 계급에는 외적 신호들, 즉 병, 빈민가, 의복이 있었다. 오늘날 이러한 신호들은 거의 사라졌다. 나는 새로운 프롤레타리아 계급을 말하지, 과거의 재생산을 말하는 것이 아니다 따라서 이 계급은 모호하고, 더 추상적이며, 더 규정하기 어렵다. 그래서 이런 사실로부터, 이 프롤레타리아들은 하나의 계급을 형성하지 않는다. 이것은 더는 하나의 사회적 계급이 아니다. 노동자들과 상급의 중견 간부들을 월급쟁이들이라는 (따라서 착취당하는) 단 하나의 핑계로 함께 묶으려는 프랑스 공산당의 노력은 간단히 유치할 따름이다. 사회적 계급들의 해체가 일어났고,12) 역사의 동력은 더는 계급투쟁이 아니다.

이 새로운 프롤레타리아들을 뭉치게 할 수 있는 것이 잘 보이지 않는다. 그들은 특이할 만큼 고독하고, 근본적으로 자신들의 불행을 유발한 것에 대해 아무런 의식이 없다. 특기할 만한 것은, 이러한 의식이 나타날 때에는, 그것은 원심적 결과를 일으킨다는 것이다. 주변적 집단으로 살려고 자신을 이 사회로부터 분리해버린 히피족들의 행동이 그런 것이다. 이것은 이 사회에 동참하기를 거부하고, 자기들끼리 모여 살고자, 젊은 사람들이 버려진 땅으로 되돌아간 행동이다. 이것은 반동주의자들의 태도이다. 또, 한 가지 점에서 마찬가지로 반동적인 사람들의 태도도 여전히 원심적 반응-비정치적인 환경주의자들, 신앙, 양심의 이유로 말미암은 병역 거부자들 등이다. 그들은 그것에서 시작하여, 이 사회 속에서 소위 "정상적" 인간 조건을 바꾸려고, 그것을 담당하기를 거부한다.

나는 여기서 커다란 실패 또는 커다란 장애를 말할 것이다. 새로운 반대 계급이 될 수 있는 사람들은, 수면 속에 빠진 안락 속에서 그런 계급이 되지 않거나, 혹은 투쟁에 참여하기를 거부하고 달아난다. 근본적으로 그

---

12) 자끄 엘륄, 『부르주아 계급의 변신』

들의 반응은, 19세기에 모든 것을 포기하고 거지가 되거나 차라리 (이것은 사람들이 생각하던 것보다 훨씬 중요한 현상이었다) 한 공장에 매달려 있기보다는 방랑자들이 되길 선호했던 노동자들의 반응과 비교할 수 있다. 그러나 마르크스는 이러한 사람들은 사회적 투쟁으로부터 배제되었다고 그리고 자신을 스스로 배제했다고 생각했다! 프롤레타리아 계급의 새로운 사회적 조건도 바로 그러하다고 나는 믿는다. 그러나 현재의 사회주의는 그에 대해 어떠한 의식도 없다. 지식인들을 포함하여, 사회주의자들은 계급투쟁의 교훈이나 줄기차게 암송하고, 현재의 현상들을 왜곡해서 해석하고 있다.

그러나 또 아마 믿을 수 없는 역경 앞에서 후퇴적인 반응도 있다. 우리는 그것을 다음 장에서 분석할 것이다. (그 다양한 가지들 속에서) 사회주의는 기술적 사회가 착취와 계급투쟁의 문제들도 포함하여, 모든 문제를 바꾸었음을 전혀 이해하지 못하고, 여전히 산업적 사회 속에서 모든 것을 생각한다. "불행-자본주의-산업"이라는 삼각 구도에 붙잡혀 있으면, 현재 일어나는 것을 이해하지도 못하고, 치료법도 찾지 못한다. 서구 사회의 "불행한 집단들"을 축소하기 위한 후발적 전투들도 마찬가지다. 혹은 라틴 아메리카의 노동자 착취를 바꾸기 위한 19세기 투쟁들도 그렇다. 물론 이 투쟁들이 아무 소용없는 것은 아니다. 가난한 사람들의 불행과 착취에 해결책을 가져오려고 항상 노력해야 한다. 그렇다. 그러나 사회의 전적인 변화로서, 사회주의가 주장했던 것은 더는 이것이 아니다. 라틴아메리카식 착취를 제거하고, 다국적기업들을 분쇄하기, 미국적 지배를 분쇄하기, 좋다. 그러나 사람들은 공산주의의 작업 전망 속에서는, 소련에 대한 종속 속에서 새로운 노예상태로 전락할 것임을 정확히 알고 있다.

오늘날 주제는 더는 자본주의에 대한 투쟁이 아니다. 왜냐하면, 프롤레타리아 계급과 세상의 착취를 생산한 것은 더는 자본주의가 아니다. 단순히는 그것도 해당하지만, 다른 체제들보다 더 나쁜 것도 아니다 그것은 세계의 3/4에서 산업화의 필연성이고, 다른 나머지에서는 기술 사회로의 이전이다. 이제부터 사회주의는 실제로 한 세기는 뒤처졌다. 제안된 치료법들, 국유화들, 사적 자본가들의 제거, 수입 평준화, 공산당이나 사회당에 의한 권력 장악, 그런 당들이나 노동조합이 행사하는 사회적 통제 등이 그렇지만, 그런 것들이 무슨 이유로 그 앞선 것들보다 더 믿을 만하고, 더 좋을 것인가? 약간은 개선해주지만, 결국에는 상황을 더 악화시킬 따름이다. 그것은 어떤 점에서도 더는 그 단어가 19세기에 품었던 의미로서 혁명이 아니다.

6장. 프롤레타리아 계급의 종식을 향해

지금부터 우리는 많은 저자들이 거의 다루지 않은 미지의 땅terra incognita으로 접근할 것이다. 우선 우리는 앞 장의 마지막 페이지와 연결을 하겠다. 지금까지 두 형태의 사회주의가 있었다. 하나는 독재적 사회주의로서, 1900년에 러시아에서 실제로 혁명을 했지만, 그 혁명의 결과는 좋지 못했고, 수용소Goulag를 만들고 말았다. 누가 잘못인지 따지는 것은 아무 소용없다. 실제로 이 사회주의가 들어선 어디서나 결과는 같았기 때문에, 꼭 한 사람만 잘못 했다고 할 수도 없었다. 다른 사회주의는 부드러운 사회주의라고 부를 수 있는 것인데, 그 동안 여러 다양한 형태를 취했다. 즉, 예전에는 도시적 사회주의, 사회-민주주의, 기독교 사회주의의 형태를 지녔다. 현재는 인간의 얼굴을 한 사회주의라고 부를 수 있다.1) 그 표현이 나쁘지는 않다고 본다. 그것은 두 주요한 모습 아래서 제시된다. 한편에서는 스웨덴의 사회주의처럼 순수하게 관리적인 사회주의이다. 여기서는 상당히 고무적인 점들이 쟁취되었는데, 여러 가지 사회적 조정이 있었고, 조합들은 통합되었으며, 경제생활이 사회적으로 관리된다…. 그리고 사회주의라는 기계는 신중하게 기능 한다. 다른 하나는 개혁적 사회주의인데, 여기서는 연속적인 작은 개혁을 통해, (사회주의자나 공산주의자에 의한 권력 장악이 아니라, 사회 발전의 본질적 변화로 인식된) 혁명의 경제를 실천하면서, 현대 사회를 사회주의로 변화시키리라 생각한다. 이것은 독일의 사회-민주당, 영국의 노동당, 프랑스의 사회당이 달성하기를 바라는 것이다.2)

---

1) 그 양상들의 하나는 P. 드루앵Drouin이 "위축된 사회주의"라고 부르는 것이다(「르 몽드」, 1981년 6월).
2) 나는 「르 몽드」에 실린 모리스 뒤베르제Maurice Duverger의 논문 "제3의 스타일의 사회주의"와 전적으로 동의하지 않는다(1981년 7월). 여기서 그는 미테랑Mitterrand의 사회주의는 사회-민주주의와는 아무 관계가 없고, 제3의 길을 대변한다고 한다! 그러나 그의 논증들은 전적으로 우연적인 것이다.

그런데 사회주의의 이 두 역사적 형태는 실제로는 반동적이다. 물론 그것들이 자본주의를 유지하거나 자유주의적 정치 형태로 되돌아가려 해서가 아니라, 여전히 19세기적 방식으로 생각하고 행동하기 때문이다. 이 사회주의들은 "늙었다", 그들은 실제로 교리, 사상, 목표, 전략에서 아무것도 바꾸지 않았다. 그들은 자기들이 노동자 계급을 대리한다고 생각하고, 권력 획득이 중요하다는 단순한 생각을 고수하고 있다. 그들은 현대 세계의 문제들에 대해 아무 문제의식이 없고, 현재 사회가 과거와 동일한 것처럼 분석한다. 다국적기업들과 같은 큰 현상을 보고서도 그들은 제약하거나 제거하려는 조치를 전혀 하지 않는다. 그들은 제국주의에 관한 낡은 비판만 반복할 따름이다. 리히타Richata는, 러시아 사회주의가 어느 정도나 시대에 뒤처졌고 낡았는지를 완벽하게 보여주었다. 그러나 이것은 또 부드러운 사회주의에 대해서도 전적으로 사실이다. 따라서 순수하게 전략적인 사회주의의 모습만 보여준다. 그리고 이것은 엄청난 실수이다. 이 사회주의는 어떤 점에서도 우리의 현재 문제에 답해줄 수 없다. 우리는 프롤레타리아 계급이 어떻게 러시아를 중심으로 한 독재적 사회주의 국가에서 만들어지고, 또 서구의 사회주의나 그렇지 않은 나라들에서 새로운 양상으로 형성되는가를 보았다.

이렇게 과거의 사회주의가 문제가 있음에도, 사회주의는 우리에게는 가능한 유일한 정치적 방향이다.3) 왜냐하면, 프롤레타리아 계급의 종식,

---

3) "사회주의"라는 단어…. 카스토리아디스Castoriadis가 사회주의와 공산주의라는 단어들은 버려져야 할 것들이라고 평가할 때, 나는 전적으로 그의 의견에 동감이다(사회주의의 내용, 1979 – 이 장 전체는 바로 이 근본적인 책으로부터 영감을 받았다). 분명히, 이제부터 사회주의는 대부분 사람에게 소련에서 세워진 체제를 의미한다…. "실제로 존재하는 사회주의…." 게다가 출발부터 사회주의라는 용어는 동어반복적이고 모호했다고 그는 말한다. 예를 들어, 물질적 우선권과 사회 가치의 우선권을 개인과 대립시킨다. 이것은 수락할 수 없다. 그럼에도, 더 적합한 다른 단어가 없어서, 카스토리아

소외의 종식, 인간 해방을 목표로 선언한 것은 사회주의가 유일하기 때문이다. 나는 사회주의를 탄생시킨 이 핵심적인 목표는 영원히 진실하다고 생각한다. 그런데 그것은 애석하게도 레닌적인, 이어서 마오적인 혁명의 거대한 실수로 말미암아 불가능하게 되어버렸다. 또 그러한 인간 해방의 이상은 부드러운 사회주의 속에서는 순수하게 선언으로 끝나고 만다. 아무튼 사회주의의 본질은 여전히 그러한 것으로 남아 있다. 그리고 다른 어느 체제에서도 이런 문제에 대한 극미한 반성도 발견할 수 없다. 달리 말하면, 사회주의는 그것을 달성할 수단이 없고, 또 우리가 사회주의를 위해 작은 개혁이라도 할 수 있는 능력이 없기 때문에, 결함 있는 진실한 목표라 할 수 있다. 그러나 다른 체제들은 달성하기 어려운 진실한 목표마저 가지고 있지 않다. 따라서 사회주의적 방향으로 가긴 가야 한다. 그렇지만, 아무 사회주의인 것은 아니다. 다시 말해 어떤 공산당이든, 어떤 사회당이든, 어떤 노동조합이든 (막 태생 중인 프랑스 민주노동동맹CFDT은 예외로 하고) 진정한 사회주의를 위한 작은 모습도 제시하지 못한다. 현재 사회주의를 위한 가장 좋은 변호라 한다면, 사회, 문화, 문명의 새로운 형태를 발견하기 위한 유일한 두 시도, 즉 1968년 체코슬로바키아와

디스는 이 사회주의라는 단어를 간직한다…. 그리고 나도 그렇다! 반면 그가 완성된 발전으로서 공산주의 시기의 준비적인 역사적 시기를 지적하기 위해 사회주의라는 단어를 간직할 때는, 나는 그에게 동의하지 않는다(공산주의 사회는 경제적 풍요, 국가의 소멸 그리고 인간 역량의 완전한 개화로 정의된다). 내가 이 장에서 증명하려고 하듯이, 나는 기술들의 향상과 신속성으로 말미암아 사람들이 더는 그 둘을 대립시킬 수 없다고 믿는다. 아주 짧은 기간이 아니라면, 전환기란 없으며, 사람들은 기술적인 발달한 자본주의 시기로부터 아주 신속하게 완성된 사회주의 시기로 넘어가지 않을 수 없다. 그렇지 않다면, 기술적 시스템의 증가는 모든 공산주의의 실현을 금지할 것이다. 혁명과 프롤레타리아 계급의 모든 것은 이제 기술들의, 특히 정보의 성장 속도 자체에 따라 움직인다. 사회주의가 완수되기 위해 앞에 남은 시간이 더는 없다. 사회주의는 더는 그를 위한 역사가 없다. 사회주의는 사회의 정보화와 로봇화를 앞질러야 한다.

1981년 폴란드의 개혁 시도는 모두 사회주의적 기반 위에서 이뤄졌다는 사실이다. 그것들을 제하고는 아무것도 없다. 따라서 사회적인 새로운 출구를 발견하려면, 사회주의적 길을 거쳐야 하는 것처럼 보인다.

마르크스는 프롤레타리아 계급의 제거, 소외의 종식이 달성되기 위해서는 혁명이 일어나야 함을 명확히 보여주었다. 그러나 여기서도, 마르크스 이래로, 혁명은 변화했다. 혁명은 실천적으로, 더는 똑같은 목표와 수단을 가지고 있지 않다.4) 사회가 변함에 따라 혁명도 변한다는 간단한 사실을 강조해야 한다. 오늘날 인간을 소외시키는 것은 과거와는 똑같은 힘이 아니다. 자본주의적 사실은 이차적 차원으로 물러났다. 소외의 두 요인은, 한편에서는 중앙집권화한 관료주의적 국가로서, 국가는 상부구조로서가 아니라, 독립적이고 자율적인 힘으로 기능 한다. 다른 소외의 요인은 바로 힘과 지배의 시스템으로 기능 하는 기술 시스템이다. 이 두 요인이 현행의 인간 소외를 유발한다. 결국, 그들에 대해서 혁명이 이뤄져야 한다. 오늘날 인간적 자유는 제거되어야 할 국가에 대해서, 그리고 인간이 지배해야 할 기술과의 관계에서만 작용할 수 있다.

나는 줄기차게 기술은 자율적이라고 증명하였다. 그러나 나는 결코 인간이 기술을 지배할 수 없다고 말한 적이 없다. 나는 기술이 힘과 성장의 순수한 도구이고 그것으로 남아 있는 한, 기술은 인간이 공격할 수 없고, 지배할 수 없다고 말했다. 게다가 나는 사회의 혁명적 변화만이 (그러나 1789년이나 1917년 혁명들보다 더 근본적인 변화), 아마 거기에 이를 수 있다고 말했다. 다행히 현재에는 많은 고무적인 현상들이 나타난다. 그것은 기술의 변형이다. 약 1970년까지 기술은 요지부동의 힘이었고, 단 하나의 방향만 가졌었다. 기술은 분명히 시스템이었고, 오로지 성장만 추구

---

4) 이 문장은 『혁명의 해부』의 요약이다.

했었다. 모든 방향에서, 힘, 생산 등의 성장이었다. 비록 누가 성장이 진정 좋은 것인가 하고 의심을 품더라도 흔들리지 않았다. 그런데 지금 수행되고 있는 변화들, 즉 자동화와(그것은 물론 오래전부터 존재했었다. 나는 거기에 대해 1950년에 나의 첫 책에서 말했었다!) 정보화는 어쩌면 기술의 방향을 변하게 할 수 있고, 사회를 새로운 방향으로 나아가게 할 수 있다.5) 완전히 후진적인 과거의 사회주의는 기술의 새로운 문제 중에서 어떤 것도 보지 못했다. 그 사회주의는 기술적 시스템에 대항해 아무것도 할 수 없었고, 그래서 사회주의를 전면에 내세웠음에도 불구하고 프롤레타리아 계급이 불가피하게 생산되었던 것이다. 기술은 그것이 비록 사회주의 체제 속에 있었다 해도, 중앙집권화와 소외의 힘밖에 될 수 없었다. 현재는 다행히 즐거운 희망이 보이고, 점점 더 많은 사람들이 이 새로운 기술과 사회의 정보화가 사회주의로 인도할 것으로(그리고 결과적으로 프롤레타리아의 종식이 아니겠는가), 또는 사회주의와 새로운 기술 사이에 자발적 결합이 있을 것으로 생각한다. 그런데 이것은 대단한 실수이다.

---

5) 들로르Delors, 『선택된 시간의 혁명』, 알뱅 미셸, 1980. 저자는 또 후기산업사회는(그는 여기서 이 불편한 용어를 고수한다), 시간에 대한 다른 관계에 의해 현재 사회와 구분될 것이라고 강조한다. 그러나 진정으로 이상한 점은, 리히타Richta의 주제들과 매우 가까운 주제들을 주장하는 이 책이 리히타를 전혀 인용하지 않는다는 것이다!

1. 최초의 접근들

우리는 긍정적 평가부터 시작할 것이다. 일반적으로 기술은 양면성 Ambivalence, 6)을 지니고 있고, 다양한 일을 허용해준다고 간주된다. 분명히 기술은 집중화, 힘, 생산적 과잉, 행동의 규격화 등으로 이끈다. 그렇다. 그렇지만 기술은 그 정반대도 허용할 수 있다. 사실 기술은 탈중앙화, 자율화, 인격화의 훌륭한 도구이다. 그렇게 하기 위해서는, 현재의 것과는 다른 기술을 취하는 것으로 충분하다.7) 그러면 한편에서는 노동 절감적 기술, 다른 한편에서는 "부드러운 기술"의 파노라마가 펼쳐진다. 기술이 진정 인간 노동을 절감해줄 수 있고, 우리가 고된 노동의 저주로부터 해방될 수 있음은 사실이다.8) 하루 2시간, 또는 주당 30시간만 일할 수 있다. 인간들은 그러면 많은 자유 시간을 가질 것이고, 한가한 가운데 새로운 문화, 새로운 존재 양식을 개발할 것이다. 물론 자본주의는 절대적으로 이것을 수락할 수 없다. 거기에 도달하려면 새로운 구조, 즉 사회주

---

6) 나는 여기서 내가 지금 기술하는 개념들을 옹호하는 저자들이 준 의미로 양면성 ambivalence을 사용한다. 그 의미는 내가 나의 논문 "기술의 양면성", 행정 잡지 그리고 기술적 시스템에서 길게 분석했던 것과는 상당히 다르다.
7) 예를 들어, 북친Bookchin, 『기술과 무정부주의(후기-결핍 무정부주의)』, 랑파르 프레스, 1971. Th. 고댕Gaudin, 침묵을 듣기, UGE, "10/18", 1978.
8) 아드레Adret, 『하루 2시간 노동』, 쇠이유, 1977, CFDT, 『진보의 손해들』, 쇠이유, 1977, J. 루슬레Rousselet, 『노동 알레르기』, 쇠이유, 1978.

의의 전제적 구조에 접근해야 하는데, 거기서는 인간은 더는 힘든 일을 하지 않을 것이고, 수단은 인간의 통제 아래 놓이게 될 것이다.

마찬가지로 부드러운, 양질의, 자원 절약형 기술들이 있다. 원자재 절약형 기술, "작음"의 기술, 에너지 절감, 태양 에너지 다각적 사용, 수력 이용의 기술이 있다.9) 이 모든 것은 자급자족적 설비를 허용해줄 것이다. 에너지 자원을 개인적으로 생산할 수도 있다. 현재의 집중화된 에너지 생산 시설을 대체할 기술을 창조하거나, 기존의 독립적인 소규모 에너지 생산 시설들을 증폭할 수 있을 것이다. 따라서 개인에게 주도권이 있는 사회로 이동할 수 있게 해줄 것이다. 이 두 흐름은 자동화, 인공두뇌화, 그리고 전산화에 의해 가능해진다. 그러나 이 최종적인 기술 진보는 극단적인 모순을 만들어낸다. 다시 말해 오늘날 기술적 수단들은, 절대적 집중, 전체의 통제, 결정주의, 개인적 자유 제거로 귀착한다. 그러나 또한 그 반대도 가능하게 해줄 것이다. 소형 컴퓨터, 비디오 등은 업무의 분산과 독립성을 허용해 줄 수 있는 훌륭한 개인적 도구들이다…. 그러나 또 자본주의 안에서는 그것이 가능하지 않다. 즉, 거기에 도달하려면 사회적 구조들이 변하고, 배금주의가 지워지며, 주도권이 기초적 개인에게 주어져야 한다. 개인이 "제도적-자본주의적-생산적" 굴레에서 벗어나, 고도로 전문화되고 효율적인, 생산성 높은, 그렇지만 군림하지 않는 이 기술적 기구와 함께 자기가 하고 싶은 것을 자유롭게 선택해야 할 것이다. 그런데 이러한 일차적 접근을 하지 못하고 사람들은 주저하고 있다. 우리에게 주어진 것은 무엇인가? 기술적 진보 혼자서 이러한 탈중앙화 되고, 개인화된, 사회주의적 사회를 향해 나아갈 것인가, 아니면 기술에게 이러한 방향을 주는 것은 정치적 권력을 잡은 사회주의일 것인가? 확실하지 않다.

---

9) 고댕, 앞의 책속에서 훌륭한 예들을 보기 바람.

우리는 이 문제에 대해 가로디Garaudy의 책10)을 분석하면서 정리할 것이다. 그에게 있어서, 기술적 혁명은, "모든 삶의 인공두뇌화는 새로운 사회주의 실현의 조건이 된다." 따라서 그의 논리 전개 방향은 명확해 보인다. 즉, 기술화는 자체 속에 잠재적인 사회주의를 포함하고 있다. 여기서 인간적 발전의 욕구는우리는 사회주의가 인간적 발전의 욕구나 이상으로 기술되어 있음을 본다 기술적이고 경제적인 발전과 일치한다. 그런데 당연히 발전하지 못하는 이유는, 자본주의가 가로막기 때문이다. "적은 기술이 우리를 인간에게서 멀어지게 했다면, 많은 기술은 우리를 다시 인간에게 데리고 갈 수 있다." 이런 생각은 테이야르Teilhard 이래로, 수많은 다른 표현을 빌려 나타난다. 새로운 기술의 향상은 자본주의 속에서, 마르크스가 기술했던 것과는 다른, 새로운 모순을 유발하고, 사회주의는 새로운 전략을 세우기 위해 이 모순을 극복해야 한다. 가로디 역시 "놀라운 인간성의 개척"으로 이르게 해 줄 "인공두뇌적인 변화" 가능성을 기술한다. 인공두뇌적인 새로운 합리성은 과거의 산업적 구조를 전복한다. 노동자는 직접적 생산의 주변으로 밀려난다.리히타 "컴퓨터라고 하는 (분석과 프로그램, 이어서 결정과 방향 잡기를 허용해주는) 이 경이로운 강력한 도구를 사용한다는 것은, 컴퓨터 속에서 대량 정보와 인간의 창조적 상상력 사이의 중개자를 본다는 것이다…. 20세기 기계는 인간을 힘들고 지루한 업무들로부터 해방시켜 줄 수 있다." 가로디Garaudy 책의 훌륭한 해설가는 말하기를,11) "이러한 조건에서는 개인의 종합 능력과 결정권이 근본적이다. 이제는 지시받는 자의 주관성이 중요하다. 주관성은 발전의 본질적 요소가 된다…. 노동에서, 컴퓨터는 반-테일러Taylor 시스템을 강요한다. 오늘날 가장 수

---

10) 가로디Garaudy, 『사회주의의 거대한 전환』, 갈리마르, 1969. 그는 리히타에게 크게 영감을 받았다.
11) 비탈리스Vitalis, 정보화, 권력과 대중적 자유들, 에코노미카, 1981.

익성이 높은 곳에서는, 결정의 주도권과 중심이 복수적으로 된다. 새로운 경향은, 유연성 없는 명령을 내리고 강제하기보다는, 반응을 피드백하면서, 그리고 기본적 제안으로부터 행위를 연결하고 방향을 잡는다."

이어서 리히타처럼 가로디도 노동 시간을 축소하자고 제안한다. 그들에 따르면 노동은 더는 인간의 삶에 본질적이지 않고, 여가는 창조의 장소가 된다. 교육은 그 목적과 수단이 달라진다. 이제 교육은 사회적 모델의 단순한 '재생산'이 아니라, 개인에게 자율적 형성 수단을 주어야 한다. 그래서 교육은 개인이 이러한 수단을 사용하고, 자기를 형성할 준비를 하며, 끊임없이 창조하는 법을 가르쳐 줘야 한다. 마지막으로 통신 수단은 직접 민주주의를 가능하게 해준다. "컴퓨터와 전산화의 발달 덕분에, 사람들은 정상과 하부 사이에 지속적인 정보의 순환을, 모든 사람의 항구적인 전체 미팅을 꿈꿀 수 있다. 다행히 가로디는 이것은 단지 이상임을 강조한다! 거기서 각 개인의 의견은 매 순간 기록되고, 저장되며, 정리될 수 있고, 또 각 정보는 프로그램화되고 확산될 수도 있다…" 그리고 물론, 가로디는 이제는 고전이 된 분석을 하는데, 그 분석에 따르면, 이런 식으로 되지 않는 이유는, 바로 자본주의가 이익과 힘을 위해 기술을 사용하기 때문이다. 기술자는 기술과 과학 바깥의 목적에 의해, 다시 말해 사적 이익에 의해 명령받는다. 그러나 기술자는 다른 요구, 다른 합리성을 대변해야 한다. 즉, 기술의 미래를 짊어지고, 필연적으로 사회적이고 민주적인 사회로 이르는 혁명적 계급을 만들어야 하는 것은 바로 노동자들과 기술자들의 결합이다. 소련에 대해서 가로디는 리히타의 비판을 반복한다. 가로디가 자본주의 뒤에 올 사회는 필연적으로 사회주의라는 도식을 고수함을 주목하자. 요컨대, 사회주의는 기술을 해방한다. 기술은 탈중앙화 되고, 민주적인 그리고 "개인화된" 사회주의를 건설하게 해준다.

더 나아가기 전에, 같은 흐름의 다른 양상을 검토해보자 – 전산화의 사회주의적 사용.12) 여기서 즉각적으로 만나게 되는 것은예를 들어 북친Bookchin에 따라, 자율관리의 도구로서 전산화이다. 전산화는 자율관리를 가능하게 할 뿐만 아니라, 그곳으로 이끈다. 전산화에 따른 정보의 투명성은 "결정권자"의 역할을 탈신비화 할 것이다. "컴퓨터는 고용주에게 불리한 상황을 만든다. 컴퓨터 이전에는, 경영자가 스스로 관찰하고 확인했던 것에 따라, 그리고 은밀히 얻은 정보에 따라 결정하였다. 그러나 오늘날 고용주는 컴퓨터가 제공한 결과를 믿을 수밖에 없다. 그래서 이제 그는 혼자만 비밀을 알고 있지 않다"Y. 부르데(Bourdet) 이어서 전산화는 결정과 집행 사이의 필수불가결한 인접성과, 결정권자의 엄청난 확산을 부른다. "두 방향에서 정보의 끊이지 않는 유통과 대화의 필연성은 양극의 어떤 평등성을 창조한다. 이제부터 여전히 수직적으로 예속된 결정권자들의 단순한 증가가 아니라, 도처에 퍼져있는 결정권자들 사이의 상호 작용의 문제이다." 결정을 집중화하는 것이 아니라, 전체 직원이 결정을 내리는 틀을 준비해야 한다.

비탈리스Vitalis는 사회당의 한 집단13)에 대해 다른 양상을 연구한다. 여기서는 모든 것이 아직도 도구의 사용문제에 달려 있다.14) 컴퓨터는 자율적 정치에 사용될 수도 있는 단순한 도구로만 인식된다. 분명히 이 연구 그룹은 전산화가 대변하는 위험을 감지는 하지만, 그 위험을 하나의

---

12) 여기서도 나는 이방 부르데Yvan Bourdet의 작품들을 비판적으로 분석한 비탈리스의 빼어난 주제를 뒤따른다 :프로레테우스의 해방 또는 자동관리의 정치적 이론을 위해, 앙트로포스, 1970, 그리고 자동관리의 열쇠들, 세게르, 1975.
13) 프랑스 사회당의, 산업 심의회 전산 그룹. 비탈리스에 의해 인용된 1976년 4월 연구.
14) 오래전에 나는 기술 또는 세기의 쟁점 속에서, 기술은 단순한 도구이고, 모든 것은 그 사용에 달려 있다는 그런 단순주의적 사고를 반박하였다. 그러나 사람들은 아직도 이런 단순주의로부터 빠져나오지 못하고 있다.

필연성으로 돌려버린다. 즉, 인간은 이제 후퇴할 수는 없다는 것이다. 컴퓨터는, 하부에서 내린 복수의 결정이 조직에 장애를 주지 않는 한에서, 입안과 자율관리를 일치시켜 주는 도구이다. 이 모든 결정이 컴퓨터 덕분에, 한편으로 자양을 받고, 다른 한편으로 기록되고 서로 연결될 수 있다. 그 덕분에 복잡하게 뒤엉키지 않고서도, 권한을 가장 하위 직원에게 이양할 수 있다. 따라서 어떤 수준 고유의 권한, 그리고 더 상위층과 공유된 권한과 함께, 새로운 위계가 생길 것이다. 컴퓨터는 모든 결정권자 사이에 정보가 유통할 수 있게 해주고, 특히 미리 선택되고 기록된 기준에 따라, 각 결과를 정확히 통제할 수 있게 할 것이다. 각 중심은 권위적이지 않으면서도 능력 있게 전반적 경제 목표를 정할 수 있을 것이다. 아주 정확한 정보에 따라 선택할 것이고, 탈중앙화된 하위 계층들의 제안은 연속적 조정을 통과하여 결론에 이를 것이다. 더 나아가 컴퓨터는 중심에게 "경제 환경에 대한 정보, 상대방의 의도, 다른 가정의 결과, 제안의 일관성"을 확인할 수 있게 해준다. 그리고 집행의 순간에, 전산 시스템은 하부에 관리 지침을 조정할 수 있게 해주고, 입안 책임자들에게는 역추적을 할 수 있게 해 준다. 달리 말해, 전산화는 전체 경제 활동에 대해서 노동자들의 통제를 허용해준다…,

우리는 이렇게 첨단 기술과 사회주의 사이의 감탄할 만한 조화를 발견한다. 기술은 "천성적으로" 무한한 팽창력을 가지고 있다. 그것은 모든 욕구에 대답할 수 있고, 동시에 모든 힘을 확산시킬 수 있다. 그런데 이것은 정확히 공산주의의 목표가 아닌가? 모든 욕구의 만족을 보장하고, 모두에게 주체적 권한을 행사할 수 있게 해주기, 바로 그것은 옛 소외와 새로운 물신화에서 벗어나게 해준다. 따라서 공산주의는 기술의 이러한 잠재적인 힘과 정확히 상응하는 간단한 사회적 조직 시스템으로 나타난다. 그렇지만, 잠재적인 대단한 힘은 기술을 현행적이고 경험된 현실로 바꾸는 경향이 있다. 기술은 전체 노동자에 의해 통제될 수 있다. 그렇게 하면서 사람들은 이 기술을 그의 과거의 제약들로부터 해방한다. 이러한 팽창을 통해서, 모든 물신화하는 노동이 제거될 수 있다. 노동은 기술처럼 자본가의 권력 독점을 문제 삼고, 소외 그 자체가 없어진다. 마지막으로, 기술은 세계적 확장력을 가지고 있다. 그것은 전통적인 낡은 틀 속에서 지켜질 수 없다. 기술은 국경선을 폭파한다. 기술은 제도화된 권력을 벗어나고, 대상을 유동적으로 만들며, 고정된 틀이나 대상도 없다. 기술 덕분에 모든 것이 유동적으로 부드러워진다. 이것은 드디어 실현 가능해진 사회주의에 따라 예견되고 주장된 구체적 자유의 가능성이다.

내가 생각하기에 위의 묘사는 정확하고 정직하다. 그러나 우리는 즉시 이런 사회주의자들이 기술에 대해 생각하는 이중적 오류를 알 수 있다. "이중적 오류"라고 하면서, 나는 기술적 현상에 대한 지식의 피상성과 "모든 것은 다 사용하기 나름이다"라고 하는 고리타분한 말은 옆으로 치워두었다. 첫 번째 오류는 자본주의 포로가 된 기술이라는 단순한 관점이다. 이 관점에 따르면 기술은 수많은 것을 허용해줄 수 있을 것이다. 그리고 기술이 실제 사용되려면 자유로워야 할 것이다. 이 자유는 제도들의 변화를 가정한다. 그러나 자본주의는 기존의 제도들의 변화를 원치 않고 결국 기술을 방해한다. 사회주의나 자본주의에서, 원흉은 산업적 시스템이다. 어느 경우에도 소외시키고 딱딱하고 반인간적인 산업적 시스템으로부터 자유주의적이고, 부드러우며 인간적인 시스템으로 유연하게 이동하지 못한다! 리히타에 따르면 사회주의는 산업화의 덫에 걸리지 않는다는 조건에서, 이동 통로가 될 수 있을 것이다. 그런데 산업화라는 덫에 걸리고 말았고, 우리는 프롤레타리아 계급 생산이라는 결과를 보았다.

아무튼, 분석의 큰 오류는 다음과 같다. 즉, (이상적) 사회주의는 기술 노예화와 잘못된 방향 대신에, 기술을 해방해주는 (가정적) 인자라는 주장이다. 미래에 대해 우리가 가질 수 있는 유일한 희망은 (이상적) 사회주의이고, 거기서 기술은 (추상적으로) 마침내 자기의 위치와 가치를 발견한다고 한다. 이 기술은 사회주의적 방향 속에서 바르게 이용될 수 있을 것이고, (자동화, 정보화, 인공두뇌) 기술과 사회주의 사이에는 궁합이 잘 맞을 것이다. 이렇게 사람들은 순결한 사회주의를 단정하고, 기술은 그런 사회주의와 잘 어울린다고 우기면서, 사회주의가 기술에 미칠 결과를 고찰한다. 그러나 우선, 그들은 기술적 시스템에서 전체적 사실들을 전혀 고려하지 않았다. 그들은 기술 시스템 내부에서 논리적으로 유리한 것만 수집하고 보려고 한다. 그것을 기술 세계의 다른 나머지와 분리하면서 말이다. 우리는 다른 곳에서,15) 이렇게 한 시스템에서 한 인자를 추출하게 되면, 이 인자의 성격을 극단적으로 변화시키고, 왜곡시킴을 밝혔다. 왜냐하면, 문제의 인자는 시스템의 다른 인자들과의 관계 속에서만 존재하기 때문이다. 기술의 좋은 점을 발견했다고 기뻐하는 사회주의는, 자기 생각에 자본주의의 포로로 잡힌 불행한 기술을 해방하러 달려와서, 그것을 자기 입맛에 맞게 멋대로 두드려 맞춘다. 그러면서 다음의 질문은 절대 제기하지 않는다. "그런데 만약 기술이 또한 극단적으로 사회주의를 변화시키는 힘이라면?"

사회주의적 첫 번째 오류는 기술에 미칠 사회주의의 효과나 사회주의에 의한 기술 이용을 고려하는 것이다. 그렇지만, 반대로 기술이 사회주의에 미치는 효과, 사회주의가 기술 때문에 겪는 변형을 결코 생각하지

---

15) 자끄 엘륄, 『기술체계』, 칼망-레비.

않으며, 이론적인 수정을 하려 하지 않는다. 분명히 현재의 기술은 마르크스가 알고 추론하였던 기술은 더는 아니다. 그리고 그는 실제로 일어났던 것을 예견할 수 없었다. 실제로 일어났던 일은 19세기의 산업화하는 기술의 연장된 발전이 아니라, 질적인 격변이다. 물질적 자산들의 생산 기술로부터 정보를 다루는 기술로 이동했다. 이러한 변화는 사회주의의 이론적 재검을 강요한다. 오직 리히타만 그것을 보았었다 그런데 사람들은 그것을 전혀 몰랐고 문제로 생각하지 못했다!

사회주의적 고찰의 두 번째 오류는, 혁명과 함께 사회주의가 절대적으로 기술을 새로 시작하는 것처럼 생각하는 것이다. 너무나도 절대적인 시작이어서 모든 과거는 지워지고, 사회적 습관들, 추억들 등이 없는 것처럼 말이다…. 즉 사회주의가 자리를 잡고, 그 사회주의는 순진무구한 기술을 손아귀에 쥔다. 지금까지 나쁜 운전자가 몰다 버린 자동차와 정확히 같다. 좋은 운전자가 자리를 잡는다. 자동차는 순종한다. 그러나 이러한 비교도 부분적으로는 잘못되었다. 왜냐하면, 자동차가 나쁜 운전자에 의해 거칠게 다뤄졌다면, 그 모터나 차체에는 그 흔적이 남는다…. 그런데 여기서는 그렇지 않다. 기술은 사회주의가 자리를 잡을 때, 그 자체로 순진무결하다. 이제부터, 전혀 새롭게 시작할 수 있다고 생각한다.

그러나 현실은 그런 식으로 돌아가지 않는다. 이 기술은 과거가 있고, 하나의 조직 속에 들어 있으며, 무효로 될 수 없는 실천적 전체를 품고 있다. 그것은 상당한 끈질기다. 그래서 사회적-정치적-경제적으로 새로운 체제가 들어선다 해도 기술과 관련된 아무것도 바꿀 수 없다. 이 점착성은 다음의 세 섹터에서 나타난다. 기술적 인간들(그들 모두를 불러 바꿔 버릴 수 없고, 전통을 따른다), 하부구조들과 장비들. 이것들은 물론 새로운 기술의 조건이고, 또 단 몇 개월 만에 뒤집힐 수도 없다. 마지막으로 연구의 방향, 작업 단계, 프로젝트 등.16) 거기서도 순간적으로 방향을 바꿀 수 없다. 아무리 변화를 바란다 해도, 새로운 혁명 체제는 다음에서 선택해야만 한다. 기술적 관점에서 지금까지 있었던 것을 일시에 폐지하거나, 새로운 프로그램, 틀, 기술자, 장비를 준비하는 동안 기존의 것을 계속 사용해야 한다…. 완전한 전환을 이루려면 최소한 3에서 10년은 걸린다. 그러나 그 동안에 변화의 의지, 혁명 정신도 약간은 변하지 않을 것이라고 어떻게 장담할 수 있을까? 이렇게 남아 있는 기술이 혁명에 영향을 미치지 않을 거라고 어떻게 믿을까? 사회주의적 기술자들이, 점차 효율성과 수익성 정신으로 되돌아오면서, 과거 시스템이 가졌던 가치를 다시 고려하지 않을 수 있을까?

현실적인 관점에서 보면, 혁명적 변화는 기술을 자동으로 회수할 수 없다. 그럼에도, 혁명적 의지가 아주 굳건하다고 가정해보자. 전환기가 진정으로 전환기라고 가정하자. 그러면 기술과 그 방향, 도구, 내적 구조의 극단적 회귀는 진정 거대한 전복이 될 것이다. 이런 매개적 시기에, 줄기차게 혁명적 민심을 유지하면서, 혁명적 제도의 설립, 과거의 모든 기술 폐지, 동시에 새로운 것들의 발명이 가능할까? 이것은 필연적으로 불특정 기간 동안 생활수준을 거의 제로로 떨어뜨릴 것이다… 필연적으로 실업, 기근 등의 대혼란이 일어날 것이다.

달리 말하면, 과거 혁명이 국가나 법 때문에 제기했던 딜레마에, 이제는 기술과 함께 빠지게 된다. 즉, 혁명으로 국가를 장악하여, 거기에 붉은 깃발을 꽂는 것으로는 불충분하였다. 이제는 기계를 붉은색으로 칠하는 것으로는 더욱 불충분하다. 게다가 국가에 대해 적대적이었던 혁명 정신을 눌러 이겼던 것, 그리고 혼란스런 혁명의 시기를 안정되게 다듬어 준

---

16) 이것은 미테랑 정부가 프랑스에서 현재 하는 경험이다.

것은 결국엔 국가 구조로 회귀였다. 그런데 기술과 함께는 훨씬 더 복잡하다. 과거의 혁명에서는 대중의 분노를 일으키지 않고도 국가의 제도를 폐지할 수 있었다. 그렇다면, 현 시점에서 다른 기술을 도입하기 위해 현재의 기술을 제거한다고 해보자! 그런 전환기의 혼란은 지금으로서는 상상할 수도 없다. 하루에 8시간씩 일하는 시기가 두 시간만 일하는 에덴Eden과 같은 곳으로 변하는 것과 정확히 똑같다. 두 시간 일하는 것이 가능한가, 컴퓨터나 부드러운 기술 확보가 가능한가 하는 단순한 문제가 아니다. 문제는 한 단계에서 다른 단계로 어떻게 넘어가는가이다.

기술은 전체로서 어떤 방향 속에 들어 있다. 그것을 어떻게 되돌릴 것인가? 기술은 중립적이지 않음을 우리는 자주 증명하였다. 기술은 고유의 숙명적이고 조건적이며 기능적인 무게가 있다. 어떻게 이 흐름을 거역할까? 누구도 아직 그에 대해 생각해보지 않았다. 여기가 문제의 핵심이다. 한편으로는 기술적인 필연성, 순리, 기계적 결정이 있고, 다른 한편에는 사회 체제에 대한 의지적 선택이 있다. 그리고 사회주의는 의지적 선택으로 주장된다. 그것은 건설해야 할 하나의 결정이고, 사회적 억압, 계급의 지배, "법칙들"에 대한 인간의 승리라고 한다. 그리고 사회주의적 가치를 생각할 때, 그것은 언제나 자유의 용어들 속에서 평가된다. 단순히 정치적 자유뿐만 아니라, 그 모든 차원 속에서 자유이다. 따라서 이렇게 기술과 사회주의의 핵심에서 갈등이 일어나고, 기술은 이런 전적인 자유에 종속해야 한다고 주장된다.

그런데 사회주의 역시 그 고유한 힘을 역사적 필연성으로부터 끌어냈음을 알아야 한다. 이 최근의 세기를 보면 확실하다. 즉, 공산주의는 오로지 역사의 방향 속에 있기 때문에 필연적으로 도래할 것이었다. 사람들은 오늘날 그것을 부정한다. 그러나 마르크스 사상에 그 무게와 추진력을 주었던 것은 바로 이러한 해석이었다. 공산주의가 역사적인 좋은 선택이라고 확신했기 때문에 참여할 수 있었다. 미래는 필연적으로 우리 편이었다. 그것은 어떤 점에서도 자유 의지의 산물이거나 인간의 자유로운 선택이 아니었다. 그리고 이 모든 것은 정말 마르크스 사상 속에 들어 있다. 그런데 그 반대도 거기에 들어 있다. 따라서 오늘날 사람들은 그 반대를 선호한다. 그리고 역사를 만드는 자는 인간이라고 주장한다. 이상한 회귀이고 당연히 흥미를 일으킬만하다.

지금까지 사람들은 사회주의에 대해 다음과 같이 생각하였다. 사회주의는 연약한 이데올로기였고, 그 순교자들과 영웅들을 가진, 단죄되고 추적당하는 이데올로기였다. 사회주의가 성공할 어떤 기회도 없었다. 사회주의는 사회적 부정, 부당함을 일깨워 주었고, 자유와 정의에 대한 희망을 주었으며, 다른 것은 아무것도 강제하지 않은 진정 자유로운 선택을 내포하였기에, 사회주의에 가입은 신념과 비전에 기초한 개인적 참여였다. 이러한 문맥 속에서는, 사람은 사회주의가 꼭 필요한 것이고, 사회주의를 위한 어떤 결정적인 숙명성이 있으며, 역사는 우리 편이라는 그러한 확신을 강력하게 품었다. 그런데 지금은 공산주의가 세계의 1/3을 차지하고, 강한 군대를 보유하며, 겉으로는 성공한 듯 보이고, 20억 인구의 사람들이 그 아래 들어 있으며, 매혹과 테러리즘을 행사하는데도 불구하고, 아직도 사람들은 사회주의는 자유의 표현이고, 사회주의에 가입은 훌륭한 선택이라고 강변한다! 그런데 사실 오늘날 사회주의는 진정 역사적 결정체이고, 단지 메커니즘으로서,17) 어떤 자유도 포함하고 있지 않다. 그렇다면, 어떻게 이러한 역사적 필연성의 산물이, 이러한 억압적이고 군사

---

17) 나는 기독교적 마르크스주의 이데올로기 속에서 마르크스주의는 현대 사회의 지배적 이데올로기가 되었음을 증명하였다.

적인 제도가, 기술이라고 하는 다른 거대한 역사적 결정에 대해 선택적 자유로서 이해될 수 있을까? 현재의 사회주의는 기술과 함께 새로이 재출발하기 위한 어떠한 청소도, 어떠한 자유도 이끌지 않음은 명백하다. 우리는 단지 하나의 역사적 필연성을 다른 역사적 필연성에 더하기만을 기대할 수 있고, 예전의 모든 역사적 필연성의(국가, 관료주의, 경제…) 축적을 하는, 하나의 기술적-사회주의가 출현하는 것을 볼 수 있을 따름이다. 현재의 사회주의는 그의 이중적 변형과 감가상각으로 말미암아 기술을 문제 삼을 수 없다. 그러나 그 둘의 결합에 의해 생산될 것은, 더는 어떤 점에서도 마르크스와 그 후계자들이 약속했던 꿈의 사회주의와는 상응하지 않을 것이다.

2. 기술의 논리[18]

따라서 사회주의가 그 현재의 변화 속에서 기술에 대해 선택하고 결정하며, 문제 삼을 자유를 내포하고 있다고 말할 수는 없다. 우리가 필연성의 유희 앞에 있다면, 오히려 기술이 그 자유로운 유희를 통해 사회주의로 인도한다고 가정할 수는 없을까? 달리 말해, 필연적으로, 기술 그 자체는 사회주의로 귀착할까? 그러한 가정을 해체해야 한다.

우선, 기술의 논리는 어떤 방향을 포함하고 있다. 세 개의 항목을 보자, 기술은 원인적이고 목적론적인 발전을 하지 않는다(그리고 이것은 정확히 사회주의의 선택을 하지 않을 것임을 말해준다. 즉 기술이라는 원인 속에 사회주의라는 목적이 포함되어 있지 않았기에, 기술은 사회주의에 적응하지 않는다). 달리 말해 기술은 외적 이상에 따라서가 아니라 자기 자신의 이유에 의해 발전한다. 사회주의든 아니든 기술은 상관하지 않는다. 기술은 다른 체제 속에서도 그것이 그것인 바를 계속할 것이고, 사회

---

[18] 카스토리아디스Castoriadis의 탁월한 저서와 동의하지 않는 주요 주제는 그의 기술에 관한 분석에 대한 것이다. 그는 절대적으로 기술의 특수성, 자율성 그리고 자동결정성을 부정한다. 그는 오늘날 기술은 "특별히 자본주의적인 기술"에 관한 문제이고, 사회주의는 그 혼자서 기술을 민주주의를 위한 봉사로 이끌 것이라고 평가한다. 불행하게도 나는 여기서, 카스토리아디스가 기술적 현상을 깊이 생각하지 않았다고 생각한다. 나는 이런 반대를 나의 다른 저작들에 따르는 것으로 제한한다. 그렇지만, 사회주의를 세우기는 더 어렵고, 혁명은 카스토리아디스가 생각하는 것보다 훨씬 더 극단적이며, 이러한 가능성의 역사적 순간은 훨씬 더 짧다.

주의에 있건 아니건, 기술은 자신과 관계되는 구조와 제도를 변경하지 않을 것이다. 나는 거기에 대해 더 주장은 하지 않겠다. 그리고 나는 그것을 다른 곳에서 충분히 증명하였다. 그러나 기술은 불가피하게 힘의 증가를 내포한다. 기술은 전체가 이러한 복수성으로 향해 있고, 그것은 그의 내적 논리의 일부이다. 마지막으로 이 내적 논리는 생산의 증가를 이끈다. 그리고 이 생산은 무제한의 경향을 가지고 있다. 따라서 이러한 힘으로부터 불가피하게 그렇게 비난받는 소비사회로 이르게 된다. 분명히 가난하고 사회주의적인 나라들, 즉 만족할만한 소비 수준에 이르지 못한 나라들도, 어떻게든 생산을 증가하려고 한다. 그것은 전적으로 바람직한 것이다. 그러나 다음의 이중적 사실을 조심해야 한다. 즉, 생산의 증가는 반드시, 모든 영역에서 작용하게 된다. 다시 말해 생활필수품을 조달하기 위해서만 생산 기술을 높일 것이라고 할 수 없다. 실제로 기술 복합체는 여러 분야의 상호적 증가와 투여된 힘의 복수성을 가정한다. 이제부터 식료품을 증산하면서, 불가피하게 불필요한 이차적인 물건들의 생산 기술도 향상시킨다.

둘째, 생필품의 생산은 "불필요한" 것보다 훨씬 더디게 성장한다. 자본주의적 방향은 그러하다! 간단히 말하면, 트랜지스터보다는 밀의 대량 생산이 더 어렵다! 밀은 양과 외적 여건들에 달렸지만, 트랜지스터는 순수한 기술적 산물이기 때문이다. 이제 진실한 방향을 알 수 없다. 즉, 기술을 사용하여 생필품 증산을 원하는 것은 불필요한 자산의 상당한 증가를 내포한다.19) 그 이유 중의 하나는, 현재의 인간과 사회 상태에서는, "기술로 할 수 있는 모든 것을 반드시 해야" 하기 때문이다. 따라서 기술은 우

---

19) 나는 기본적이고 일차적인, 또는 자연적인 욕구들과 인위적이고 이차적인, 그리고 불필요한 욕구들에 관한 닳은 토론에는 들어가지 않는다.

리를 필연적으로 소비 사회로 방향 지우고, 이것은 동시에 낭비의 사회를 의미한다. 이어서 과잉 생산물을 반드시 소진해야 하고(그리고 여러 분야에서 과잉, 그것은 다시 한 번 자본주의의 잘못이 아니다), 그렇게 하려면 깨뜨리고, 버리고, 재생해야 한다.

공산주의 사회들은 완전히 기술적으로 발전하지 못했기 때문에, 거기에 아직 이르지 못했다. 또한, 그 사회들은 기술적-산업적으로 완전한 발전에 도달하기 전에 막대한 군사적 소비에 직면해야 한다. 그러나 소련은 이미, 최소한 하나의 영역, 즉 군비 생산에서는 기술적 낭비의 단계에 도달했다! 따라서 현재의 공산주의는 이러한 논리에 아무것도 변화시킬 수 없을 것이고, 기술의 시스템은, 서구 사회와 똑같은 성격과 성장 과정, 똑같은 결과와 방식으로 사회주의 세계에도 강제된다. 그래서 기술 시스템은, 인간, 사회 집단, 정치 기관 등에서 자본주의 사회와 똑같은 결과를 낳을 것이다. 그리고 기술이 자본주의를 후기-자본주의로 이동하게 하는 것과 마찬가지로, 이 후기 자본주의 사회는 그 성격과 가능성을 기술로부터 받는다. 따라서 사회의 기술적 구성이 지배적이다 사회주의 사회도 필연적으로 후기-사회주의로 인도된다. 여기서도 기술은 똑같은 역할을 할 것이다. 이 두 적대적 모델은 공통분모인 기술에 의해 서로 접근한다. 게다가 리히타는, 이미 산업적 지배소는 생산력에서 사회주의를 이상하게 자본주의와 닮게 하였고, 생산관계의 변화는 극미했다고 증명했다. 그렇지만, 이렇게 기술이 향상하고 지배한 결과로 순수한 사회주의가 정착하는 것이 아니다. 결국은 이전 체제의 사회주의적 단면들은 살아남으면서, 다른 유형의 사회가 나타난다. 이 단면들은 그것들이 기술에 저촉하지 않고, 기술적 과정을 원활하게 해주는 한에서 살아남게 된다. 그것이 기대할 수 있는 모든 것이다.

기술의 가능성 중에서, 우리가 되돌아 와야 할 두 요소가 남아 있다. 그 최근의 발전 속에서 기술은 탈중앙화를 가능하게 해주고, 다른 한편으로는 노동을 절감하여, 자유 시간과 잠재적 문화의 창조자이다. 그리고 이 두 요소는 명백히 사회주의 사회의 희망사항에 해당된다. 그런데 현실은 어떠한가? 소형 컴퓨터와 부드러운 기술이 탈중앙화로 인도하고, 하위 계급에 권한 이양을 허용해줄 수 있음은 명확하다. 그러나 우리는 이러한 방향이 당연한 것은 아니라고 말했다. 더 깊이 파 들어야 한다. 두 요소를 보자. 반세기 전에 사람들은 전기 모터에 대해 똑같은 추론을 했다. 예전에 전기 모터는 많은 일을 혼자서도 할 가능성으로 제시되었다. 이것은 인간에게 상당히 큰 경제적 자율성을 줄 것이다. 물론 이것은 틀리지는 않았다. 그러나 이것은 모터가 탈중앙화된다 하더라도, 그것을 움직이게 할 힘은 무한히 중앙화됨을 간과하였다. 모든 것은 전력망에 달렸다. 그리고 전력망은 성격상, 그리고 불가피하게 중앙집중화시키는 것이다. 그래서 그 결과는 각자에게 새로운 산업적 행동 가능성을 주었지만, 모두에게 명령하는, 강력한 조직적 구조에 종속되었다! 실제로 컴퓨터와 전산화에 관계되는 모든 것은, 물론 똑같은 중앙화 모델은 아니지만 같은 계열이다. 왜냐하면, 우리는 전산화와 함께 더욱 추상적인 전체 속으로 들어가기 때문이다. 거기서는 결국 중앙화의 인자는 물질적 실체가 아니다. 컴퓨터는 중앙화를 다른 차원으로 이끈다.

우선, 이용자의 이해관계가 있다. 누가 진정으로 복잡한 컴퓨터가 필요하고, 누가 자료 은행을 사용할까? 분명히 소규모 장인, 상인, 교사, 농업 노동자, 또는 이민 온 사무원… 등은 아니다. 오직 큰 매장을 가졌거나 복잡한 사업을 하는 사람만 관계된다. 마찬가지로, 정치적 소집단, 사회적 이탈자, 비순응자가 아니라, 충분히 강력하고 제도화된 당이나 조합이 관계된다. 따라서 중요한 블록들을 위한 중앙화가 있는 것이지, 별 관계도 없는 시민을 위한 흩어짐, 힘, 정보는 결코 없다! 더 나아가서, 이러한 기술은 중앙 행정들의 영향을 놀라울 정도로 증가시켜 주고, 무엇을 위해 그들이 그 영향력을 포기할 것인가? 그리고 이 기술은 필연적으로 기능적 차원에서 극히 전문화되고 중앙적인 새로운 서비스의 창조를 내포한다.[20] 그리고 전산화에 의해 효율적이기를 원한다면, 행정은 중앙화를 벗어날 수 없다…. 탈중앙화의 가능성이 증가한다면, 그와 분리될 수 없는 중앙화 요소도 강하게 작용한다.

"폭넓은 전산화"의 주장자들, 즉 탈중앙화를 위한 전산화의 가치를 확신하며, 소규모 시스템들의 자율성을 주장하는 사람들조차, 거기에는 한계가 있고, 지역 단말기들이 간편해질수록 더욱 엄격한 네트워크 속에 통합되어야 한다고 인정한다. 게다가 이용 과정과 규정은 통제와 조화를 위해 최고위 차원에서 규제되어야 한다. 달리 말하면, 추상적인 차원 속에서는, 앞에 말한 전력망과 똑같은 도식이다. 말단의 소형 처리장치들은 "지능적으로" 된다. 그러나 그들은 "중앙"에 종속된 채로 남아 있다. 다시 말해 기껏해야 분산화에 상응하는 전체는 있을 수 있지만, 그럴수록 탈중앙화, 자율성에 상응하는 것은 있을 수 없다. 실제로 컴퓨터의 확산에 의해 탈중앙화를 얻을 수 있다 하더라도, 그것은 중앙 권력이 그렇게 해주기로 해서 가능해질 것이고, 중앙 권력은 언제나 불가피한 조화와 통솔의 주역으로 존재할 것이다. 따라서 우리는 상상적 희망 앞에 있는 것이다.

바캉스, 여가, 자유를 주게 될, 노동 시간 감축에 대해 보자면, 나는 그 가능성이나 전환기적 문제에 대해서 다시 언급하지는 않을 것이나, 여가

---

[20] 그 증명과 예들을 위해서, cf. 비탈리스Vitalis, 앞의 책.

의 가치에 대해서는 짚어볼 것이다. 다양한 취미들에 대해 마르크스가 표현한 사회주의적 꿈, 또는 리히타Richta가 예견한 욕구의 다양성을 통한 문화적 성장, 이 모든 것은 지금으로서는 비현실적이다. 사회주의적 사회 비슷한 것이 달성된다고 해서 모든 것이 단숨에 바뀔 수는 없다. 오늘날 자유 시간은 어떻게 사용되는가? 바보로 만드는 자동차, 바보로 만드는 텔레비전, 텔레비전 오락프로의 바보짓, 떼 지어 몰려다니는 여가…. 어떠한 발명도, 어떠한 진취성도 없다. 그리고 여기에는 나태와 자연적 어리석음, 대중적 기술의 완전한 결합이 있다. 다른 식으로는 될 수 없다. 차량이 폭증하면 반드시 정체가 일어난다. 대중매체와 함께는, 대중적 문화 비슷한 것밖에 만들 수 없다. 그것은 자본주의 체제 때문이 아니다. 공산주의 국가들의 라디오와 텔레비전 프로는 1천 배는 더 파국적이고, 바보로 만들며, 순응적이다. 게다가 "창조자들"은, 예술가들과 지식인들은 대중을 엄청나게 무지하고, 지적이거나 미학적 감각이 없다고 생각하거나, 교육해야 한다고 생각한다. 달리 말하면, 인간은 혼자서 여가를 즐길 수 있는데, 그러면 가치도 없고, 문화도 없는 사회 출신이기 때문에, 이 인간은 휴가를 부조리하고 의미 없게 이용할 뿐이다. 또는 이 인간을 엄격한, 문화적, 정치적 훈육을 통해서 형성해야 하는데, 이것은 동구나 마찬가지로 서구에서도, 철저한 기계적 순응화로 귀착한다.

개인용 오락 기기들의 다양성을 믿어서는 안 된다. 각자는 소형 카메라를 가지고 영화를 만들 수 있고, 음악을 만들 수 있으며, 비디오를 가지고 텔레비전을 창조할 수 있다. 그러나 당신이 어떤 기구를 어떤 바보의 손안에 놓는다 해서, 그가 그로 말미암아 영리해지는 것이 아니다. 아무런 미학적 감각도 없는 사람에게 카메라를 준다 해도, 그는 아무 쓸모없는 것들만 무한정 만들 것이다. "중간 정도 아마추어"의 휴가 사진들을 보면 충분하다! 달리 말해 여가와 기술적 수단들은 그 자체로는 아무런 의미도 없고, 인간이 발전한다는 아무런 보장이 되지 못한다.21) 결론으로, 그 전통적인 두 양상 아래서 사회주의는 즉각 기술의 노예가 되고, 기술은 그 가능성에도 불구하고, 그의 내적인 논리를 통해, 결코 사회주의적인 사회로 이끌지 못하며, 기술의 사회로 이끈다. 따라서 기술과 사회주의 사이에는 아무런 공통성이 없으며, 역사의 흐름이나 기술의 논리대로 내버려 두어도 희망할 것은 없다.

---

21) 비디오와 텔레비전의 실패에 대해서는, cf. A.-M. 티볼트-롤랑Thibault-Laulan, "소통의 진퇴양난", 커뮤니케이션과 언어, n° 25.

3. 미시 기술과 혁명적 사회주의

기술의 논리에 대한 언급에 뒤이어, 우리는 다음의 세 명제에 이를 수 있다. 즉, 기술의 변화, 정보화는, 그것을 긍정적 방향으로 사용하고자 하는 결정, 선택, 의지가 없으면, 프롤레타리아 조건에 어떠한 변화도, 어떠한 인간 해방도 일으키지 못한다. 그렇게 하려면 정치적 의지가 있어야 한다고 해 두자. 현재의 사회주의라는 것은, 그 19세기 이데올로기에 매달려 있으며, 수단이 없어서 아무것도 할 수 없고, 자본주의 사회의 모든 실수를 재생산한다. 마지막으로 사회주의와 새로운 기술의 결합은, 바람직하고, 내 눈에는 가능한 유일한 방향이긴 한데, 그런 결합이 자발적이지도 않고 확실하지도 않다. 사회주의와 제2단계 기술의 공존 가능성은 크지 않다. 1970년 이전에는, 기술 시스템이 우리가 말했던 산업적인 것이었기 때문에, 어떠한 변화의 가능성도 없었다. 현재는 우리가 언급했던 기술의 변화가 있었다. 그래서 지금 기술은 인간 해방과 프롤레타리아 계급 종식의 도구가 될 수는 있을 것이다. 그럴 수도 있을 것이다. 그렇지만, 기술은 또 그 반대도 될 수 있다. 그리고 그냥 내버려 둔다면, 우리 세상이 이렇게 주어진 바에는, 기술은 인간에 반대하여 작용한다. 이 순간에 모든 것은 사회주의에 달렸다.

특히, 안도의 한숨은 쉬지 말자! 다음과 같이 말하는 유치한 반응은 보이지 말자. "정치적 결정과 정치적 의지의 문제이기 때문에, 아주 간단하다. 바라기만 하면 된다. 정치를 바꾸기만 하면 된다." 수많은 저자들이 기술은 정치에 종속되어 있고, 컴퓨터의 유익한 이용은 "단순히" 정치의 변화에 달렸다고 증명하려고 했다. 그리고 사람이 일단 그렇게 생각하고 나면, 그는 만족해서 정지해버린다. 기술은 더는 우리를 결정하지 못하고, 더는 우리의 운명이 아니라고 한다. 그것은 정치적 문제이고, 따라서 우리는 인간의 자유의 영역으로 다시 들어갔고, 문제는 해결되었다고 생각해버린다. 바로 이런 환상을 어떤 대가를 치르더라도 분쇄해야 한다. 지금 존재하는 그대로의 정치는 기술에 대해 어떠한 영향력도 없고, 기술에 의해 완전히 결정되어 있다.

그럼에도, 사회주의는 프롤레타리아 계급 종식을 원한다고 한다. 좋다. 그 말을 심도 있게 전개해보자. 그 말은 우선, 모든 프롤레타리아 계급들의 해방이어야 한다. 거기에는 전장에서 연구되었던 새로운 유형의 프롤레타리아 계급, 물질적으로 행복하고 새로운 소외를 겪는 풍부한 프롤레타리아 계급을 포함해야 한다. 이것은 이미 사회주의의 어떤 양상을 변화시킨다. 즉, 사회주의는 프롤레타리아 계급 모델로서 불행한 프롤레타리아 계급이 아니라, 그 풍부함 속에서 소외된 인간을 생각해야 한다. 기술적 성장의 혜택을 누리면서, 그리고 새로운 소외의 비용을 치르면서, 높은 생활수준을 누리고, 안락, 자동차, 별장을 갖는 문제가 아니다. 그러나 나는 독자에게 이것을 비뚤어지게 읽지 않기를 간청한다. 나는 불행한 프롤레타리아를 유지해야 한다고 말하는 것이 아니다. 나는 다른 소외가 만들어지고 있기에, 단순히 불행한 프롤레타리아 계급 종식만 사회주의의 목표가 되어서는 안 된다고 말하는 것이다. 우리가 위에서 언급했듯이, 소외의 두 요소가 중앙집권적 관료주의적 국가, 그리고 성장과 힘을 추구하는 기술인 한, 이 둘은 프롤레타리아 계급의 생산자들이기에, 사회주의 역시 변해야 한다. 즉, 사회주의는 자유의 사회주의임과 동시에 혁명적이어야 한다.

　오늘날에는 더는 혁명적 사회주의는 없다. 전혀 없다. 모든 사회주의가 자유를 위한다고 주장한다. 어떠한 사회주의자도 우리 세계의 반-자유에 대해 정확한 분석을 하지 않는 상황에서, 이것은 완벽한 거짓말이다. 이것은 의미가 빈 단어이다. 자유가 있으려면, 관료주의적이고 중앙집권적인 국가의 극단적인 파괴가 있어야 하고, 경제 성장의 거부, 팽창의 거부, 일반화된 도구성의 거부가 있어야 한다. 그러나 기대에 훨씬 못 미친다. 우선 분명히, 나는 '자유주의적'이거나 '무정부주의적'인 사회주의가 아니라, '자유의' 사회주의에 대해 말했다. 자유주의적이라 함은 자유가 조직되고, 나눠주며, 제도화될 수 있음을 내포한다. "자유주의적 국가"가 있고, "자유주의적 경제"가 있다. 그리고 '자유주의적'이라는 용어는 항상 이러한 자유의 제도화를, 이러한 정치적이거나 경제적인 용어로의 번역을 겨냥한다. 그런데 사회주의는 잘 알듯이, 이미 과거에 이런 자유주의를 거부하였다. 사회주의가 겨냥하는 자유는 자유주의적 자유가 아니었다. 그리고 사회주의가 현재 겨냥해야 하는 자유도 마찬가지다. 오해하지 말아야 한다. 인간의 얼굴을 한 사회주의는 부르주아 계급에 하나의 위안이었다. 그러나 그것은 전혀 옛날의 좋았던 공화국, 민주주의, 자유주의로의 회귀가 아니다. 이 모든 것은 이미 끝났다. 마찬가지로 무정부주의적인 사회주의의 문제도 아니다. 거기서도 역시 그 용어는 무정부주의의 과거를 환기시킨다. 우리는 훨씬 위에서 무정부주의는, 비록 그것이 국가를 타도하기에 유용한 힘으로 남아는 있지만, 어떤 점에서도 새로운 사회를 조직하기 위한 유자격자는 아니라고 말했다. 속된 의미로 무정부주의적 사회는 목표가 아니다.22) 전혀 잘못 생각하지 말아야 하고, 기성의 모델들로부터 빠져나와야 한다. 따라서 용어를 바꿔야 한다. 자유의 사회주의, 그러나 동시에 혁명적인 사회주의로 바꿔야 한다. 레닌이나 카우츠키Kautsky의 모델을 따르지 않은, 진짜 '혁명적인'이다. 우리는 여기에 대해 다시 말할 것이다.

그전에, 정보화로 말미암아 기술 시스템의 변화가 있듯이, 내가 지적한 의미 속에서 사회주의 변화의 전조들이 나타나기 시작하는 것 같다. 혁명적인 자유의 사회주로 향하는 사상, 소그룹들, 연구들, 의식화들이 이미 존재한다. 다양한 주변인들, 비정치적인 환경운동가들, 자치주의자들, 여성 운동들여성해방운동의 의미나 정치화된 여성운동이 아닌, 기독교 근본으로 돌아가기, 새로운 히피들, 자발적인 공동사회들 그리고 수많은 지식인의 노력그 첫 번째에 예를 들면, 카스토리아디스와 리히타. 이 모든 것은 전적으로 다른 사회주의의 발견 방향으로 간다.

정보화가 기술 시스템으로부터 빠져나오게 해 줄 것처럼, 이 산발적인 작은 씨앗들이 실패해버린 두 사회주의로부터 빠져나오게 해줄 것 같다. 그런데 이 "산발적인 작은 씨앗들"은 모두가 다소간 명확하게 사회주의를 주장하고, 자유와 동시에 (재생적이 아니라 현행적인 의미의) 혁명의 목표를 가진다. 따라서 잠재력을 품은 이중의 변화가 생산된다. 유일하게 중요한 현재의 문제는, 저절로 되기를 바라지 않고서, 기술과 사회주의를 결합할 수 있을까이다. 우리는 그것을 말했고 그것을 다시 말해야 한다. 한편에는, 생각해보지도 않고 방향도 주어지지 않으며 의지적이지 않으며, 그냥 내버려 둔다면 최악만 강화시킬 기술적 변화가 있고, 다른 한편에는, 사회주의를 준비하는 씨앗적인 변화가 있는데, 둘을 결합할 수단들

---

22)반대로 나는 바쿠닌Bakounine의 개념에 가까울 것이다.

이 없다. 이런 준비적 사회주의가 이 아무 생각 없는 기술에 어떤 목적성을 부여할 수 있을까? 이러한 결합은 우리가 상상하는 것보다 훨씬 혁명적이다. 사회주의는 다시 혁명적인 사회주의가 되어야 하고, 혁명을 심각하게 여겨야 한다. 그러나 혁명은 장난이 아니다. 권력을 잡거나 잡지 않은 공산당들의 손에서는 혁명은 희극이나 비극이 되어 버렸다. 혁명은 하나의 유희도 사회의 이차적 양상들을 문제 삼는 일련의 부분적 개혁들도 아니며, 오래전부터 시효를 상실한 문제들에 대한 대답도 아니다. 혁명은 모두에 관한, 그리고 모든 것에 관한, 근본적이고 극단적인, 어려운 문제이다.

서구 세계에서 40년 전부터 혁명이라고 불리는 흐릿한 프로젝트들, 개혁들, 또는 소요들은 혁명과는 아무 관계가 없다. 그런데 한편으로 혁명은 원한다고 해서 언제든지 필수적이고 불가피하며, 강하게 호소하는 것이 아니다. 혁명은 인간이 자신의 길을 추구하면서 거대한 위험을 무릅쓸 때에만 그렇게 되는 것이다. 이민 노동자들의 운명을 개선하거나, 노동의 고통을 덜려고 혁명에 대해 말하는 것은 전혀 가당치않다. 혁명은 노예제를 없애려고, 또는 19세기 프롤레타리아 계급을 없애는 데 필수적이었다. 혁명은 현재로서는 국가 앞에서, 그리고 자율적인 기술 앞에서 필수적이다. 우리는 지금 바로 이러한 혁명 앞에 있는 것이다. 그러나 다른 한편, 하나의 혁명은 모든 것을 뒤집는, 그리고 먼저 우리의 믿음, 사고, 우리의 습관적 도식들을 뒤집는 문제제기를 강요한다.

오늘날 우리는 루이 14세의 처형이나 니콜라스Nicolas 2세의 처형이나 봉건 제도의 제거나 러시아의 토지 공유화를 쉽게 생각한다. 그것은 우리에게는 아주 간단해 보인다. 그러나 우리가 1789년의 보통 사람의 처지라고 했을 때, 그것이 주었을 심리적·이데올로기적·정신적 충격과 그것이 대변했던 그 무서운 물리적 어려움을 이해해야 한다. 그만큼 우리는 무시무시하고 신성모독적인 모험 앞에 있는 것이다. 그러나 그것이 바로 혁명이다. 이것은 평범한 작은 개혁이 아니다. 그리고 독자가 항상 다음과 같이 말하고 싶은 유혹을 느낄 때는, 바로 이러한 생각들을 머릿속에 담고 있어야 한다. "그건 불가능하다. 그건 유토피아다. 그건 무시무시하다. 그건 너무나 무섭다."

그렇다. 혁명이란 항상 그렇다. 그러나 여전히 더 유토피아적인 것은, 우리 서구 사회가, 그렇게 좋은 식으로, 그 성장적 진행을 계속할 것이라고 믿는 것이다. 무서운 것은 빈부 격차가 계속 확대될 수 있다고 믿는 것인데, 그건 몹시 걱정스럽다. 또한 점점 더 강하고 자율적인 기술의 발전이 무섭다. 불가능한 것은 바로 이것, 즉 부와 프롤레타리아 계급의 무한한 동반 성장이다.

현재로서 혁명은 다음의 5요소들로만 구성될 수 있다.23) 첫째 제3세계에 생존의 가능성이 아니라 스스로 현재 존재하는 사회적 구조들과 잔존하는 특수한 문화의 기본 위에서 스스로 조직할 수 있고, 서구의 기술적 진보의 혜택을 누릴 수 있도록, 이자, 상환, 책임, 간섭, 군사적이나 문화적 침략 없는 무상 원조를 해주고, 서구 세계의 생산적 힘의 완전한 재전환을 이뤄야 한다. 나는 여기서는 이 문제를 아주 간략하게 지적하고자 한다. 동시에 서구는 식량과 생필품을 과잉 생산하고, 다른 나머지 나라들은 부족하기 때문에, 그것들을 원조해야 한다. 미국이 소련에는 곡물을

---

23) 기술의 격변과 관료주의의 발전에 의해, 사회주의적 혁명의 프로그램과 프롤레타리아 계급의 목표는 더는 사유 재산의 제거, 생산 수단의 국유화, 계획 경제, 단순한 "노동자 통제"가 될 수 없고, 경제와 권력의 노동자 관리이다(카스토리아디스). 카스토리아디스에게는 여전히 노동자 관리에 관한 문제임을 고려하면서, 그렇지만 노동자 계급의 파열, 그 수의 감소, 그리고 봉급생활자들의 확장이 주어진 바에, 나는 일하는 사람들의(그 수준이 무엇이든, 모든 사람) 관리를 더 선호한다.

제공하고 아프리카에는 거의 하지 않은 것은 정말 놀랍다…. 참으로 묘하다. 그러다가는 조만간에 제3세계의 인구의 무게에 눌려 서구가 종말을 맞을 것이다.24)

혁명의 두 번째 요소는 자발적인 비非패권의 선택이 될 것이다. 이것은 우리의 경제를 짓밟는 군사적 수단들의 포기와 또 관료주의적이고 중앙집권적인 국가의 제거를 내포한다. 이때는 중앙 부처 속에 축적된 힘의 수단뿐만 아니라, 잠재적 행동력도 인내해서는 안 될 것이다.

그것이 불가능하다고? 그러면 우리는 인류를 멸망케 할 불가피한 전쟁과 혹독한 사법적 구속나는 여기서 사법적이라는 말로 우리가 말했던 사회적 통제에 관한 모든 것을 의미한다 사이에서 선택해야 한다. 현대 국가가 사라진다고 해서 조직의 사라짐이나 혼란을 의미하지 않는다. 우리에게 그렇게 믿도록 한 것은 권력의 매혹과 환상이었다. 최대의 비일관성, 무질서, 역기능을 생산한 것은 바로 관료주의적 국가이고, 권위에 의해 그런 사실들이 가려졌다. 마지막으로 비非패권은 작은 것이 아름답다 속에서 슈마허Schumacher가 제시했던 방향이다. 조건 없는 성장의 거부, 작은 생산 단위들의 추구, 부드러운 에너지, 유연한 방법, 느슨한 삶. 우리는 또 주브넬Jouvenel이 온화함, 프리드만Friedmann이 지혜, 일리히Illich가 공생이라고 부르는 것과 다시 만난다.나 역시 수없이 말했던 것이다 이런 것들은 모두 똑같은 것이다. 그것은 이제 거칠게 효율적인 수단을 선택하는 것이 아니라, 가장 인간적인 것, 자연적 세계와 인간적 환경 존중이다. 분명히 이것은

---

24) 길더Gilder의 『부와 가난』(A. 미셸Michel, 1981) 같은 책들이 아직도 나오는 것은 놀랍다. 이것들은 가난과 제3세계에 대한 원조를 무익하고, 해로운 것으로 판단한다. 여기서도 여전히 순전히 경제적인 정신으로서, 가난 대책들에 대한 경제적 실패 위에서 하는 논박이다. 이것은 틀린 것은 아니다. 그러나 저자는 다른 인수들도 고려해야 하고, 세계적 상황은 제3세계의 빈곤화로 폭발 지경이 되었음을 망각한다!

모두를 위한 삶의 질, 노동과 소득의 평준화를 위해, 최소의 소비, 생활수준의 축소를 내포한다.

세 번째 양상은 분열과 다양화이다. 모든 분야에서, 또 사회적 행동 양식과 행정적, 농업적, 산업적 단위들에서, 정보와 소통의 수단들 속에서, 문화적 창조 속에서 다양화이다. 프랑스를 보자면, 명백히 파리의 조르주-퐁피두George-Pompidou 센터와 같은 정신착란적인 개발 계획의 제거이다. 이것은 더 악화한 중앙화에 불과한, 단순한 탈중앙화와 지역화 문제가 아니다. 이것은 분명히 국가적인 것의 파열, 자치주의의 인정이다. 그래서 나는 바스크 독립운동과 같은 테러적 운동들에 동의하지 않는다. 그들은 자치를 얻으면 국가를 만드는 것 외에는 다른 것을 할 줄 모를 것이다. 그러나 어디서나 소수자들은 우선적인 발언권과 표현 수단이 있어야 한다. 문화들, 지적이거나 정치적 발명들, 집단들과 당들의 다양화를 지향해야 한다. 이러한 다양성 속에서, 새로운 흐름, 새로운 연관이 자발적으로 나타날 것이다. 그리고 물론 작은 단위는 자율관리의 조건이다. 복잡한 단위들에 대해 자율관리에 대해 말하는 것은 공염불이다. 자율관리는 작은 단위 속에서만 생각될 수 있다. 백 명이 넘어서면, 그것은 아무 것도 의미하지 않는다. 반대로 대의적 관리는 자율관리의 정 반대로서, 정치적 민주주의가 그것을 잘 보여준다.

네 번째 양상은, 노동 시간의 획기적인 단축이다.25. 개인이 자기의 아틀리에, 거주지, 공동체, 주변 환경 관리를 하려면, 많은 시간이 있어야 함은 자명하다. 그것은 경제적 가치 생산과는 다른 노동일 것이다. 더는 35시간을 중심으로 논쟁하는 문제가 아니다. 그것은 완전히 철 지난 일이다. 아드레Adret는 하루 2시간 노동을 주장했는데, 그가 옳았다. 이것은 당장 해야 할 목표이다. 그리고 반대의 소리들에도 불구하고 즉각 실현될 수 있다. 이것은 기본적 생산의 자동화와 정보화에 의해 가능해졌다. 노동 시간의 단축은 단순 노동을 경감시켜주고, 동시에 모두에게 일을 분배한다. 그러면서 새로운 일자리를 창출하고, 모든 사람에게 이익을 준다. 그러나 그를 위해서는 겉으로는 모순적인 4개의 변수를 고려해야 한다. 즉, 노동 조직, 생산성, 급여와 사회적 비용의 변화, 새로운 일자리 창출 일정. 그러나 여기서도, 전산화는 이러한 극도로 복잡한 조정을 할 수 있게 해준다. 실제로 수많은 방식이 가능하다. 노동 시간의 조정, 노동 시간의 단축, 파트 타임제를 결합하여 노동 시간의 자율관리를 할 수 있다. 이 모든 것은 자동화25)와 정보화에 의해서 가능해졌다.

여기서 우리가 제안한 것은 결코 쉬운 것은 아니다. 권태, 공허, 개인주의의 발달, 자연적 공동체의 파열, 경제적 후퇴 그리고 상업적 사회와 여가 산업에 의한 자유 시간의 접수 같은 부작용을 들어 반대가 많을 것이다. 특히 이 후자는 자유 시간을 새로운 상품으로 만들어 버릴 것이다. 여기서 우리는 삶의 의미와 새로운 문화에 대한 질문, 강제적이지도 않고 무정부주의적이지도 않은 조직의 질문, 새로운 창조적 영역의 개발에 관한 질문 등 근본적인 질문들을 제기해야 한다. 나는 꿈을 꾸는 것이 아니

---

25) 카자미안Cazamian은(위에서 인용되었음), 유일한 해결책은 모든 체인 작업을 자동화로 대체하는 것이라고 강력하게 주장한다. 이 바보 같은 작업이 기계적이고 자동적인 인텔리전스에 의해 수행되면, 더는 인간을 로봇화할 필요가 없어진다. 자동화는 경우에 따라서 통제의 도구가 될 수 있다. 발달한 노동자들에 의해 사용된 마이크로프로세서는 그들이 다시 자격을 갖추게 할 것이고, 책임 있는 상황을 다시 발견하게 해준다. 그러나 분명히, 기계화로의 이동은 전반적이고 경제적인 차원에서뿐만 아니라, 복종하게 조건 지워진, 그리고 효력이 지난 노동 조직과 제약들의 폐지에 따라 책임자가 될 수도 있는 개인적 차원에서도 어렵다. 모두에게, 새로운 상황의 극단적인 어려움은 행동들의 불확실성이고, 또 옛 경험이 더는 사용될 수 없는 영역 속으로 진입이다. 더는 노동의 조직화는 없고, 더욱더 넓은 선택들과 함께 가능한 복수성이 존재한다. 공존할 수도 있는 노동과 조직화의 새로운 형태들의 지속한 창조가 있을 수 있다. 이때는 이 조직화는 더는 위계적인 상위자의 일이 아니라, 직접적으로 관계된 모든 사람의 일이 될 수 있다(오스카 오츠만Oscar Ortsman, 노동 변화, 뒤노드, 1978).

라, 이런 것은 가능하다. 그것을 원해야 한다. 그러나 또 이것은 이중의 문제를 유발한다. 즉 자유 시간으로 무엇을 할 것인가? 기업은 어떻게 예산을 맞출까? 또는 서로 기업이 2시간의 "정상적" 노동 가격만 지급하면, 노동자들이 살아갈 수 있을까! 해방된 시간, 이 막대한 양의 자유 시간은 물론 어리석고 절망적인 방식으로 사용될 수 있을 것이다. 텔레비전에 붙어서 살 사람도 있을 것이고, 술집에서 보낼 사람도 있을 것이다. 페탕크주로 노인들이 공원에서 하는 커다란 구슬치기-옮긴이주나 하면서 보내는 사람들도 있을 것이다…. 그렇다. 그러나 나는 대부분의 사람들이 그것으로 만족할 것이라고는 생각하지 않는다.

나는 다양한 취미들이 있음을 알고 있다. 나는 조직되고 통제된 여가를 억지로 제작하거나 여가를 건전하게 사용하도록 교육하는 것은 불필요하다고 확신한다. 인간은 뭔가에 관심을 둘 필요가 있고, 오늘날 우리를 죽이는 것은 바로 관심의 결핍이다. 인간은 자기 자신의 작품을 제작하고자 하는 욕구가 있다. 포탄 구덩이들 속에서 꽃병을 제작하는 군인들, 페트병으로 범선을 만드는 해병들처럼… 그리고 인간이 다양한 표현 수단과 자유 시간이 있다면, 그는 "일반적으로" 자신의 욕구를 표현하는 구체적 형태를 발견할 것이다. 이것은 아마 아름답지 않을 수 있고, 고상하거나 효율적이지 않을 수 있다. 그러나 그것은 바로 그 사람을 나타내는 것이다. 우리가 상실한 것은 이것이다.

물론, 여기서 내가 말한 것은 신념과 동시에 희망 사항이다. 그러나 사람이 바라는 바를 하지 못하면, 보편적 프롤레타리아 계급 속으로 잠기게 되고, 인간으로서 실현하고자 했던 것이 끝나게 된다. 기계화된 기구의 압살하는 노동으로부터 해방된 인간들은, 필연적 방황의 시간 이후에, 자신들의 만족의 방식, 욕구 표현 방식, 인간 형성 방식을 발견할 것이다. 분명히 명상이나 깊이 있는 연구를 선택할 사람들이 있을 것이기 때문이다. 왜 아니겠는가.

이제 우리는 혁명의 5번째 양상, 즉 재정적-경제적 문제의 해결 방법에 이르렀다. 작업의 시간을 2시간으로 줄인다면, 개인은 살아갈 급여를 기대할 수 없고, 기업도 시간당 1천 프랑씩이나 줄 수 없음을 의미한다!26) 이제부터는 생산된 가치의 분배에 격변이 필요하다. 현재는 마르크스 이론과 달리, 가치는 더는 노동자의 노동이 아니라, 과학적이고 기술적인 수단에 의해 생산된다. 리히타는 그것을 완벽하게 보여주면서 현대 경제의 주요 법칙을 제기하였다. "진보는 이제 더는 생산된 단위들의 양적 증가로 측정되는 것이 아니라, 절감된 인간 시간으로 측정된다." 이제부터는 노동을 급여로 지급해서는 안 되고, 자동화되고 정보화된 공장에 의해 생산된 부의 연간 생산을 사회의 모든 구성원 사이에서 (그들이 일했거나 안 했거나) 분배해야 한다. 이때 분배 양식은 다양할 수 있다. 우선 사회의 모든 구성원에게, 그의 탄생 때부터, 단순히 그가 존재한다는 사실 때문에, 주어지는 기본적 몫에 관한 문제일 수 있다.27) 이어서 다양한 보상방

---

26) 카스토리아디스는 급여의 평등화 문제에 대해 긴 분석을 한다. 그는 이러한 사회주의적 목표를 급여의 차별화를 주장하는 자본주의의 정책과 대립시킨다. 그러나 나는 노동과 연결된, 급여의 개념 그 자체를 제거해야만 해결될 수 있다고 믿는다. 그리고 사회의 모든 구성원에게 국가적 수입을 분배한다는 생각으로 대체해야 한다. 게다가 이러한 방향의 아주 뚜렷한 표시들이 있다. 즉, 사회적 급여라고 부르는 것, 실업 수당, 주거 보조금, 노년 수당 등이다. 이 모든 것은 "국가 수입에 참여"라는 생각에 속한다. 사람들이 이런 다양한 "보조금들"에 "은혜"라는 "비정상적" 성격을 제거하게 된다면 큰 변화가 일어날 것이다. P. 드루앵Drouin은(「르 몽드」, 1981년 6월 11) 공부를 마친 젊은이는 급여를 받는 일자리가 없으면, 실업이나, 원조 수당이 아니라, 사회가 젊은이가 기대하는 일자리를 주지 못한 것이기에, "당연히 받을 것"에 상당하는 보조를 받아야 한다고 주장한다. 이것은 이러한 "보조금들"의 자존심 뭉개는 성격을 제거할 것이다. 그리고 이것은 내가 제안한 해결을 향한 한 걸음 더 나아가는 것이다.

27) 로버트 테오발드Robert Theobald의 아주 선구적인 저작들을 보기 바람. 『부자와 가난한 자』, 뉴 아메리칸 라이브러리, 1961, 『풍요의 도전』, 뉴 아메리칸 라이브러리, 1961,

법이 있을 수 있다.

자동화 덕분에 30년 동안 하루 2시간 노동, 아니면 5년 동안 하루 8시간 노동에 대해 생각할 수 있다. 이것은 강력하게 자동화되고 정보화된 공장과 사무실에서 이뤄질 일로서, 중급의 기본적인 제품들을 대량으로 생산하고, 광고를 통한 새로운 수요의 인위적 제작이나 신기한 제품, 고효율을 추구하지 않는다. 다른 경제 분야에서는, 인간 노동을 강제하지 않으면서, 낮은 생산성으로, 고품질의 상품을 생산한다. 물론 나는 내가 여기서 제시하는 것이 전적으로 환상적이고 "유토피아적"으로 보일 것임을 안다.28) 그러나 다시 한 번, 이것은 혁명에 관한 문제이고, 혁명이란 정치적이고 경제적인 극단적 변화를 내포한다는 것을 지적해야 한다.

이 5개의 여건이 실제로 우리 시대의 혁명을 구성한다. 이 혁명은 정치 권력을 잡기 위한 것이 아니고, 현대 기술을 긍정적 인간 해방으로 향하게 하기 위한 것이다. 그런데 이 5가지 양상들은 서로 일관성이 있어 분리될 수 없다. 예를 들어, 거대한 생산 단위를 잘게 분열시키지 않고서는, 또는 결정권을 하부로 내려주지 않고서는, 갑자기 노동 시간을 단축한다는 것은 아무 소용이 없다. 하나는 절대 다른 것들 없이는 가능하지 않다. 그리고 기술을 인간에 종속시키고, 동시에 시스템으로서 기술적 시스템을 파괴하며, 국가의 힘을 제거하고, 평등을 달성하며, 소외를 정지시킬 수 있는 것은 바로 이러한 혁명이다. 그러나 이러한 혁명만큼이나 다른 나머

"현대 기술에서 새로운 가능성", in 데니스 멈비Denis Mumby와al., 경제 성장, 월드 퍼스펙티브, SCM 프레스,1966.

28) 르네 파세René Passet는 (미래적인 것들, 1979, "노동 시간과 고용 규모"), 똑같은 증명을 한다. "대부분 소비의 필요가 더 많은 개인에게 만족하면, 이러한 재화들에 대한 수요는 그의 추진적 역할을 상실한다." 그리고 다른 한편 생산적인 고정 자본이 생산보다 더 빨리 증가하고, 노동자에 의해 더해진 가치가 신속하게 증가하기 때문에, 재고의 누적, 자본의 신속한 축적, 생산성의 향상은 서로 결합하여 필연적으로 노동자들을 더 적게 사용하도록 한다.

지도 환상적이다. 물론 내가 여기서 제시한 것은 절대적으로 독창적인 것은 아니다. 인간이 일하지 않고 살 수 있는 황금시대, 각자의 취향과 욕구에 따라 하고 싶은 일만 하는 유토피아, 혁명적 목표로서 국가의 권력 제거, 사회생활의 인간적 규칙으로 비非패권이 제시된 지는 이미 오래된 일이다. 이것들은 무정부주의자들이나 사회주의가 혁명적이었던 때의 목표들이었고, 시초에, 예수 그리스도의 말씀의 목표들이었다.

 나는 그것을 잘 안다. 그러나 중요한 것은, 다른 것이다. 유럽에서 행복은 새로운 개념이었다는 생-쥐스트Saint-Just의 유명한 공식은 잘못이었다. 2500년 전부터, 행복의 개념은 잘 알려졌었을 뿐만 아니라, 행복은 의식적으로 욕구 되었고, 바라던 것이었다. 그러나 새로웠던 것은, 바로 생-쥐스트는 행복 달성 수단을 바꾸려고 했다는 것이다. 즉, 산업화, 모두에게 득이 될 부와 소비의 증가, 자유와 평등의 공화국은 그가 보기에는 행복의 개념을 구체적으로 실현할 수단으로 보였다. 변했던 것은 바로, 실현을 위해 단순한 생각에서 벗어났다는 점이다. 여기서도 정확히 똑같다. 이 시대의 필수적 혁명을 위한 위 5가지 제안은, 바라는 바, 이상, 유토피아였다. 그러나 그 실현 가능성은 전혀 없었다. 이러한 생각을 하고 혁명 운동을 한다는 것이 불가능하지는 않았다. 실제로 "지롱드"Gironde:프랑스 대혁명 당시 온건 공화파 혁명, 우크라이나 혁명, 소비에트의 설립 등이 있었다. 그러나 현대 사회는 너무 복잡한 전체이다. 결국 숙명적으로, 어쩔 수 없이 통일된 중앙집권적 시스템으로 되돌아왔고, 동시에 더 많은 소비를 위한 더 많은 생산이 명백한 목표가 되었다. 불행을 줄이고자 한다면 이러한 목표는 피할 수가 없었다. 그리고 이것은 더 많은 노동을 의미하였고, 동시에 자발적인 기술과 합의 속에서 다음의 결정적 척도 선택을 의미하였다 – 언제나 더 많이, 언제나 더 크게, 언제나 더….

지금 변한 것은, 70년대의 기술적 변화가 이러한 목표 전체를 실현할 수 있게 해준다는 점이다. 자동화—정보화는 실제로 기본적 수요에 필요한 노동을 감소해 준다. 그것은 결정권의 유일 중심을 제거해주고, 일관성을 저해하지 않고서도 아주 작은 생산적 단위들과 정치적 단위들로 분할을 허용해준다. 과거에는 거기에 어려움이 있었다. 그러나 이 어려움은 이제는 해결되었다. 정보화는 각각의 집단이 자유로우면서도 일관성 있는 전체를 형성할 수 있도록 수천의 단위들 사이에 상관관계를 설정해준다. 경제적 차원과 정치적 차원에서도 똑같다.

과거에는 각각의 집단이 자기에게 적합한 것을 독자적으로 결정하면, 전체는 신속히 파열되어 사라져버릴 것이기에, 어떻게든 조직화하는 중앙집권적인 머리가 있어야 했다. 그러나 그것이 더는 필요하지 않게 되었다. 그 이유는 한편으로 다양한 요소들을 서로 결합시킬 수 있게 되었고, 다른 한편으로 각각의 그룹이 다른 그룹들이 결정한 것에 대해 지속적으로 알 수 있게 되어서, 신속한 조정과 선택을 할 수 있게 되었기 때문이다.

그렇지만, 이러한 전산화는 "자체로서" 사회의 미래를 결정하는 객관적인 합리성의 표현이어서는 안 되고, 유일한 합리성인 인간의 살아 있는 이성에게 복종해야 한다. 거꾸로, 노동자들의 결정은 감정, 분노 등의 열매가 아니라, 아주 냉정한 조건을 따라야 할 것이다. 이러한 재구조 속에서 필연적으로 공공 서비스 섹터와 수익적인 경제적 섹터 사이의 중개적인 "제3의 섹터"가 나타날 것이다.29) 이 섹터는 개인들 사이에서, "행동들의 균형 잡힌 리듬"을 조장하는, 전체 상호 이행을 보장하기 위해 자발적 그룹을 만들 것이다.

복수적30)사회는 탈중앙화와 행위들의 상호 분담을 내포한다. 달리 말

---

29)교환과 프로젝트, n° 17, 1979.

하면, 기본적인 결정, 선택으로부터 출발한, 진정한 구도가 마침내 가능해진다. 전산 시스템은 복잡한 결합과 모순적인 결정들을 조정해준다. 그것은 또 여러 제안 중에서 선택할 수 있게 해준다. 각 정보에 따라서 각각의 지역, 생산, 소비, 관리 그룹은 독자적인 결정을 내릴 수 있을 것이고, 나아가서 정해진 "규정으로부터도" 빠져나와, 상황에 따라 유연한 결정을 내릴 수도 있을 것이다. 마찬가지로 전산화는 비非패권을 선택할 수 있게 해주는데, 그 이유는 바로 전산화가 에너지를 절약해주고, 낭비, 이중적 고용을 감소할 수 있게 해주며, 슈마허Schumacher의 '작은 것이 아름답다'를 가능하게 해주기 때문이다.

위와 같은 것이 경이로운 전산화를 진정으로 사용하는 것이다. 그래서 전산화를 희한한 현상을 만들어 내거나, 기업의 효율성 제고와 회계 같은 순수하게 실리적인 목적으로만 사용해서도 안되며, 권력이 사회와 각 개인을 무시무시하게 통제하기 위해서 사용해도 아니다. 그런데 현재는 이런 3가지 방식으로만 사용하고 있다. 이제 전산화라고 하는 혁명을 위한 기술적 도구는 존재한다. 그것은 우리 사회의 근본적 혁명을 위한 여건을 제공한다. 이 혁명은 마침내 프롤레타리아 계급의 제거를 유발할 것이다. 카스토리아디스는 노동자들에 의한 관리가 있으려면, 제도들, 문제들, 결정들이 이해가능하고, 통제 가능해야 한다고 강조한다. 우리 사회처럼, 전혀 이해할 수 없는 조직과 관료주의에 묶인, 복잡하고, 모순적인 사회 속에서는, 어떠한 관리도 있을 수 없다. 따라서 명확한 여건들 위에서 최대한의 정보를 가져야 할 것이다. 그러나 "최대의 정보는 우선 여건들이 누구나 다룰 수 있게, 핵심으로 축소되어야 가능하다. 이러한 축소는 사

---

30) 이 용어는 어느 정도나 이 새로운 연구 영역들에서 용어가 유동적인지 보여준다. 실제로 교환과 프로젝트의 "동질적인 사회"는 고르즈Gorz의 타율적인 영역과 상응하고, 교환과 프로젝트의 "이질적인 사회"는 고르즈의 자율적인 영역과 상응한다.

회주의가 문제의 단순화이며, 규제 철폐이어야 가능할 것이다." 이것은 정확하다. 그러나 나는 여기에 덧붙일 것이다. 여건들의 지식, 정보, 투명성, 단순한 제시는 바로 전산화에 의해 가능해졌다는 사실을.

이제 기술적 도구는 모든 것을 가능하게 한다. 반면 지금 결핍된 것은 혁명적 의지다! (비非패권을 위한) 예수의 시기와 (무정부주의자들을 위한) 19세기 중엽 사이에는, 때로는 극단적인 혁명적 의지, 혁명 위험의 감수가 있었지만, 언제나 수단의 결핍 때문에 혁명은 실패했다. 또는 혼란 수습을 위해 질서를 도입하면서 혁명은 본래 의도와는 반대로 귀착하였다. 그 실패의 원인은 혁명을 위한 수단이 없었기 때문이다. 오늘날은, 마침내 수단이 주어졌다. 자동화와 전산화는 전적이고, 극단적이며 즉각적인 혁명을 할 모든 가능성을 준다. 오늘날 우리 세계의 필요에 상응하는 혁명이지, 전혀 낡은 조건에 매달린 공산주의 이데올로기에 따른 혁명이 아니다 그러나 현재 부족한 것은 혁명적 정신이다.

여기서 확실히 해야 할 것이 있다. 사람들은 오래전부터 "객관적으로 혁명적인 상황"과 "혁명적인 주관적 의지"를 구분하였고, 하나는 다른 하나와 시기적으로 일치해야 했다. 상황이 객관적으로 혁명적으로 될 때에, "직업적인 혁명가들"은 대중을 중심으로 움직여서, 혁명적 의식을 최고 수준으로 올리고 그 운동을 자극해야 한다. 그런데 내가 여기서 언급하는 것은 전혀 이것이 아니다. 우리 세계에는, 특히 제3세계의 조건에 의해, 항구적이고 만성적인 혁명적 상황이 있다. 그러나 이것은 자본주의 힘이 아니라, 한편으로는 현대적 소외의 성격에 의해서, 다른 한편으로는 잘못된 목표 설정전통적인 식민지주의, 제국주의, 자본주의 등에 의해서 가로막혀 있다. 객관적으로 혁명적인 상황은 그에 대한 잘못된 이해 때문에 활력을 상실하였다.

게다가 명확하고 일관적인 혁명적 의지를 품는 그룹이 없다. 혁명이라는 단어 자체마저도 "국가적-기술적" 모델에 가장 순응적이고 동화되어 있는 사람들, 따라서 혁명을 하기에는 전혀 역량이 없는 사람들에 의해 압수당해 있다. 혁명적 의지는 특권적인 작은 집단에 대한 단순한 증오의 폭발 대신에 사회의 방향에 대한 전적이고 진정한 변화를 의미하기에(게다가 누구도 이 변화를 받아들일 준비가 되어 있지 않다) 그리고 또 해야 할, 이 새로운 혁명은 혁명가들을 위한 외적 이익들의 정복이 아니라, 권력, 안녕 소비 사회가 우리 존재에게 제안한 명백성과 동시에 우리 자신의 삶, 우리 이상의 문제화를 내포하기에, 더는 이러한 혁명적 의지는 없다! 그리고 누구도 그 의지를 받아들일 준비가 되어 있지 않다! 마지막으로 누구도 위험을 감수할 준비가 되어 있지 않아서 더는 혁명적 의지는 없다. 시도해야 할 전복은 명백히 엄청나게 큰 위험을 포함한다. 기나긴 더듬기, 불확실, 실패의 기간이 있을 것이다. 각자가 자기의 의미 깊은 행위를 성공적으로 선택하기 전까지, 결핍, 혼란이 발생할 것은 명백하다.[31]

사람들은 이러한 상황을 두려워한다. 권력자나 부자들만 장애물인 것은 아니다. 자본가, 지배 계급이 존재하고, 그로부터 지도 계급, 국가 기구와 지배 이데올로기가 나온다는 도식, 그리고 타인들은 착취되고, 노예 상태로 떨어지고, 이데올로기에 속는 불행한 사람들이라는 도식은 더는 유효하지 않다. 혁명적 변화에 대한 저항은 우선 부인할 수 없는 소비 만족으로부터 나온다. 사람들은 잠깐의 과도기적 기간만이라도 그 만족을 버릴 준비가 되어 있지 않다 그리고 그것을 갖지 못한 사람들에게, 이 만족은 정확히 인간이 희망할 수 있는 모든 목표이다. 사회 투쟁의 목표는 이 만족을 정복하는 것이다.[32] 이제부터 이 이상적인 것을 (잠깐이라도) 문제 삼는 혁명을

---

31) 우리는 현재 폴란드에서 그 좋은 예를 보고 있다(1981).

제안하는 것은 소위 혁명적 동력과 대립하는 것이다. 그것이 주요한 장애이다. 그리고 이 가난한 자들은 이러한 소비를 얻으려고 하면서, 그것이 자신들의 소외를 더 크게 하고 있음을 자각하지 못한다.

그러나 이러한 후퇴와 혼란 감수의 거부 외에도, 특히 자기가 하고자 하는 것, 그리고 그 결과를 정확히 보고 싶지 않은 두려움이 있다. 나는 카스토리아디스나 북친Bookchin이 말했던 것을 아주 잘 이해한다. 내가 여기서 소개하는 것은 당연히 최종 결과에 대한 불확실이다. 아무리 높은 가능성이 있다 해도, 누구도 그것이 가져올 것을 정확히 말할 수는 없다. 그러나 이러한 두려움은 내가 (모든 가난한 사람들과 소외된 사람들에게서) 혁명의 거부, 그리고 혁명적 의지의 부재에 대해 썼던 것과 상응한다. 분명히 혁명은 영화의 프로그램은 아니다. 그것은 철길 위를 구르는 것이 아니다. 그것은 반드시 어떤 알 수 없는 것으로 향하는 모험이다. 하나의 혁명은 수학적 추론처럼 전개되지 않는다. 미리 잘 조직된 장소에 도달하는 잘 닦인 길은 없다. 혁명은 하나의 길을 열고 진행하면서 그 길을 수행하며, 동시에 문제의 길의 목표를 건설한다. 혁명적 행위를 실천하면서 목표가 점차 건설된다. 그리고 자유의 행사는 그러한 것이다.

현행으로서는, 누구도몇몇 지식인들은 예외로 하고이러한 현실을 볼 능력이 없다. 그리고 누구도 우리가 어디로 가는지 미리 알지 못하는 위험을 감수하지 않는다. 이 혁명적 의지 부재의 두 양상은 우리가 모두 다음의 이중적 확신 속에 동화되고 습관이 들어 있기 때문이다. 즉, 언제나 더 많이 소비해야 하고, 일어날 것을 정확히 예견해야 한다. 이것들이 우리의 주요한 두 조건이다. 어떻게 이러한 조건들 속에서 혁명적 의지가 있을 수

---

32) 사람들은, 원자력 발전소 프로젝트들을 축소하는 것이 문제가 되자마자, 노동조합들의 반응과 함께 그것을 본다.

있을까? 우리는 이런 역설적인 상황 앞에 있다. 즉, 1900년 전까지는 인간에게 모든 위험을 감수하게 할 수 있던, 그리고 당시 사회 속에서 정확한 목표를 가질 수 있었던 혁명적 의지가 있었다. 그러나 전적으로 수단이 없었다. 그것은 "권력을 잡을" 수단이 아니라, 사회가 일관적으로 존재하게 할, 그리고 그 요소들이 계급과 조직적 독재 없이 공존하게 할 수단이 없었다. 사람들은 최선으로, 어떤 무정부주의자들처럼, 인간의 좋은 천성을 믿을 수밖에 없었고, 이러한 좋은 천성 안에서, 인간이 서로 도우며, 서로 이해하고, 에덴동산에서 함께 살게 해 줄 인간의 자발성을 믿었다. 현재는 상황이 반대로 되어서, 우리는 "공생할 수 있고", 일관성 있고, 복합적이며, 억압적이지 않고, 소외시키지 않는 수단을 가지고 있다. 그러나 거기에 접근하려면 모든 위험을 감수할 수 있는 혁명적 의지가 있어야 하는데, 누구도 그런 위험을 원하지 않는다. 더는 혁명적 의지, 집단, 기본적인 결정력이 없다.

이제부터 우리 앞에는 두 가능성이 있다. 먼저 전통적 두 사회주의 중의 하나로서, 이 사회주의는 정보화-자동화 단계로 넘어갈 준비가 되어 있지 않은 사회 속에서 설립될 것이고, 그것은 이미 아는 결과, 즉 프롤레타리아 계급의 제거가 아니라 생산을 가져올 것이다. 혹은 비 혁명적인, (사적이거나 국가적인) 자본주의의, 진보된 사회 속에서, 정보화, 텔레마티크(통신과 컴퓨터 정보처리의 융합), 자동화, 로봇, 관료주의 방식 전체의 설립과 발전으로, 이 모든 방식은 필연적으로 이 사회와 그 특성, 그 힘의 발전 과정으로 들어갈 것이다. 다시 말해, 우리가 아는 모든 악의 가속화와 심화가 있을 것이다. 정치적 제약, 사회적 통제, 소비와 낭비,33) 노

---

33) 수많은 예 중에서, 실천적으로 아무 관심도 없는 목적들을 위해, "컴퓨터-인쇄기" 메커니즘에 의해 낭비되는 수천 톤의 종이를 생각해보자. 예를 들면, 은행에서 고객의

동의 비인간화와 무의미화, 숫자의 명령 등.

이것은 사회적 기구 속에 포함된 것은 아니다. 그러나 20세기 초의 생산적인 국가와 새로운 기술적 전체가 단단히 결합하여 만들어진 것이다. 이 기술적 전체는 필연적으로 이러한 전반적 상황으로부터 그 성격을 받으며, 동시에 이러한 경향들을 강화하는 데에만 사용된다. 기술 시스템을 구성하는 모든 요소는 제 3단계[34])의 기술 덕분에 모순들이 사라짐으로써 인정되고 정당화될 소지가 있다. 지금의 사회 상태는 과거 불편했던 것들이 축소되기 때문에 강화되고 안정되어간다. 그러나 이것은 우리가 앞서 말한 새로운 프롤레타리아 계급 출현을 부른다. 이런 가운데 사회주의적인 권력이 출현한다면 무엇을 의미하겠는가? 사회주의가 "모든 전기적인 것"이 설치된 이후에 도착한다면, 그 사회주의는 당연히 복합적이고, 통합된, 유용적 시스템(경험이 말해 주듯이, 그런 시스템은 명백히 1918년 볼셰비키들의 국가와 행정에 유용하다), 대중의 욕구에 영합하는 시스템으로 들어가게 될 것이고, 다른 선택은 없을 것이다. 그러한 복합체를, 느닷없이 다른 방향으로 다시 향하게 할 수 있다는 것은 착각에 불과하다. 사회주의는 자기가 발견한 것을 이용할 것이다. 그리고 그 사회주의가 소규모 개혁들을 한다 하더라도 새로운 기술 시스템을 실체적으로 변경하지는 못할 것이다. 이 사회주의는 어떤 점에서도 자동화와 정보화에 의한 극단적인 변혁으로 이르지 않을 것이다. 이 사회주의는 반대로 설치된 기계에 의해 조건 지워질 것이다. 예를 들어, 지역화는 중앙집권적 권력을 오히려 강화하는 관리 양식이 될 것이다.

그런데 사람들은 내가 가로디Garaudy, 북친Bookchin, Y. 부르데Bourdet,

계좌 정보를 위해 소비되는 인쇄물.
34) 나로서는 기술주의와 함께 기술의 1단계, 사회와 삶의 모든 영역으로 기술적 방식의 확장과 함께 2단계가 있다. 3단계는 정보화와 텔레마티크의 지배이다.

정보와 산업의 사회주의 그룹Groupe socialiste Informatique et Industrie에게서 아주 신랄하게 비난했던 것으로 결국 되돌아왔다고 생각할 것이다. 그것은 아주 심한 오해이다. 사실 내가 그들에게서 비판했던 것은, 사회주의와 새로운 기술 사이의 가정적 결합이 아니라, 그들의 이상주의이다. 다시 말해, 이러한 결합이 실현 가능하지도 않았고, 역사적 필연도 아니었음을 몰랐다는 것이다. 다른 한편으로 그들은 특히 변화의 과정, 실현의 조건, 해야 할 노력, 치러야 할 희생도 전혀 평가하지 않았다는 것이다. 다시 말해, 주파할 길도, 결합의 가능성도 전혀 계산하지 않았다는 것이다. 그런데 이 결합은 우리가 처한 "국가주의-기술"의 무서운 진퇴양난에서 벗어날 유일한 탈출구이다. 여기서 말하는 진퇴양난이란 사람들이 막판에 몰려야 인정할 진퇴양난인데, 그 이유는 그곳으로 이르는 길이 너무 쾌적하고, 너무 매혹적이며, 너무 인위적 행복들로 가득 차서, 우리가 고행을 추구하면서 그 편안한 길을 거부할 것 같지가 않기 때문이다. 그러나 이 고행의 길만이 결국에는 기술과 권력의 인간화로 이르게 해 줄 것이다. "멸망에 이르는 길은 넓고 쾌적하다. 구원에 이르는 길은 좁고 고통스럽다." 이러한 옛 말씀은 2000년 전보다 오늘날 더 진실하다. 그 깊은 뜻은 옛날에는 개인적 대안으로 제시될 수 있었지만, 이제는 인류 전체를 위해 절박한 것이 되었다. 다른 대안은 없다. 그리고 나는 그들이 이런 말을 하지 않았기 때문에, 꿈의 단계에 머물러 있는 이 부드러운 몽상가들을 심하게 질책했던 것이다.

4. 기회와 전략

따라서 우리에게는 이중의 기회가 있다. 정보화는 삭막한 기술 시스템에서 벗어나게 해 줄 수 있다. 자유의 사회주의는 사적 자본주의-국가적 자본주의, 또는 부르주아 자유주의-사회주의적 독재의 딜레마에서 벗어나게 해 줄 수 있다. 그러나 자유의 사회주의가 새로운 기계 없이 탄생하고 살아남을 수 없듯이, 새로운 기계도, 자유의 사회주의에 의해, 그리고 그 안에서 설정되어야만, 진정한 탈중앙화, 결정권 하향 위임, 자율성, 창조성 등에 기여할 수 있다. 달리 말하면, 우리 시대의 유일한 문제는 그 둘의 동시-탄생이다. 나중에 도착한 사회주의는 아무것도 바꿀 수 없고, 나중에 도착한 정보화는 생산성 향상, 중앙화 등에 이용되어버릴 것이다. 따라서 문제는 혁명적 의지가 탄생할 수 있을지, 그리고 새로운 정치-경제 체제, 자유의 사회주의, 이 사회주의를 위해 봉사하는 제3단계의 기술이 동시에 자리할 수 있을지 아는 것이다.

이것은 절대적으로 불가능한 것은 아니고, 역사적 순간과 기회의 문제이다. 그러니까 역사의 흐름 속에는 힘과 여건이 서로 만나는 순간이 존재하는데, 이때 파국이나 진보 어느 쪽으로든 갈 수 있다. 내가 보기에 우리는 아마 아주 짧은 기간, 자유의 사회주의와 사회의 인공두뇌화가 교차하는 지점에 있다. 이 사회주의는 의지가 될 수 있고, 이 인공두뇌화는 도구가 될 수 있다. 파티는 시작되지 않았다. 사회주의는 아직 그의 부정적 모델들, 그의 거짓 강박들에서 벗어나지 못했다. 동시에 정보화는 아직 기술적 반-시스템으로, 기술 시스템의 완성이 아니라, 그것을 통제하고 해체하는 수단으로 인식되지 못하고 있다.

사회주의라고 주장하는 그룹 중에 이 사회주의를 폭넓게, 근본적으로 혁명적으로 생각하고, 전산 기계를 올바르게 이용하자는 경향들이 있다. 그러나 그런 경향들이 함께 모이고, 사회주의적 대중들에 의해, 그리고 지도자들에 의해 실제로 심각하게 다뤄지려면 얼마나 큰 노력이 필요할 것인가! 자본주의, 국유화, 경제 성장에 관한 낡은 문제들에 강박적으로 매달리지 않으려면 어떻게 해야 하는가…. 그리고 전산화가 중앙화, 통제의 움직임을 강화하면서, 기술 시스템의 대리인이 되는 것을 어떻게 막을 것인가? 이 인공두뇌적 사회가, 얼음이나 마요네즈처럼 "굳어버리면" 너무 늦을 것이다. 그렇게 되면, 원시적이고 물질적인 기계적 성상 파괴주의나, 전문가를 숙청하는 인간적 성상 파괴주의 없이는, 어떤 정치권력도 기술 시스템을 장악하지 못할 것이다! 현재로서는 정보처리 분야의 연구와 진보는 겉보기와는 달리 시스템과 권력을 강화하고 있다. 그럼에도 이 분야에서 아직도 무엇을 할 수 있을지 제대로 의식하지 못하고 있다. 기술자들은 이 엄청난 도구의 적용에서 초보적 수준에 머물러 있을 따름이다. 따라서 아직도 기회는 있다. 그러나 그것은 아주 엄격한 개념을 내포한다. 이 개념은 명확한 전략과 동시에, 지적이고 정신적인 투쟁을 요구한다.

전략 : 우리가 높은 생산성이것은 선결 조건이다, 필수 소비재 대량 생산, 이미 실현된 산업화를 수락한다면, 자유를 위한 혁명적 사회주의는, 권력을 잡자마자, 본질적인 두 작전을 수행해야 한다. 프롤레타리아 계급 독

재를 포함한 다른 것들은 여기에 비하면, 별 볼일 없는 작은 개혁에 불과하다. 즉, 중앙집권적 국가에 종지부를 찍어야 하고, 동시에 최대한 신속하게, 모든 공장의 자동화와, 3차 산업과 기계 조작의 완벽한 정보화를 단행해야 한다. 이것은 사회주의적 권력이 지향할 두 목표이다. 나는 그것이 순간적으로 이뤄질 수 있거나 늦춰서는 안 된다는 말이 아니다. 그러나 시작은 그것을 통해야 한다. 이러한 이중적 작전 없이 사회주의는 결코 없을 것이다.

특히 국가 제거를 위해 국가 강화를 해서는 안 된다. 가능한 곳에서부터 국가를 제거해야 한다.35) 예를 들어, 자체의 조직을 갖춘 "거대한 단체들"은 자율적이 되어야 한다. 법무부, 사법관, 사회 보장, 대학, 우체국, 전화국 등, 국가의 통제, 관료제도, 중앙집권화를 제거할 가능성이 있는 어디든지 해당한다. "탈중앙화"는 지리적일 뿐만 아니라, 기능적이 되어

---

35) 나는 다시 한 번 다음과 같이 말하는 카스토리아디스와 일치함을 강조한다. "이 사회는 그 첫날부터 착취와 국가 기구의 제거를 의미함은 당연하다." 이것은 마르크스의 진정한 사상을 고려한 것이라고 그는 말한다. 그렇지만, 이것은 전환기의 문제가 없을 것임을 의미하지는 않는다! "어떤 의미로, 모든 사회주의적 사회는 이러한 전환의 문제들의 존재에 의해 결정된다." 특히, 우리는, 카스토리아디스가 그렇게 하듯이, 사회의 일관성의 문제를 고려해야 한다. "어떻게 한 사회가, 독립된 그리고 상대적으로 자율적인 권위인, 국가 기구가 이러한 업무를 책임지지 않으면서, 자신의 구체적이고 뚜렷한 통일성을 설립하고 간직할 수 있을까? "후기-혁명적인 사회의 통일성은 집단적인 기관들의 항구적인 통일적 활동을 통해서만 수행될 수 있을 것이다." 나는 거기에 대해 정말 동의한다. 그러나 구체적으로, 바쿠닌Bakounine의 도식으로부터 나오려고, 이러한 시도는 정보들의 지속적인 교환에 의해서만, 다양한 기관들의 결정들에 대한 대답과 이용들을 통해서만 가능할 것이다. 따라서 구조들을 흐름으로 대체해야 한다. 이러한 일관성의 요구에 대답할 수 있는 것은 위원회적인 피라미드가 아니라, 의미 있는 정보들의 항구적인 순환이다. 일관성을 유지했던 사회의 위계적 개념을 뒤를 이어 정보적 개념이 뒤를 이어야 한다. 정보들과 특수한 결정들의 교환은 신체에서 피와 마찬가지로, 통일성의 인자이기 때문이다. 그러나 정확히 이것은 정보화, 소통 등에 의해서만 가능하다. 마찬가지로 이 후자들은 그들의 진정한 유용성을 구조들과 위계들의 제거를 통해서만 가질 수 있다.

야 한다. 나는 사람들이 즉각 언급할 위험을 알고 있다. 즉, 조합과 단체들의 난립 위험. 우리가 진짜 사회주의적 운동과 마주하고 있다면, 나는 이러한 위험은 미미하다고 주장한다. 대학이나 사법부는 절대로 국가적 기관임을 그만둬야 한다. 사법부는 그의 제3의 권력의 역할을 하려면 전적으로 독립해야 한다. 장관이 사법부를 지휘한다는 것은 비정상적이다. 대학이나 교육도 마찬가지다. 한 나라의 교육은 국가화된 교육이어서는 안 되는데, 우리는 여전히 그래야 한다고 혼동하고 있다. 교육은 대학에서는 교수와 학생들, 초등학교와 중고등학교에서는 교사와 학부모들의 일이어야 한다. 지금 거기에서는 변화가 일어나고 있다. 나는 신속하게 수행될 수 있는 다른 것들도 인용할 수 있다. 국가는 이렇게 해체되면서 사라지는 것이지, 흐릿한 신비로운 쇠퇴에 의해 없어지는 것이 아니다. 나는 또 다른 반대의 소리도 알고 있다. "당신은 사적인 섹터까지 사회주의를 실현하려고 한다." 이것은 내가 보기에는 터무니없다. 국가로부터 집단적 행동 섹터를 떼어내는 것은 민영화가 아니다. 수익적 활동을 상업적이거나 산업적인 민간 기업에 넘길 때에만 민영화를 말할 수 있다. 통신 사업을 어떤 금융 그룹에게 넘기면, 그것이 민영화이다. 그러나 텔레콤을 국가로부터 떼어내서 이해 관계자들 조합이 관리하게 하는 것은 내가 보기에는 새로운 방식이다. 그런데 이 모든 것은 어떤 극적인 전환 없이도 수행될 수 있다. 그렇게 하면 이 전지전능한 국가의 판 전체가 단번에 사라지게 될 것이다. 그리고 이것은 수많은 국유화로 이뤄진 사이비 사회주의보다 훨씬 근본적이다.

이 사회주의적 권력이 해야 할 첫 번째 일은, 모든 서비스의 극단적 정보화와 모든 공장의 신속한 자동화이다. 나는 컴퓨터나 로봇을 가지고 기묘한 것들 개발, 시장 정복이 아니라, 사회적 유용성을 생각한다면, 생각보다 훨씬 빨리 정보화를 이룰 것으로 생각한다. 우리는 조잡한 상품 "판매대"에 신경 써서는 절대적으로 안 된다. 그것은 아직도 자본주의적 논리에 머무르는 것이다. 그렇지만, 사회주의의 전통적 모델들은, 특히 경제 계획은, 완전히 구식이고, 무엇과도 관계없음을 알아야 한다. 새로운 경제 계획은 정보화의 기반 위에 세워져야 하고, 따라서 전적으로 유연해야 한다. 혁명적 상황은 구조들을 유연하게 만들고, 이런 유연성은 혁명 위원회나, 무장한 인민, 억압이 아니라, 정보화에 따른 생산과 분배 구조의 유연성으로 표현되어야 한다. 분명, 거기에 도달하려면 혁명적 상황이 꼭 필요할 것이다. 그걸 이루지 못하면 엉성한 단계에 머무르거나 인간이 사회에 예속될 것이다. 정보화와 자동화는 혁명적 사회주의의 즉각적이고 가능한 최초의 두 임무이다.

두 번째 단계는, 자동화 덕분에 가능해진 노동 시간의 단축과 정보화로 가능해진 수많은 행정 서비스의 제거이다. 국가 공무원의 대량 감축이 있어야 한다. 이것은 겉으로는 실업의 증가가 있지만, 실업 수당이 아니라, 내가 훨씬 위에서 말했던 연간 국가 수입의 합리적 분배에 의해 보상된다. 이것은 가장 섬세한 순간이 될 것이다.

선택된 시간의 혁명에 대한 연구는 노동 시간 배치를 모두에 대해 일괄적이고 통일적으로 적용할 수 없음을 강조한다. 그 대신 개인적 선호가 표현되도록, 그리고 여러 요구를 만족시키도록 다양하고, 유연하며 탈중앙화된 방식으로 조직되어야 한다. 물론 이러한 시간의 재조직은 당연히 처음에는 혼란스럽다. 레저 산업을 발전시키기 위해 더 많은 시간을 요구한다면, 우리의 요구는 경제 시스템의 논리 속에 남게 된다. 거꾸로 우리가 왜곡된 제약이나 직업이 여러 활동에 가한 장애를 줄이기 위해 더 많은 시간을 요구한다면, 경제 시스템에 가져올 혼란을 감수해야 한다. 또한, 경제 제일주의, 예를 들어 모든 것을 양으로 계산하고, 모든 것을 금전으로 환산하는 습관을 문제 삼는, 문화적이고 정치적인 결과도 감수해야 한다. 경제적 모델의 제약을 덜 받는 사회는 더 다양하게 될 수밖에 없다. 실제로, 명백히 얼마 동안은, 봉급을 받는 노동자들이 있을 것이고, 결과적으로 두 개의 분배 체제가 있을 것이며, 어떤 긴장이 있을 것이다. 이제부터 최대한 빠르게 수입의 재분배 방식을 일반화해야 할 것이다. 그러나 그것은 분명히 일종의 재배치를 내포한다. 노동자 직원의 재배치, 자동화로 실업이 된 노동자들을 새로운 개념의 기술 노동 서비스로 재채용 하는 일이다.

세 번째 단계는 자율관리의 정착과 "하부"에 힘을 옮기기이다. 카스토리아디스Castoriadis는 처음으로, 유일하게, 자율관리에 대한 근본적이고 실현 가능한 개념을 제시하였다.36) 그러나 이 개념은 분명히 극단적으로 혁명적이지만, 전적으로 무의식적인 이상주의나 유고슬라비아, 알제리의 거짓 자율관리처럼, 기능 할 수 없는 조직화로부터 나온다. 중앙집권적 국가연방제라고 주장하더라도!)와 모든 통제 수단을 장악한 유일 정당이 존재하는 한, 노동자와 사용자들 편에서 어떠한 자율관리도 없음을 알아야 한다. 분명히 자율관리는 경제적 기업이 아니라, 모든 노동과 권력적 단위들의 관리 양식이다. 공동체의 진정한 자율관리는 대표나 대의적 메커니

---

36) 카스토리아디스는 노동자들의 평의회는 본질적으로 생산적 기업의 평의회이어야 한다고 생각한다. 이 평의회들은 그 모든 양상에서 주민의 행정을 담당할 것인데, 지역적인 자율 행정 기관들이고 중앙 권력과 연결되어야 한다…. 기업의 위원회는 생산의 관리 기관일 뿐만 아니라, 모든 섹터의 자율 행정 기관일 것이다…. 나는 이런 관점과는 전혀 동의하지 않는다. 원래 이 관점은 삶의 중요한 사실로서 "생산-일"의 기능을 극단적으로 특권시하고(나는 그렇게 믿지 않는다), 이어서 그것은 기업에서 노동 시간의 현저한 단축에 의해 상당히 헛된 일이 될 것이다. 반대로 섹터들과 활동들에 따른 복수의 위원회들이 있어야 한다. 그리고 결국 왜 "노동자들"만 사회적 서비스의 관리, 문화적 활성화 관리를 가질 것인가.

즘이 가능한 한 최소이어야 한다. 정상적으로는, 우리는 해방된 시간을 통해, 그리고 관계된 정보를 신속히 전달하고 의견을 수집하며, 정보를 정확한 방향으로 취급하는 보편적 정보 수단을 통해서 직접 민주주의로 인도된다.

나는 카스토리아디스가 말했던 것을 다시 취한다. 한 정확한 분야에서 기술자는 다음을 지적해야 한다. 즉, 한편으로 가능한 것과 다른 한편으로 그 수단들. 그러나 이것은 (기술자의 눈에) 가장 유용하거나 이윤이 많은 유일한 하나가 아니라, 가능한 여러 목표를 고려함을 의미한다. 기술자가 이러한 목표를 달성하려면, 이런저런 조건이 필요하고, 다른 목표에 도달하기 위해서는 다른 조건이 필요하고, 이런 이익을 포기해야 하며, 동시에 이런저런 결과에 도달하기 위해 사용할 수 있는 다양한 기술적 수단들을 지적하기만 해야 한다. 카스토리아디스는, 특히 (대중이 결정한) 목적들과 (기술자가 설정한) 수단들을 분리하지 말아야 한다고 주장했다.37) 즉, 목적들과 수단들은 그 둘이 합쳐진 전체로부터 솟아온다. 기술자들은 목적들과 수단들에서 가능한 것들을 설정하고, 대중은 바람직한 것들을 결정한다. 그러나 이러한 자율관리가 더욱 전진할수록, 국가의 권력과 행정적 구조는 더욱 후퇴한다. 모든 것은 결국 자율관리 하는 소

---

37) 카스토리아디스는 목적과 수단을 다시 통합해야 한다고 바르게 지적한다. 사회주의적 사회 속에서, 사람들은 무엇을 할 것인가를 정하고, 기술자들은 그것을 어떻게 할 것인가를 정하는 것이라고 선언하는 문제가 아니다. 그는 여기서 내가 『정치적 착각』에서 설명하였던 것과 합치된다. "어떻게"의 기술자는 현실에서 "무엇"을 삼켜버린다. 기술은 중립적이지 않고, 의도와 목적성들을 제거하는 것은 바로 기술이다. 실제로 기술자는 다양한 가능성들, 결합할 다양한 인자들, 그리고 각각의 경우에 기대할 수 있는 결과들만을 제공해야 하고, 노동자들의 위원회는 또 수단들과 절차들을 결정한다. 위원회는 도구들을 선택한다. "몽타주처럼 연결된 사회주의는 관계 속에서는 하나의 모순이다." 그러나 거기서도 모든 수단의 가능한 결합과 모든 결과를 계산하려면, 전산화가 필수불가결하다.

그룹들의 공존으로 이를 수 있다. 그들 사이의 관계는 연립적인 계약 관계가 수립될 수 있다. 이러한 극단적인 변화는 모든 행정의 제거를 내포한다. 왜냐하면, 이제는 외부로부터 관리할 것이 아무것도 없기 때문이다.

제4단계로서, 저개발국과 제3세계의 문제를 제기하지 않을 수 없다. 이것은 자율관리 하는 사회주의 국가에서 3개의 변화를 내포한다. 우선 국가 수입을 전부 분배하지 않고, 상당한 몫은 제3세계를 위해 따로 적립해야 한다. 실제로 한 사람이 불행에 처하고, 한 사람이 고문에 처하며, 한 사람이 노예처럼 무시된다면, 문제 되는 것은 전체 인간임을 뼈저리게 인식해야 한다. 즉, 프롤레타리아 계급의 제거는 보편적이어야 하고, 그렇지 않으면 모든 사람이 이러한 조건과 이러한 상호 노예상태에 남아 있는 것이다. 부정과 소외의 대양 가운데에 행복한 자들의 섬만 외로이 있을 수 없다. "경제적 도약"이라는 말로, 제3세계를 서구 세계와 똑같이 만들고자 하는 문제가 아니고, 제3세계에, 도시화 속에서, 서구와 똑같은 것들, 서구에 유익한 것들을 생산하면서, 자신의 부를 파산적으로 약탈하라고 종용하는 문제가 아니다. 이 민족들 자신들이 선택한 실제적 이익을 생각해야 한다. 달리 말하면, 선진국-제3세계의 관계는 카스토리아디스가 자율관리 속에서 설정한 기술자와 비기술자 사이의 모델 위에 세워져야 할 것이다.

두 번째 변화는 선진국들의 일부 생산력을 제3세계의 소비재와 설비재를 위해 전환하는 것이다.[38] 이것은 이 나라들의 문화적·지리적·위생적 입장 속에 들어감으로써, 이들 나라에 유용할 것을 생산하는 문제이다.

---

38) p. 247-251의 5 제안들.

근본적으로, 2세기 동안, 기업인들, 산업인들은 소비자들의 욕구에 대답했다고 주장했다. 그들은 이 필요를 알았고, 거기에 부응하여 제조했다. 이것은 제3세계를 위해서도 똑같은 상황이다. 다시 말해 우리의 상품을 강제하는 것이 아니라, 실제 필요를 알아야 하고, 거기에 대답해야 한다. 그들에게 소단위 산업화에 맞는 도구와 독창적인 하부구조를 제공해야 한다. 그러나 이것은 그런 생산만을 위한 기업들이 있을 것을 의미한다. 왜냐하면, 아직도 답보 상태에 있는 열대 지역에서 사용될 모터나 기계를 한 공장에서 만들기는 어려울 것이기 때문이다. 경제의 한 섹터 전체가 그들에게 바쳐져야 한다.

마지막으로 세 번째 변화는, 여론이 (그리고 기술자들이) 이러한 원조가 무상임을 수락해야 할 것이다. 나는 이것이 자본주의적 조직 속에서는 전적으로 생각할 수 없다고 생각한다. 사람은 공짜로 "줄" 수 없다. 반대로, 진정한 사회주의는 내가 보기에는, 부유한 나라들에는 형제애의 구체적 형태인 관대함, 초연함에 의해 특징된다. 달리 말하면, 이 나라들이 이러한 원조로부터 어떤 경제적이거나 정치적인 이득을 끌어내지 않기를 수락해야 할 것이다. 그런데 이것은 내가 보기에는 축소되고 자율관리적 단위들로 이뤄진 사회는 이 단위들은 국가 정복이라는 정치적 정신 상태를 가지려 않는다, 그리고 연간 국가 수입을 인구로 분배하는 사회는 이것은 실제로 자기 것을 상실하면서도, 제3세계 원조에서 이익을 얻지 않음을 수락할 수 있게 한다 가능한 것 같다. 그러나 이러한 모든 시도는 분명히 신중하게, 그리고 확실한 보장과 함께 행해져야 할 것이다. 한편으로는 제3세계의 어떤 나라에 힘으로, 또는 음모로, 또는 경제적 압력으로 우리의 희망과 우리의 이데올로기에 상응하는 정부를 세우는 문제가 되어서는 안 된다. 다른 한편, 부패하고 과대망상의 독재적인 정부에게도 아니고, 착취적인 부르주아 계급에도 이러한 원조를 해주어서는 안 된다. 이것은 프롤레타리아 계급을 제거하는데 아무런 도움을 주지 않을 것이다. 따라서, 예를 들면 "정부"에서 "정부"로 작업하는 것이 아니라, 도시 간의 자매결연처럼… 하부적인 그룹, 마을, 동아리 같은 작은 단위들을 통해 작업함을 내포한다!

이러한 선택들은 우리의 소비 수준 감축을 내포한다. 모든 좌파 운동들이 지스카르Giscard나 바르Barre가 제시했던 내핍 정책에 대해 격렬히 항의했지만, 사회주의 클럽인 교환과 프로젝트가 "공동책임의 검소함"이라는 이름으로, 정확히 이런 생각을 다시 주장하는 것은 매우 흥미롭다. 그들에 따르면in, 선택된 시간의 혁명, 불행한 상황 때문에 어쩔 수 없이 겪는 불공평한 내핍과 자유로이 물질적 소비를 줄이는, 일반적이고 의지적이며 조직된 검소함 사이에 어떤 것을 선택하느냐이다. 이것은 (우리가 재발견한!) 기본 재화들의 확장된 소비, 또는 이탈리아 공산당이 격찬하는 혁명적 내핍과 상응하는, "검소한 풍요"와 연결될 것이다. 우리는 여기서 우리 사회의 결정적 선택과 마주한다. 이것이 빈곤화는 아닐 것이다. 왜냐하면, 주변적인 것들을-예를 들어 괴상한 취미들 덜 누리는 대신, 불행한 곳에 약간의 풍부함을 보태주고, 생산적 작업에서는 열기를 좀 빼는 대신, 소비에서는 약간 더 엄격하게 하는 문제이기 때문이다.

이상이 소외 제거를 위한 불가피한 단계들이고 그 순서이다. 그러나 만약 순서를 바꾼다면, 당신은 새로운 소외의 축적을 통해 초과-프롤레타리아 계급을 불가피하게 만들게 된다. 특히 생산이 풍족하지 않은 비산업화한 나라에 (사이비)"사회주의"의 도입, 사회주의적 단계 이전에 "정보화-기술화된" 사회의 출현, 강한 국가주의적 구조를 가진 자본주의 국가에 철저한 정보화와 자동화 도입, 또는 산업 발전이 저조하거나 대규모 정보화를 적용할 수준이 되지 않은 나라에 자율관리를 도입하여 새로운 프롤레타리아 계급을 만들어 낸다. 마르크스에 따르면, 우리는 세계적으로 "통합된" 사회 속에 들어 있고, 거기서는 사회 형태가 그 어느 때보다도 큰 영향을 주며, 역사적 "시기들"은 아주 엄격하게 순서에 따라 뒤를 잇는다. 우리는 더는 전통적인 도식, 즉 한 사회의 탄생, 개화, 쇠퇴 그리고 몰락으로 만족할 수 없다. 이 단계들은 유기적이거나 기계적으로 전개되는 것이 아니라, 마르크스가 우리에게 강력하게 언급하듯, 한 단계에서 다른 단계로 위기사람들은 흔히 "쇠퇴"라고 불렀다를 통해 넘어간다. 혹자는 물론 마르크스가 이 단계들에게 주었던 명칭노예제, 봉건제, 자본주의, 공산주의에 대해 반대를 하고 그 좁은 판별 기준생산력/생산 양식에 대해 반대할 수는 있다. 그러나 그가 우리에게 가르쳐 준 것 중 반박할 수가 없는 것은, 바로 이러한 연속에는 어떤 순서가 있고, 한 새로운 단계로, (경제적·사회적·정치적) 조건이 충족되어야 넘어갈 수 있다는 것이다.

마르크스가 말한 바로는 한 사회적, 생산적인 질서는 그것이 생산할 수 있는 모든 것을 생산하기 전에는 절대 사라지지 않는다. 그에 관한 텍스트들은 매우 잘 알려졌다. 그러나 마르크스 사상과 비교하여 현재 변한 것은, 한편으로 사회주의는 자본주의의 필연적인 산물이 아니라는 사실이다. 자본주의적 산업 사회는 다른 유형의 사회로 이를 수 있다. 오랫동안, 엥겔스의 공식에 영감을 받아 사람들은 이렇게 말했다. 즉, 역사적 선택은 사회주의와 야만 사이일 것이다. 그러나 이것은 더는 정확하지 않다. 이제 선택은 사회주의와 기술 사회 사이이다. 자본주의는 사회주의로의 길을 결정적으로 가로막는 기술 사회로 이를 수 있다. 그리고 두 번째 변화는, (산업적) 사회주의는 가능한 최종의 사회 형태, 역사의 완결된 형태가 아니라는 것이다. 그 변화는 사회주의 더하기, 로봇의 사용과 함께 자동화, 정보화, 관리, 텔레마티크 기술이다. 그러나 우리가 보았듯이, 우선 어떤 형태의 사회주의가 발전했던 사회들은, 그 사회들이 채택한 형태, 그 자체에 의해 후진적 산업주의 속에 응고되어버렸고, 다른 한편 "사회주의"는 전적으로 후진적인 나라들 속에 도입되었고, 마지막으로 첨단 기술들은 자본주의 국가들에서만 발전한다. 이것은 기술이 "이익의 법칙"에 복종하고, 인간의 인간에 대한 권력을 증가시키며, 국가적 틀 속에서 기능 하고, 그리고 기술 발전의 유일한 이유가 세계 시장에서 국가적 산업들 사이의 경쟁임을 의미한다. 결과적으로 사람들은 놀랄만한 기술 덕택에 팔리기만 한다면 터무니없는 물건들을 만들 것이다.예를 들어 전자 제품에 마이크로프로세서의 부착! 또는 위성 텔레비전 등 자본주의와 기술의 결합은 따라서 사회주의로의 이동을 가로막고, 새로운 유형의 소외를 만들어낸다.

그러나 이것은 숙명은 아니다. 최근의 아주 구체적인 수많은 연구는 내가 여기서 대충 기술한 것이 결코 무책임한 지식인에 의해 만들어진 상상적인 것이 아니라, 우리의 문명 위기 속에서 유일한 이성적 출구임을 보여준다. 게다가, "선택된 시간의 혁명"은 노동 시간과 수입의 개인별 선택은, 높은 생활수준을 누리는 "중견 간부들을 위한 정책이거나 부자들의 사치"가 아님을 보여준다. (나는 모든 논증을 언급하지는 않겠다. 그러나 예를 들어 자유 시간의 결핍은 빈곤한 가정에 외부 서비스를 위해 상당한 비용을 유발함을 확인한다….) 그러나 물론, "선택된 시간"은 새로운 발전 모델을, 따라서 이미 흘러가버린 우리의 과거 이데올로기들과 단절을 내포한다. 우리 사회가 아는 도덕적이고 문화적인 위기는 필연적으로 시간의 재규정 문제를 제기한다. 그리고 대안적 발전은 모두 다소간 시간의 문제를 중심으로 한다. 즉, 일자리 나누기와 노동 시간 감축은 흔히 다른 성장의 약속처럼 제시된다. 환경보호론, 탈중앙화된 에너지, 상생, 자립, 사회적 실험과 관계되는 모든 것은 시간의 다른 사용 양식 위에 세워진다. 새로운 창조적 잠재소들이 나타나게 하려면, 시간 관리를 새로운 공식 위에서 추진해야 한다.

그런데 이 모든 것은 심리적이고 도덕적인 어떤 적응, 수락을 내포한다. 이러한 다양한 혁명들을 어떤 문화적 격변 없이 한다는 것은 말이 되지 않을 것이다. 우리가 큰 단계들로 간단히 그려 보았던 혁명의 열쇠는 문화적 혁명이다. 과거와의 완전한 단절, 또는 서구의 문화적 뿌리, 정신적이고 정치적인 유산 거부로서가 아니라, 그 반대로 우리 역사의 깊은 현실에 대한 재발견으로서 이다. 나는 그 가치들을 다시 언급하지 않을 것이다. 그렇지만, 우리는 그것들을 잘 알고 있다. 그것들을 현행화해야 하고, 구체화해야 한다. 다시 혁명적으로 된 사회주의는, 이러한 재발견을 넘어서서, 인간에게 이러한 모험의 위험을 감수하게 하고, 그에게 포용력을 지닐 수 있도록 하며, 이 길로 들어서게 할 정신적 동기들을 줄, 심리적 변화를 내포한다. 실용주의나 정치만으로는 그러한 혁명을 허용하지 않을 것이다. 거기에는 더 깊은 이유가 있어야 할 것이다. 또한, 우리가 이미 말했던 착각들에 대한 투쟁이 있어야 할 것이다. 여기서는 단지 하나의 교육, 호교론, 소크라테스적인 산파술이지, 정치선전 같은 것은 아니라고 말하자. 이런 것 속에 정치선전이 들어 있다면, 그 즉시 우리는 정말로 제거해야 할 악, 실수, 거짓, 위계, 중앙화, 권력과 돈의 몰수를 다시 보게 될 것이다.

이러한 문화적 혁명은 다른 무엇보다도 교육의 재구조를 내포한다. 평생 사람은 문화적 추구를 위해서, 혹은 기술적이거나 과학적으로 완벽해지기 위해 (리히타의 방향) 자유시간을 사용할 수 있다. 이제부터, 인생의 첫 10-15년 사이에 모든 지식과 문화를 집중해서 획득할 필요가 없게 된다. 이 시기에는 가볍게 연구하면서, 평생 전개될 발전을 위한 기초만 닦을 수 있다. 지속적 형성은 "전문적 수준"에 이르고자 하는 강제적 성격을 띠지 않을 뿐만 아니라, 동시에 문화적 차원에서 사회적 불평등을 제거한다. 더는 출발부터 배제된 그룹은 없다. 그 이유는 "따라잡기"가 인생 내내 일어날 수 있기 때문이다.

우리는 이것이, 최종 목표와 필연적인 전략적 단계들에 적대적일 어떤 그룹들에 대한 투쟁을 내포할 것임을 이해한다. 물론 다국적기업들이 있을 것이고, 이것은 극복하기에 가장 어려운 장애들의 하나일 것이다. 그를 위해서는 국가 안에 설치된 그룹과 자회사, 또는 "모기업" 사이의 관계 단절을 통한 국유화 외 다른 해결책은 거의 없다…. 이것은 전략적 수단으로서 국유화가 유용할 수 있는 유일한 경우일 것이다. 결국, 식민지국들이 수에즈 운하나 석유 회사들에 대해서 했던 것처럼 행동하기. 나는 다른 출구가 있다고 믿지 않는다. 그러나 또 재정적 유희, 금융 투기들도 있을 것이다. 거기서도 강력한 방법을 사용할 수 있다. 다시 한 번 혁명은, 그것이 비록 물리적 폭력을 내포하지 않는다 해도, 목가적인 기획은 아니다. 이런 투기들을 물리칠 조치들이 자주 연구되었다. 나는 그것들을 다시 언급하지는 않을 것이다.

그러나 나에게 (상대적으로) 더 중요해 보이는 것은 단순히 부르주아나 자본주의적이라고 할 수 없는 그룹들의 반대일 것이다. 기술을 다른 식으로 사용한다고 주장하는 순간부터, 기술에 다른 기능과 목표를 할당한다고 하는 순간부터, 모든 기술자는 피해의식을 가질 것이다. 기술자들은 모든 기술이 다 적용될 필요가 없고, 제일 큰 것이 반드시 가장 좋은 것이 아니며, 그리고 소득 우선이어서는 안 됨을 이해할 수 없다. 그들이 옹호하는 것은, 이익이나 물질적 이로움이 아니라, 기술의 어떤 개념, 기술 우선으로부터 시작한 사회의 어떤 조직화, 어떤 기술적 구조이다. 이어서 진짜 기술자들은 아니라 하더라도, 이러한 기술적 구조에 종속된 집단이 있다. 그들은 모든 기업의 간부들이다. 그리고 민간 기업 간부뿐만 아니라, 공무원, 관료에 관한 문제이기도 하다. 여기서도 우선 돈에 관한 문제가 아니라, 사회적 위상, 권력, 명령, 그리고 최종 권위에 따른 특권의 문제이다. 국가와 기술. 간부들도 기술자들과 마찬가지로 최종 목표와 전략적 단계들을 이해하지 못할 것이다. 그들은 일방적이고 단일한 개념 속에, 자기들 생각에 절대적인 맹신 속에 갇혀 있고, 아주 좁은 영역 속에 안주하고 있으며, 사회 정치적 발명의 위험을 감수하려 하지 않는다. 그것이 문제다.39)

마지막으로 두려운 그룹은 정치 계급이다. 그런데 여기서, 정치 계급이란 어떤 역량이나 독점으로부터 출발하여, 사회문화적 구조를 퍼뜨린 인간 그룹을 말한다. 마르크스가 (어떤 사회적 모델, 즉 특수한 제도들로 특징된 자본주의를 조직하면서, 자기들의 이익을 집단적 이익과 동일시하였다고) 근본적으로 자본가들에게 비난했던 것, 그것을 우리는 기술 구조와 함께 기술자들에 대해, 그리고 중앙집권화된 국가와 함께 정치가들에 대해 다시 발견한다. 그런데 "제도들", "구조들"은 인간들 없이는 방어되지 않고, 역으로 인간 그룹은 제도적 요새 뒤로 숨지 않으면, 거의 힘이 없다. 정치 계급 전체가, 사회주의적이건, 공산주의적이건, 이러한 혁명에 반대해서 집단으로 자신을 방어할 것이다. 이 정치 계급은 이런 혁명을 할 수도 없고, 그런 혁명을 견딜 수도 없다. 왜냐하면, 정치 계급은 이러한 제도들의 유희를 하기로 한 순간부터 서로 굳게 결속하기 때문이다.

---

39) 나는 중요한 그룹에 대해서는 말하지 않고, 대신 실제로 어떤 자본주의를 대변하지만, 자본주의와 기술이 만나는 곳에 있는 기업인들에 대해서 말할 것이다. 그러나 그들은 저항의 사회적 그룹으로서는 아주 신속하게 무너질 것이다. 그들은 시장의 메커니즘들에 의해서만 존재한다.

정치가들이 필연적으로 타락하는 것은 아니다. 그렇지만, 그들이 선의를 가졌다 하더라도, 한편으로 그들은 아주 협소한 개혁 개념에서 벗어날 수가 없고, 그들의 혁명에 대한 생각들은 반 전복적이고, 현대 사회의 진정한 문제들을 이해할 수 없다.40) 그들은 현재의 "도전들"에 답하려면, 전통적인 형태들과 방식들로부터 나와야 한다는 것을, 19세기 민주주의 제도들은 우리 문제와는 아무런 관계도 없다는 것을 이해하지 못한다. 다른 한편, 정치인들은 서로 굳게 단결한 하나의 그룹을 구성한다. 기본적인 선입관들로 굳게 뭉친, 폐쇄적인 "정치 계급"이 있으며, 그들은 기관들, 정당들, 국가, 행정으로 조직된다. 달리 말하면, 우리는 정치인들에게서 집단적 단결심과 제도적 조직화를 발견하는데, 이 제도적 조직화는 집단의 특권과 (감춰져 있는) 명성을 보호하고, 동시에 이 집단의 공개적인 합법화이다. 제도는, 여론의 눈에 비친 이 집단의 유용성, 가치, 서비스의 모습이다. 이것은 다시, "자본주의"에 대해 단순한 관계에 있지 않다. 이 그룹 각각은 자본주의에 직접 종속되어 있지 않고, 자체의 고유한 경향과 이해를 갖고 있다.이 경향과 이해는 좁은 의미의 경제적 자본주의와 철저하게 반대일 수 있다

따라서 세 개의 차원에서 행위를 시도해야 한다. 즉, 제도와 주어진 그룹 사이의 단절그룹은 빈 조개껍데기 속의 소라게처럼 제도 속으로 피신할 수 있다, 제도의 해체제도가 X의 선배들이나, 프랑스 국립행정학교ENA의 선배들처럼, 비형태적인 관습이라 하더라도, 마지막으로 그리고 특히 (왜냐하면, 바로 이것에게 모든 것이 종속되어 있기 때문에) 이해와 정신 상태의 변화. 다시 말해, 경제적 조건이 변하면, 심리적·도덕적 변화가 필연적으로 뒤따른다는 기계론적

---

40) 그래서 옛 수상 레이몽 바르Raymond Barre가 1930년대에 어울리는 자신의 시스템 속에 갇히는 것이다.

마르크스주의를 뒤집어야 한다. 모든 경험은 그 반대임을 보여주었다. 그리고 지금 우리가 소비에트에 대해 아는 것은, 거기서 통치하는 것이 사회주의가 아님을 증명하기에 충분할 것이다! 그렇지만 오해하지 말자. 즉, 내가 이것을 쓰는 것은 마르크스적 가정을 뒤집고, "개인주의적-자유주의적-부르주아적" 개념으로 되돌아오려는 것이 아니다. 이 개념에 따르면, 우선 개인을 도덕적으로 변화시키고, 이어서 그가 선해졌을 때, 제도를 바꿔야 할 것이다.41) 이것은 근거 없는 이상주의이다. 나는 다른 현실을, 즉, 편견, 여론, 가치 판단, 은밀한 도덕, 사회적 태도를 겨냥한다. 이런 것들은, 추상적인 덕이나 선을 주장하지 않고서도, 사회의 방향 변화를 위한 의식적 노력으로 변형될 수 있다.

프롤레타리아 계급 제거를 위한 혁명을 가로막는 것은, 무엇보다도 혁명이 불가능하다는 생각이다. 그 확신은 선입견들 전체, 즉 쿤Kuhn에 따르면, 사회적 "의식의 즉각적 패러다임" 전체이다. 그런데 이것은 현상들에 대한 이해 변화, 다른 "인식론", 사회적 현실의 다른 제시를 통해, 우선적인 것에 대한 의식화를 통해 변경될 수 있다. 이 모든 것은 우리 문명의 가치들에 대한 일종의 비판을 통해 조직된다. 그러나 이러한 지적이고 심리적인 길은 선전, 기술적 지식의 발전, 또는 일종의 도덕적 전환을 통해서는 수행될 수 없을 것이다. 이 마지막 둘이 필수적이라 하더라도 말이다. 예를 들어, 핵에 반대한 투쟁특히 비폭력적인은 일종의 도덕적 전환 위에 세워지지만, 엉뚱한 주장이 아닌 현실적 대안을 제시하려면 기술적 지식을 동반해야 한다. 마지막으로 이것은 자유, 평등, 박애, 단결 등의 전통의 정치적 구호들을 통해서는 일어나지 않을 것이다. 여기에서 유일한 길은

---

41) 제도들이란 단지 인간 속에 있는 악을 가로막는 데 유용한 것으로 간주되기 때문이다. 지극히 칼빈적인 개념이다.

지적이면서 동시에 도덕적인 질서에 속한다. 그러나 반복적인, 위로적인, 순응적인 것이 아니고, 지적 발전도 과학적이거나 문학적 무상성42)에 속하는 것이 아니다.

오늘날 사회 속에서 인간적 현실에 대한 지식이 있어야 한다. 비판적이고 긍정적이 의식화로서 이것은 과감함과 기존 모델들로부터 탈피를 내포한다. 문제의 매듭은 우리의 모든 문명이 세워져 있고, 우리 모두를 지배하는, 두 주요한 여건의 교차점에 있다.43) 그것은 바로 숫자와 신성한 것이다. 이것은 형이상학적인 문제가 아니다. 숫자는44) 효율성, 언제나 더 큰 것, 힘힘은 개인의, 계급의 또는 국가의 힘이 될 수 있는데, 그것은 아무래도 상관없다. 왜냐하면, 문제는 힘을 얻는 자가 부르주아 계급이냐 프롤레타리아 계급이냐를 아는 것이 아니라, "힘을 얻는다는 것", 강력한 자가 되는 것이기 때문이다. 소비양적인 것이 질적인 것의 부재를 가리는, 오로지 숫자와 필연성 위주의 한 양상이다에 관한 우리의 확신을 결정한다.

한 가지 예로, 우리가 모든 행위의 최종 기준으로서 효율성, 특별 동기로서 이익 추구를 거부한다고 하자. 이러한 것은 위계적이고, 권위적이

---

42) 다시 한 번 나는 다음의 카스토리아디스의 생각을 동행한다. 개인의 행위가 더 많이 소비하고, 더 많은 힘을 갖는다는 단 하나의 목적만을 가지고 있다면, 모든 것은 헛되고 공허하며 모순적인 팽창을 그 방향으로 가지고 있다면, 인간들이 이기적인 모델들만을 가지고 있다면, "그것이 우리에게 도움이 될 때에 우리가 서로 죽이지 않는 유일한 이유는 형벌의 두려움이라면, 그렇다면 새로운 사회는 이미 설정된, 이의제기할 수 없는, 모든 사람에 의해 수락된 가치들을 더 잘 실현할 수 있을 거라고 말하는 것은 말도 안 될 뿐만 아니라, 또한 새로운 사회의 정착은, 동시대의 가치들의 극단적인 파괴와 사회화된 개인들의 심리적이고 정신적인 구조들의 거대한 변화와 동시에 일어나는 새로운 문화적 창조를 가정할 것이다… 자율적 사회의 설립은 현재 개인적이고 사회적인 행위(그리고 나는 삶을 더할 것이다), 즉 소비, 권력, 위상, 특권, 합리적 지배의 무한한 팽창을 방향 짓는 가치들의 파괴를 강요할 것이다…"

43) 나는 여기서 나의 10여 권의 저서의 주제에 접근한다! 나는 그것을 전개하거나 설명할 수 없다.

44) 베르나르 롱즈Bernard Ronze, 『양적인 인간』, 갈리마르, 1977.

며, 배타적인 시스템을 이끌고, 언제나 기술관료적 합리성에 복종하며, "합리성"을 목표로 한다. 반면에 문화적이고 정신적인 변화는 이제부터 "자유화"를 강요할 것이다. 현대 기술의 강요, 근원, 발전적 과정, 내포와, 사회주의가 사회의 모델로서 제안하고 예언하는 것 사이에는 실천적 갈등이 있다. 설혹 사회주의의 승리와 그 방향을 수락한다 해도, 그것이 진정으로 의미하는 것을 가늠해야 한다. 그러니까 기술은 전체가 효율성적인 개념 위에 축을 두고 있다. 그런데 이 개념은 일반적이고 추상적인 생각이 아니다. 그것은 한편으로는 필연적 결과를 포함하고, 또한 작용하기 위해 강요를 동반한다. 효율성적인 동기를 철저히 제거하고서 기술적 진보를 계속하기는 극단적으로 불가능하다. 그러나 기술이 우선한 곳에서는, 필히 가치와 동시에 자유가 제거된다. 타협적 조치는 결코 없다. 상대적이거나 종속된 효율성을 적용할 수는 없다. 효율성의 기준에 철저히 복종하면, 기술의 발전은 가능해진다. 또는 기술에 복종하기를 거부하면, 기술 자체를 완전히 봉쇄하게 된다. 나는 사람이 다른 가치, 예를 들어 자유 우선을 선택한다고 가정해본다. 그러면 그는 효율성을 배제하게 되고, 그럼으로써 기술적 연구, 기술적 열정은 더는 존재 이유가 없어진다. 그리고 여기에서 사회주의가 난관에 봉착한다.

사회주의가 다른 개념이 우세하게 한다면, 예를 들어 다른 제약들을 제거하면서 개인적 자유를 실제적이고 실천적으로 만든다면, 사회주의가 개인이나 집단에 자발적 행동을 하게 한다면, 필연적으로 종속적 가치와 전 방위적 파열로서 효율성이 포기된다. 다시 말해, 기술적 시스템의 와해가 있고, 동시에 이러한 사실로부터 기술적·경제적 후퇴가 있다. 그리고 부드러운 기술들에 의한 대체도 언제나 쉽고 명확하지 않다.45) 왜냐

---

45) 예를 들어 지열을 이용하는 것은 아주 흥미롭다. 그렇지만, 지열을 이용하려면 때로는

하면, 이 기술들은 고전적 기술들의 틀 안에서, 그 하부구조 덕분에 자리할 수 있기 때문이다. 퇴보하지 않고서 "자유로운" 또는 "인간의 얼굴을 한" 사회주의에 접근하려면, 기술의 세계에서 자발적으로 작용할 개인을 해방하려면, 물질적 도구로서 기술을 간직하면서도 효율성과는 다른 가치에 복종하려면, 기술의 논리에 복종하는 것을 그만두면서도 기술을 이용하려면, 인간의 변화가 있어야 한다. 심리적, 이데올로기적, 도덕적 변화, 인생의 목적성의 변화. 그리고 이것은 각각이 수행해야 할 것이다. 분명히 몇몇 영웅적 예들이나 엘리트에 관한 문제가 아닐 것이다. 변화의 몇몇 예들이 나타난다 하여도, 그것이 기술 시스템을 문제로 삼지 못한다는 것은 명백하다. 왜냐하면, 이 시스템은 가입하고 그것을 작동시키는 대중과 그 고유한 논리의 결합에 의해 기능하기 때문이다. 사회 구성원 대부분이 효율성 우선에 동의하는 한, 그것이 변할 기회는 없다.

대중을 다시 방향 지우는 엘리트의 출현은 위험할 수 있다. 왜냐하면, 이러한 엘리트는, 자신의 새로운 가치를 지배적으로 만들기 위해 권력을 원하고, 다른 사람들이 좋은 길로 들어서도록 인도하기 위해 독재를 원할 수 있다. 그러나 이것은 필연적으로 대중들을 틀에 맞추고 심리적으로 조종할 기술적 수단을 써야 한다. 다시 말해, 힘의 정신을 표현해야 한다. 공산당에 의한 권력의 장악은 기술을 장악하고, 이상적인 새로운 인간의 출현 대신에 기술에의 복종을 생산하였다. 따라서 각자의 전환, 각자에게서 생의 새로운 개념이 출현해야 한다. 실제로 생산, 노동, 생활수준 향상, 성공의 추구 등은 더는 결정적인 동기들이 아니다. 그리고 최종적인 어려움은, 이러한 전환이, 사회주의가 가능하기 위해서는, 권력을 잡은 후가 아

2-3천미터를 파야 한다…. 이것은 힘과 효율성에서 무거운 기술들에 의해서만 생산될 수 있는 거대한 장비를 내포한다.

니라 그전에 일어나야 한다는 사실이다! 분명히 문명적 격변에 관한 문제인데, 만약 인간의 변화가 권력을 잡고 나서 일어난다면, 사람들은 새로운 세계 속에 과거에 존재했던 모든 행실, 욕구들을 다시 가지고 올 것이다. 다시 말해, 기술은 사회주의 내부에서도 계속해서 정확히 똑같은 방식으로 방향 지어질 것이고, 이러한 사실로 해서 사회주의를 내부로부터 부정할 것이다. 사회주의는 (만약 그것이 기술 시스템을 파괴하고, 기술을 장악하고, 재조직한다고 주장하려면) 사회의 새로운 관계들의 권력 장악으로 이뤄진 것이 아니라, 동시에 또는 차라리 먼저, 효율성의 문제 제기로 이뤄져야 한다. 우리는 사회주의적 사회 속에 반혁명적 행위들이 끈질기게 침투하게 하는, 기술 시스템의 끈질김에 대해 말했다. 그리고 여기에 더해, 아무리 깊이 이 투쟁에 몰입한 인간에게서 일지라도, 혁명적인 단 한 순간에 변할 수 없는 인간적 끈질김이 있다! 그 둘은 서로 더해지고, 서로 결합한다. 그리고 여기에 마르크스주의자들과 무정부주의-조합주의자들 사이의 대립이 있다. 첫 번째 사람들은 인간의 성격이란 생산관계의 결과이기 때문에, 생산관계의 변화는 인간을 변하게 한다고 주장하였다. 두 번째 사람들은 인간이 사회주의 속에서 살려면, 긴 세월의 선결적인 인간 변형 교육이 필요하다고 주장하였다. 그리퓌엘(Griffuelles), 펠루티에(Pelloutier), 푸제(Pouget) 공산주의 경험은 후자들이 옳았음을 증명하였고, 기술 시스템의 존재는 더욱더 그들의 손을 들어준다. 즉 인간이 사회주의적 혁명과 함께 변하지 않으면, 사회주의도 기술 시스템에 아무것도 바꾸지 못할 것이고, 기술 시스템의 논리는 모든 분야에서 모든 것을 효율성에 종속하게 함으로써, 인간의 얼굴을 한 사회주의의 밖에서 그리고 거기에 반대하여, 이 사회를 과도하게 기술화 쪽으로 잡아당길 것이다.

　나는 우리의 고르디오스Gordios 매듭의 두 번째 구성요소 위에서 길게 머물지 않을 것이다 - 숫자, 신성한 것. 우리는 17세기부터 팽창 중의 서구 사회의 몇몇 여건들에 신성을 부여하였다. 돈, 노동, 과학의 신성함, 이어서 대상의 신성. (자연의) 전통적인 신성과 전통적 종교들의 신성서구인에게는 기독교적 신성, 46)을 배제하였기 때문에, 그것을 다른 무엇으로 대체하고, 인간이 항상 그러하듯이, 그의 가슴에 가장 와 닿는 것, 그가 보기에 가장 본질적인 것, 자기의 인생에서 가장 결정적인 것에게 신성을 투여해야 했다. 그러나 이 대상들이 신성을 부여받은 순간부터, 그것들은 확고부동하고 건드릴 수 없는 것이 된다. 인간은 그것들에 대해 절대적인 존경심을 갖는다. 그의 삶을 구성했던 것은 무엇인가? 과학과 기술이다. 그것들은 옛 신성을 누르고 제거해버렸던 새로운 신성으로부터 가치를 받았다. 힘, 지배, 소비의 수단들의 신성이 있었다. 즉 소비 대상들은 대상들 이상이고cf. 바타이유(Bataille)와 보드리야르(Baudrillard), 돈과 노동…. 이 모든 것은 분명히 유용하지만 그 이상은 아닌, 환경을 구성하는 단순한 자연적 여건들이 더는 아니다. 이것들 각자는 진실의 가치, 최종적인 권위, 판단의 기준, 선악의 기준, 불가침성을 받았고, 각각은 도덕적 가치를 지님과 동시에 심리 구조 속에 강력하게 통합되었다. 신성, 숫자는 상황을 있는 그대로 보지 못하게 하고, 프롤레타리아 계급을 종식해 사회를 구할 수 있는 이중적 변화를 극단적으로 가로막는 우리의 심리적 두 근본이다.

이제 나는 극단적인 질문 앞에 있다. 나는 나의 많은 책에서 우리 시대에 혁명은 불가능하고, 우리 사회는 이탈자를 철저하게 다시 흡수해버리

---

46)그러나 오해하지 말아야 한다. 즉, 나는 기독교적 신성함을 애석하지 않는다. 신성은, 인간을 위해 유용한 사회학적 차원으로서, 기독교적 계시와는 아무 관계가 없으며, 바로 이 계시에 대한 배반과 편의성을 통해서 사람들은 점차 기독교적 신성을 제작하였다.

며, 기술은 자율적이고, 누구도 기술을 휘어잡고 통제할 수 없으며, 기술은 모든 목적을 폐기해버린 수단들 전체이고, 기술은 일종의 운명이며, 정보화의 발달은 시스템을 폐쇄적으로 만들 수만 있고, 정치인은 아무것도 할 수 없으며, 관료체제나 기술의 민주주의는 절대 가능하지 않다…고 보여주었다. 그런데 나는 갑자기 의견을 바꿔서, 정보적, 전자적인 혁명이 사회주의가 계속 노리던 것을 드디어 수행할 가능성을 주며, 역으로 사회주의는 모든 기술을 다시 포착하고, 제압하며, 어떤 순간에는 기술 시스템의 구조를 파괴해준다고 주장한다. 나의 앞선 저서들에서는 기술적 운명에서 벗어날 가능성이 없다고 했는데, 여기서는 돌파구를 찾았는가….

이러한 판단을 한 독자라면 나의 관점을 잘 이해하지 못한 것이다. 『기술 또는 세기의 쟁점』1954의 머리글에서 나는 기술과 기술 사회의 전개를 그 내적 발전에 따라, 그리고 외적 인자가 개입하지 않는다는 조건에서 기술한다고 하였다. 달리 말하면, "사물들의 힘"이나 "역사의 법칙들"을 그대로 내버려 둔다면, 혹은 우리가 기술에 충성한다면, 우리가 기술을 진보로서, 그리고 인간의 가장 위대한 성공으로 본다면, 도래할 것은 인간의 패배일 것이다. 그러나 나는 그것은 인간이 개입하지 않았을 때라고 분명히 하였다. 그리고 나는, 다만 그것이 어느 정도나 어려울까를 보여주면서, 인간이 사물들의 흐름을 바꿀 가능성을 분명히 유보해 두었다. 그리고 이런 주장은 실천적으로 나의 모든 책에서 재발견된다. 또 『혁명의 해부』 속에서, 나는 인간이 진정 그 흐름을 바꾸기를 원한다면, 그리고 또 인간이 혁명에 대한 무의미한 잔소리로부터 빠져나오기를 원한다면, 이 사회 속에서 인간의 행동이 무엇이어야 하는가를 보여주면서, 한 장을 "필수적인 혁명"에 할애했었다.

그런데 여기서도 나는 약간 세밀하게 하면서 똑같은 것을 말한다. 인간의 개입은 가능하다…. 그렇다. 그러나 어떤 것이고, 어떤 대가로? 혁명은 가능하다. 그렇다. 그렇지만, 어떤 깊이로, 그리고 어떤 극단주의와 함께? 이것은 거기에 우리가 습관이 든 마술적 단어도, 조작도 아니다. 내가 보여주었던 것은 정보화를 동반한 사회주의적 혁명의 엄청난 어려움과 복잡성이었다. 그것은 또 지금까지의 모든 혁명에 비해 이 혁명의 측정불가능성이었다. 그것은 또 사람이 이 "혁명-정보화"를 성공할 확률의 미약함이다. 마지막으로, 작전 가능 시간의 극도의 짧음이다. 따라서 나는 어떤 점에서도 변한 것이 없다. 오늘날의 독자는 마침내 하나의 혁명이 가능하다고 위로받을 수 없다. 그는 우선 그러한 작전의 깊이와 극단성을 가늠해야 한다. 그러면 그는 이것은 절대적으로 실현될 수 없다고 하면서 경악하여 후퇴할 것이다. 그러면 나는 "무척 어렵지만 실현할 수 있다. 그렇지만 유토피아가 아니라, 전적으로 인간적인 유일한 길"이라고 대답할 것이다. 그리고 마지막으로 나는, 우리가 매달린 이 강력한 구조에 종지부를 찍으려고, 용기를 내서 전체적인 문제화에 접근하기 위해, 그것이 가능하다는 단순한 생각이나마 받아들이려고, 역사적이거나 이론적인 것들을 뛰어넘는 어떤 보장과 본질적이고 극단적인 동기가 필요하다는 데 동의한다. 분명히 이 일에서는 실존적인 것이 구조적인 것에 밀접하게 통합되어 있다. 현대 사회주의는 내가 보기에는 인간에게 그러한 대범함을 더는 제공해 줄 수 없다. 과학은 우리를 다른 쪽 강변에 잡아 놓는다. 더는 도덕은 없다. 우리 서구 사회의 가치들은 정확히 반세기 전부터 거부되었다. 현재 다른 사회들은 서구만이 들어간 이 드라마 속에서 우리를 안내할 수 있는 도덕적이거나 종교적인 가치를 가지고 있지 않다. 극도로 강력한 지렛대―모든 위험을 위해 충분한 동기들의 지렛대와 움직일 수 없는 하나의 버팀목이 필요하다.

여기서 나는 가장 신중하게 주장한다. 이 마지막 몇 페이지가 앞 5장의 분석을 문제로 삼지 말아야 한다. 독자는 거기서 그런 결론을 내려서는 안 된다. 독자는 전체가 어떤 사상이나 이데올로기의 편을 들고 있다고 해석해서는 안 된다. 나는 이제 사적인 확신, 증언, 제안의 영역으로 들어가려고 확인과 엄격함의 영역을 떠난다. 나는 믿는다. (그리고 지금은 명백한 신념의 일이다) 나는 결국 예수 그리스도 안에서 신의 계시만이 동시에 지렛대와 버팀목을 줄 수 있다고 믿는다. 지렛대인데, 왜냐하면 사람이 정직하기를 원하고, 여러 세기를 거치면서 단호하게 형질이 변경된 기독교적 실천들과 도덕들이 아니라 성경의 메시지를 고려하기를 원한다면, 우리는 그것이 다음을 내포한다고 말할 것이다 :

- 인간이 우상으로 삼은 모든 것의 탈신성화.
- 사랑, 자신이 아닌 타자의 이익 추구, 자기희생 속에서 전적으로 초연한 인간관계. 사람들이 아가페라고 명명한 것
- 비폭력을 넘어서고, 사랑의 결과로서 지배하지 않고, 착취하지 않으며, 자기가 가진 힘의 수단들도 쓰지 않는 전적으로 비非패권의 정신
- 절망스러운 상황 속에서도 무한한 재출발을 가정하는, 변화와 문제화의 위험을 감수하는 희망.
- 변화의 요구 : 모든 것은 언제나 다시 시작해야 한다. 이것이 성령이다
- 자유 : 이스라엘의 신은 우선 무엇보다 (절대적) 해방자이고, 우리를 모든 자유의 길로 들어서게 함을 결코 잊어서는 안 된다.
- 사실주의 : 인간과 사물을 그러한 그대로, 이상주의와 환상을 떠나

서 본다. 이것은 "원죄"를 인정하는 것이 될 것이다

- 정의 : 법적이거나 보수적인 것이 아니라, 정확성과 평화적인 것정의
  는 평화의 결정적인 인자이다 그렇지만, 정의는 사랑에 종속된다.
- 진실 : 도그마적이거나 과학적인 것. 나아가서 지적인 것이 아니라,
  관계들의 투명성과 사람의 재능 속에서 실천된 것. 그러나 재능은
  사랑에 종속된다.

이것이 예수 그리스도 속에서 우리에게 보인 인간이다. 이것이 기독교인이라고 말해질 수 있는 인간이다. 이것이 공존하는 혁명적 과정을 그 두 차원 속에 넣을 수 있는 지렛대이다. 내 눈에 다른 가능한 것은 없다. 나는 즉시 독자가독자 속에 나도 포함된다! 이 9가지 본질에 대해 교회, 기독교인들, 기독교성이 그것들과는 반대의 작태를 저질러 왔다고 분개할 것을 잘 알고 있다. 교회와 기독교인들이 새로운 신성을 제작하였고, 인간들을 짓밟았으며, 인간을 그의 죄의식 속에 가두었고, 반동적이었고, 권력을 탐했으며, 가장 나쁜 도그마티즘들을 만들었고, 부정들을 감싸들었고, 진실을 때려눕혔고, 인간을 속이는 이상주의 속에 가두었다…. 독자여, 나는 그 사실을 당신보다 더 잘 안다. 그리고 그것은 매일의 나의 참회이다. 그것은 예수 그리스도가 기독교주의로, 자비의 관계가 제도로, 계시가 종교로, 말씀이 사물로 타락해버린 것이고, 우리의 것이 아닌 것을 움켜잡기이다. 그것은 걸어가다 주저앉기이다. 다시 말해, 우리 세계를 특징짓는 것에 대한 문제제기와 승리이어야 했던 것이 결국에 이 세계의 정신에, 힘, 성공, 돈, 효율성 그리고 절망에 굴복해버렸던 것이다. 그러나 비록 일이 그렇게 되었다 하더라도, 희망이 기독교적 진실의 심장에 있기에, 나는 간단하게 대답한다. "언제나 그렇게 되라는 법은 없다." 우리는 이 새로운 현실을 살기 시작할 수 있다. (그리고 그런 신호들이 있다. 나는

그것을 말했다!) 기독교적 인간은 지렛대가 될 수 있다.

버팀목에 대해서 말하자면, 그것은 변하지 않았다. 분명히 인간은 신은 죽었다고 선언할 수 있다. 그런데 그런 말이 신에게 무엇을 할 수 있는가. 진정 신이 신이라면? 이러한 인간적인 주장이 나타난 것은 오늘의 일이 아니고, 예수 이전 7세기에, 니체 이전 2500년 전에, 라브스차케Rabschake가 이미 그것을 말했었다. 버팀목은 그것이 전적 타자Tout Autre인 한에서 충실하고, 흔들리지 않으며, 아주 단단하다.

우리는 노예제와 프롤레타리아 계급이 결국 종식될 시기를 누릴 수 있다. 왜냐하면, 아브라함, 이삭=, 야곱=, 그리고 예수 그리스도의 신이 있고, 신은 해방자이기 때문이다. 인간이 이 해방자와 함께하는 마지막 위험 속으로 진정으로 들어간다면, 그래서 종말 직전에 모든 것이 바뀐다면, 불가피한 프롤레타리아 계급은 그 거대한 움직임 속에서 사라질 것이다.

요약

1장 태초에 자본이 있었다

1. 하나의 도식

자본의 원시적 축적과 함께 프롤레타리아 계급이 만들어졌다. 자본 축적은 진보와 산업화에 필수적 조건이다. 따라서 산업화를 이루기 위해서는 프롤레타리아 계급 생산은 필수적이다.

2. 자본축적, 기술과 프롤레타리아 계급

자본 축적은 이론적으로는 무한히 가능하지만, 사허니 전체적 관점에서는 한계에 봉착한다.

한계의 문제는 모든 경제 활동의 위기로서, 자본주의와 사회주의 모두에 해당된다. 마르크스주의 이론에서는 기술이 자본주의에서 사회주의로 자동적으로 넘어가게 해주거나, 프롤레타리아 계급을 해방시켜 줄 것이라는 잘못된 착각을 한다.

3. 이탈들

프롤레타리아 계급이 발달하지 못한 러시아에서 일어난 레닌 혁명은 프롤레타리아 계급 혁명이 될 수 없다. 산업화를 위해 소련에서는 혁명 후에 프롤레타리아 계급을 창조해야 한다. 산업 사회로부터 기술사회로 이동하면서 가치의 창조자는 더는 노동이 아니라 기술이다. 따라서 프롤레타리아 계급은 점점 덜 필요하게 된다.

2장 소련의 프롤레타리아 계급에 대한 독재

1. 기원들

소련에서는 자본이라는 산업화의 기초가 없기 때문에 자본 축적을 위해 프롤레타리아 계급을 창조해야 했다. 원시적 자본 축적과 산업화를 위한 노동자의 수용과 착취가 절대적이다.

노동을 인간성의 지고한 가치로 보는 노동 이데올로기로부터 기술을 숭상하는 기술 이데올로기가 파생된다. 인간은 노동을 통해 인간이 되고, 노동은 유일한 가치 창조자이다. 그로부터 프롤레타리아 계급 창조의 정당성이 나온다. 기술이데올로기에 젖어 있는 소련에서는 생산성과 기술적 진보에 전력을 다해야 한다.

2. 두 프롤레타리아 계급

경제 개발을 위해 비용이 들이지 않는 노동력이 필요했기 때문에, 강제노동수용소를 만들었다. 강제노동수용소는 공포적 생산관계를 통해 노동력을 착취하는 수단이다.

3. 프롤레타리아 계급과 분석의 일반화

소련 사회가 기술 사회로 진입하면서 수용소의 가치가 줄어들었다. 그러나 소련은 아직 산업 시스템의 단계 속에 이론적이고 제도적으로 갇혀 있기 때문에, 산업적 기술과는 다른 새로운 성질의 기술을 수용하지 못하고 있다.

3장 중국의 새로운 길의 종말

1. 새로운 길

인민 공산주의, 대약진 운동, 농촌의 산업화, 계급 간 융합과 같은 중국의 새로운 길은 실현 가능성이 전혀 없고, 결국 실패하게 되어 있었다. 자본화와 프롤레타리아 계급 창조를 피하면서 산업화 할 수는 없다. 결국 중국 역시 아무리 프롤레타리아 계급 창조를 피하려고 하지만 그것은 이상에 불과하다.

2. 중국의 전향

이데올로기 우선, 사회적 인간 우선을 포기하고, 생산주의와 기술주의, 경제발전과 효율성의 길로 들어서지 않을 수 없다.

3. 프롤레타리아 계급

중국도 강제노동수용소를 기초로 한 프롤레타리아 계급 형성을 피하지 못했다.

4. 왜

중국의 혁명은 기술적 명령에 굴복하여, 선진 기술의 도입과 산업화의 길로 들어 선다.

4장 제3세계, 프롤레타리아 계급 속으로 좌초

제3세계에서는 한 나라 전체가 선진국에 대한 프롤레타리아 국가로 전락한다. 여기에 대해서는 수정된 제국주의 이론이 많은 설명을 해주지만, 소련의 모델 수용도 다르지 않다.

1. 진보와 프롤레타리아 계급

잘못된 진보에 대한 맹신으로 인해, 국가를 산업화하기 위한 무분별한 정책들을 펴고, 그로 인해 선진국의 경제에 예속되게 된다. 제3세계 원조에 대해 진실되게 접근해야 한다.

2. 자발적으로 설립된 프롤레타리아 계급

베트남 : 전쟁과 복구를 위한 노동력의 필요가 강제노동수용소를 통한 프롤레타리아 계급을 생산하였다.

캄보디아 : 산업화가 필요 없는 행복한 나라에서 산업화를 위해 자기 국민을 파괴하는 가장 비극적인 일이 벌어졌다.

5장 새로운 프롤레타리아 계급

기술적 선진 사회에서는 두 개의 프롤레타리아 계급이 존재한다. 과거의 불행한 프롤레타리아 계급도 소수지만 여전히 존재하고, 상대적으로 부유하지만 소외된, 대중 사회의 새로운 프롤레타리아 계급이 발달한다.

6장 프롤레타리아 계급의 종식을 향해

오늘날의 소외의 원인은 더는 자본화와 산업화가 아니라, 중앙집권화한 관료주의적 국가와, 힘과 지배의 시스템으로 기능하는 기술 시스템이다. 그것들에 대해 혁명이 이뤄져야 한다. 자동화와 정보화 속에서 기술의 방향을 변하게 할 수 있고, 사회를 새로운 방향으로 나아가게 할 수단을 발견할 수 있다.

1. 최초의 접근들. 비판들과 숙명성들. 편리의 추구
기술의 발달은 자동으로 사회주의로 이르게 해주지 못한다.

2. 기술의 논리
기술은 자체의 효율성적 논리가 있다. 기술은 그의 내적인 논리를 통해 결코 인간을 해방시켜주는 자유의 사회주의로 이끌지 못하며, 다만 기술의 사회로 이끌 따름이다.

3. 미시 기술과 혁명적 사회주의
기술과 사회주의를 결합시켜야 한다. 그러기 위해서는 국가와 기술에 대해 혁명이 필수적인데, 그렇게 하기 위한 의지를 먼저 가져야 한다.

4. 기회와 전략
정보화, 자동화를 통해 실망스런 기술 시스템에서 벗어나고, 자유의 사회주의를 통해 자본주의나 사회주의적 독대로부터 벗어나야 한다.

엘륄의 저서 연대기순

- *Étude sur l'évolution et la nature juridique du Mancipium*. Bordeaux: Delmas, 1936.
- *Le fondement théologique du droit*. Neuchâtel: Delachaux & Niestlé, 1946.
- *Présence au monde moderne: Problémes de la civilisation post-chrétienne*. Geneva: Roulet, 1948.
  ⋯▸ 『세상 속의 그리스도인』, 박동열 옮김(대장간, 1992, 2010(불어완역))
- *Le Livre de Jonas*. Paris: Cahiers Bibliques de Foi et Vie, 1952.
  ⋯▸ 『요나의 심판과 구원』, 신기호 옮김(대장간, 2010)
- *L'homme et l'argent* (Nova et vetera). Neuchâtel: Delachaux & Niestlé, 1954.
  ⋯▸ 『하나님이냐 돈이냐』, 양명수 옮김(대장간. 1991, 2011)
- *La technique ou l'enjeu du siècle*. Paris: Armand Colin, 1954. Paris: Économica, 1990.
  ⋯▸ (E)*The Technological Society*. Trans. John Wilkinson. New York: Knopf, 1964.
  ⋯▸ (『기술 또는 세기의 쟁점』, 대장간, 출간 예정)
- *Histoire des institutions*. Paris: Presses Universitaires de France, plusieurs éditions (dates données pour les premières éditions);. Tomes 1-2, L'Antiquité (1955); Tome 3, Le Moyen Age (1956); Tome 4, Les XVIe-XVIIIe siècle (1956); Tome 5, Le XIXe siècle (1789-1914) (1956).
  ⋯▸ (『제도의 역사』, 대장간, 출간 예정)
- *Propagandes*. Paris: A. Colin, 1962. Paris: Économica, 1990
  ⋯▸ 『선전』(대장간, 2012년 출간 예정)
- *Fausse présence au monde moderne*. Paris: Les Bergers et Les Mages, 1963.
  ⋯▸ (대장간, 2011년 출간 예정)
- *Le vouloir et le faire: Recherches éthiques pour les chrétiens*: Introduction (première partie). Geneva: Labor et Fides, 1964.
  ⋯▸ 『원함과 행함』(솔로몬, 2008)
- *L'illusion politique*. Paris: Robert Laffont, 1965. Rev. ed.: Paris: Librairie Générale Française, 1977.
  ⋯▸ 『정치적 착각』, 하태환 옮김(대장간, 2011)
- *Exégèse des nouveaux lieux communs*. Paris: Calmann-Lévy, 1966. Paris: La Table Ronde, 1994. [reproduction de la couverture].
  ⋯▸ (대장간, 출간 예정)
- *Politique de Dieu, politiques de l'homme*. Paris: Éditions Universitaires, 1966.
  ⋯▸ 『하나님의 정치 인간의 정치』, 김은경 옮김(대장간 출간 예정)
- *Histoire de la propagande*. Paris: Presses Universitaires de France, 1967, 1976.
- *Métamorphose du bourgeois*. Paris: Calmann-Lévy, 1967. Paris: La Table Ronde, 1998. [reproduction de la couverture]
  ⋯▸ (대장간, 출간 예정)
- *Autopsie de la révolution*. Paris: Calmann-Lévy, 1969.
  ⋯▸ 『혁명의 해부』, 황종대 옮김(대장간, 2012년 출간 예정)
- *Contre les violents*. Paris: Centurion, 1972.
  ⋯▸ 『폭력에 맞섬』, 이창헌 옮김(대장간, 2012년 출간 예정)
- *Sans feu ni lieu: Signification biblique de la Grande Ville*. Paris: Gallimard, 1975.
  ⋯▸ 『머리 둘 곳 없던 예수-대도시의 성서적 의미』, 황종대역(대장간, 2012년 출간 예정).
- *L'impossible prière*. Paris: Centurion, 1971, 1977.
  ⋯▸ 『불가능한 기도』, 신기호 옮김(대장간, 2012 출간 예정)
- *Jeunesse délinquante: Une expérience en province*. Avec Yves Charrier. Paris: Mercure de France, 1971.
- *De la révolution aux révoltes*. Paris: Calmann-Lévy, 1972.
- *L'espérance oubliée, Paris*: Gallimard, 1972.

- ⋯▸ 『잊혀진 소망』, 이상민 옮김(대장간, 2009)
- *Éthique de la liberté*,. 2 vols. Geneva: Labor et Fides, I:1973, II:1974.
  - ⋯▸ (대장간, 출간 예정)
- *Les nouveaux possédés Paris*: Arthème Fayard, 1973.
  - ⋯▸ (E)*The New Demons*. Trans. C. Edward Hopkin. New York: Seabury, 1975. London: Mowbrays, 1975. .
  - ⋯▸ (대장간, 출간 예정)
- *L'Apocalypse: Architecture en mouvement*. [Paris:] Desclée 1975.
  - ⋯▸ (E)*Apocalypse: The Book of Revelation*. Trans. George W. Schreiner. New York: Seabury, 1977.
  - ⋯▸ (대장간, 출간 예정)
- *Trahison de l'Occident*. Paris: Calmann-Lévy, 1975.
  - ⋯▸ (E)*The Betrayal of the West*. Trans. Matthew J. O'Connell. New York: Seabury,1978.
- *Le système technicien*. Paris: Calmann-Lévy, 1977.
  - ⋯▸ 『기술 체계』, 이상민 옮김(대장간, 2012년 출간 예정)
- *L'idéologie marxiste chrétienne*. Paris: Centurion, 1979.
  - ⋯▸ 『기독교와 마르크스주의』, 곽노경 옮김(대장간, 2011)
- *L'empire du non-sens*: L'art et la société technicienne. Paris: Press Universitaires de France, 1980.
  - ⋯▸ 『무의미의 제국』, 한택수 최모인 옮김(대장간, 2012 출간 예정)
- *La foi au prix du doute*: "Encore quarante jours..". Paris: Hachette, 1980.
  - ⋯▸ 『의심을 거친 신앙』, 임형권 옮김 (대장간, 2012년 출간 예정)
- *La Parole humiliée*. Paris: Seuil, 1981.
  - ⋯▸ 『말의 굴욕』(가제), 한국자끄엘륄협회 공역(대장간, 2012년 출간예정)
- *Changer de révolution: L'inéluctable prolétariat*. Paris: Seuil, 1982.
  - ⋯▸ 『인간을 위한 혁명』) 하태환 옮김(대장간, 2012)
- *Les combats de la liberté*. (Tome 3, L'Ethique de la Liberté) Geneva: Labor et Fides, 1984. Paris: Centurion, 1984.
  - ⋯▸ 『자유의 투쟁』 (솔로몬, 2009)
- *La subversion du christianisme*. Paris: Seuil, 1984, 1994. [réédition en 2001, La Table Ronde]
  - ⋯▸ 『뒤틀려진 기독교』(대장간, 1990, 2012년 불어 완역판 출간)
- *Conférence sur l'Apocalypse de Jean*. Nantes: AREFPPI, 1985.
- *Un chrétien pour Israël*. Monaco: Éditions du Rocher, 1986.
  - ⋯▸ 『이스라엘을 위한 그리스도인』(대장간, 출간 예정)
- *Ce que je crois*. Paris: Grasset and Fasquelle, 1987.
  - ⋯▸ 『내가 믿는 것』 대장간 출간 예정)
- *La raison d'être: Médutation sur l'Ecclésiaste*. Paris: Seuil, 1987
  - ⋯▸ 『존재의 이유』(규장, 2005)
- *Anarchie et christianisme*. Lyon: Atelier de Création Libertaire, 1988. Paris: La Table Ronde, 1998
  - ⋯▸ 『무정부주의와 기독교』, 이창헌 옮김(대장간, 2011)
- *Le bluff technologique*. Paris: Hachette, 1988.
  - ⋯▸ (E)*The Technological Bluff*. Trans. Geoffrey W. Bromiley. Grand Rapids: Eerdmans, 1990.
  - ⋯▸ 『기술의 허세』(대장간, 출간 예정)
- *Ce Dieu injuste..?: Théologie chrétienne pour le peuple d'Israël*. Paris: Arléa, 1991, 1999.
  - ⋯▸ 『하나님은 불의한가?』, 이상민 옮김(대장간, 2010)
- *Si tu es le Fils de Dieu: Souffrances et tentations de Jésus*. Paris: Centurion, 1991.
  - ⋯▸ 『네가 하나님의 아들이라면』, 김은경 옮김(대장간, 2010)
- *Déviances et déviants dans notre societé intolérante*. Toulouse: Érés, 1992.
- *Silences: Poèmes*. Bordeaux: Opales, 1995.

- ⋯▸ (대장간, 출간 예정)
- *Oratorio: Les quatre cavaliers de l'Apocalypse*. Bordeaux: Opales, 1997.
- ⋯▸ (E)*Sources and Trajectories: Eight Early Articles by Jacques Ellul that Set the Stage*. Trans. and ed. Marva J. Dawn. Grand Rapids: Eerdmans, 1997.
- *Islam et judéo-christianisme*. Paris: Presses universitaires de France, 2004.
  ⋯▸ 『이슬람과 기독교』, 이상민 옮김(대장간, 2009)
- *La pensée marxiste*: Cours professé à l' Institut d' études politiques de Bordeaux de 1947 à 1979 Edited by Michel Hourcade, Jean-Pierre Jézéuel and Gérard Paul. Paris: La Table Ronde, 2003.
- *Les successeurs de Marx*: Cours professé à l' Institut d' études politiques de Bordeaux Edited by Michel Hourcade, Jean-Pierre Jézéquel and Gérard Paul. Paris: La Table Ronde, 2007. ⋯▸ (대장간, 출간 예정)

기타 연구서

- 『세계적으로 사고하고 지역적으로 행동하라』(*Perspectives on Our Age*: Jacques Ellul Speaks on His Life and Work.), 빌렘 반더버그, 김재현, 신광은 옮김(대장간, 1995, 2010)
- 『자끄 엘륄 -대화의 사상』(*Jacques Ellul, une pensée en dialogue Genève*), 프레데릭 호농(Fréderic Rognon)저, 임형권 옮김(대장간, 2011)
- 『자끄 엘륄입문』신광은 저(대장간, 2010)
- *A temps et à contretemps: Entretiens avec Madeleine Garrigou-Lagrange*. Paris: Centurion, 1981.
- *In Season, Out of Season: An Introduction to the Thought of Jacques Ellul*: Interviews by Madeleine Garrigou-Lagrange. Trans. Lani K. Niles. San Francisco: Harper and Row, 1982.
- *L'homme à lui-même: Correspondance*. Avec Didier Nordon. Paris: Félin, 1992.
- *Entretiens avec Jacques Ellul*. Patrick Chastenet. Paris: Table Ronde, 1994

대장간 『자끄 엘륄 총서』는 중역(영어번역)으로 인한 오류를 가능한 줄이려고, 프랑스어에서 직접 번역을 하거나, 영역을 하더라도 원서 대조 감수를 원칙으로 하고 있습니다.
이 일은 한국자끄엘륄협회의 협력으로 이루어지고 있으며, 총서를 통해서 엘륄의 사상이 굴절되거나 왜곡되지 않고 그의 삶처럼 철저하고 급진적으로 전해지길 바라는 마음 가득합니다.